游

庄子
新注新解

陈可抒 著

北京联合出版公司
Beijing United Publishing Co.,Ltd.

目　录

一、庄子的哲学思想及其意义

　　以现代视角来看，哲学一般可以分为本体论、认识论、价值论三大分支：本体论探讨世界与真我的本原，认识论探讨知识结构，价值论探讨生存的意义。按照这样的标准，先秦哲学似乎大多落在价值论范畴，对于本体论与认识论的涉及并不很多，其专门的论述更是少之又少。究其原因，先秦社会比较重视实用化的学说，对抽象化的思辨则关注不多，加之我国一向重视人的社会属性，对于个人属性的探讨则相对较少，故此会有这样的现象。不过，先秦时专注于抽象思维与个人属性的著述虽然不多，却极有深度，它们使我国的哲学思想具有了全面的推进，其中，庄子是最为耀眼的明星，甚至可以说，他是一位难得一见的哲学巨人。庄子的哲学将本体论、认识论、价值论各自推向了不同的高度，尤其是他的本体论和认识论，在整个中国古典哲学史上都牢牢地占据着一个绝对的顶峰，即便放在当代哲学视野中来看，也具有独一无二的高度。

（一）本体论：道家及庄子对于世界本原的见解

　　世界的本原究竟是什么呢？古希腊的泰勒斯说是水，毕达哥拉斯学派认为是数，基督教哲学认为是上帝……这些见解似乎都有一些道理，但是也确实不能使人完全信服。关于这个问题，道家给出了一个特别的回答——道。

所谓"道"，即所有绝对规律的总和。也就是说，面对世界本原这个极为深奥却又不得不面对的问题，道家并没有直接进行解答，而是给出了一个解答的原则：虽然我们无法断定什么是世界的本原，但我们可以给它一个名称，并且认为它是一个流动的集合。这样，就可以把当下最深刻的理解统统放在其中，并且以此为基础进行深度的探讨。——这个原则实在是巧妙的，它避开了我们暂时没有能力认知的部分，保留了我们可以验证的部分，使我们的思辨具有了最大的合理性。故此，这个诞生于公元前五世纪左右的原则是具有普适性的，它不仅可以穿越时空地对当下的思考者进行指导，据我看来，恐怕也会十分长久地适用下去。

具体来讲，《道德经》说："道可道，非常道。"便是这条原则的基本描述。可以说，道家所有的思辨都是在这个原则上进行展开的，不妨称之为道家本体论第一原则。

什么叫"道可道"呢？道家把宇宙运行的绝对规律称之为道，又称为真道、天道、大道；而根据一般的语言习惯，道家把世人已经掌握的规律及其实践也称为道，有时为了有所区分，也称为人道、小道。随着不断地探索，世人所行之道是可以无限接近于绝对的天道的，这便是"道可道"的含义：真道可以遵循。那么，"道可道"说明的是天道的可知性。

什么叫"非常道"呢？人外有人，天外有天，世人所行之道终究无法等同于绝对的真道。故此，一种学说即便再高明，也终将有其不足之处，也不能将之视作恒常的真道。那么，"非常道"说明的是人类认知的不足，或者说，是真道的未知性。

"道可道"，真道可以遵循；"非常道"，真道不能被恒常地掌握。由此，真道的可知性与未知性便对立统一起来了。

总之，真道的未知性具有绝对之真，人对于真道的把握只能具有暂时之真。从而，道家诸子的种种理论——比如对真道的绝对崇尚，对其他诸子学说的怀疑与批判，对现有知识体系与社会现象的怀疑与批判，对自身的批判与反省，等等，便统统被包容在这条原则之下了。

因为"道非常道"，对真道的言说必然有更广泛的适应性，所以道家诸子尽量不去对真道进行定义，而是往往采用反向思维来打破已有的成见，或者反复强调真道的无穷性；不过，又因为"道可道"的原则，真道是可以不断探索的，不去探索便失去了认知的可能。故此，对于真道，道家诸子还是较为一致地发表了一些意见。

1.真道具有普适性与统一性

既然真道是宇宙规律的总和，那么它就具有绝对的普适性。这里需要注意的是其因果关系：并不是道家首先想象出来一个对象，继而将之称为真道，并赋予了它绝对的普适性；而是道家将所有的客观规律统统归一成一个对象，那么，它天然便是具有普适性的。换句话讲：凡是客观规律，无论掌握与未掌握的，道家都把它归于真道。

举例而言，人为什么会出生，会死亡？道家对此自有一番见解。这番见解到底对不对呢？可以说，其中必然有正确的部分，也必然有错误的部分。然而，这却无妨于这个问题有一个绝对正确的答案，虽然只能无限接近而无法全部知晓，但我们可以将这个答案留存于思维的远方，并且用真道来称呼它。

如此一来，凡是人类尚未掌握的客观规律，均属于真道；凡是人类暂且掌握而尚未验证为真的客观规律，亦均属于真道。那么，真道的概念实际上是一个集合，而并不是确定的对象，由此，它便具有了天然的绝对正确的普适性。

　　道家用集合的方法来理解真道，而不是用断言的方法来定义真道。这样，就最大限度地规避了认知上错误的成见，为认知的可能性保留出足够的空间。

　　既然真道是一个集合，那么，其中的各种要素断然不会出现违背于集合的种种矛盾。于是，它的统一性也就毋庸置疑了。

> 莛与楹，厉与西施，恢恑憰怪，道通为一。
>
> ——《庄子·齐物论》

　　草茎卑弱不堪却具有生命，而楹柱粗壮耐久却没有生命，疠疾邪恶而强大，西施美貌而柔弱，它们都由上天所生化。上天为何要用如此矛盾而冲突的标准来造生万物呢？其原因尽管暂且不能为人所知，但这无妨于它们并存并且统一在一个集合里，或者说，这里必然有一个更好的答案，只不过我们暂且无法知晓罢了。

　　不同维度的规律为何会统一呢？又统一于何处呢？庄子对此并没有进一步的具体论断，他只是含混地讲："唯达者知通为一。"大概是他认为认知到这一步也就够了（具体原因可以参见下文关于"认识论"的探讨）。虽然如此，这仍然不失为一种朴素而有效的手段。

　　这种思辨有点儿类似于现代科学对于"波粒二象性"的解释：光为什么不能既有波动性，又有粒子性呢？当然，庄子并没有对"莛楹二象性"的造物规律进行具体的认知而最终使它们统一起来，但他拒绝于草率的结论，为思辨的可能性保留了足够的空间。这便是道家"真道论"的意义所在。

　　关于真道的普适性和统一性，庄子还有一个著名的"道在屎溺"论：

东郭子问于庄子曰:"所谓道,恶乎在?"庄子曰:"无所不在。"东郭子曰:"期而后可。"庄子曰:"在蝼蚁。"曰:"何其下邪?"曰:"在稊稗。"曰:"何其愈下邪?"曰:"在瓦甓。"曰:"何其愈甚邪?"曰:"在屎溺。"东郭子不应。

——《庄子·知北游》

东郭子自信满满地与庄子论道,而庄子却告诉他:"道在屎溺。"这个出乎意料的答案使东郭子无所回应,有所反思。这里需要注意的是,"道在屎溺"之所以让东郭子感到愕然,并不是因为"屎溺"的卑污,而是因为"屎溺"是与人的本性完全背离之物,以东郭子的惯有思维来看,似乎人是不应该从如此"废物"之中寻道的。具体来讲,东郭子只看到了真道存在于人之自身,而庄子却认为真道无处不在,故此,针对性地举出四个事例,渐次打破东郭子认识的局限——首先是蝼蚁,它不是人,但仍然在动物之列;其次是稊稗,连动物也不是了,但仍然在生物之列;再次是瓦甓,连生物也不是了,但仍然在有用之物之列;最后是屎溺,一无所用,是被人抛弃的产物。

蝼蚁、稊稗、瓦甓、屎溺,依次反映出人类认知范围的进一步扩展,这便是道家对于保留认知可能性的一种生动的说明。按照先秦时期的主流思想来说,人类是应该以自身为核心而不断"向上"学习的,即所谓"象天法地"之论。[1]这种观点固然有其积极进取、善于学习的一面,然而,庄子却敏锐地看到,这种"人是万物的法则"的思想其实是一种自我局限。按照道家的话来讲:此道颇可道,却非恒常之道。故此,道家既要肯定它,又要打破它。

---

1 比如《礼记·三年问》:"上取象于天,下取法于地,中取则于人。"《孝经·圣治》:"天地之性,人为贵。"等等。

2.真道具有秩序性与自然性

在道家眼里，真道是具有秩序性的。当然我们可以说，真道本身就是秩序的集合，所以它必然具有秩序性。这个说法当然没错，但是也似乎陷入了某种文字游戏，好像一切秩序都可以归于真道似的。那么，夏桀、商纣所建立的暴君的秩序算不算是真道呢？杨朱"一毛不拔"的秩序、墨子"兼相爱，交相利"的秩序、孔子"见利思义，见危授命"的秩序，它们都是真道吗？可有高下之分吗？在这个问题上，道家又同时主张着一套自然性至上的法则，也就是说，真道有着自然而然的秩序性，所有具有人为干涉的秩序都不是绝对的真道。

以道家来看，首先，真道确实是无所不包的。世间有唐尧虞舜，也有夏桀商纣，有杨、墨、儒之教化，也有道家之学说，这些统统都在真道这个大的范畴之内。其次，道家又灵活地将真道划分出天道与人道。具有自然性的秩序，就像道家所主张的那样，距离真道的内核更近一些，可归为天道；而具有人为性的秩序，比如杨、墨、儒之学说，距离真道的内核更远一些，可归为人道。总之，道家更看重自然性的因果，而不是人为性的因果。或者说，自然之天道高于不自然之人道。

只因万物是"自然而然"的，故此道家以"自然至上"作为一切行动的目标。《道德经》说："人法地，地法天，天法道，道法自然。"《庄子·应帝王》说："合气于漠，顺物自然。"都是这样的论述。然而，落实到具体的行为上，又怎么判定其自然性呢？道家奉行的准则其实是"不得不然"。

举例而言，儒家提出"为政以德"（《论语·为政》）的口号，这是道家也予以认同的。然而，儒家又讲："君子怀德，小人怀土；君子怀刑，小人怀惠。"（《论语·里仁》）那么，儒家所提倡的"德政"为何要采用刑罚的手段才能实施呢？这种"德政"听上去似乎不错，然而对于受刑者来说，它算是德政吗？对于震慑者来说，它算是德政吗？如果这种"德政"一定要靠惩罚和震慑才能达成，那岂不是不够自然吗？故此，《庄子·庚桑楚》说："动以不得已之谓德，动无非我之谓治。"在道家看来，儒家的"德政"并不是不得已而为之，所以其中会有很多人为的意志，而不是纯粹的上天的安排，于是，有人受刑而怨恨，有人未受刑而恐惧，这样的"德政"很难说是真德。

以"不得不然"来对事物的自然性进行判断，这其实是道家本体论的一个延展，在道家看来，世间万物"不得不"呈现出的属性，便是其本质。通过这种"剥离法"的手段进行去伪存真，我们便能知晓世界的本原了。

> 贱而不可不任者，物也；卑而不可不因者，民也；匿而不可不为者，事也；粗而不可不陈者，法也；远而不可不居者，义也；亲而不可不广者，仁也；节而不可不积者，礼也；中而不可不高者，德也；一而不可不易者，道也；神而不可不为者，天也。
>
> ——《庄子·在宥》

比方说，什么是"义"呢？儒家讲："羞恶之心，义也。"（《孟子·告子上》）又讲："秋敛冬藏，义也。"（《礼记·乐记》）墨家讲："义，利也。"（《墨子·经上》）这些话讲得倒是十分清楚了，可为什么羞恶之心、秋敛冬藏、利于他人就是"义"呢？这样的断言终究是缺乏支撑的。而庄子会说：如果有一种做事的本能，你尽量想要避而远之，最终却不得不照着去做，那便是所谓"义"了。（远而不可不居者，义也。）——通过这个例子我们就能发现，儒、墨所主张的羞恶之心、秋敛冬藏、利于他人，三者其实都是"义"的非必要条件，这就构成了其论证的漏洞；而道家这一套"不得不然"的标准，其实是在探寻事物的必要条件，它有着十分严密的逻辑，自然就很有说服力了。道家思辨的缜密与深度往往如此。

总之，道家认为真道具有秩序性与自然性。具体来说，其一，自然即是"自然而然"，提倡一切事物的自发性，这是道家所尊奉的终极目标；其二，自然即是"不得不然"，强调一切前提的必要性，这是道家的判断标准与行为准则。在这样的认识下，道家才会提出"无为"和"不非人"两大主张。《庄子·在宥》说："故君子不得已而临莅天下，莫若无为。"即是"无为"之义，这是为了维护世界的自然性。《庄子·庚桑楚》说："动无非我之谓治。"治理天下而不去改变人的本性，即是"不非人"之义，这是为了维护个体的自然性。归根结底，道家认为世界与个人都有着自然而然的秩序，而我们要对此加以尊重，否则便是违背了真道的安排。

3.真道具有至善性与生化性

道家推崇天道的自然性，又反对人道的人为性。由此，他们提出了"无为"的主张，看上去似乎是一种消极的态度，但实际上，道家学说本质上是积极进取的，只不过，其积极性主要用于自身的成长，而不是对世界的改造。换言之，道家认为世界是值得信任的，并不需要去特意地改变什么，需要关注的只有人之自身。他们之所以会有这样的意见，而没有秉承"人能胜天"之类的想法，还在于道家相信真道是具有至善性和生化性的，别说那些困窘与苦难了，就连生死也不过是真道"善意的"安排。

人何以生？秉受真道而生。人何以死？秉受真道而死。人应生于何处？生于真道之处。人将死而何归？真道自有安排。按照这样的认识，道家以为，人们自然地按照真道的安排，悠然地度过一生，便是至善、至德了。

子独不知至德之世乎？昔者容成氏、大庭氏、伯皇氏、中央氏、栗陆氏、骊畜氏、轩辕氏、赫胥氏、尊卢氏、祝融氏、伏羲氏、神农氏，当是时也，民结绳而用之，甘其食，美其服，乐其俗，安其居，邻国相望，鸡狗之音相闻，民至老死而不相往来。若此之时，则至治已。今遂至使民延颈举踵，曰"某所有贤者"，赢粮而趣之，则内弃其亲，而外去其主之事；足迹接乎诸侯之境，车轨结乎千里之外，则是上好知之过也。上诚好知而无道，则天下大乱矣。

——《庄子·胠箧》

庄子在这段话中描绘出了道家所主张的生活方式，即便屈身于结绳记事那样简陋的生活条件，人们也依然可以"甘其食，美其服，乐其俗，安其居"。那么，人类社会应当怎样谋求发展呢？这件事情庄子并不上心，他只是主张心灵的追求，并不看重物质的多寡，甚至，道家认为物质是会妨害心灵的，进而提倡极简的生活。《庄子·天地》说："且夫失性有五：一曰五色乱目，使目不明；二曰五声乱耳，使耳不聪；三曰五臭薰鼻，困惾中颡；四曰五味浊口，使口厉爽；五曰趣舍滑心，使性飞扬。此五者，皆生之害也。"道家认为，真道的本质是自然的，无为的，人若想要合于真道，便也应该达到自然无为的境界。故此，心灵的修行最为重要，而这个世界并不需要做出什么改变，因为它本身已经具备了至善性。换言之，道家提倡"民至老死而不相往来"那种"无为"，是因为它贴合于真道的至善；道家抨击会导致天下大乱那种"有为"，是因为它背离于真道的至善。

简单地讲，人们能从世界中得到生之意义，那便是真道至善性的体现。需要指出的是，道家所理解的至善性不仅包括生，也包括化，就是所谓真道的生化性。所谓"化"，就是道家所理解的"死"，道家以为，万物之死均由真道所安排，死后亦将由真道所安排，万物不过是死于这一种形态，还将会生于另一种形态，故此不说"死"而称为"化"。

（子舆曰：）亡，予何恶！浸假而化予之左臂以为鸡，予因以求时夜；浸假而化予之右臂以为弹，予因以求鸮炙；浸假而化予之尻以为轮，以神为马，予因而乘之，岂更驾哉？且夫得者，时也；失者，顺也；安时而处顺，哀乐不能入也。此古之所谓县解也，而不能自解者，物有结之。且夫物不胜天久矣，吾又何恶焉？

——《庄子·大宗师》

　　道家所理解的真道之"化"，指的是此物化为彼物，而此心则永远存在，不过是变了一种存在的形式而已。在上述寓言之中，子舆将死，其左臂、右臂、尻将分别化为鸡、弹丸、车轮，而子舆之"我"却是一直存在着的。《庄子》中有很多"无生命者"的思考与发言，譬如髑髅、罔两、光曜、浑沌等，这种安排恐怕并不是单纯地为了寓言而设置，世人认为是死物，道家却认为其中可以具有灵魂，也就是说，道家模糊地遵循着灵魂不灭且能够寄托于万物之内的主张。关于"灵魂不灭"的观点，下文中会有详细的探讨，而在此我们应该看到的是，正是抱持着这样的理解，道家才坚定地认为真道具有至善性与生化性。

　　故此，在道家看来，人之生与死都应该秉受自然之法则，随遇而安，随物而化。如果一个人在山涧里摔死了，或者被老虎咬死了，或者被灾荒饿死了，那仍然应该视为真道的安排，因为一切都是"自然地"发生的。如果一个人被同伴杀死了，或者被暴君处死了，或者卷入战争而死，那就应该分成两方面来看：从此人的角度来讲，一切仍然是真道的安排，因为一切仍然是"自然地"发生的；从对方的角度来讲，那便完全不合于真道了，因为同伴、暴君、战争发起者采用了"人为的"方式，以至于影响了此人"自然的"生命。

简而言之，真道赋予了我们灵魂，这就是其至善性的最好体现，而灵魂以外的世界究竟如何，则是无关紧要的；真道既然安排了我们灵魂的出现，那便一定会安排它的归处，这便是其生化性的本质。《庄子·天道》说："知天乐者，其生也天行，其死也物化。"道家认为，如此便是面对人生最好的态度，其根本在于相信真道的至善性和生化性。

4. 小结

对于世界本原的认识是任何一个哲学家都绕不开的问题，对这个难以回答的问题，道家并没有鲁莽地进行断言，而是先给出了一条普适性的规则（即"道可道，非常道"），然后再试图加以进一步的思辨。这种严谨的态度使得道家的认知具备了充分的合理性，也保留了无限的可能性，是十分可贵的。

严谨的思辨存在于道家思想体系的方方面面。道家对真道的本质进行叩问，推论出真道具有普遍性与统一性；对世间万象进行叩问，推论出真道具有秩序性与自然性；对人之真我进行叩问，推论出真道具有至善性与生化性。

有了这些见解，道家的本体论就建起了一半，其认识论和价值论也便由此而展开。

（二）本体论：道家及庄子对于真我的见解

对于本体论的探究，先秦学者大多持有"重于天而轻于人"的态度。具体来讲，儒、墨、法、兵诸家学者都很注重对于天道（世界本原）的论述，对于人之本原却几乎没有发表过深入的意见。他们或者会采用"受命于天"这样含混的说辞，或者会使用"人无有不善"（《孟子·告子上》）、"人之性恶"（《荀子·性恶》）这样不太有根据的论断。总之，他们更愿意谈论较为具体的人与社会的关系，而很少去对人的本性进行抽象的讨论。

我国先秦古籍只有一部分流传至今，故此我们并不能草率地判定先秦哲学思想的全貌，不过，从现存的著作来看，真正认识到人的本原问题并对此进行体系化探讨的，恐怕只有道家一派了，这个结论大致是没问题的。比方说，《吕氏春秋》成书于战国末年，汇集了道家、名家、法家、儒家、墨家、农家、兵家、阴阳家等诸多学说，它对于先秦思想的汇集已经较为全面了，唯独少了道家特有的关于真我的探讨。由此可见，关于人的本体论并不流行于当时，它只是道家的不传之秘。

当然，先秦学者们必定是很早就注意到了人的本原问题，比如说，甲骨文的"我"字，其含义是指将人类意识从人类身体中剥离而成的东西[1]，其造字逻辑有意地将人类的物质属性与非物质属性进行二元对立，已经具有很朴素的本体论了。不过，我国一直有着重视社会发展胜于个人利益的传统，故此，大多数学者热衷于探讨治世的手段，从而更加重视人的社会属性，便不免忽略了人的个体属性。

在这样的时代风气之下，以庄子为代表的道家学者偏偏逆流而动，将人的个体属性置于道家学说之核心，独树一帜地对人之本原展开了种种讨论。更加可贵的是，他们很早就建立起一整套体系严谨、见解深刻的本体论，即便放在今天来看，这些思想也具备着难以比拟的高度。

1　详见《齐物论》中"吾丧我"一节。

1.道家的真我三元论

什么是"我"？古往今来的哲学家们往往会将"人"进行物质属性与非物质属性的划分，即所谓"意识—物质"二元论体系。其中，身体是物质、具广延、无意识的实体，而心灵是非物质、非广延、有意识的实体，身体与心灵又合为广义之"我"，而心灵部分又可称为狭义之"我"。然而，道家却认为，这样的划分不够精确，仍然不足以探寻"我"的本质，于是，他们把人的非物质属性（即意识）又继续分成精神、骨骸、真我三部分，即"精神—骨骸—真我"三元论（简称为"真我三元论"）。

为什么要进行这样的划分呢？首先，与精神有关的非物质属性可以归为一类，比如喜怒哀乐等，此即"精神之我"，亦可称之为天性[1]；其次，与身体有关的非物质属性可以归为一类，比如行动、力量等，此即"骨骸之我"，亦可称之为身性；最后，道家诸子发现，如果把精神之我和骨骸之我统统拿掉，似乎剩下的才是更加接近"我"之本性的部分，这才是"真我"，亦可称之为自性。

简言之，道家诸子先是使用类比的方式找出两种属性集合——精神与骨骸，然而，"我"的本质属性却并不在这两个集合之内，于是，便有了"真我三元论"的见解。

老子曰：……精神本乎天，骨骸根于地，精神入其门，骨骸反其根，我尚何存？

——《文子·九守》

精神者，天之分；骨骸者，地之分。属天清而散，属地浊而聚。精神离形，各归其真，故谓之鬼。鬼，归也，归其真宅。黄帝曰：

1　之所以命名为天性，是根据庄子的"天籁"说，详见下文。

"精神入其门，骨骸反其根，我尚何存？"

——《列子·天瑞》

这里的天之分、地之分、鬼、真宅之类的说法看起来有点玄，但那只是一种思辨的方法，我们且不必管它。不妨设想这样一种场景：倘若有一个人，他此刻不喜、不怒、不哀、不乐，使精神属性完全消失，即所谓"精神入其门"，同时，他失去力量而无法运动，使骨骸属性完全消失，即所谓"骨骸反其根"，那么，这个人的"我"还存在吗？如果"我"存在，那么，"我"存在于何处呢？——这里的思辨大致就是列子的思路。那么，即便没有了精神属性与骨骸属性，人的意识却依然存在，"我"依然存在。这个剩下的"我"，列子称之为"鬼"，在这里，我们把它称为"真我"。

于是，按照道家诸子的思路，我们便大致知道了："我"只是人的非物质属性的一部分，而不是全部；"我"既不是精神之我，也不是骨骸之我；精神之我和骨骸之我可以凭空出现，也可以凭空消失——比如突然间的大笑或者抑郁——但"我"的存在却与它们并不是一码事。

那么，真我到底是什么呢？遗憾的是，道家诸子（除了庄子）并没有进一步地说明，他们的思辨到了"我尚何存"这里便告一段落了。不过，这已经足够说明精神、骨骸、真我三者的差异性了。真我既不是精神，也不是骨骸，虽然还无法说明它的本质，但道家诸子将精神属性与骨骸属性逐一拿掉，巧妙地用"剥离法"证明了真找的独立属性，这实在是很高明的。

枯龟无我，能见大知；磁石无我，能见大力；钟鼓无我，能见大音；身车无我，能见远行。故我一身，虽有智、有力、有行、有音，未尝有我。

——《关尹子·六匕》

对于真我的思考，道家还有一种"比较法"的思路。枯龟、磁石、钟鼓、舟车，这四者显然是不具有真我的，然而，枯龟有智谋（彼时之人认为烧灼龟甲可以预测吉凶），磁石有力气，钟鼓能发声，舟车能远行，故此，智谋、力量、行动力、发声这些骨骸之性并不是真我的本性。或者说，必定还有点别的什么才是"我"。于是，真我的独立属性便又一次得到了证明。

总之，可以将人的一切与精神有关的非物质属性归为精神之我，又可称为天性，而精神之我并不是真我。譬如说，能哭能笑是一个人的天性，然而，当一个人不哭不笑甚至也不思考的时候，他仍然是一个人，仍然具有"真我"。

可以将人的一切与身体有关的非物质属性归为骨骸之我，又可称为身性，而骨骸之我并不是真我。譬如说，能跑能跳是一个人的身性，然而，当一个人不能跑跳也不能言语的时候，他仍然是一个人，仍然具有"真我"。

那么，其余的部分，即人的一切不与精神和身体有关的非物质属性才是真我，又可称为自性。

于是，道家的真我三元论便由此构建起来了，相比于"意识—物质"二元论来说，真我三元论将人之本体论向前推进了一大步。

2.庄子的真我三元论

老子、列子、关尹子、文子等道家学者对真我三元论都提出过一些见解，足以见得这是一种道家的传统思想，不过，其相关论述却颇为破碎，其实未能形成完整的体系。在此基础之上，庄子又提出了逍遥游、吾丧我、天籁、乐出虚等多种论述，使真我三元论真正显示出完善的体系，也极大地拓展了真我三元论的思想深度。

首先，庄子用"逍遥游"揭示出真我三元论的本质。

道家学者孜孜不倦地探寻真我的本质，可以归结为学者对于探索万物的自驱力，不过，为什么他们会想到从人的精神属性和骨骸属性来作为切入点呢？在《庄子·逍遥游》一章，庄子揭示出这个命题的一个隐藏的本质：对自由意志的追求。人的精神之我受到精神的约束，骨骸之我受到身体的约束，二者均是不自由的，那么，除去此二者，剩下的那个才是不受任何约束的具有自由意志的真我。

夫列子御风而行，泠然善也，旬有五日而后反。彼于致福者，未数数然也。此虽免乎行，犹有所待者也。若夫乘天地之正，而御六气之辩，以游无穷者，彼且恶乎待哉！

——《庄子·逍遥游》

列子可以"御风而行"，这已经是人类可以想象的自由意志的甚高境界了，然而，庄子却评论说："此虽免乎行，犹有所待者也。"御风而行，虽然使人从骨骸之行之中解脱出来，免去了人的骨骸属性对真我的束缚，然而，却依然需要等待起风的时机。如果可以"御六气"而行，天地之气（不止是风而已）皆能为我所用，不必受到是否起风的困扰，可以任意而游，逍遥而游，又何须等待什么呢？那才算是使真我达到真正自由的境界！

世人无不期于逍遥，无不认同"逍遥游"的境界，然而却未必知晓"逍遥游"的本质：人的精神之我受到天性的束缚，骨骸之我受到身性的束缚，此二者天然便是不逍遥、不自由的；唯有真我才具有逍遥、自由的本性。

故此，我们要找到真我，要从精神之我与骨骸之我带来的迷惑之中分辨出真我。庄子将"逍遥游"之论置于开篇，正是要揭示出真我的自由属性，展示出真我三元论的本质。

其次，庄子用"吾丧我"论证了真我的独立性。

如前文所述，道家诸子用种种思辨说明了真我与精神之我、骨骸之我的不同，不过，其论证过程未免是简陋而粗糙的。庄子则构想出一个"吾丧我"的寓言，对此进行了更加精妙的说明。

南郭子綦隐几而坐，仰天而嘘，嗒焉似丧其耦。

颜成子游立侍乎前，曰："何居乎？形固可使如槁木，而心固可使如死灰乎？今之隐几者，非昔之隐几者也。"

子綦曰："偃，不亦善乎，而问之也！今者吾丧我，汝知之乎？女闻人籁，而未闻地籁；女闻地籁，而未闻天籁夫！"

——《庄子·齐物论》

从本质上讲，"吾丧我"其实是一个思想实验——南郭子綦形如槁木，亦即不进行任何行动，便拿掉了骨骸之我；心如死灰，亦即不发动任何情感，便拿掉了精神之我；而他剩下的部分还在发表着见解，可不就是真我吗？

以庄子看来，人的真我往往都被身性和天性所蒙蔽，只有解除这种蒙蔽，才能真正地探寻到"我"之本性，进而才能获得真正的自由和逍遥。有人会以力大无穷而扬扬得意，你以为那种属性是真我吗？不是，那是身性而已。有人会以获得成就而沾沾自喜，你以为那种属性是真我吗？不是，那是天性而已。而人的真我在哪里呢？它未曾显化，所以我们很难给出答案，但我们仍然有办法去证明它的存在，并试着去接近它、找到它。

从方法上来看，"形如槁木，心如死灰"即是"精神离形，各

归其真"，"丧我"即是"我尚何存"，那么，"吾丧我"其实是对于
"精神入其门，骨骸反其根"的化用和升级，不过，它更加清晰，
更加生动，更加有力地揭示出真我三元论的内涵。

再次，庄子用"天籁"注解精神之我。

在真我三元论中，骨骸之我是较容易理解的（比如关尹子对于
枯龟、磁石、钟鼓、舟车等的探讨），精神之我则不太容易说明，故
此，庄子特意用"天籁"来加以解释。

子游曰："敢问其方？"

子綦曰："夫大块噫气，其名为风。是唯无作，作则万窍怒呺。
而独不闻之翏翏乎？山林之畏佳，大木百围之窍穴，似鼻，似口，
似耳，似枅，似圈，似臼，似洼者，似污者，激者，謞者，叱者，
吸者，叫者，譹者，宎者，咬者。前者唱于，而随者唱喁。泠风则
小和，飘风则大和，厉风济，则众窍为虚。而独不见之调调、之刁
刁乎？"

子游曰："地籁则众窍是已，人籁则比竹是已。敢问天籁？"

子綦曰："夫吹万不同，而使其自已也。咸其自取，怒者其
谁邪？"

——《庄子·齐物论》

籁是带有孔洞的吹奏之器，有气流通过便能发声，那么，人之
肉体之孔窍（比如嗓子）便可以比喻为人籁，则人声即人籁之声；
大地之孔窍（比如山洞）便可以比喻为地籁，则"万窍怒呺"即地
籁之声；万物之灵魂之孔窍便可比喻为天籁，则喜怒哀乐即天籁
之声。

天籁实在是一个很精妙的比喻。人的精神属性是非物质性的，

似乎不应该用物质性的"孔窍"来对它进行说明，然而，庄子却偏偏用物质性的肉体来类比非物质性的精神，它并不是逻辑的错乱，而是基于庄子的两点认识：其一，人的精神属性具有不可变易性；其二，人的精神属性具有不可控制性。就这两点而言，非物质性的精神和物质性的肉体并没有什么不同。

比如说，人有傲慢、贪婪、易怒、好色等精神属性，这似乎是预定好的，即使后天再多努力也很难改变，针对于此，庄子把它们比喻成乐器上的孔洞，亦即灵魂上的窍穴。另外，这些窍穴的"吹奏"似乎并不受人本身所控制，我们遇到好事便会喜悦，遇到灾难便会惊恐，这些情感自然地流露着，很难加以控制，就像另外还有一种气流代替我们把精神之乐器吹奏出声，针对于此，庄子把它比喻成"天风之吹"。

由此我们就明白了：就不可变易性与不可控制性而言，非物质性的精神和物质性的肉体并没有什么不同，它们都有着预定成形的"窍穴"。肉体的窍穴便是身性，人的吹奏使它发声，它的表现是坐卧立走；精神的窍穴便是天性，天风的吹奏使它发声，它的表现是喜怒哀乐。

最后，庄子用"乐出虚"说明自由意志。

庄子用天籁来说明精神属性的不可变易性与不可控制性，其实，其核心都是自由意志的缺失，而这就是精神之我与真我最大的区别。

大知闲闲，小知间间；大言炎炎，小言詹詹。其寐也魂交，其觉也形开。与接为构，日以心斗，缦者，窖者，密者，小恐惴惴，大恐缦缦。其发若机栝，其司是非之谓也；其留如诅盟，其守胜之谓也。其杀如秋冬，以言其日消也，其溺之所为之，不可使复之也；其厌也如缄，以言其老洫也，近死之心，莫使复阳也。喜怒哀乐，虑叹变热，姚佚启态；乐出虚，蒸成菌。日夜相代乎前，而莫知其所萌。已乎，已乎！旦暮得此，其所由以生乎！

——《庄子·齐物论》

　　在庄子看来，人的欣喜、愤怒、哀伤、欢乐，忧虑、感叹、变色、恐惧，轻浮、放纵、张狂、作态（"喜怒哀乐，虑叹变热，姚佚启态"）具有不受控制的非自由意志的特点，故此，均应归属于精神之我，亦即天性，它们不受真我的自由意志所控制；不仅如此，这些泛滥的感情还会以癫狂而兴奋的方式反过来绑架真我的自由意志，使人类丧失真我之本，将自性迷失于天性之中。

　　在此处，庄子又用了一个"乐出虚"的比喻：人之真我犹如树干，泛滥的感情犹如树干上蒸腾而出的菌菇，人若是受到"乐"的诱惑，不顾树干之本体，而是追逐看似华丽实则速朽的菌菇，那便是"乐出虚，蒸成菌"了。人会有"喜怒哀乐，虑叹变热，姚佚启态"等精神属性，其根本来源于人类的机谋与言辞，其恶果，则是消磨生命（"与接为构，日以心斗"），迷失真我（"旦暮得此，其所由以生乎"）。

　　我们不妨这样想象一下：假设有一人，从生下来的那一瞬间开始，便无时无刻不活在无止境的欲望与巨大的恐惧当中，直至死去，那么，他可以算作是真正意义上的"人"吗？他真的具有自由意志吗？他真的具有人之属性吗？他真的具有"真我"吗？他和挨着汤锅而不停拉磨的驴子有什么本质的不同吗？欲望、恐惧、欣喜、愤怒……它们本质上都是泛滥的感情，心灵如果被它们所占据，自性之真我则被天性之假我所奴役。正是出于对绝对自由意志的不断追求，出于对解放真我的深入思考，道家才发现了人的种种天性并不是具有自由意志之真我，它们不过是一些华丽的传声筒（天籁）而已。

总之，如果一个人只会吃了睡、睡了吃，那么他并不能算是作为人那样活着，他的自性迷失在身性之中了；如果一个人只会哭了笑、笑了哭，那么他也不能算是作为人那样活着，他的自性迷失在天性之中了。道家诸子的真我三元论基本上就零散地思考到这里，而庄子则是用"逍遥游"说明了真我三元论的本质，用"吾丧我"的思想实验详细地搭建并且证明了这个体系，用"天籁"阐明了精神之我的本质，用"乐出虚"论述了自由意志的重要性。由此，真我三元论便完善而精妙地构建起来了。

3. 道家的物我二元论

道家对"我"的本质进行思辨，提出了"真我三元论"；与此相对应，道家对我与世界的关系的本质进行思辨，提出了"物我二元论"。

道家认为，既然真我的独立属性已经被证明了，而真我又是难以直接辨明的，那便不如换一种间接的方式，"以外物而辨内我"。

首先，将真我之外的一切都归为"物"，即所谓"非我即物"；其次，将"物"之一切全部辨明，那么，真我也就因此而自明了，即所谓"非物即我"。

"非我即物"是为了剥离"物性"，是认知的基本方法；"非物即我"是为了辨明"我性"，是认知的终极目的。故此，物我二元论所秉承的仍然是"剥离法"的思路，在本质上，它是一种辨明真我的方法。

道家物我二元论的"物—我"体系与哲学通行的"意识—物质"体系看上去有点儿类似，其实却有很大不同。前者是关于本性的分类，目的是"寻我"；而后者是关于形态的分类，目的是探讨二者的关系。具体而言，物我二元论又有如下特点：

其一，物我二元论之"物"，既指物质，也指物性。

道家采用了"非我即物"的分类法，"物"的范畴是极为广泛的，它不仅包含物质本身，也包括物质之性，还包括一切抽象的带有"物性"的东西。也就是讲，当我们看到道家将名利、家国、天下等抽象的概念也称为"物"的时候，并不需要感到迷惑，因为道家之"物"，是指其中的"物性"而言的。

其二，自性即"我"，此外皆"物"。故此，天性、身性都是物性，也属于"物"之范畴。

自性、身性、天性，三者都带有非物质、非广延、有意识的属性，同在"意识"之列，然而，道家仅仅将自性视为真我，划入"我"之范畴，因为身性、天性二者均依赖于"物"而存在，与"物"有着密不可分的关系，从而将二者视为"物性"，划入"物"之范畴。

举例来讲，人的言语能力属于身性，本来是非物质、非广延、有意识的，似乎不是"物"，然而，它与发声器官之"物"、言说对象之"物"均有着密不可分的关系，与"我"倒是完全可分的（譬如说，身如槁木者没有言语能力，却有真我）。故此，言语能力之身性不属于"我"，应当属于广义的"物"的范畴。

再比如，人的喜怒哀乐属于天性，本来是非物质、非广延、有意识的，似乎不是"物"，然而，它的激发的来源与传递的对象都是"物"，它们有着密不可分的关系，与"我"倒是完全可分的（譬如说，心如死灰者没有喜怒哀乐，却有真我）。故此，喜怒哀乐之天性不属于"我"，应当属于广义的"物"的范畴。

自三代以下者，天下莫不以物易其性矣。小人则以身殉利，士则以身殉名，大夫则以身殉家，圣人则以身殉天下。故此数子者，事业不同，名声异号，其于伤性以身为殉，一也。

　　　　　　　　　　　　　　　——《庄子·骈拇》

　　小人趋利，士人喜名，大夫为家，圣人心系天下，按照道家的看法，这四者都是人之天性，而四者皆因利、名、家、天下等外物而起，故此统统属于物性。天性太盛便会损害真性，故此，四者都是"伤性"之举；又因为天性属于物性，故此，道家将天性妨害自性的行为称为"以物易其性"。

　　其三，物我二元论之"我"，并非人类全体之意识，而是单一个体之意识。换言之，他人之"我"，亦是我之"物"。

　　道家的"物—我"体系是完全站在个体的角度提出的。对于个体而言，世间只有一个"真我"，故此，在此个体的"真我"以外，所有一切都是外物。或者说：他人即外物。

　　鲁有兀者王骀，从之游者与仲尼相若。……常季曰："彼为己，以其知得其心，以其心得其常心，物何为最之哉？"

　　　　　　　　　　　　　　　——《庄子·德充符》

　　鲁国有一位王骀先生，追随他的人就像追随孔子的那么多。常季很不服气地向孔子问道：他只是建设了自己的内心，却为何获得了最多的"外物"呢？王骀赢得众人追随之心，那么，他收获的显然是"心之最"，而常季却说是"物之最"，这便是"将他人之心视为己之外物"了。众人之心无论如何，对于王骀而言，不过都是外物；故此，所谓获取人心，其本质不过是获取外物而已，其实与自心无关，所以称之为"物"。这便是典型的主张"他人即外物"的道家物我二元论。

总之，物我二元论是从个体角度而言的探寻真我之法。道家用"物"来统称"我"以外的所有事物，并由此而建立起"物—我"二元体系，对此我们不妨这样理解：人应该秉受应有的生命，追寻自由的"真我"，才算是具有人的属性，否则，一切都在束缚之中，没有真正的自由可言，那便和没有生命的"物"毫无分别了。所以说，物我二元论的本质依然是对于自由意志的探寻，它反映的是自由之"我"与不自由之"物"二者的交锋。

4. 庄子的物我二元论

为了辨明"我"与世界的关系，道家提出了物我二元论，不过，此前的种种工作仅仅是将"我"与"物"进行了泾渭分明的对立，而二者的关系其实是既对立而又统一的，直至庄子较为深入地论述了二者的对立统一性，物我二元论才算是真正体系完备地树立起来。

如前文所述，道家的真我三元论已经证明了真我的独立属性，也就是说，自性是不同于身性与天性的，然而，自性之真我是必然存在的吗？关于这一点，关尹子只是含混地反问道："我何有焉？"（《关尹子·四符》）老子也只是启发式地讲了一句："精神入其门，骨骸反其根，我尚何存？"（《文子·九守》）而这样的解答显然是不能令人满意的。于是，庄子便分别思辨了真我与骨骸之我、精神之我的关系，并由此而证明了真我的存在。

> 百骸，九窍，六藏，赅而存焉，吾谁与为亲？汝皆说之乎？其有私焉？如是皆有。为臣妾乎？其臣妾不足以相治乎？其递相为君臣乎？其有真君存焉？如求得其情与不得，无益损乎其真。
>
> ——《庄子·齐物论》

对于真我与骨骸之我的关系，亦即自性与身性的关系，庄子是

从施者与受者的角度来辨析的。就像重力是河流的驱动力，而风是
风车的驱动力那样，人的身体所能做出种种动作，也必然具有一个
原因。百骸、九窍、六藏，它们显而易见地具有各自的机能，那么，
是谁来有目的地驱动它们呢？它们是在同时地无差别地运动吗？显
然不是。人有时睡觉，有时醒来，有时行走，有时坐下，总是具有
一种整体的秩序。可见，它们有一个共同的主宰存在着，否则，一
切不足以如此协调（其臣妾不足以相治）。它们是交替着承担主宰的
职务吗（其递相为君臣乎）？显然不是。它们彼此之间是平等的，
人类并不会出现一会儿手臂来主宰全身、一会儿腿脚来主宰全身那
样的情况。故此，这个主宰必然是独立存在的（其有真君存焉），而
且，它并不在百骸、九窍、六藏这些之中。那么，这个主宰着它们
的真君就是自性，也只能是自性。

　　由此，庄子便证明了真我的存在，而且揭示出真我与骨骸之
我的关系：前者是施者，后者是受者，就像君臣那样。

　　非彼无我，非我无所取。是亦近矣，而不知其所为使。若有真
宰，而特不得其眹；可行已信，而不见其形；有情而无形。

　　　　　　　　　　　　　　　　　　　　——《庄子·齐物论》

　　对于真我和精神之我的关系，亦即自性与天性的关系，庄子是
从本质和现象的角度来辨析的。就像波浪是河流的表象，而奇峰怪
石是山峦的表象那样，人的精神有种种外化的表现，其中必有一个
本质。我们提到"人"这个概念，所指的必定不是言谈、智谋、情
感等表象，而是表象之下的本质，或者说，言谈、智谋、情感等种
种天性终究要以人的自性为根本。自性若不发动，天性亦无法显露，
犹如形骸一具、死木一根。这便是"非我无所取"的意思。另外，
自性是隐性的本质，天性是显性的现象，人之所以成为人而不是动

物，那必定也要通过言谈、智谋、情感等种种天性而得以展现。天性若不发动，则自性也无法呈现，犹如地下之苗、灰中之火。这便是"非彼无我"的意思。

由此，庄子便证明了真我的存在，而且揭示出真我与精神之我的关系：前者是本质，后者是现象。

总之，身性是自性的受者，天性是自性的现象，身性、天性二者均是自性之外物，这便是"物"与"我"的对立关系；自性是身性的施者，自性是天性的本质，自性不能脱离二者而独立存在，这便是"物"与"我"的统一关系。由此，物我二元论便真正完善地构建起来了。

5.庄子的彼是二元论

物我二元论揭示出"物"与"我"的对立统一关系，相应地，庄子又构建出"彼是二元论"，以揭示"物"之性与"我"之性的对立统一关系。"物"之性即"彼性"，因为它与"我"无关，故此称为"彼"；"我"之性即"是性"，因为它与"我"同是，故此称为"是"。

为什么在物我二元论的基础之上又要构建出彼是二元论呢？二者的关联在于：物我二元论是对本实的区分，是认知的框架；彼是二元论是对本性的区分，是认知的手段。正如我们会将一个人命名为善人或者恶人，而无论善人还是恶人，其自身都会有善性与恶性并存的状况。只有在本性上不断地区分、认知、扬弃，才会最终获得本实。

真我是需要不断探寻的，其中并没有绝对的标准，故此，真我之性难免会与外物之性混杂不清。针对这种状况，庄子提出的办法是：其一，暂定出真我之性与外物之性各自的范畴；其二，考察真我之性，留下其中"对的"部分，继续保持，舍弃其中"不对的"

部分，予以去除；其三，考察外物之性，留下其中"对的"部分，为我所用，舍弃其中"不对的"部分，交还与物。

简言之，既考察真我之性，也考察外物之性，留下"对的"，舍弃"不对的"，用扬弃的方法来不断寻求内我。所谓"对的"部分，与我同是，故此可称为"是性"；所谓"不对的"部分，与我相彼，故此可称为"彼性"。出于认知的局限，无论是暂定的真我之性，还是暂定的外物之性，其中都必然既包括"是性"也包括"彼性"，这便是庄子的"彼是二元论"。

> 物无非彼，物无非是。自彼则不见，自知则知之。故曰：彼出于是，是亦因彼。彼是方生之说也。虽然，方生方死，方死方生；方可方不可，方不可方可；因是因非，因非因是；是以圣人不由，而照之于天，亦因是也。是亦彼也，彼亦是也。彼亦一是非，此亦一是非。果且有彼是乎哉？果且无彼是乎哉？彼是莫得其偶，谓之道枢。枢始得其环中，以应无穷。是亦一无穷，非亦一无穷也。
>
> ——《庄子·齐物论》

这一段话所阐述的便是彼是二元论，它极为重要，是庄子哲学的内核之一。将它概括一下，有如下几层含义：

其一，非彼即是：彼性与是性是属性的集合。

所谓彼性与是性，与"物"和"我"的划分类似，其实仍然是属性的集合。比方说，我们将外物的本性统统考察出来，能与内我之性"同是"的，便属于"是性"；反之，则属于"彼性"。那么，外物之本性便可以区分为彼性与是性两种，所以说："物无非彼，物无非是。"换言之，对于内我而言，外物无非是由彼性与是性所构成，其中，是性是有益的，彼性是无用的，即所谓"自彼则不见，自知则知之"。

这里需要注意的是，对于外物，我们先要去认知它，然后才能找到其中的是性，进而求其是，故此，这里是"自知则知之"，而不是"自是则知之"；对于外物，如果我们先入为主地断定其中只有彼性而不去认知，那么，无论其中有没有是性，我们都将会一无所知，那便是"自彼则不见"了。

其二，彼是无定：彼性与是性是不断变化的。

所谓彼性与是性，其划分的标准是真我。然而，真我是不能确知的，故此，彼性与是性具有变易性、暂时性、不确定性。即所谓"方生方死，方死方生；方可方不可，方不可方可；因是因非，因非因是"。彼性与是性二者互相肯定又互相否定，一会儿能确定一会儿又不能确定，关联着我之真性又关联着我之伪性。

其三，彼是相生：彼性与是性是相互转化而又对立统一的。

彼性与是性的不断变化，指的是其集合的归属发生改变，其本性则是不变的，故此说："是亦彼也，彼亦是也。"另外，"彼出于是，是亦因彼"。由于有了是性，我们才能排除掉哪些是彼性；也因为知晓了彼性，我们才能更加明确是性本身。

"彼是莫得其偶，谓之道枢。枢始得其环中，以应无穷。"是性与彼性都是暂时性的标签，故此，它们与真道都不能完全对应，这就叫作"道枢"，意即认知真道之枢纽。道枢在于认知之环的中心，既不偏向所谓的是性，也不偏向所谓的彼性，以此来应对变化之无穷。

其四，知彼是而知我：辨明彼性与是性，最终目的是探求内我。

由于我们无法绝对地把握内我与外物的本质，故此，内我与外物都是不能确定的，二者只是在我们不断地认知之中得到暂时的确定性；而这里的认知，本质上就是对彼性与是性进行逐一辨明、扬弃。也即是讲："彼亦一是非，此亦一是非。"外物在对于是性与彼性的认知之中得到统一，真我也在对于是性与彼性的认知之中得到统一。

"是亦一无穷，非亦一无穷也。"求是的过程是无穷无尽的，扬弃的过程也是无穷无尽的。

总之，物我二元论提供了区分真我的依据，而彼是二元论提供了探寻真我的手段。就像真道一样，真我的本性似乎是永远难以言明的，但这并不妨碍我们不断地对它加以探寻，进而不断地接近其本质。彼是二元论便是庄子所给出的最好的方法。

6. 小结

对于人的本原问题，道家的思辨是很特别的。大多数哲学家会站在旁观者的角度，把人分成物质和意识两大属性，再去深入探究各自的本性，便是"物质—意识"体系；道家学者却是站在个体的"我"的角度，把世界分成内我与外物两大部分，一切全是为了探明内我的本性，便是"物—我"体系。道家以这种个体化、主体化的思考方式构建出了与众不同的理论体系，即便放在整个哲学史上，它也具有独一无二的高度。

在庄子以前，道家诸子便秉承着真我三元论和物我二元论的思想，不过，那实在是破碎而不成系统的，直至庄子体系完备地提出了"齐物论"，道家对于人的本体论才算是完善而深刻地构建出来。

在过去，研究者们并没有弄清楚道家物我二元论的思想，便以为《庄子·齐物论》一章是在讨论"万物一齐，无短无长"（《庄子·秋水》）的关于"物"的问题。其实，庄子"齐物而论"，恰恰是一个反向"寻我"的过程。开篇的"吾丧我"之寓言便点明了此章的主旨：弃物而知我，去物而见我。故此，所谓"齐物论"其实就是寻我之论，就是真我三元论、物我二元论、彼是二元论等各思想体系的总和，就是道家对于人之本原的最成熟的论述。

（三）道家及庄子的认识论

从前文对道家本体论的分析中便可看出，道家的哲学呈现出较为一致且独特的风格：其一，重视思辨，谨慎结论；其二，重视逻辑，提倡感悟；其三，打破常规，追问本原；其四，注重个体，敬畏未知。其中，庄子又展现出极强的体系化构建的能力，他的思辨总是逐层构建并且渐行渐深，论证全面并且逻辑严密，形成了独树一帜的哲学气质。

1.名可名，非常名

道家对于世界本原的理解是"道可道，非常道"，相应地，他们的认识方法是"名可名，非常名"。其认识论与本体论是一脉相承的。

名，即名识之法、名辨之法，以下定义的方式对事物进行认知。比方说，对于道家我们可以采用这样的一种描述：

道家是形成于春秋战国时期的一个学派，主张以道来理解世界，在政治上提倡无为而治，其代表人物有老子、列子、庄子等。

那么，"道家"是我们赋予这个学派的名，这种手段可以称为"赋名"；而"形成于春秋战国时期""主张以道来理解世界""在政治上提倡无为而治"等形容语句是我们探索其本质而下的定义，是遵循名识之法对其加以认知，可称为"辨名"。"赋名"与"辨名"都属于"名识"之法，在这里，道家主要讲的是后者。

我们不断地对事物进行定义，事物的本性便能随之而呈现；定义越细致，呈现越清晰。这个"以名求实"的手段便是"名识"之法，是运用最为广泛的认知手段，然而道家对于它的态度却是很警惕的，认为它有两个天然的局限：其一，从认知的结果上来看，"名识"之法欠缺准确性，"辨名"之结果总是偏离于事物之"实"，此即"名实必不相副"之论；其二，从认知的手段上来看，"名识"之法欠缺充足性，再多的"辨名"也无法反映出事物之"实"，此即"名必不足以求实"之论。

比方说，"道家是形成于春秋战国时期的一个学派"是上文中我们对道家的一种定义，然而，"道家"这个词最早见于西汉，老子、列子、庄子等人的学说也彼此甚有不同，对于他们是否属于同一个学派，春秋战国学者们的意见也很不统一，故此，这个"辨名"是不够严谨的；如果我们完全按照此"名"来理解道家之"实"，那么，我们可能会误以为老子、列子、庄子等人秉承的是同一种学说，这便与事实完全不符了。这个例子可以说明："名识"之法欠缺准确性。

另外，"形成于春秋战国时期"也是不够清晰的一个描述：道家学派究竟形成于春秋战国的哪一年？以什么事件为标志？形成前后各有哪些变化？……不弄懂这些问题，是无法真正了解道家的本质的；而即使把更多的描述统统加进去，依然无法对道家的本质进行完全彻底的"辨名"。这个例子可以说明："名识"之法欠缺充足性。

总之，"名识"之法是认识事物的重要手段，然而，它在准确性和充足性上都有所欠缺，这是由它的本质所决定的，故此，应当以"名识"作为暂借之手段，而非终极之认知，这便是道家所谓"名可名，非常名"的主张：假定事物有一个完全"名副其实"的恒常不变的真名，我们可以不断地对事物加以"赋名"或者"辨名"以找出其真名，即"名可名"；然而，事物恒常之真名只能不断接近，并不能完全获得，即所谓"非常名"。简言之，事物之真名是可以名识的，得到的却总不是恒常的真名。

那么，如何才能得到恒常的真名呢？真名能够完全准确地描述事物的本质，即绝对的"名副其实"，其实就是实。按照道家的看法，我们只能使认知无限接近于事物的本实，而永远无法绝对准确地认知它。故此，恒常的真名其实是不存在的，我们当然无法得到它。

由此，对于世间的绝对规律、"我"的绝对本质，道家只是暂且给予它们真道、真我的"赋名"，再通过不断地"辨名"来进行认知。道家决不会以绝对的态度对真道、真我进行定义，因为恒常之真名是不存在的。不仅真道、真我这些抽象概念是这样，那些具象的概念也是如此，从本质上讲，它们都是不可言说的。故此，道家一边以辨名的方式进行认知，一边又在发出各种警告。庄子说："吾将为名乎？名者，实之宾也，吾将为宾乎？"（《庄子·逍遥游》）这是在提醒人们：名永远是实的附庸。庄子又说："无为名尸。"（《庄子·应帝王》）这是在告诫人们：不要被名蒙蔽了心灵，因为恒常之真名是不存在的。

2. 以非指喻指之非指

"名可名，非常名"讲的是"名识"之法的局限性，虽然如此，"名识"之法毕竟是最广泛也最合理的认知手段，总的来讲，道家对它还是认同的。那么，是否还存在着更好的认知方法呢？对此，庄子详细地论述了"非指"之法。

指，原义为手指；以手指指向一物，则衍生为指代之义，指点、指示、指明、所指等词义均由此而生。那么，"名而识之"即是"指而认之"，"名识"与"指认"的内涵其实是一致的。故此，在道家的认知论里，以"名识"之法将某物的种种特性一一指出，即是"指"之认知法；与此相对应，不必一一指出某物的种种特性，不需要一一名识，而是用心进行整体的体察，即是"非指"之认知法。"指"强调以分解的局部之性逼近其本性，"非指"则强调直接体察其本性。

在这样的语境下，指、指名、名识三者大致是一个意思。不妨这样理解：假设我们遇到了某种新的事物，首先，我们会指出它的种种特性，即是"指"；其次，我们会将这些特性一一进行描述，即是"名"；最后，再将它们统一起来，便是"指名"之法，其实也就是"名识"之法。

> 今指马之百体而不得马，而马系于前者，立其百体而谓之马也。
>
> ——《庄子·则阳》

为什么要主张"非指"之法呢？庄子发现：如果向他人介绍一匹马，即使将它的种种特性一一指明，譬如说，它是白色的、跑得快的、体长的、肥硕的……也依然很难使人产生准确的理解；倒不如把这匹马拉到他人身前，他人便能一下子感受到这匹马了，由此便能得到更加准确的认知。两种方法中，前者即是"指"之法，后者即是"非指"之法，显然后者较前者要更好一些。于是，庄子总结说：

> 以指喻指之非指，不若以非指喻指之非指也；以马喻马之非马，不若以非马喻马之非马也。天地一指也，万物一马也。
>
> ——《庄子·齐物论》

这里还需要辨明一个概念。所谓"指之非指","指"是所指之物，"非指"是物之本性；所指之物之本性是不能通过"指"之法来得到的，故此称为"指之非指"。于是，"指"之字义，既代表所指之物之表象，又代表"指名"之法；"非指"之字义，既代表所指之物之本性，又代表"非指名"之法。它们便构成了这样一个逻辑稍显复杂的语句。

故此，"以指喻指之非指，不若以非指喻指之非指也"，其实就是"以指之法认识本实，不如以非指之法认识本实"的意思。庄子之所以这么表达，也是在破除人们对于"名"与"指"的执念。譬如说，我们要去考察一名小偷的本性，显而易见地，"小偷"并不是这个人本性的全部，那么，我们先入为主地用"小偷的本性"来为之赋名，那岂不是有失公允吗？并且，我们对小偷的"偷"之性已经有所认知了，我们要考察的其实是其余的部分，即小偷的"非偷"之性，如此才能渐渐认知他的本性。故此，"小偷的本性"的说法其实是不太恰当的，这里应该说成"小偷的非偷的本性"才对。庄子"指之非指"的概念便与此类似。

其实，"非指"之法并不是什么冷僻而奇怪的手段。如果按照现代人的观点来看，"指"之法推崇的是表性认知，它类似于认知科学中的符号主义，即以命名、定义、符号等方式来进行认知，其优点是直观、便捷，缺点是冗杂、难以深入；"非指"之法推崇的是里性认知，它类似于认知科学中的联结主义，它不是像符号主义那样，依赖于对认知对象的特性进行不断的细化，而是将认知对象视为元信息，不断地建设提升自己的认知联结体系。

"非指"之法也并不是庄子的独门绝技，先秦之时，比他早一些的墨子和列子都提出了类似的意见。

墨子说："所知而弗能指，说在春也、逃臣、狗犬、贵（遗）者。"（《墨子·经下》）像春天之抽象、逃臣之踪迹、狗犬之命名不同、逝去者之形体尽失那样，它们都是我们可以认知的，却并不是可以一一以"指名"的方法来认知的。墨子所举的例子不免还有值得商榷之处，但大致就是"非指"之法的意思。

列子说："实无名，名无实；名者，伪而已矣。"（《列子·杨朱》）又说："无意则心同，无指则皆至。"（《列子·仲尼》）前一句话指出了"指名"之法只能作为从属的手段，其结果不能代替物之本实，后一句话大致便是"非指"之法的直接描述了。

另外，比庄子晚一些的公孙龙有一篇《指物论》，也对"指"与"非指"发表过意见，他的主张恰好与庄子相反，或者说，《指物论》全篇似乎就是为了驳斥庄子而写的。公孙龙的辩论思维是很有意思的，不过，他对"非指"的批判纯粹属于咬文嚼字，关于认识论本身并没有什么真知灼见，他善于诡辩的逻辑使人感到同情，所以也就不必提它了。

总之，关于"指"之法与"非指"之法的讨论，在战国时期似乎也曾经流行过一段时间，从现有的资料来看，墨家、名家以及道家的列子都曾经涉足于此，不过，他们只是形成了极为有限的一些思想碎片。唯有庄子深入地探讨了这个问题，因此而建立起一个精妙的认识论的体系并积极实践，使之完美且全面地应用于庄学本体论与价值论之中。庄子在先秦时期便能建立起这样一种体系完备的认识论，达到了中国古典哲学的一个高度，这实在是难能可贵的；这一套理论在随后的两汉魏晋时期并没有得到学术的传承（比如郭象等人的解读是完全错误的），这实在是很遗憾的事情，由此，它似乎又多了一层珍贵的价值。

3.且有真人，而后有真知

庄子将"非指"之法与"指"之法进行比较，发现前者更能够认识到事物的本质，从而将"非指"之法树立为庄学认识论的核心，其中的逻辑是缜密而令人信服的。然而，这里还有一个关键的问题没有解决：如何确定认识的正确性呢？"非指"之法强调以心观物，其主观性似乎是不可避免的，那么，又该如何达到客观的结论呢？

庄子敏锐地意识到这个问题，他自省地说：

> 知天之所为，知人之所为者，至矣。……虽然，有患。夫知有所待而后当，其所待者特未定也。庸讵知吾所谓天之非人乎？所谓人之非天乎？
>
> ——《庄子·大宗师》

庄子认为，人的认知先要秉承某个正确的认知体系（知有所待），才能用它来衡量出正确的结论（而后当）。也就是讲，认知之真以认知体系之真为前提，它们是具有传递性的，这就把认知的客观性往前推进了一步，溯源到认知体系的客观性上。不过，若是再往前推进一步，又如何判断认知体系本身的正确性呢？比方说，一个人声称自己的认知体系秉承的是天道而不是人道，却如何保证这个判断没有问题呢？

在这里，庄子将认知体系称为"所待"而不是"已持"，正体现了他自省与审慎的态度；他还老老实实地承认其正确性是尚且无法确定的（其所待者特未定也），也是出于他严肃的怀疑精神。相比之下，同时代的学者能这么做的似乎不多，他们往往是不由分说地给出一个"公理"，再拿着它去规范种种事物，而对于此"公理"的证明部分就不免显得很潦草了。

举例而言，先秦学者无不声称自己遵循天道，且纷纷为天道进行定义。比如，《礼记·礼器》说："天道至教，圣人至德。"《墨子·天志中》说："天为贵，天为知而已矣。"《管子·霸言》说："举大事，用天道。"《司马法·仁本》说："先王之治，顺天之道。"

等等。遵从这些法则并且去判断事物，当然是容易的，然而，何以知晓这些法则本身就是正确的、客观的呢？用庄子的话来讲："庸讵知吾所谓天之非人乎？"

对于这些主张，先秦学者们各自也有一些零星的证明，不过，那些证明基本上都是朴素的归纳法，即将个人经验予以罗列，归纳而成某种结论。在这里，归纳的方法本身并没有问题，有问题的是"个人经验"。由于秉承的认识论各有不同，个人所获得的经验便一定不同，按照不同的个人经验再去进行归纳总结，其结论一定是不同的。故此，同样是上古之治，孔子看到的是礼法井然，墨子看到的是兼相爱、交相利，而老子看到的却是各人本性具足。于是，各家学者又据此推导出不同的天道，由此便众说纷纭而争论不休。

鉴于此，庄子给出的解决方案是：

且有真人，而后有真知。

——《庄子·大宗师》

也就是讲，认知之真以认知体系之真为前提，而认知体系之真又以认知主体之真为前提。由此，庄子便将认知的客观性又推进了一步，溯源到认知主体上，那就是我们能找到的认知的绝对本原了。

至于认知的具体方法，那便是推测和验证。庄子说："夫道，有情有信，无为无形，可传而不可受，可得而不可见。"（《庄子·大宗师》）所谓情，便是推测；信，便是验证。推测和验证是通用的校验手段，认知之真、认知体系之真、认知主体之真，全要凭借这两者而辨明。

庄子对于"真人在真知之先"又有许多抽象的阐述，其核心的主张大致如下：

其一，人是认知的主体，而认知的客体包括人的自身、人的认知体系、人的认知行为。

其二，人对自身的认知是第一性认知，即人之真；对人的认知体系的认知是第二性认知，即道之真；对人的认知行为的认知是第三性认知，即认知之真。换言之，先知人之真，再知道之真，再知万物之真。

按照这样的体系，其他学者对于天道的意见在本质上都属于第二性认知，缺乏了第一性认知的部分，其实是无根之木，故此庄子认为不真。

"真人在真知之先"的口号是老子提出来的（见于《文子·精诚》），不过，直到庄子这里，其体系才得以完备。这一认识论将认知一直追溯到本原，也因此解决了认知行为与认知体系的循环论证的问题。比如老子还说过："所谓真人者，性合乎道也。"（《文子·守朴》）俨然以真道作为真人的判断标准，亦即"真知在真人之先"，这就与"真人在真知之先"的论断产生了一些矛盾。对于这一问题，庄子的解决方案是：将真人的四种属性罗列出来，如果你对此予以认可（第一性认知），那么，便可由此推知真人的认知体系（第二性认知），再以此认知体系去认知万物（第三性认知）。由此，一个逻辑严密的认识论就构建出来了。

在此我们也可以看出，这一认识论是格外尊重个体的，它所注重的，并不是要形成放之四海而皆准的认知规范，而是鼓励每一个个体都形成自己的认知体系。比方说，如果有人对庄子的"真人"持有不同的意见，那么他可以给出自己对于"真人"的见解，并按照"真人在真知之先"的原则来推知自己的"真知"。毕竟，雨人有雨人的生活，色盲有色盲的世界，每一个个体的认知都值得尊重。

真我是每个人都要去辨明的命题，其答案必定会各有不同，每一个个体以此为基础所建立的认知体系自然也会有所不同，这便是我们的认知总是不能达成一致的根本原因。学者们在各种观点上争论不休，他们没有意识到那只是第二性认知的冲突，其根本在于第一性认知的分歧。庄子对于第二性认知进行了怀疑与自省，揭示出第一性认知的奥秘，建立起一套尊重个体的认识论，这是十分可贵的。庄子持有注重真我的本体论，又提出注重真我的认识论，这是一脉相承的。由此，我们也明白了为何庄学会始终以真我作为构建的基石，因为那是哲学所能够探到的最根本的本原。

4. 六合之外，圣人存而不论

庄子继承了道家"名可名，非常名"的思想，作为认识论的总纲，以"非指"之法作为认识论的核心，以"认知真我"（第一性认知）作为认识论的本原，由此，庄学认识论便较为完备地构建起来了。那么，人们是否可以由此而认知万物了呢？不可以。庄子发现，人的认知终究是有局限的：

六合之外，圣人存而不论；六合之内，圣人论而不议；春秋经世先王之志，圣人议而不辩。故分也者，有不分也；辩也者，有不辩也。曰：何也？圣人怀之，众人辩之，以相示也。故曰：辩也者，有不见也。

——《庄子·齐物论》

所谓六合，指天地与东南西北四方，在此代表感知的限阈，庄子以此来说明人的认知范围。人的视力、听力都有各自的六合之限，而世间万物大多是远远超出这个范围的，对此，可以进行种种猜想，却无法证明，也不必证明，这便是"存而不论"。

要注意的是，所谓"存而不论"只是一个暂时的状况。世间万物是相对不变的，然而，认知的"六合"却可以自我扩大，如此，认知的客体便可以由"六合之外"变为"六合之内"，于是就可以进行认知了。

> 野马也，尘埃也，生物之以息相吹也。天之苍苍，其正色邪？
> 其远而无所至极邪？其视下也，亦若是则已矣。
>
> ——《庄子·逍遥游》

在《逍遥游》一章，庄子讲了一个认知的感悟：当大鹏身在地表之时，见到野马便觉得震撼；而当大鹏飞往南冥、身在高空之时，见到野马不过像是尘埃，因此便有了"生命不过是随着造物者之气息吹化而动"的新的理解。作为认知的客体，野马是不变的；作为认知的主体，大鹏的境界提升了。于是，客体虽然本身未曾改变，却由"六合之外"转入"六合之内"，主体对它便发生了全新的认知。

通过提升主体认知的境界，便一定能解决"六合之外"的问题吗？那当然是不一定的。大鹏飞到几万里的高空，依然无法对"天"进行认知，依然不能确定所看到的"天之苍苍"是否其正色，这便是主体认知的局限之处。不过，认知之道本来便是无穷的，唯有不断提升主体认知之境界，才能使认知不断接近于最终之真义。庄子用整整一章《逍遥游》讲"小知不及大知"，就是这个道理。

总之，庄子持有"六合之外，圣人存而不论"的观点，它讲的是认知的局限性，但同时也提倡要不断地提升主体认知的境界，以逐渐打破这种局限性。或者说，庄子主张的其实是"存而待论"的观点。

5.小结

总的来讲，庄子的认识论全面继承了道家的思想，不过，他所面对的"传承"却是一些散乱得不成样子的碎片，庄子将它们重新整合成完满而丰富的体系，并且在深度上进行了充分的拓展。这部分工作是令人吃惊的，我们眼睁睁地看着几根破柱子硬是被庄子打造成富丽堂皇的宫殿，其思想的深度与理论体系构建的能力都不能不使人赞叹。

总之，以"名可名，非常名"作为总纲，以"非指"作为核心，以"真人"作为本原，以"六合"作为限阈，庄子的认识论便体系完备地构建出来了。它使道家认识论达到了理论高度的顶峰，甚至可以说，即便在整个中国古典哲学认识论领域，它也是难以逾越的一座丰碑。

（四）庄子的价值论

就范畴而言，价值论与本体论、认识论是相并列的，不过，后两者对于前者的影响却往往是决定性的。于是，尽管道家诸子在本体论和认识论上还算是趋于一致，然而，其中看似不甚显著的区别却造就了范畴与深度都十分不同的价值论。举例而言，老子的《道德经》主要在谈政治学，《列子》所呈现的思想与庄学在方向性上较为一致，然而其论述却十分简略，并没有形成像《庄子》那样的深度。

1.养生主

根据庄子的本体论与认识论，唯有自性才是我之真，天性与身性都是物之性。故此，人生在世，便应当全力去认识真我、追逐真我、增益真我，除此以外的其他事情不过是在浪费时间而已，而且还有扰乱真我之弊，于是，建功立业、追逐天下、沉湎酒色、追逐名利，种种行为都是不对的。这种主张便是"养生主"：养生其主，养生内我。也就是讲，庄子提倡利用一切的时机来把握真我，其他的一切都是次要的，是应当尽量舍弃的。

庄子"养生主"的理论大致基于三种认识：其一，真我为人之内核，其余则不足为道；其二，真我渺茫难求，求真之路永无止境；其三，时不我待。

关于这三种认识，前两种已经包含在本体论与认识论之中了，在此不必赘述；第三种则带有庄子个人强烈而独特的气质，既不同于儒墨诸家，也不同于其余道家诸子，很值得讲一讲。

"时不我待"的思想主要见于儒家等入世之学，大概是因为世事难料的缘故，想要建功立业之人自然会有一种紧迫感。比如，据《论语·阳货》所载，孔子因为反对阳货的政见而不愿出仕，甚至躲得远远的，但阳货对他说："日月逝矣，岁不我与。"一听到生命流逝的提醒，孔子便一下子答应了。由此便能看出儒家等入世之学对于把握时间的态度。

相比之下，道家"寻找真我"的主张似乎没有这种来自社会层面的压力，并且道家认为生死不过是一种"物化"，故此，其余道家诸子并不怎么看重生命短暂这件事，与此相反，他们往往重视心境的永恒性。比如老子在《道德经》里讲："故知足之足，常足矣。""知足不辱，知止不殆，可以长久。"而列子借杨朱之口说："理无久生。生非贵之所能存，身非爱之所能厚。且久生奚为？"（《列子·杨朱》）这些发言不仅丝毫没有时不我待的紧迫感，反而处处透露着一种超脱的悠然。

对于天道永恒以及看淡生死这两件事，庄子与其余道家诸子的见解是大体保持一致的，不过，与众人不同的是，他另外还有一种寻求真我的紧迫感。故此，我们往往会看到庄子一面在谈论"死则死矣"，一面又在大谈"时不我待"。

一受其成形，不亡以待尽，与物相刃相靡，其行尽如驰，而莫

之能止，不亦悲乎？终身役役，而不见其成功；苶然疲役，而不知
其所归，可不哀邪！人谓之不死，奚益！其形化，其心与之然，可
不谓大哀乎？

——《庄子·齐物论》

生命本来短暂有限，若是使之耗费在外物的消磨上，从而和行
尸走肉一般，那岂不是很悲哀吗？故此，庄子不仅提倡寻求真我，
更提倡把握一切的时间用来生养真我，不要在任何无关真我的事情
上浪费生命。

庄子主张珍惜时间，其余道家诸子则少有这种紧迫感。为何会
有如此差异呢？其根本在于，众人对待真我的态度是不同的。

如前文所述，道家主张真我三元论，以此辨明真我，这种思想
是比较一致的。不过，在此之后却有了分歧，道家学者大致分成
"见我"与"生我"两派。列子是主张"见我"的代表。他认为
"生生死死，非物非我，皆命也，智之所无奈何"（《列子·力命》），
那么，人只要了解真我、等待天命之安排就可以了，这基本上是一
种"见我即可"的态度，所以这一派可称为"见我"派。庄子是主
张"生我"的代表。他主张"入于不死不生"（《庄子·大宗师》），
要达到这个目标，光是"见我"是不够的，还要努力提升自己的
境界才行，"生我不止"是其核心理念，所以这一派可称为"生
我"派。

具体来说，"见我"派持有偏于消极的主张，他们认为人生毋须
更多作为，所以并不怎么在意于年华流逝；"生我"派则持有比较积
极的主张，他们认为人生要有所作为，所以很注重时间的珍贵。《列
子·杨朱》讲："既生，则废而任之，究其所欲，以俟于死。"《庄
子·齐物论》则针锋相对地讲："人谓之不死，奚益！其形化，其心
与之然，可不谓大哀乎？"前者认为人按照欲望行事，静静地等候

死亡（俟于死）就可以了，后者却认为有些人是没有真我的行尸走肉，实在是悲哀的（人谓之不死，奚益），两派的分歧即由此而生。

从本质上讲，这种分歧其实来自对自由意志的态度，庄子对于自由意志的追求无疑是更加坚定的。在《庄子·逍遥游》一章，他借鲲鹏故事表示出获得逍遥的强烈意愿，在《庄子·大宗师》一章，他又借子桑的故事表示出对于陷入束缚的警惕，这样的事例比比皆是。在《庄子·天下》一章，庄子毫不吝惜地赞美老子，说他是"古之博大真人"，但另一方面，却又认为他"未至于极"，也是基于这样的原因：庄子对于绝对的自由意志有着强烈的渴望，故此，老子也好，列子也罢，都没有显露出足够的进取之心，这便是他们的不足之处。

总之，虽然庄子也秉承着道家"生死由命"的观点，但他同时也将自由意志奉为人生至高目标，所以他才能独树一帜地提出"养生主"的主张。于是，看淡死亡与珍惜生命这两种思想在庄子这里形成了奇妙的统一。

2.物化

在道家看来，生与死都是真道的安排，我们应该去秉受它们，而不是逃避它们。不过，如果我们只是浑浑噩噩地秉受天命，听从安排，那岂不是堕入到种种束缚（比如生与死）之中了吗？面对这个问题，庄子所主张的既不是陷于束缚（那是愚蠢的），也不是解开束缚（那是不可能的），而是"戴着镣铐跳舞"。具体来说，他既主张秉受真道的安排，又主张利用这些安排而生养真我，以此获得最大的自由意志。

对于生，庄子秉承着"养生主"的思想，那其实是对于生命之束缚的一种对抗；对于死，庄子秉承着"物化"的思想，那其实是对于死亡之束缚的一种对抗。

罔两问景曰："曩子行，今子止；曩子坐，今子起。何其无特操与？"

景曰："吾有待而然者邪？吾所待又有待而然者邪？吾待蛇蚹蜩翼邪？恶识所以然？恶识所以不然？昔者庄周梦为胡蝶，栩栩然胡蝶也；自喻适志与，不知周也；俄然觉，则蘧蘧然周也。不知周之梦为胡蝶与？胡蝶之梦为周与？周与胡蝶，则必有分矣。此之谓物化。"

——《庄子·齐物论》

庄子梦见了蝴蝶，便将真我寄寓其中，从而忘记了原本的肉体；当他从梦中醒来，便将真我寄寓到庄子的肉体上，从而忘记了蝴蝶的肉体。道家认为，人有着独立且无形的真我，由真道赋予了不同的形体，真我便暂存于不同的形体之中，由此便有了人与他物的区别。这个真我随着真道而化为万物的过程，即是"物化"。简言之，生而为人是一种"物化"，再生为蝴蝶也是一种"物化"，在此过程中，真我是不灭的，不妨随物而化之。

"物化"本来是道家的价值论的一种固有思想，庄子在其中又加入了"成全真我"的内涵。老子说："其生也天行，其死也物化，静即与阴合德，动即与阳同波。"（《文子·守虚》）生则顺天而动，死则随物而化，这种坦然面对生死的境界固然是值得称赞的，然而，在此过程中，人之真我又在哪里显现呢？它与动物的分别又在何处呢？基于这样的思辨，庄子将真我加入这个体系之中，他借影子之口说："周与胡蝶，则必有分矣。"即是讲，无论其形体是庄周还是蝴蝶，其中都必然有可以"分辨成我"之处。由此可见，庄子秉承着道家"物化"的价值论，却也同时把它作为认知真我的一种途径，最终的指向仍然是对于真我的提升，于是便构成了庄子的"物化"论。

予恶乎知说生之非惑邪？予恶乎知恶死之非弱丧而不知归者邪？丽之姬，艾封人之子也，晋国之始得之也，涕泣沾襟；及其至于王所，与王同筐床，食刍豢，而后悔其泣也。予恶乎知夫死者不悔其始之蕲生乎？梦饮酒者，旦而哭泣；梦哭泣者，旦而田猎。方其梦也，不知其梦也；梦之中又占其梦焉，觉而后知其梦也；且有大觉而后知此其大梦也；而愚者自以为觉，窃窃然知之。君乎，牧乎，固哉！丘也，与女皆梦也！予谓女梦，亦梦也；是其言也，其名为吊诡。

——《庄子·齐物论》

丽姬本来惧怕嫁往晋国，然而当她嫁过去以后，便发现此处比原先更好，而以前的惧怕是多余的。庄子用丽姬之嫁来比喻死亡，并不是说明死后的世界比原先更好，而是试图论证死亡是无须惧怕的。《列子·天瑞》说："生不知死，死不知生；来不知去，去不知来。"既然谁也不知道死后会是如何，又何必讨论未知的事情呢？又何必为之而忧惧呢？在庄子看来，悦生恶死之情在本质上是一种认知的迷惑，它出自对于未知的忧惧，而这种迷惑与忧惧并不会给真我带来任何帮助，反而会妨害了对于真我的探寻，故此是应当舍弃的。生死之事不妨用梦来理解：人生犹如一场大梦，死亡则如同必将到来的梦醒，愚者只会因为梦醒的必将到来而对大梦产生忧惧，智者却能在大梦之中反复占验，渐渐认知大梦，借此而认知真我。这种观点其实依然属于庄学"六合之外，圣人存而不论"的认识论：生死的种种安排是落在"六合之外"的，故此"存而不论"，不妨随它而变化；真我的探寻却是落在"六合之内"的，故此须要全力参悟。

总之，道家提出"物化"的理论，并不是探明了生死的真相，而恰恰是因为不能探明生死的真相，也不必探明生死的真相，故此便坦然地面对它。而庄子的"物化"论又多了一层关于真我的内涵，其用意在于使人们摆脱未知的生死所带来的迷惑，其核心仍然是向一切外物中探寻真我——既向生中探寻，也向死中探寻。

儒家讲："未知生，焉知死？"（《论语·先进》）又讲："子不语怪、力、乱、神。"（《论语·述而》）他们持有这样的论点，大概是认为生是可知的，而死是不可知的。世人对于生死的认知大抵如此。与此不同的是，庄子认为人生最重要的便是探寻真我，故此，生与死是平等的，它们都会给愚者带来迷惑，也会给智者带来认知；至于生死的本质，则不必知，不必论，只是统统看作是天道的一种安排。庄子说："造适不及笑，献笑不及排，安排而去化，乃入于寥天一。"（《庄子·大宗师》）造访求道不如一笑而悟，一笑而悟不如即刻领会，安于领会而抛弃化与不化之心，便进入高远的天道之中了。故此说，所谓"物化"的思想，也只是寻求真道、寻求真我的一种工具而已。

故此，"物化"与"养生主"在内涵上其实是高度统一的："养生主"是对生命之束缚的对抗，向生命中寻求真我；"物化"是对死亡之束缚的对抗，向死亡中寻求真我。

3. 人间世

"养生主"是庄学价值论的核心，秉承这个理念，人就应当利用一切条件来寻找真我、养成真我。然而，人终究不是自由的，吃穿住行无不受到外界环境的约束，该如何去平衡人与世界的关系呢？对此，庄子提出了"人间世"的观点。

既然世界对人总是具有无穷的限制，那么，人便应当寻求种种限制的"缝隙"，将此身游走其间，便是所谓"人间世"。这个观点是从"庖丁解牛"的故事中顺延而成的：

官知止而神欲行，依乎天理；批大郤，导大窾，因其固然。技经肯綮之未尝，而况大軱乎！良庖岁更刀，割也；族庖月更刀，折也；今臣之刀十九年矣，所解数千牛矣，而刀刃若新发于硎。彼节者有间，而刀刃者无厚，以无厚入有间，恢恢乎其于游刃必有余地矣，是以十九年而刀刃若新发于硎。……善刀而藏之。

——《庄子·养生主》

庖丁十九年解数千头牛，"而刀刃若新发于硎"，依照的是"批大郤，导大窾"的原则，即击砍大的肉隙，沿大的骨缝而行。其要点在于以无厚之刀刃入于有间之骨节，由此便能游刃有余，既达到解牛之目的，又保存了刀之根本。世界如牛而我如刀，依"以无厚入有间"之法，便是"人间世"之道。

"人间世"并不是逃避世事之法，而是主张以"存我"的方式来解决问题，也就是讲，既能够"解牛"，又能够"善刀而藏之"。故此，"人间世"之法有两方面的要求：其一，找到世界的"骨缝"而行，寻其"有间"而入；其二，保持"我"的"锋利"，使我"无厚"。对于这两个要求，"有间"更容易些而"无厚"更难得些，由此，庄子又提出了"心斋"的概念。

何谓"心斋"？斋戒于心，摒弃诸般成见，使真我若虚若空，即是"心斋"。刀锋之中，无厚之刃最锋利；行事之时，无成见之心最敏锐。世间种种冲突均是由抱持成见而起，故此，若是消除了此心的成见，不与他人发生争执，便可以抱持"无厚"之心，游走于"有间"之事，那么便没有什么能够损伤真我了。

"心斋"的道理是从庄学的本体论和认识论之中生化而来的，它大致基于这么几点认识：首先，修行真我是人生第一要义，其他事情皆是无关紧要之外物；其次，此身是真我之容器，故此要力求保全；最后，处世之法仅为表象，它仍然以修行真我为内核。有了这

样的认识基础，便自然会发展出"人间世"的理念，以作为"养生
主"的辅弼。简单地讲，庄子所关注的始终是"寻我、得我、成我"
的终极问题，而不是解决什么具体的事务——对于解决事务抱有期
待，这本身就是一种"成见"。

> 若能入游其樊而无感其名，入则鸣，不入则止，无门无毒，一
> 宅而寓于不得已，则几矣。
>
> ——《庄子·人间世》

> 故法言曰："无迁令，无劝成。"过度益也。迁令、劝成殆事，
> 美成在久，恶成不及改，可不慎与！且夫乘物以游心，托不得已以
> 养中，至矣。何作为报也？莫若为致命。此其难者。
>
> ——《庄子·人间世》

总之，"人间世"是庄学关于人与世界的价值论，表面上看，它
提倡"入则鸣，不入则止"那样的随遇而安，也提倡"无迁令，无
劝成"那样的无欲无求，这似乎是一种消极的逃避之法，但实际上，
"人间世"并不仅仅为了存身，修行真我才是其根本目的。或者说，
"人间世"是庄学价值论的一条枝干，"养生主"是真正的根本。

4.德充符

对于人与世界的关系，庄子提出了"人间世"的价值论；相应
地，对于人与自身的关系，庄子提出了"德充符"的观点。即，以
德性充于符命之中。

什么是符命呢？先秦学者认为，人之生，受命于天，故此称为
"生命"；种种遭遇亦由天道所安排运化，可称为"命运"。而道家
学者又加了一层思辨，着重强调人生之不自由，一切安排犹如兵符

那样使人无法抗拒，故此又将人生称为"符命"。

道家提出"符命"这个概念，其意义依然是一分为二的：愚者只能从中看到种种约束，智者却可以从中体悟出天道的规律，从而提升真我。鹖冠子说："兵有符而道有验。"（《鹖冠子·天权》）我们秉受着种种天命，却也能因此而体悟天道。这正是道家对于符命的积极的把握。老子说："明于性者，天地不能胁也，审于符者，怪物不能惑也。"（《文子·下德》）也是在提倡要积极地审视符命，从而提升真我。庄子的"德充符"思想正是在这样的基础之上形成的。

如前文所述，道家把人分为自性、身性、天性三部分，前者是自由的真我，后两者是不自由的形体与精神，不属于真我，故此，道家的"符命"其实就是针对身性与天性的不自由而言的。也就是讲，一个人的残疾、伤病、贫穷等与身性有关，其遭遇属于符命；其轻慢、忤逆、犯错等与天性有关，其遭遇也属于符命。简言之，符命涵盖着物质与精神两个层面，我们要做的就是与之成和，以德行充于其中，在不自由的身性与天性之中得到自由的自性。

举例来说，一个人即使残疾了，仍然可以修行真我，因为身性终究是不能束缚自性的，这是很容易理解的。那么，天性与自性的关系又是怎样的呢？在《庄子·德充符》一章，庄子对比着讲了很有趣的两个故事：王骀是天生残疾的得道之人，孔子称之为"圣人"；叔山无趾是遭受过刑罚的得道之人，孔子斥责他行为"不谨"，并声称他已经不能弥补过错了。孔子对两个人持有不同的态度，这是很有意思的，关于天性与自性的思辨便可以从这里展开。

叔山无趾有不全的身体，也有"不全"的经历（犯过错误而招致刑罚），王骀有不全的身体，没有"不全"的经历（残疾是自然形成的），两个人形成了鲜明的对比。但实际上，无论身性还是天性都不能决定我们的自性，也就是说，无论从身体层面（身性）来讲，还是从精神层面（天性）来讲，王骀和叔山无趾其实都是平等的，并没有什么不同。

身体上的残疾并不会影响心灵，即"身性无关于自性"，这个道理孔子是懂得的（相信没有人会对此予以反对）；其实，精神上的残疾也不会影响心灵的完满，即"天性无关于自性"，这一层道理孔子就不能理解了。

叔山无趾做过一次错事，他就要被一直绑在耻辱柱上吗？他就不能接近天道了吗？他的真我就无法自明了吗？其实，精神和肉体一样，都不能决定真我的本性，而鄙视一个人精神上的错误和嘲笑一个人的身体残疾，两者在本质上也没有什么不同。

故事中，孔子对叔山无趾的态度是傲慢的，这反映出他对于真我的成见与无知。人生要紧的是从种种束缚之中找到自由的自性，孔子却主动地为自性多上了一层枷锁。这种成见与无知是致命的，如果说叔山无趾遭遇了肉体之刑和精神之刑，那么孔子遭遇的是真我之刑。故此，庄子借叔山无趾之口评论道："天刑之，安可解！"

这种"天刑"当真是无解的吗？其实也不然。孔子持有对于犯错的成见，本质上也是一种符命，只需要懂得"德充符"的道理，明白真我自由的本性，其实依然是可解的；如果孔子始终无法打破这一层成见，不懂得"与符命成和成德"的道理，不明白真我自由的本性，便真的无解了。

总之，道家的"符命"既包括物质的也包括精神的，无论何者，都可以以德充之而探明真我，这就是"德充符"的主旨，是很特别的道家的价值观。

5.不非人

庄学是面向真我的学说，不过，人总是社会性的动物，无法脱离于社会而存在，于是，庄子也常常会发表一些对于社会的看法，即庄学之政治学。

说起来，先秦哲学以政治学为主流，谈论政治自是一时之风气，而道家对于政治的关注似乎也是一项传统，比如《道德经》《鹖冠子》都是不折不扣的政治学著作，而《文子》《列子》也有很多关于政治的看法。不过，庄子的政治学却与此不甚相同，它所面向的对象并不是政治，而依然是真道和真我。庄子谈论政治，其目的是呼吁社会为个人存留本真，故此，庄子政治学的核心要义极其简明，就是"不非人"——不使个体脱离人之本性。

> 有虞氏不及泰氏。有虞氏，其犹藏仁以要人，亦得人矣，而未始出于非人。泰氏，其卧徐徐，其觉于于，一以己为马，一以己为牛，其知情信，其德甚真，而未始入于非人。
>
> ——《庄子·应帝王》

使人出离本性，便是"非人"。比方说，有虞氏施加仁政，看似很得人心，实际上却是"非人"的行为——每个人的真我都是自由的，有虞氏利用仁政而使人们脱离了自由的本性，转而去喜爱他、依从他，这不正是"非人"之举吗？

与此相应，使人保存本性，便是"不非人"。比方说，泰氏从来不做任何引人注目之事，他睡去醒来都与他人无关，他暗暗地当牛做马，也不使别人有什么报答之心。虽然很多人都与泰氏有所交往，很多人都从泰氏的治理中获得了好处，但他们只觉得一切是自然的，而他们的本性并未受到任何打扰，所以讲，泰氏是"不非人"的。

"不非人"思想所秉承的依然是道家"道法自然"的理念，不过，它所推崇的是更加绝对的自然性。比方说，老子的《道德经》里尚且存有"治大国若烹小鲜"那样的观点，从本质上讲，它依然遵从着某种社会结构；而到了庄子这里，则几乎不承认任何治理之术了。

这种信奉绝对自然的理念到底可不可行呢？如果只是将它实施于个体，那么，世间无非只是多几个隐士罢了；而庄子主张的却是将它贯彻于整个社会，那么，社会恐怕也就不复存在了。我想，任何一个重视社会属性的人恐怕都不会全盘接受这样的观点。故此，我们看到，像韩非子那样的法家学者也会去潜心研究老子的思想，但几乎没有人敢于去实施庄子的政治学。这也是庄学在政治家中流传不广的原因之一。

与儒家的礼教、墨家的克己、法家的刑治等"非人"之术截然不同，庄子主张绝对自然的"不非人"之术，可算是个绝对的异类。这种思想大致有两个来源：其一，出于对真我第一性的绝对遵从；其二，出于对天道至善性的绝对信任。

子独不知至德之世乎？昔者容成氏、大庭氏、伯皇氏、中央氏、栗陆氏、骊畜氏、轩辕氏、赫胥氏、尊卢氏、祝融氏、伏羲氏、神农氏，当是时也，民结绳而用之，甘其食，美其服，乐其俗，安其居，邻国相望，鸡狗之音相闻，民至老死而不相往来。若此之时，则至治已。

——《庄子·胠箧》

按照庄子的理念，求真寻我是人生第一要事，那么，社会发展便是无关紧要的，即使我们都退回到结绳记事的时代也很不错；另外，天道是至善的，它既然使人拥有了生命，便一定会有下一步的安排，无论社会发展如何，我们都不必为此感到焦虑。

"不非人"的理念看上去有些极端，但这恐怕也是由庄子所处的时代造成的。庄子不止一次地发表过"方今之时，仅免刑焉"那样的感叹：

今世殊死者相枕也，桁杨者相推也，刑戮者相望也，而儒、墨乃始离跂攘臂乎桎梏之间。意！甚矣哉！其无愧而不知耻也甚矣！吾未知圣知之不为桁杨椄槢也，仁义之不为桎梏、凿枘也，焉知曾、史之不为桀、跖嚆矢也！故曰：绝圣弃知而天下大治。

——《庄子·在宥》

考虑到彼时连年战乱的苦难，再考虑到儒墨诸家推动政治的无功而返，那么，庄子"不非人"的观点就顺理成章了。

另外，从本质上来讲，"不非人"的观点其实反映了人之本性与社会属性的对抗。我们固然不能逃离于社会属性，然而，人性才是我们的根本所在，如何使人性得以留存，而不是迷失在社会属性之中，这是一个永恒的人生命题。一般而言，政治学关注于社会属性的提升，总是要以牺牲人之本性为代价的，庄子却偏偏要反其道而行之，试图证明一种能够完全保护人之本性的政治学，这种勇气是弥足珍贵的。他对人之本性始终抱有一种无比尊重的态度，这本身就具有永恒的价值。

6.小结

庄子的价值论是十分简明的，"养生主"即是其核心思想。向下加以细分，"人间世"是面向世界的方法，"德充符"是面向自身的方法，两者加在一起，就是庄子的处世之论。以上三者是以自我为对象的价值论，庄子又提出了"不非人"的观点，是以社会为对象而言的，那么，这四者便是庄子对于生命的意见。庄子还完善升华了"物化"之论，是针对死亡问题而提出的见解。由此，庄子的价值论体系就完善地构建完成了：它包括生，也包括死；包括社会，也包括个体；包括世界，也包括自身。

庄子崇尚真我的绝对自由，并主张社会的绝对自然性，由此，他的价值论恐怕很难得到全面的推行。然而，我们应该看到，庄子的价值论不仅充满了智慧的精华，更是始终如一地闪耀着人性的光芒，它不仅是先秦时代的一件珍宝，时至今日，它仍然在振聋发聩地警醒着每一个人。

（五）结语

当前的学术研究似乎有一种风气，有些学者会有意无意地将中国哲学与西方哲学划分成难以融合的两套系统，但实际上，人类的情感是共通的，面临的问题是共通的，思考的方式也是共通的。中国哲学与西方哲学虽然有着不同的文化背景，面临着不同的社会问题，遵循着不同的学术语境，进而各自独立发展成不同的体系，然而，它们的本质始终是相同的。它们都是人类对于自身以及社会进行思辨而产生的智慧结晶。故此，我们应该重视两种哲学的共通之处，那里必然存在着全人类所共同关注的问题，借此，我们可以更深地体会人类思考方式的异同，并且更加深刻地了解人类的本质。

在某一问题面前，人类的思考无非就是三点：问题的本原、探查的手段、解决的办法。拿到现代哲学体系中来，这三点所对应的便是本体论、认识论、价值论。从这一点来讲，任何一种学说的提出，无论是堂皇整饬的立言还是零言碎语的讲谈，其实都已经涵盖了这三种思辨，只不过在呈现上各有侧重罢了。

中国传统哲学也是如此。比方说，先秦儒家喜欢谈论礼教，这部分内容大致属于价值论范畴，但那只是一种结论化的呈现，在此之前，儒家学者们先是认真考察了社会体系的本原问题，又思辨了对于社会体系的探查手段，然后才能确定以礼教作为解决社会问题的手段。也就是，礼教之说以价值论的方式进行呈现，其中却早已包含了本体论和认识论的内容。再比如说，先秦墨家以主张兼爱与非攻而闻名，这部分内容是属于价值论范畴的，但《墨子》一书中同时存在着许多抽象的"辩名"之论，根据庄子的说法，墨家中也确实存在着许多主张"坚白同异之辩"的学者。这部分内容都属于认识论范畴，虽然"兼爱非攻"的价值论与"坚白同异"的认识论看起来似乎不大相关，但它们既然同时存在于一个学派的体系之中，其中就必然有着某种深层的联系，这也是我们必须要重视的。

当然，受到文化传统的影响，中国传统哲学更加关注于社会问题而不是个人问题，更加关注于具体问题而不是抽象问题。以先秦哲学来说，其著作便主要由政治学方面的著作所构成，其中充满着对于社会的见解，对于个体方面的论述也往往偏重于其社会属性，而这些内容大多属于价值论的范畴。于是，先秦哲学便呈现出一种"头轻脚重"的表象：关于本体论和认识论的著作较少，而关于价值论的著作偏多；在同一本著作里，关于本体论和认识论的内容较少，而关于价值论的内容偏多。

不过，我们说先秦哲学"头轻脚重"，那仅仅是针对其内容呈现的数量而言的；从质量上看，先秦哲学关于本体论和认识论的探索其实是极有分量的，庄子的学说便是其中的代表。

庄子以道家思想为基础，全面地构建出一种全新的学说体系。不同于先秦时代的其他任何一部著作，它没有"头轻脚重"的问题，而是以极大的耐心从容不迫地建立起一个体系宏大而又丝丝相扣的思想体系，并对本体论、认识论和价值论分别进行了详细探讨，然后又将它们统一成一套十分完备的学说。以其著作本身来讲，它体系完备，论述严谨，有条不紊，面面俱到，为我们建立了一个近乎完美的学术典范；从思想内涵上讲，庄学的本体论和认识论尤为精妙，可称是中国哲学的一座难以逾越的高峰，当然也是世界哲学的一个不可磨灭的高度。

二、《庄子》的逻辑体系

《庄子》是庄学的载体。一般来说，一部著作能够将作者的思想有条不紊地表达出来，它的使命便宣告完成了。然而，令人惊叹的是，《庄子》一书并不是将庄子的思想进行机械化的复现，而是经过种种巧妙的构思，以一套极为有趣的体系将庄学展示开来。

不妨这么讲：《庄子》的逻辑结构与庄学的逻辑结构并不是表里关系，而是交叉融合的关系。也就是说，我们要讲《庄子》的逻辑结构，恐怕就要把庄学打散；讲庄学的逻辑结构，又要把《庄子》打散；而它们的逻辑结构又是自性圆满的，它们的内涵又是高度统一的。

具体来说，庄学遵循着"本体—认识—价值"的逻辑体系，《庄子》则遵循着"体—用—辩"的逻辑体系。前者是庄子的思考体系，讲究步步为营，层层推进；后者是庄子的表达体系，注重主次分明，头尾有序。

《庄子》选用了这样一种表达方式，本质上是为读者提供了方便。光是通过本书的逻辑结构，我们就能颇为轻松地了解主次的分别、体用的不同，而不必在种种猜测上浪费时间。

《庄子》会特意设计这样的表达方式，大概也和庄子本人的性格有关。我大胆猜想，庄子应该是一个注重于解决问题的人。于是，他不是用那种自说自话的方式来陈说理念，而是十分注重交流的效果，很贴心地为读者进行了许多安排。

（一）《庄子》的顶层架构

《庄子》一书，有着极其明晰的逻辑结构。不同于《道德经》

《论语》那样散碎简略的语录体，也不同于《孟子》《孔子家语》那样随意而成的记述体，还不同于《墨子》《荀子》那样裒辑而成的随笔集，《庄子》是真正由作者遵照着严谨的逻辑体系而用心书写的一部著作。

《庄子》的逻辑结构清晰而又整饬，简明而又严谨，有一种令人称奇的条理性。通过这种富有层次的秩序感，我们便可以很方便地进入庄学的世界，而我们的探微穷理也因此而有了坚实的依凭。故此，《庄子》的逻辑结构实在是进入庄学的最好门径。

《庄子》的顶层架构是非常简明的：内篇是本论，外篇是推论，杂篇是杂论。不过，这个分类看似简单，其背后却有很深的逻辑构建，它其实是《庄子》全书逻辑体系的基础。

在流传的过程中，《庄子》的文本有一部分已经散佚了，故此，《庄子》有古本和今本的分别。不过，我们依然可以较为清楚地看到庄子对于全书逻辑体系的构建。

1. 古本《庄子》的顶层架构

我们所说的《庄子》，通常是指今本《庄子》，它传世三十三篇，内篇七，外篇十五，杂篇十一，而据《汉书·艺文志》、唐代陆德明《经典释文》等书所载，古本《庄子》共有五十二篇，内篇七，外篇二十八，杂篇十四，解说三。《庄子》由古本五十二篇变为今本三十三篇，一般认为是晋代郭象删裁而成。其中，内篇保留最为完整，可以视为完全未动；外、杂篇共删十六篇，保留二十六篇，大部分予以保留；解说三篇则完全散佚了。

今本《庄子》外、杂篇不仅遭到了删减，同时很可能还有混杂的状况。比方说，根据唐代陆德明《经典释文》所载，晋代学者崔譔一共注释了《庄子》二十七篇，其中内篇七，外篇二十，并没有杂篇，然而，崔譔的注却俨然出现在今本《庄子》的《庚桑楚》《徐无鬼》等杂篇之中，这个状况很可以说明外、杂篇的混乱。

外、杂篇虽然状况混乱，但毕竟还有很多文本可供参考，而更加使人扼腕的是，古本《庄子》的解说三篇已经全部散佚了，我们只能通过一点蛛丝马迹来进行推断。

日本京都高尾高山寺藏有旧抄卷子本《庄子》，其中有这样一段值得注意的话：

> 然庄子闳才命世，诚多英文伟词，正言若反，故一曲之士，不能畅其弘旨，而妄窜奇说，若《阅弈》《意脩》之首，《危言》《游凫》《子胥》之篇，凡诸巧杂，若此之数，十分有三。或牵之令近，或迁之令诞，或似《山海经》，或似占梦书，或出《淮南》，或辩形名……故略而不存。今唯裁取其长，达致全乎大体者，为卅三篇焉。
>
> ——日本高山寺《庄子》残卷

这里明确地给出了删裁古本《庄子》的六条理由，其中，"或出《淮南》，或辩形名"两条最值得注意。

根据"或出《淮南》"这一条理由，很多学者便认为解说三篇是淮南王刘安及其门客对《庄子》的解说，并非《庄子》原文。但是，东汉高诱在为《吕氏春秋·必己篇》作注时提到："庄子名周……著书五十二篇，名之曰《庄子》。"那么，如果解说三篇是刘安等人凭空新撰的，高诱又怎么会注明是庄子著书五十二篇呢？

故此，我认为《庄子》解说三篇是原书就有的，其内容大概像是《墨子·经说》那样分辨名实，且风格很接近于《说文》等字书，而删者以为其内容过于晦涩，且与通篇文风不甚统一，故此以"或辩形名"的理由删了它。至于"或出《淮南》"，指的可能是与《淮南子》内容重复的部分。

我做这样的推断大致有三点理由：

其一，《庄子》全书形名之辩甚多，如《齐物论》《天道》《寓言》等篇，今本统统予以保留，故此，"辩形名"其实不算问题，其风格与全书不甚统一才是问题所在。那么，解说三篇很可能就像是《墨子·经说》那样"抽象乏味"，与全书的主旨又关联不大，故此才会招致被删除的命运。

其二，先秦学者很重形名之辩，多以单独篇章为之，除了《墨子·经说》以外，《鬼谷子·中经》《荀子·大略》等篇章亦有如此迹象，故此，《庄子》原本著有解说三篇，专门分辨庄学之形名，这是十分合理的。

其三，《庄子》内、外、杂篇逻辑清晰，秩序井然（详见下文具体分析），唯有专辩形名的篇章才适合与之并列，成为解说三篇。

那么，古本《庄子》的叙述体系就较为明晰了：内篇是庄学之本论，外篇是庄学之推论，杂篇是庄学之杂论，解说是庄学之自注。由此，"内篇—外篇—杂篇—解说"的叙述体系所对应的正是"本论—推论—辩论—说明"的逻辑结构，不妨简称为"体—用—辩—说"。

其实，"体—用—辩—说"是一个标准的逻辑结构，并非庄子所独创。我们不妨这样理解：某学者进行著述，首先须要阐述学说之根本，此即"内篇"；其次言明学说之应用，此即"外篇"；最后查漏补缺，杂谈诸事，此即"杂篇"；或者再加上些特别的说明，此即"解说"。故此，考察先秦诸子种种著作，尤其是意在建立个人学说的作品，如《墨子》《荀子》《韩非子》等，其逻辑结构大体都是如此，尽管它们没有像《庄子》那样对篇目进行具体的归类，但它们"体—用—辩—说"体系的呈现依然是较为清晰的。

不过，《庄子》之特别，在于其逻辑体系的宏大与严谨。《庄子》采用"体—用—辩—说"作为其顶层架构，这仅仅是其逻辑体系的基础。在此之上，他又继续建立起一个精巧而繁复的逻辑体系，那才是我们要重点关注的。

2.今本《庄子》的逻辑结构

古本《庄子》遵循着"体—用—辩—说"的逻辑结构，今本《庄子》遭到了一定的删裁，但是仍然遵循着较为清晰的"体—用—辩"的逻辑结构，整体上并未受到根本性的影响。

具体来讲，今本《庄子》的内篇部分论证完备，一体混成，十分完整地展现了庄学的本核（下文对此有详细的说明），据此推断，内篇的文本并没有受到太大的改动，基本上保留了原来的样子。

今本《庄子》的外、杂篇部分很可能有文本混杂窜动的状况，不过，根据现有文本来推断便能知晓，其大体的逻辑是依然存在的：外篇与内篇的关联较为紧密，是基于本论之上的推论；杂篇与内篇的关联较为疏远，是本论、推论以外的杂论。比如说，《骈拇》讲为何要抛弃仁义礼乐，《缮性》讲如何修持自性，这一类篇章都是谈论一些具体的法门，与庄学本论联系较为紧密，属于外篇；《庚桑楚》讲求道的事例，《天下》讲各家学问的不足，这一类篇章都是就某个话题发表议论，颇有随意而谈的风格，属于杂篇。

今本《庄子》中已经没有解说的篇章了，不过，它们本来就是附加的注解，并不影响庄学的论述。

故此，今本《庄子》的逻辑体系依然是整饬的：内篇是庄学之本论，外篇是庄学之推论，杂篇是庄学之杂论。具体来讲，《庄子》内篇树立庄学本义，犹如立其筋骨，是庄学之本论，可称为"庄学之体"；《庄子》外篇将本论进行拓展，犹如依骨敷肉，是庄学之推论，可称为"庄学之用"；《庄子》杂篇将本论、推论进行补充，随意评论，犹如答疑，是庄学之杂论，可称为"庄学之辩"。这便是今本《庄子》的"体—用—辩"逻辑结构。

对于《庄子》一书，"内篇—外篇—杂篇"的表达结构是其表象，而"体—用—辩"的逻辑结构才是其本质。表达结构是外在的，做起来相对容易些；逻辑结构却是内在的，非得有深刻的思辨与缜密的思维才行。

《庄子》对于逻辑布局的执着追求远远不止于此，更妙的是，"体—用—辩"逻辑结构其实是上下贯通于整部《庄子》之中的。具体而言，不仅内、外、杂篇之间遵循此结构，内篇的七个篇章之间、每个篇章的段落之间也是如此。于是，在《庄子》一书中，我们处处都能见到严谨的"体—用—辩"逻辑结构的展现，从篇章布局的顶层到文字叙述的底层，它们由上而下一体贯通，形成了层层嵌套的精妙。

（二）《庄子》内篇的逻辑结构

《庄子》解说三篇已经散佚了，外篇与杂篇也并不完全值得信任，不过，幸好内篇的文本是较为完整的，从中我们可以感受到真正的庄学之妙。

《庄子》内篇是庄学之内核，在这里，本体论、认识论、价值论三个方面均有集中且充分的论述。不妨这样讲：《庄子》内篇是庄子立言的主体，有了《庄子》内篇，庄学的体系便已经初见圆满了。

庄学的内核其实是极为简明的，不过，又因为其思想的深邃，很多精妙的思辨要通过较为复杂的论述才能得以呈现。庄子总结说："寓言十九，重言十七，卮言日出，和以天倪。"（《庄子·寓言》）也就是讲，庄子自认为他重复性的论述有十分之七那么多。然而，庄子又说："重言十七，所以已言也，是为耆艾。年先矣，而无经纬本末以期年耆者，是非先也。"（《庄子·寓言》）这里讲，重复性的讲述是为了更好地说明已经树立的学说，而学说的精华在于其经纬本末的体系性，言说的数量并不能代表智慧。故此，《庄子》中所谓的重言都是出于论述的需要而依据经纬本末的体系而铺设的。

具体放在《庄子》内篇来说，"人间世""德充符"其实是由"养生主"推论而成，"养生主"的主张是由前一章"葆光"的观点推论而成，内篇之末"浑沌故事"是由内篇之首"鲲鹏故事"进一步化用而成……凡此种种，有篇章的重言，有段落的重言，有寓言的重言，有论证的重言，而它们全部都明确地指向庄学的内核，它们姿态万千而又勾连暗合，它们自成一体而又彼此呼应，于是便形成了一个既简明又繁复、既生动又严谨、既独立又统一的精妙的体系。

1.《庄子》内篇的讲述脉络

《庄子》内篇虽然以立言为目的，却并不是单纯以立言者的角度来进行简单的陈述，而是充分考虑到听众的立场，以双向交流的方式来进行言说。或者说，《庄子》内篇并不是一本自说自话的手册，它有着清晰的讲述脉络，它更像是一次细致而耐心的教学，循序渐进而又环环相扣地进行陈说。

坦率地讲，先秦诸子的大部分著作都像是散乱的拼图，都要依赖细致而又耐心的读者将之拼接、还原。《庄子》内篇所提供的则是一场完善而成熟的旅行，它设计精妙，文辞华丽，内涵丰赡，见解独特，具有明确的路线指导，具有十足的成熟的美感。

其一，以"逍遥游"为立言之本。

世人之心，无不期待于逍遥而游，故此，《庄子》内篇并没有从艰深晦涩的理论进行立言，而是以《逍遥游》作为开篇，言说"逍遥而游"的意义与方法。

先秦诸子的著作往往会在开篇处树立主旨，一般来说，它既是作者的开宗明义，同时也是对读者的反向选择。譬如说，《论语》的开篇是"学而时习之，不亦说乎？"，《礼记》的开篇是"毋不敬，俨若思，安定辞。安民哉！"，都很明确地说明了培养君子的目的性。《孙子兵法》开篇讲："兵者，国之大事，死生之地，存亡之道，不可不察也。"说明本书以探讨用兵为根本。《商君书》开篇讲："虑世事之变，讨正法之本，求使民之道。"说明本书以变法为正道。这些著作都有十分清晰的指向，然而，却也因此而标注出各自适用的界域。

除了《庄子》以外，其余道家著作也往往不能打破这种束缚：《道德经》以"道可道，非常道"立言，谈论真道的本质；《列子》以《天瑞》立言，开篇就讲"生物者不生，化物者不化"的大道。它们的立义固然很高，却也免不了会使一般读者堕入五里雾中。

相比之下，庄子以"逍遥而游"作为切入点，是十分简明而亲切的。世间之人，无论儒家、墨家、法家、兵家，谁不希望达到逍遥的境界呢？这个切入点既符合读者的期待，又能言明庄学的宗旨，真可谓是"润物细无声"了！究其根本，正是因为庄学是普世之学，才能达到如此春雨润物的效果。庄学之"体贴"由此可见一斑。

《逍遥游》的阐述是以"鲲鹏故事"来缓缓展开的，本篇接连采用了讲述者、旁观者、当事者、否定者、肯定者等五个视角来进行立言，在极具趣味的故事中，其实已经分别阐述了知其道、避其名、得其心、慎其小、成其大等五种义理。阐说以故事之体，立言于无形之中，正是庄学的特点之一。

其二，从"逍遥游"到"齐物论"。

庄学之逍遥，其本质在于"勘破外物，渐成自心"，故此，《逍遥游》一章推导出"至人无己"的结论：我心有成而不束缚于自身，才能成为逍遥之至人。这个结论是很明白的，然而，何处是"我心"？怎样是"有成"？这些问题需要继续讨论，于是，下一章《齐物论》便因此而生。

"齐物论"的名称往往会给人很大的迷惑，很多人都以为它是论物之学，探讨的是"万物一齐，无短无长"（《庄子·秋水》）的道理，但实际上，它却是"寻我"之论——只因为"我"自有隐幽之性，难以直接论断，需要一一辨明外物，"我"便才能于此中渐明。

"物"之种种形态，固然有短有长，然而对"我"而言均属于外物，其小亦不能入我之心，其大亦不能乱我之真，故此，无论小大，均可一齐而论。"物"之种种内性，固然有善有恶，然而对于"我"而言均属于外物，其善亦不能入我之心，其恶亦不能乱我之真，故此，论明物性，便能返知真我。

"齐物论"是反向逼近之法，"论物"只为"寻我"，说是"齐物论"，其实是"寻我论"。其"寻我"的阐述，正是从上一章"至人无己"中承接而来。

其三，从"齐物论"到"养生主"。

经过"齐物论"的探讨，真我是存在且需要不断探寻的，其结论便是"葆光"，即充盛生命之光。那么，其具体方法又当如何呢？下一章《养生主》便因此而生。

"吾生也有涯，而知也无涯。"若是不加拣择地探寻真我，则会殆然迷失于无涯之中，故此，要有目的地养生真我之本，如此，则此心可成，真我可成。这便是"养生主"的内涵，它正是对于上一章"葆光"之论的进一步阐述。至此，庄学便完成了最核心的立言。

其四，从"养生主"到"人间世"。

"养生主"是庄学行动的纲领，然而，行动还需要具体的步骤。《养生主》一章以"庖丁解牛"的故事来说明如何"善刀而藏"，以此比喻"养生主"之法。极妙的是，其中"批大郤，导大窾"的

"以无厚入有间"之法，又恰好可以说明"人间世"之旨：为人须要间行于世，因此便可以游刃有余。下一章《人间世》便因此而生。

《养生主》中的"以无厚入有间"，重在"养己"之道，讲的是"善刀"的纲领；《人间世》中的"以无厚入有间"，重在"虚己"之法，讲的是"无厚"的方法。故此，前者讲庖丁得以养生的因果，后者讲颜回、叶公子高、颜阖等人行事的手段。前者为体而后者为用，上下顺承而又层次分明。

其五，从"人间世"到"德充符"。

"人间世"讲的是人与世界共处的方法，光凭这一点仅可以"安身"，却不足以"立命"，故此，《人间世》一章将讨论渐渐收敛到与此身共处的命题上："夫支离其形者，犹足以养其身，终其天年，又况支离其德者乎！"

这里的"德"指的是世间之"小德"，庄子以为，此种"小德"会使人偏离本性，故此要予以放弃而保持合于天道之"真德"，如此才是人与此身共处之法，亦即"德充符"之道——以真德充于符命之中。下一章《德充符》便因此而生。

为何说是"符命"？无可更易之命运，犹如上天所授之信符，不可违抗亦不可替换，故有此言。人生之种种遭遇，都应该与之成德成和，无论命运如何，都可以从中得我之真。《德充符》篇列举了王骀、申徒嘉、叔山无趾等几位兀者，虽是残疾之身，却无妨于内心之完满；相反地，子产与孔子是身形完好之人，却陷于身性而不知真德，从而求道无成。凡此种种，便阐明了"德充符"的含义。它从上一章"支离其德"的论点中顺承而来，而《德充符》是针对自身的手段，《人间世》是针对世界的手段，两章合成处世之法。

其六，从"德充符"到"大宗师"。

"德充符"论明了人与自身相处之法，"安身"与"立命"的方法就完整了，而犹然不足的是："安身立命"仅是"保存真我"之法，并非"生养真我"之道。故此，《德充符》篇渐渐指向"生养真我"的天道上去："眇乎小哉，所以属于人也；謷乎大哉，独成其天！"

如何"生养真我"？若是以自己为师，则将困于人之小道；若是以大宗为师，才可能逍遥于天道之真。下一章《大宗师》便因此而生。

所谓"大宗"即是本原之意，其实即是天道。此处不说"天道"而说"大宗"，只因为你也说天道，他也说天道，孰是孰非不便直接断言。于是，庄学提倡各人先思辨各自的真我，此真我所认同的"大宗"自然便是无可争议的天道了，即所谓"且有真人，而后有真知"。

"大宗师"是由上一章"独成其天"的论点化成的，而它又与内篇之首"逍遥游"进行了圆满的呼应，至此，庄学核心的立论与推论便告完成。

其七，从"大宗师"到"应帝王"。

"大宗师"之论既成，寻道之法便因之而阐明，庄学之核心思想即于此而构建完成。不过，似乎仍有一事须要述明：真道可以"神鬼神帝，生天生地"，那便应该是不排斥帝王之术的，然而庄学却总是提倡天道而反对人道，这又如何解释呢？

庄子认为，帝王之术虽然往往归于人道之列，却也是天道的一种安排，或者说，天道是包含人道的；只不过，世人所探讨的帝王之术往往困陷于人之小道，而道家更提倡以天之真道来实现帝王之术。应于真道之帝王，摒弃小道之帝王，下一章《应帝王》便因此而生。

所谓帝王，无非是能得众人之心。然而，人道之帝王往往施以

"要人"之术，通过种种手段达到民心所向的表象，其实使人丧失了本性，并非真得人心；唯有天道之帝王，不用"非人"之术，保存万众之本性，却又能达到天下昌明的效果，一切因循自然而为，才是真正得民心者。此即"应帝王"之道。

"应帝王"是由上一章"神鬼神帝"的讨论中顺延而成的，它借助帝王之术的话题，明辨了天道与人道的本质，至此，庄学核心之"体—用—辩"便全部构建完成。

其八，从"应帝王"回至"逍遥游"。

"应帝王"之论，辨明人道帝王与天道帝王之分别，然而，人道之帝王相对容易，天道之帝王却难达成，又当如何去做呢？《应帝王》后半章即针对此问题进行探讨，其结论仍然是：打破认知的局限，辨明真道而积极进取，如此才能达到更高的逍遥之境。这么一来，《庄子》内篇的终章《应帝王》便与首章《逍遥游》达成了完美的呼应与共鸣。

> 南海之帝为儵，北海之帝为忽，中央之帝为浑沌。儵与忽时相与，遇于浑沌之地，浑沌待之甚善。儵与忽谋报浑沌之德，曰："人皆有七窍，以视听食息。此独无有，尝试凿之。"日凿一窍，七日而浑沌死。
>
> ——《庄子·应帝王》

> 北冥有鱼，其名为鲲。鲲之大，不知其几千里也。化而为鸟，其名为鹏。鹏之背，不知其几千里也。怒而飞，其翼若垂天之云。是鸟也，海运则将徙于南冥。南冥者，天池也。
>
> ——《庄子·逍遥游》

南海之帝便是南冥之鹏，北海之帝便是北冥之鲲，此二者也喻指《庄子》的读者；中央之帝便是庄子，也喻指《庄子》的作者；七窍即是《庄子》内篇七章，鲲鹏得此七窍便能有所悟；浑沌之死即是《庄子》内篇已成，庄学立言已成。在此处，《庄子》内篇以一个极其漂亮的结尾宣告了其使命的完成。

然而，庄学之上更有真道，犹如北冥之外更有南冥；浑沌僵死于凿窍之定言，无妨鲲鹏相化再得更高之逍遥。故此，庄学并非终极之真道，固守其内则死，跳出其外则生。《庄子》内篇虽已完成，庄学之旅犹未尽焉。

由此，庄子在内篇结尾处巧设出"浑沌故事"，与内篇首章"鲲鹏故事"表里相应，既有故事之接续，又有内涵之契合，顺便点明《庄子》内篇文字之义，便构成了奇妙的呼应与回环，完美地呈现了庄学的圆融。

至此，不妨用图表的形式总结如下：

《庄子》内篇的讲述结构

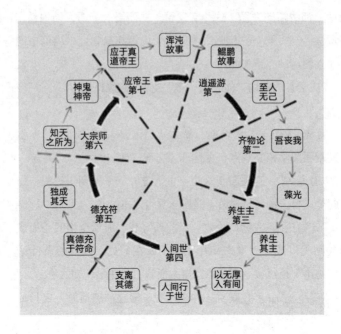

从整体上看，《庄子》内篇采用了篇头咬合篇尾的讲述脉络，这种顶针回环的结构使得庄学的立言得以层层推进而又一气贯通，又使《庄子》内篇呈现出浑圆整饬的美感。

2.《庄子》内篇的"体—用—辩"论证结构

如前文所述，《庄子》内篇是以前后闭环的线性逻辑来进行层层推进的，不过，这只是它的叙述脉络。它还另有一套论证逻辑，层次分明地遵循着"体—用—辩"的逻辑结构，与《庄子》全书"体—用—辩"的结构如出一辙。

《庄子》内篇是庄学之本论，亦即庄学之体，《庄子》外篇是庄学之推论，亦即庄学之用，《庄子》杂篇是庄学之杂论，亦即庄学之辩。这是由《庄子》全书的论证逻辑而划分的。其实，无论一本著作还是一篇论文，甚至是一段论述，其本质上都可以依据"体—用—辩"体系来进行划分，而《庄子》的高妙之处在于，它在各层论述上都清晰地遵循了这一套逻辑，从而层次分明，结构整饬，极有章法。《庄子》全书如此，《庄子》内篇亦是如此，内篇中的每一个独立的篇章亦是如此。

《庄子》内篇的"体—用—辩"论证结构如下：

首先，《庄子》内篇前三章为《逍遥游》《齐物论》《养生主》，共同阐明庄学核心观点，可称是"立言三章"。

"逍遥游"，逍遥游于天道。世人之心，无不期于逍遥，庄子便在此处立言，则《逍遥游》是庄学立言之本。

"齐物论"，齐物而论之，以此而寻我。逍遥全由我心而成，不知我则无以成，而世人却往往不知我在何处，因此便有此论。则《齐物论》是承接上章《逍遥游》而言，是庄学认知之法。

"养生主"，养生其主，养生内我。树立"逍遥游"之目的，便知寻我之义；掌握"齐物论"之要旨，便得寻我之法。然而，既知我在，我又如何可成？探究此命题，即成"养生主"之论。则《养生主》是承接《逍遥游》与《齐物论》而言，是庄学成道之术。

《庄子》之根本在于内篇，内篇之根本在于此三章，有了立言之本、认知之法、成道之术，则庄学于此已经初具完备之体，故此可称为"立言三章"。《庄子》一书之成即是庄学，《庄子》内篇之成即是庄学之本论，立言三章之成即是庄学本论之本论。按照《庄子》"内篇—外篇—杂篇"的命名体系，立言三章又可称为《庄子》内篇之内篇。

其次，《庄子》内篇中三章为《人间世》《德充符》《大宗师》，均是从庄学本论之中延展生化而出，秉承"养生主"之纲领，细细探讨各类行事之法，可称是"演绎三章"。

"人间世"，为人需要间行于世，是人与世界相处之法；"德充符"，以真德之性充于符命之中，是人与自身相处之法。那么，《人间世》是针对外部条件而言，《德充符》是针对自身条件而言，两章是并列关系，共成人与外物相处之法。

"大宗师"，以天道大宗为师，是内我自修之法，亦可称是"修真"之法，正对应前两章"存真"之法而言。那么，《人间世》《德充符》是针对外物而言，先存真于彼物之中，《大宗师》是针对内我而言，再修真于此心之内，前两章之合再与第三章形成并列关系，共成"养生主"之法。

《人间世》《德充符》《大宗师》三章，全由立言三章生化而来，进一步演绎庄学之具体应用，故此可称为"演绎三章"。同样的道理，演绎三章言说的是庄学本论之推论，又可称为《庄子》内篇之外篇。

最后，《庄子》内篇末一章为《应帝王》，此前，庄子本论之"体—用"已经建构完毕，此章仅为辨明天道与人道而成，可称是

"漫谈一章"。

"应帝王"，应于帝王之心。世人多有帝王之心，道者亦可应之。本章之论其实是前面六章论述之外延，只因世人有所迷惑，便在此明辨之。故此，《应帝王》，即"漫谈一章"，是庄学本论之杂论，又可称为"《庄子》内篇之杂篇"。

综上所述，《庄子》内篇又可分为立言三章、演绎三章、漫谈一章，又可分别称为《庄子》内篇之内篇、外篇、杂篇，而这是按照各自的内质深入细化而成的。从总体上讲，内篇七章结构清晰，论证紧密，仍然是浑然无间的一个整体。

3.《庄子》内篇各章的"体—用"论证结构

今本《庄子》外、杂篇很可能经过了后人的删裁，在此我们暂且不谈；《庄子》内篇保留较为完整，每一章都遵循着严格的"体—用"结构，充分体现出庄子分明有序的论述风格。

如上文所述，"体"即本论，"用"即本论之外延，"辩"即本论之杂谈，而《庄子》内篇各章均是立论，无须有杂谈的部分，故此，各章只需遵循"体—用"之结构，其实即是"体—用—辩"结构的弱化版。换个角度来讲，庄子在著述每章的时候，总是先对本章的主题进行立论，以成本章之"体"，然后再进行举例说明，以成本章之"用"。于是，此一章便告完成，不必再有答疑的部分，如此便是"体—用"结构。

在《庄子》内篇中，各章立论之"体"形式多样，《逍遥游》《养生主》两篇，其主旨容易阐明，便以寓言立论；《齐物论》《大宗师》两篇，其主旨思辨较为繁复，便以阐述立论；《人间世》《德充符》《应帝王》三篇，其主旨需要分成不同情况而讲述，便以故事立论。各章推论之"用"则风格一致，均是以故事的形式进行说明。

大致列举如下：

《逍遥游》以鲲鹏故事为体，展示获得逍遥的方法；又以四则寓言为用，前两则寓言论外物之辨，后两则寓言论内心之成。

《齐物论》以"齐物而寻我"之思辨为体，依次论述明我、见我、得我之法；又以四则寓言为用，逐级破除天下、是非、言辩、不见我等四重心魔。

《养生主》以庖丁解牛故事为体，展示"养生其主"之法；又以四则寓言为用，前两则立心，后两则论道。

《人间世》以"颜回之卫""叶公子高使齐""颜阖傅卫"三个故事为体，分别探讨欲做之事、必做之事、待做之事，合成处事之法；又以三则寓言为用，分别展示甚得其法、已得其法、未得其法，并成"人间世"之万象。

《德充符》以"兀者王骀""兀者申徒嘉""兀者叔山无趾""恶人哀骀它"四个故事为体，以兀者论全者，以恶人论善心，兀者部分又分出已知之德、将知之德、未知之德，合成见德之法；又以"诚忘""无情"两则寓言为用，前者谈外物，后者谈自心。

《大宗师》以真知、真人、真道之辨为体，展示"以大宗为师"之法；又以六则寓言为用，前三则寓言论真人，分别展示已得真、不得真、将得真三种，中二则寓言论真道，分别展示顿成其道、渐成其道两种，末一则寓言论失道之困。

《应帝王》以"不非人""日中始之欺德""天根问天下""阳子居问明王"四则故事为体，第一则为立言，后三则分别批判雄君、仁君、明君，四者合成"应帝王"之旨；又以"壶子故事""浑沌故事"为用，前者展示人道之浅薄，后者展示天道之无穷。

总之，《庄子》内篇七章都是先立论而后演绎，遵循着严格的"体—用"结构，而更加高妙的是，每章的体、用部分也都各自遵循着严谨的逻辑结构，或总分，或并举，或正反，或比对，关联整密，不蔓不枝，秩序井然。凡此种种，在此不能尽述，正文中另有详细说明。

以整部《庄子》的视角来看，其内、外、杂篇共同构成了"体—用—辩"的论证体系；向下而论，以《庄子》内篇的视角来看，立言三章、演绎三章、漫谈一章也构成了"体—用—辩"的论证体系；再向下而论，《庄子》内篇每一篇章都有其内部的"体—用"论证体系。如此秩序井然的结构，既是庄子思维逻辑严谨的必然结果，也是庄学对于读者的一种体贴。

那么，《庄子》一书的"体—用—辩"体系大体如下图所示：

《庄子》全书的"体—用—辩"逻辑结构

内容	呈现	内容	呈现	内容	呈现	内容	呈现
庄学	《庄子》	庄学之体	《内篇》	《内篇》之体	《逍遥游》	《逍遥游》之体	鲲鹏故事
						《逍遥游》之用	四个寓言
					《齐物论》	《齐物论》之体	一个立论
						《齐物论》之用	四个寓言
					《养生主》	《养生主》之体	庖丁解牛
						《养生主》之用	四个寓言
				《内篇》之用	《人间世》	《人间世》之体	三个故事
						《人间世》之用	三个寓言
					《德充符》	《德充符》之体	四个故事
						《德充符》之用	两个寓言
				《内篇》之辩	《大宗师》	《大宗师》之体	四段立言
						《大宗师》之用	六个寓言
					《应帝王》	《应帝王》之体	四个故事
						《应帝王》之用	两个寓言
		庄学之用	《外篇》				
		庄学之辩	《杂篇》				

4.《庄子》内篇的四个结尾

《庄子》内篇是依据"体—用—辩"的论证结构而写成的。如果我们单独把"体"的部分拿出来，或者把"体""用"两部分进行组合，或者把"体""用""辩"三部分进行组合，它们所呈现的论述都是相对完整的，只不过其丰富的程度有所不同罢了。

具体来说，《逍遥游》《齐物论》《养生主》等立言三章是内篇之体，它们对庄学的叙述已经初具完备之象了；若是再加上《人间世》《德充符》《大宗师》等演绎三章，共成内篇之体、用，其完善度则更进一步；若是再加上《应帝王》漫谈一章，共成内篇之体、用、辩，其完善度又更进一步。

这种拆分、组合的手段似乎不算罕见，像我们从全本戏里挑出来几出折子戏，或者从某某全集中挑出些篇目组成精选集，好像都是类似的手段。然而，与之不同的是，《庄子》内篇的嵌套结构是极为整饬的，每一层论述都具有极高的完整度，既能在思想上达到高度统一，又能在笔法上显得浑然一体。

按照这样的思路去考察《庄子》内篇，会发现其实它一共有四个结尾，分别位于立言三章、演绎三章、漫谈一章的末尾处。它们既是各自篇章的结尾，又是《庄子》内篇不同层次的结尾；它们既与各自篇章的开头相呼应，又与《庄子》内篇的开头"鲲鹏故事"相呼应；它们既点明了各自篇章的主旨，又点明了《庄子》内篇的主旨。

不妨这样理解：庄子每安排一处收笔，都是一次回归主旨的警醒；而读者每读到一个结尾，就是一次反思升华的提示。庄子在内篇中一共安排了四次针对庄学核心主旨的收笔，故此说它们是《庄子》内篇的四个结尾。

其一，薪尽火传。

《庄子》内篇的第一个结尾"薪尽火传"出现在第三章《养生主》之末。

（老聃死，秦失吊之，三号而出。……）指穷于为薪，火传也，不知其尽也。

——《庄子·养生主》

虽然只有短短一句话，但薪尽火传实在是一个构思巧妙的收笔，它既是上文"秦失之吊"故事的评论，又是《养生主》一章的结尾，还是《庄子》内篇立言三章的总结。

首先，老聃之身为名指，如薪；老聃之学为实指，如火。名将亡而实永存，这是对"秦失之吊"故事的评论。

其次，吾身为指，为薪；大知为实，为火。《养生主》开篇讲："吾生也有涯，而知也无涯。"那么，"指穷于为薪"扣合于前者，"火传也，不知其尽也"扣合于后者。由此，"薪尽火传"与"有涯无涯"形成了严密的呼应，一头一尾，共同展示出本章"养生主"的主旨。

最后，庄学之言为指，亦有穷绝之处；天道为实，绵延如不尽之火。则"薪尽火传"正扣合庄学立言之义，以它作为《庄子》内篇立言三章的结尾，提示读者莫要陷于庄学之薪，唯有真道才是永存之火。

其二，子桑之病。

《庄子》内篇的第二个结尾"子桑之病"出现在第六章《大宗师》之末。

子舆与子桑友，而霖雨十日，子舆曰："子桑殆病矣！"裹饭而往食之。至子桑之门，则若歌若哭，鼓琴曰："父邪！母邪！天乎！人乎！"有不任其声而趋举其诗焉。

子舆入，曰："子之歌诗，何故若是？"

曰："吾思夫使我至此极者而弗得也。父母岂欲吾贫哉？天无私覆，地无私载，天地岂私贫我哉？求其为之者而不得也。然而至此极者，命也夫！"

————《庄子·大宗师》

《庄子》中的寓言绝大多数都是正向的寄寓，将庄学主旨藏于故事之内；子桑故事却偏偏反向为之，将庄学主旨藏于故事之彼。这样独特而巧妙的安排，正是为了对各层论证进行收束：子桑故事既是《大宗师》一章的结尾，又是《人间世》《德充符》《大宗师》演绎三章的结尾，还是《庄子》内篇之体、用部分的结尾。

首先，《大宗师》之用一共是六则寓言，前三则谈三种真人之象（已得真、不得真、将得真），中二则谈两种真道之象（顿成其道、渐成其道），此五则寓言共同展示真人真道之逍遥，最末一则子桑故事则恰好与之相反，展示人不得真、道不得真之窘困。于是，六则寓言便从正反两方面充分演绎了"大宗师"论点之用，同时也使《大宗师》一章在此作结。

其次，《人间世》《德充符》《大宗师》共同构成《庄子》内篇演绎三章，而子桑故事亦分别与之一一对应。子桑不知"人间世"之道，遇雨则病，自伤其身；不知"德充符"之道，遇命则哭，于己无成；不知"大宗师"之道，拷问天地而不知师之以心。则此寓言分别寓藏三章之义，亦可称为演绎三章之总结。

最后，《庄子》内篇以鲲鹏故事作为开篇，在此以子桑故事与之呼应。鲲鹏逍遥进取而飞入彼境，无愧榜样，立于篇首；子桑困苦悲鸣而困于此境，足以为戒，置于结尾。至此，《庄子》内篇之体、用部分全部论述完成，子桑故事正是它的结尾。

其三，壶子之渊。

《庄子》内篇的第三个结尾"壶子之渊"出现在第七章《应帝王》之末。

> 郑有神巫曰季咸，知人之死生、存亡、祸福、寿夭，期以岁月旬日，若神。郑人见之，皆弃而走。列子见之而心醉，归以告壶子，曰："始吾以夫子之道为至矣，则又有至焉者矣。"……然后列子自以为未始学而归，三年不出。为其妻爨，食豕如食人，于事无与亲，雕琢复朴，块然独以其形立，纷而封哉，一以是终。
>
> ——《庄子·应帝王》

虽然壶子故事位于《应帝王》一章倒数第二段，并不在此章的结语处，但实际上，此章的内容至此已经完结了。《庄子》内篇"体—用—辩"之体系至此亦可宣告完成，后面再加一段浑沌故事，只是为了使内篇之结构更加完美，故此，壶子故事其实是本章之结尾，亦是《庄子》内篇的一个结尾。

首先，《应帝王》开篇进行有虞氏与泰氏之辨，前者"非人"而后者"不非人"，借此提出本章"不非人"之主旨；在壶子故事中，季咸显露神通，以此"要人"，正对应有虞之"非人"，列子怀有九渊而不轻示，正对应泰氏之"不非人"。至此，本章首尾呼应，论述完满，壶子故事正是本章之结尾。

其次，《庄子》内篇以鲲鹏故事开篇，有北冥、南冥之辨，以此展示逍遥之境界；在壶子故事中，地文呼应于北冥，天壤呼应于南冥，太冲莫胜呼应于天之苍苍，境界愈高，愈见逍遥，亦与鲲鹏故事之主旨相对应。至此，《庄子》内篇首尾呼应，论述完满，壶子故事正是《庄子》内篇体、用、辩之结尾，亦即内篇结尾之一。

最后，种种迹象表明，《庄子》内篇是以《列子》为基础而写成的（此说在下文有详细论述），故此，《庄子》内篇开篇鲲鹏故事是从《列子》中化用而来，其结尾壶子故事也是从《列子》中化用而来，一头一尾，借列学而言庄学，化用而升华，借尸而还魂，展示了《庄子》内篇构思之精妙。

其四，浑沌之死。

《庄子》内篇的第四个结尾"浑沌之死"出现在第七章《应帝王》之末。

> 南海之帝为儵，北海之帝为忽，中央之帝为浑沌。儵与忽时相与，遇于浑沌之地，浑沌待之甚善。儵与忽谋报浑沌之德，曰："人皆有七窍，以视听食息。此独无有，尝试凿之。"日凿一窍，七日而浑沌死。
>
> ——《庄子·应帝王》

壶子故事与鲲鹏故事形成了完美的呼应，至此，《庄子》内篇其实已经可以完结了，而庄子却犹嫌不足，又加了一段浑沌故事作为新的结尾。灵妙的是，浑沌故事接连于壶子故事之后，是对于《应帝王》一章以及《庄子》内篇进行的再一次呼应，却并不显得重复，反而借助别开生面的笔法生出又一层新意，展示出更高的境界。

首先，浑沌故事与壶子故事有着紧密的呼应。壶子故事是由得道者对求道者进行讲述，以天道之广大揭示人道之浅薄，是自上而下的视角；浑沌故事是由已知之道向未知之道发出探问，以此处之既得展望彼处之无穷，是自下而上的视角。壶子之境并非至境，浑沌之妙亦在无穷。两则寓言上下相成，共同展示出本章"应帝王"

之主旨：帝王之心，在于探寻天道，追逐不止。

其次，列子有得，得于壶子"不非人"之法；浑沌已死，死于儵忽"非人"之法。两则寓言一正一反，亦与本章"不非人"之旨一气贯通。对于《应帝王》一章而言，壶子故事是正象之结尾，浑沌故事是反象之结尾。

再次，儵忽凿七窍而浑沌死，《庄子》内篇七章即七窍，为庄学立言即凿窍，读者即儵忽，真道即浑沌。内篇七章是真道之窍，非是真道之身。误以此窍为真身，则真身不可得；经由此窍而探究真身，则真身不死。此寓言点明《庄子》内篇七章之工具性，实乃真正之结尾。此即庄子对内篇七章之最终总结。

最后，壶子故事同样出自《列子》，呼应于鲲鹏故事之名；浑沌故事则由北冥之事化生而来，呼应于鲲鹏故事之实。北海之忽即北冥之鲲，南海之儵即南冥之鹏，经历七章淬炼，至此已能称帝。这便是《庄子》内篇对读者之寄寓。

总之，《庄子》内篇以立言三章对庄学核心思想进行构建，以"薪尽火传"作结，意在说明"得鱼忘筌"之道，可称为《庄子》内篇实相之结尾；再以演绎三章对庄学核心思想进行延展，以"子桑之病"作结，意在说明"不得真道，则无以逍遥"，可称为《庄子》内篇虚相之结尾；再以漫谈一章对庄学核心思想进行补充，以"壶子故事"与"浑沌故事"作结，前者展示人道之上更有天道，列学之上更有庄学，意在说明真道之无穷，可称为《庄子》内篇名相之结尾，后者则跳出内篇而论内篇，跳出庄学而论庄学，将一切归于真道之浑沌，可称为《庄子》内篇无相之结尾。

可以说，《庄子》内篇以层层推进而又勾连循环的架构对庄学进行了严谨而巧妙的述说，四个结尾的安排，既是逻辑上的巧思，也是四次重要的总结与升华。在此过程中，庄学示于实相，藏于虚相，辨于名相，成于无相，使《庄子》的表象与庄学的内涵达到了完美的统一。

《庄子》内篇四个结尾的整体结构

	结构	内涵	篇目	段落	定位	呈现			
《庄子》内篇	立言三章	庄学本论之本论	《逍遥游》	鲲鹏故事……	开篇	《庄子》内篇之体论述完成	《庄子》内篇之体、用论述完成	《庄子》内篇之体、用、辩论述完成	《庄子》内篇论述完成
			《齐物论》	……					
			《养生主》	薪尽火传	实相之结尾				
	演绎三章	庄学本论之推论	《人间世》	……	虚相之结尾				
			《德充符》	……					
			《大宗师》	子桑之病					
	漫谈一章	庄学本论之杂论	《应帝王》	壶子之渊……	名相之结尾				
				浑沌之死	无相之结尾				

《庄子》内篇四个结尾与开篇的呼应关联

内容	位置及作用	本质	意义	呼应手法	特别之关联
鲲鹏故事	《逍遥游》开篇；《庄子》内篇七章开篇。		—		
薪尽火传	《养生主》结尾，立言三章结尾。	《庄子》内篇结尾一：实相之结尾	庄学为薪，亦有穷尽；真道为火，绵延不绝。	鲲鹏故事之升华	以薪喻鲲鹏（庄子之言），以火喻真道。
子桑之病	《大宗师》结尾；演绎三章结尾。	《庄子》内篇结尾二：虚相之结尾	鲲鹏逍遥，无愧榜样；子桑困苦，足以为戒。	鲲鹏故事之反比	以鲲鹏之逍遥与子桑之困苦正反相比。鲲鹏飞入彼境，子桑困于此境。
壶子之渊	《应帝王》结尾；漫谈一章结尾。	《庄子》内篇结尾三：名相之结尾	鲲鹏逍遥，壶子逍遥，首尾呼应，二重类比。	鲲鹏故事之类比	以鲲鹏与壶子相互类比。二者均从《列子》中化用而来，借列学而言庄学。地文如北冥，天壤如南冥，太冲莫胜如天之苍苍。

内容	位置及作用	本质	意义	呼应手法	特别之关联
浑沌之死	《应帝王》结尾；《庄子》内篇第七章结尾。	《庄子》内篇结尾四：无相之结尾	逍遥似成，浑沌若死，大辩不言，一切归真。	鲲鹏故事之寂灭	北海之忽喻北冥之鲲，南海之儵喻南冥之鹏，七窍喻《庄子》内篇第七章。七章成则庄言死，七窍成则浑沌死。

（三）《庄子》文辞的逻辑细节

《庄子》以篇章构建出其逻辑的整体结构，以文辞构建出其逻辑的细枝末节。

庄子说："寓言十九，籍外论之。亲父不为其子媒。"（《庄子·寓言》）这就是讲，《庄子》中的语言绝大部分都是寄寓之言，它们讲究拈花一笑的会意，而不是直工直令地讲述道理，那样的说教就未免显得笨拙而苍白了。

哲学的本论往往是乏味的，庄子却能将它们转化成种种意象，生动活泼地呈现出来。譬如，老子说："精神入其门，骨骸反其根，我尚何存？"（《文子·九守》）这个见解固然深刻，但使人听起来未免会感到玄虚而单薄。针对于此，庄子却幻化出颜成子游和南郭子綦两个人物，描绘出一个鲜活的场景，又把"我尚何存"的思辨转换成"吾丧我"的对话（详见《庄子·齐物论》）。于是，这种思想不仅在表达上变得生动了，其内涵也得到更多的拓展。也就是说，在将本论向意象转化的过程中，庄子不仅能够严谨地保持着原本的逻辑，还能够借用言辞的灵动而营造出更加丰富的内涵。

其实，本论有本论的逻辑，意象有意象的逻辑，庄子能够将一件枯燥的事情变得生动且加深内涵，正是凭借着他强大的逻辑运转能力。如果我们对《庄子》的文辞进行细节上的逻辑考察，便能发现其中的种种奥秘。

1.一个故事的多重寄寓

《庄子》中的故事，往往一事多用，以不同的角度来述说，便会有不同的含义。

庄子自我评价说："重言十七。"（《庄子·寓言》）而《庄子》中也确实存在重复使用语句的现象，很多人便以为这种"啰唆"是庄子的写作风格。但实际上，重言指的是庄学思想的反复论述，而不是指用语重复。并且，所谓"反复论述"也并不是简单地重复，而是随着论题的不同而有所变化，故此，这些反复出现的文辞其实是"重言而不重义"的。

北冥有鱼，其名为鲲。鲲之大，不知其几千里也。化而为鸟，其名为鹏。鹏之背，不知其几千里也。怒而飞，其翼若垂天之云。是鸟也，海运则将徙于南冥。南冥者，天池也。

《齐谐》者，志怪者也。谐之言曰："鹏之徙于南冥也，水击三千里，抟扶摇而上者九万里，去以六月息者也。"

……

汤之问棘也，是已："穷发之北，有冥海者，天池也。有鱼焉，其广数千里，未有知其修者，其名为鲲。有鸟焉，其名为鹏，背若太山，翼若垂天之云。抟扶摇羊角而上者九万里，绝云气，负青天，然后图南，且适南冥也。"

——《庄子·逍遥游》

鲲鹏故事是一个典型的"重言不重义"的案例。在《逍遥游》一章，共有三次对鲲鹏故事进行直接讲述，其内容大致相近，细节上却完全不同，而三次讲述分别对应了三种不同的深义，正是蕴含在这些细微的差别之中。

简要地讲，第一次是立言者进行讲述，其重点在于小大转化的哲学思辨上，故此简洁扼要，以鲲鹏变化为主；第二次是旁观者进行记录，其重点在于赞叹成就，故此专门写下大鹏奔赴南冥之壮观，不论其他；第三次是有志者进行参悟，其重点在于观摩学习，故此特别关注于细节，注重其中种种方法。

同是一个故事，稍加改造便能引出新义，由此亦可看到《庄子》用语、用事之灵活。

不只是同一件事情中的义理能够翻出新意，《庄子》对于一些人物也赋予了不断发展的内涵。比如啮缺这个人物，在《齐物论》一章，他向王倪问道，尚且懵懂无知；到了《应帝王》一章，他"跃而大喜"地向蒲衣子求问，似乎有所领悟；再到《知北游》一章，他向被衣问道，直接进入到"无我"之境。三次问道，三次成长，庄子笔下的人物能有如此串联，不仅使庄学的展现更加灵活，也为读者的领悟额外提供了许多脉络。

更妙的是，啮缺的人物发展与篇章的主题变化是完全契合的。在《齐物论》一章，庄子以无知的啮缺说明"寻我在求知之先"的道理；在《应帝王》一章，庄子以略有所悟的啮缺说明"不非人"的道理；在《知北游》一章，庄子以大彻大悟的啮缺说明"忘我可以入道"的道理。这样的安排十分自然，而且与主旨相得益彰，以故事的推进作为明线，以理趣的深入作为暗线，便使庄学又多了一层精妙。

2.多个故事的分进合击

《庄子》中的故事，往往多事类比成一，以相近的事例阐述不同的主旨，这些主旨之间有着微妙的差别，而它们最终又能统一成一个思想体系。

先秦学者惯于将说理寄寓于故事之中，往往会一事一理，将其主张作为内核，铺设故事作为表象，以达到生动鲜活的效果。庄子固然也是此中的高手，不过，他还擅长将一种理论分别演化出若干主题，再相应地形成若干故事，或总分，或并举，或正反，或比对，从不同的角度加以论述，最后统一在一个复杂的体系之中，以达到分进合击的效果。令人称奇的是，各个故事在结构上往往相近，在寓意上却各有不同，于是，这个精心设计的故事群在整饬的结构与迥异的内涵之间总能形成更大的张力。另外，这些故事总是根据子论点的分布而随之演化，既不加多，也不减少，既有条理，又很全面。

比如说，在《庄子·应帝王》一章，庄子安排了"日中始之欺德""天根问天下""阳子居问明王"三个故事，粗看上去似乎都是在讲帝王的自然之道，其主旨似乎雷同，而实际上，三个故事分别对应的是雄君、仁君和明君，三者各自代表一种深意。何以如此安排呢？其一，雄君、仁君、明君三者正是人道帝王术之三种基本形态；其二，雄君、仁君、明君三种主张，分别对应着儒家、宋尹、墨家的帝王术，彼时政治学之主流尽在于此。故此，将它们一一阐述清楚，关于人道帝王术的见解也就无所遗漏了。

类似的例子比比皆是。再比如说，《庄子·人间世》有"颜回之卫""叶公子高使齐""颜阖傅卫"三个故事，内容与形式都很相近，然而其各自指向却很有不同，它们分别对应欲做之事、必做之事、待做之事三种状况，由此便全面地囊括了不同的行事之道。又比如说，《庄子·德充符》有"兀者王骀""兀者申徒嘉""兀者叔山无趾"三个故事，内容与形式都很相近，然而对应的却分别是已知其德、将知其德、未知其德三种状况，全面地囊括了不同的成德之法。

以上种种都是并举之法，《庄子》中还有多处正反之法，比如《庄子·德充符》中以"恶人"对比"兀者"，《庄子·大宗师》中以"子桑之病"隐喻不得道之窘境，以此对比其余五种得道之逍遥，等等。

总的来讲，这种"类比成一"的写作方式倒也不是庄子所独有的，只不过，其他人的写作往往会有不知节制的问题。比如在《列子·汤问》一篇，列子要论述"物象无极"的道理，便吹渊炫博，讲愚公移山，讲夸父逐日，讲两小儿辩日，讲扁鹊治疾，讲余音绕梁，讲伯牙子期，讲偃师造人，讲纪昌贯虱……这些故事不可谓不精彩，其寓意也各有细微的不同，不过，它们在整体上并没有高明的统筹，只是像流水席一样呈现出来，主人并没有什么安排，客人也没有什么顾虑，于是便显得"类比"有余而"成一"不足了。

更加典型的例子莫过于庄子、列子二人对壶子故事的把握：

壶子曰："向吾示之以太冲莫眹，是殆见吾衡气几也。鲵旋之潘为渊，止水之潘为渊，流水之潘为渊，滥水之潘为渊，沃水之潘为渊，沈水之潘为渊，雍水之潘为渊，汧水之潘为渊，肥水之潘为渊，是为九渊焉。尝又与来。"

——《列子·黄帝》

壶子曰："吾乡示之以太冲莫胜。是殆见吾衡气，机也。鲵桓之审为渊，止水之审为渊，流水之审为渊。渊有九名，此处三焉。尝又与来。"

——《庄子·应帝王》

故事中，原本壶子所展示的是三重境界，分别与三种"渊"相对应，列子却不厌繁多地凭空多加了六种，庄子只好将多余的部分统统删掉，并简洁地说："渊有九名，此处三焉。"庄子的严谨由此可见一斑。

总之，庄子向来以汪洋恣肆的文辞而著称，但那仅仅是他表达风格的概括，对于向内的逻辑思辨，庄子的态度是极为审慎的，他总是遵循着十分严格的逻辑结构，既不加多，也不遗漏，极有章法，这个特点在《庄子》内篇中尤为明显。

3. 文字表达的严密合一

无论是篇章结构还是段落性的论述，庄子都遵循着十分严谨的逻辑体系，再往细处而论，他在文字论述上也是如此。

举例来说，在《庄子·人间世》一章，蘧伯玉为颜阖讲述了婴儿、无町畦、无崖三种状况：

> 彼且为婴儿，亦与之为婴儿；彼且为无町畦，亦与之为无町畦；彼且为无崖，亦与之为无崖。达之，入于无疵。
>
> ——《庄子·人间世》

从文辞上看，这三种名称未免有些教人迷惑，似乎又是庄子的放浪之语，但实质上，它们指的是求知的三种状态：无意于求知，便是婴儿之态；有意于求知而尚无方法，便是无町畦之态；有求知之法而尚无建树，便是无崖之态。人的求知无非就是这三种状况，这里已经说得很全面了。在奇谲怪异的文辞之下，其实是庄子严谨的逻辑。

另外，这三种状态又恰好和庄学核心三章相对应：婴儿之态，有认知无意识，"逍遥游"可解；无町畦之态，有意识无手段，"齐物论"可解；无崖之态，有手段无目标，"养生主"可解。说起来，这一点也不算奇怪，庄学本来就是依据人之认知而进行立论的，它天然就具有普适性，故此，这种对应并不是偶然的，而是必然的结果。在这里，庄学又一次体现了它的圆融，它的逻辑体系总是上下贯通而又浑然一体的。

《庄子》也会有一些抽象的论述，它们对于复杂的问题也总能面面俱到而不失分寸：

> 有始也者；有未始有始也者；有未始有夫未始有始也者；有有也者；有无也者；有未始有无也者；有未始有夫未始有无也者，俄而有无矣，而未知有无之果孰有孰无也。
>
> ——《庄子·齐物论》

庄子在这里一共说明了"有"与"无"相互叠加的七种状态，粗略地看起来，这种思辨似乎可以任意而无限地延展下去，但实际上，这是庄子对事物存在状态的说明，它是全面的概括，并不是随意的演绎。不妨以人为例，便容易理解了：

> 有始也者——婴儿；
>
> 有未始有始也者——母体中的胎儿；
>
> 有未始有夫未始有始也者——计划之中而尚未受孕的胎儿；
>
> 有有也者——生者；
>
> 有无也者——死者；
>
> 有未始有无也者——壮年者；
>
> 有未始有夫未始有无也者，俄而有无矣，而未知有无之果孰有孰无也——突然染上恶疾的壮年者。

在这一段，庄子讲的是言辞中是否有"真"的问题。有"真"的基础，便是"有始也者"的婴儿；只有"真"的迹象却不能具体确定，便是"有未始有始也者"的胎儿；连一点"真"的迹象也没有，便是"有未始有夫未始有始也者"的尚未受孕的胎儿。我们对"真"的思辨到"有未始有夫未始有始也者"就可以了，正如我们对生命的把握到尚未受孕的胎儿就可以了。故此，这段话所描绘的七种状况囊括了言辞之"真"的所有可能，它是全面而精确的，"增之一分则太长，减之一分则太短"。

庄子这一段话并不是悬空的思辨，也不是任性的铺张，它们是有的放矢而又精准全面的总结。然而，有些学者似乎并没有意识到这一点，比如刘安等人就把这一段硬是当成天气、地气之类的玄学思辨（见于《淮南子·俶真训》），那便与庄学言以致用的本质完全背离了，也辜负了庄子逻辑的严谨性。

那么，我何敢断定这段话说的是"言之真"而绝不是《淮南子》所认为的的天气地气呢？这主要依据它本身逻辑的自洽以及与篇章逻辑的合榫。从《庄子》内篇来看，其每一段话都能达到"与本身自洽"和"与篇章合榫"两个标准，这种缜密而贯通的逻辑性正是《庄子》的特点，它也是我们解读庄子最有力的一把钥匙。

4.词与物的深层寄寓

《庄子》的字词与意象具有极高的准确性，同时，它们还往往有着深层的寄寓，达到一词多义或者一物多义的效果。

首先，其说理性的文字往往会使用一些自创的意象，为读者拓展出想象的空间，便能更加生动地阐明深义。比方说，在说明天性与自性的区别时，庄子用"天籁"来形容天性的预定性与非我性（见于《庄子·齐物论》）。所谓"籁"，其本义是笙管笛箫等吹奏之器，风吹则有声，不吹则无声，其声音随其形体之成而预定成形，那么，人的喜怒哀乐等天性即如"天籁"，时机一至则天性显现，时机不至则天性隐藏，且人之天性随此人之成而预定成形。如此一来，读者便能很清晰地了解庄学对于天性的看法了。

其次，庄子往往会为人物加上富有寓意的名字，它们为读者的思辨又多打开了一扇大门。比方说，"瞿鹊子"和"长梧子"是庄子虚构的两个人物，之所以有这样的名字，是暗示前者喜欢发问而稳重不足，后者甚有根基而任鸟为巢，于是，这则寓言的意义便在此展开（见于《庄子·齐物论》）。再比方说，"罔两"的本义是没有形体却颇为自由的精怪，"景"的本义是有形体却没有自由的影子，那么，形体与自由对于内我究竟有没有决定性的意义呢？于是，"罔两问景"故事便因此而又多了一层深度（见于《庄子·齐物论》）。

另外，庄子对于理论或者人物的命名还往往互相联系，构成论述上的统一。比方说，《庄子·应帝王》一章有一位叫作"日中始"的帝王，这个有点奇怪的名字源于庄子"与日无始"的思想。《庄子·在宥》说："大人之教……出入无旁，与日无始。"那么，庄子提倡的是"与日无始"的自然之道，而这位帝王不知阴阳调和之道，偏爱日行中天的暴烈，他便得到了"日中始"之名。

总之，庄子是思辨的能手，又是文辞的大家，他每每将多重思辨寄寓到新奇别致的述说之中，便形成了层叠错综的逻辑之美。

（四）结语

《庄子》文辞华丽精美，波澜诡谲，向来被视为文学经典，不过，在文辞华美的表象之下，庄子的逻辑建构能力也实在是令人惊叹的。《庄子》一书，尤其是《庄子》内篇，各篇章、段落彼此若即若离却又浑然一体，前后呼应而又面面俱到，可称是构思巧妙的典范之作。

《庄子》逻辑体系的严密性与全面性是一体贯通的，无论是篇章的设置还是段落的连接，无论是人物的安排还是文辞的寄寓，由小及大，由浅至深，无不有机地融汇在一个逻辑体系之中。故此，《庄子》一书呈现出一种独特的圆融之美。

《庄子》是庄学之言，依附于庄学而生，《庄子》为表象，庄学为本实。那么,《庄子》的圆融,正是来自庄学的通洽。故此,当我们随便翻开一段《庄子》,总能找到与之相关联的枝叶,也总能找到与之相贯通的根本,而它们又条理分明地无限统一于自性圆满的庄学之中。

《孙子兵法·九地》说:"率然者,常山之蛇也,击其首则尾至,击其尾则首至,击其中则首尾俱至。"我想,用它来形容《庄子》那种浑然一体的灵妙,是再合适不过的了。

三、本书的工作

（一）解读路径说明

一部著作的成形，必然要由内而外地遵从种种逻辑体系，而我们对它的解读也应当如此，使之既达到用语体系的合榫，也达到思想体系的合榫。故此，本书对《庄子》的解读大致有如下几个层次的考量：

其一，考察文字的本义。

比方说，《庄子·逍遥游》有一篇"鲲鹏故事"，过去的学者往往认定"鹏"是某种大鸟。然而，"鹏"字是由表示形质的"朋"字与表示类别的"鸟"字合成的，而"朋"字又是两串贝壳并联之象，取琐碎而朋聚之义，那么，"鹏"字的本义应该是"朋聚之小鸟"。如果硬要将它解为大鸟，则显然与汉字构造方法是冲突的。

再比方说，《庄子·逍遥游》有"培风"一词，王念孙、刘文典等学者认为"培"字是"冯"字之转，又训为"乘"（详见《庄子补正》）。然而，"培"字本来就有培育、积聚之义，这里"培风"的用法应当类似于"培土成丘"，是振翅生风的意思，又何须强加新解呢？在这里，成玄英说"培风"是"重积风吹"之意，大体是正确的。

其二，考察《庄子》的用语体系。

比方说，《庄子·逍遥游》有"抟扶摇而上者九万里"之句，这里的"扶摇"，司马彪认为是"上行风"，郭象认为是"暴风从下上也"，《尔雅》则认为"扶摇谓之飙"，那么，诸家都认为"扶摇"是一种飙风。然而,《庄子·在宥》却有"云将东游,过扶摇之枝"的说法,故此,考虑到用语的统一性,两处"扶摇"都应该是"摇动扶持"的意思。许多学者没有注意到这种统一性,于是,在前文处将"扶摇"注解为飙风,后文处便解不通了,又只好将"扶摇"再解释成一种神木的名字,便不能自圆其说了。

再比方说,《庄子·逍遥游》中有"藜牛"一词,司马彪凭空认定它是旄(牦)牛,这实在是没有道理的。《庄子·应帝王》中有"藜之狗",《晏子春秋·问上》有"景公伐藜",可见"藜"是个地名,那么,所谓"藜牛"便是藜地之牛。庄子虚构出"大若垂天之云"的"藜牛",大概是因为藜地偏僻,便托名而寓之,就像先秦时人们认为西王母住在昆仑而广成子住在崆峒那样。

其三,考察同时代著作的用语体系。

比方说,《庄子·逍遥游》讲:"鹏之徙于南冥也,水击三千里。"崔譔认为"水击"是"击水"之意,形容大鹏以双翅击打水面,后世学者遂多从之。然而,《战国策·韩策》有"陆断马牛,水击鹄雁"之句,《韩非子·显学》有"水击鹄雁,陆断驹马"之句,那么,"水击"显然是先秦常用之语,在这里应当是水浪击打大鹏之意。

再比方说,《庄子·逍遥游》讲:"野马也,尘埃也。"崔譔、郭象、司马彪等学者都以为野马是游动之气,然而先秦时从未有如此用法。而依据文意来看,大鹏升至高空,眼界有所提升,有了可以"俯视"的高度,便对地面的野马又多了一层理解,而不再是原先"平视"野马的那种感受了。那么,野马正应取其本意,即野生之马。

还比方说,《庄子·逍遥游》讲:"抟扶摇而上者九万里。"郭象将"抟"解释为"斗",取搏斗之意,章太炎则认为原文应该是

"抟"，还做出了"风不可抟"的论断（详见《庄子解故》）。然而，《商君书·农战》讲："抟民力以待外事。"那么，"抟"字正是积聚之义，它可以用于"民力"这样的抽象事物上，自然也可以用于"风力"。

其四，考察道家与庄子的思想体系。

比方说，《庄子·齐物论》有"吾丧我"的观点，千百年来学者们为此争论不休，似乎尚未形成定论。"吾丧我"，如果光从文字本身来进行考察，似乎可以做出许多解读，然而，如果从道家的角度加以考察，如《关尹子》的"尚自不见我"论，《列子》的"去来之非我"论，《文子》的"我尚何存"论，等等，便能知晓《庄子》的"丧我"与"不见我""非我""何存我"等基本是一回事，即"寻找真我而不得"之意。

这个解读是否合理呢？如果把它向外追比，放在整个先秦思想中去考察，会发现"寻我"是道家一派所独有的思想体系，庄子继承并发展了这一思想脉络，这是很合乎情理的；如果把它向内追比，放在《庄子》一书尤其是内篇部分去考察，就会发现它恰好顺承了前篇《逍遥游》"真我之逍遥"的立论，又开启了后篇《养生主》"养生真我"的论证，是非常契合的。故此，"吾丧我"只能解读为"寻我之论"，如此才能自洽于庄学本身，也合榫于时代的思想脉络。

再比方说，《庄子》中有《人间世》一章，前人多以为"人间世"便是"人间"与"人世"之合称，即人间社会之意，然而，先秦时"人间"一词极少出现，且只是"世人彼此之间"之意，并不是今日所谓"尘世"之意。如果考察《庄子》内篇逻辑体系，便能发现"人间世"之"间"，其实是从前篇《养生主》"以无厚入有间"之中承接而来，取"寻隙"之义。再将此解读放到《庄子》中考察，会发现它与本章的主旨是极为贴合的，与前后各章的关联也是十分严密的。

总之，本书以文字的本义作为第一层考察，以《庄子》的用语体系作为第二层考察，以同时代著作的用语体系作为第三层考察，以道家及相关学者的思想体系作为第四层考察，以庄子的思想体系作为第五层考察，本质上遵循的是语言自洽和思想自洽两个金标准。

（二）文本来源说明

对于《庄子》的文本，本书采用民国九年（1920）上海涵芬楼《续古逸丛书》8—12册影印宋合刊本《南华真经》（简称"宋刊本"）为底本，并主要参考清光绪十年（1884）黎庶昌于日本东京使署刊行《古逸丛书》之八覆刻宋本《南华真经注疏》（简称"覆宋本"），民国十二年（1923）上海涵芬楼影印《正统道藏》中第349—352册洞神部本文类《南华真经》（简称"道藏本"），台北傅斯年图书馆藏南宋蜀中安仁赵谏议刊本《南华真经》（简称"蜀本"），早稻田大学图书馆藏日本万治间坊刻本《南华真经注疏》（简称"万治本"）。

诸本之中，宋刊本最为精审，颇可信赖，尤其《内篇》七章并无太多错漏之处，本书所校仅有两处：其一，《逍遥游》"则其负大舟也无力"。宋刊本作"则负大舟"，此依覆宋本、道藏本、万治本所改，得以与下文"则其负大翼也无力"相齐。其二，《人间世》"其大，蔽数千牛"。宋刊本作"其大蔽牛"，与文义不甚相符，此依覆宋本、万治本所改。均在正文处予以说明。

其他略有争议之处，如《齐物论》"夫吹万不同，而使其自已也"，过去注者多校为"自己"，本人以为"自已"为佳，宋刊本无误；再如《人间世》"贵人富商之家求禅傍者斩之"，覆宋本作"禅

傍"，二者其实一义而两形，均可采用。两处均依从宋刊本而保留
原文。

出于理解的不同，本书对《庄子》重新进行了句读。如《逍遥
游》"而彼且奚适也？"前人多认为此句是斥鷃之言，本人认为此
句为庄子模仿斥鷃口吻之反问，故此将它独成一段；再如《齐物论》
"昔者庄周梦为胡蝶"一段，前人多以为此是述者评论之言，本人
认为是景之回答，故此归入"景曰"之内。凡此种种，此不赘言，
均在正文评注处标明。

为了方便阅读，本书将各章原文加以分段，并命以小标题，希
望能对读者有所辅助。

（三）参考文献说明

本书所主要参考并引为依据的《庄子》的同时代著作，兹列
于下：

字书：《说文解字》
道家：《道德经》《列子》《文子》《关尹子》《鹖冠子》
名家：《公孙龙子》
墨家：《墨子》
儒家：《尚书》《论语》《孟子》《荀子》《孔子家语》《大戴礼记》
《礼记》《周礼》《仪礼》
史书·《竹书纪年》《战国策》《左传》《国语》《史记》《晏子
春秋》
兵家：《孙子兵法》《司马法》《吴子》
法家：《商君书》《申子》《韩非子》《慎子》《管子》
纵横家：《鬼谷子》

杂家：《尹文子》《吕氏春秋》

其他：《山海经》《周易》《诗经》《楚辞》《黄帝内经》

以上著作在本书中均有所引用，不过，其引用较为琐碎，而且这些著作各版本之间差异细微，并不影响相关的论证，故此不再一一注明版本。另外，以上著作在本书中一概视为《庄子》同时代作品。其中，《说文解字》虽然成书于东汉，但其学术观点来源较为可靠，《尔雅》虽然成书要更早，其中的解释却非常可疑，多有附会之说，故此本书取前者而不取后者；《孔子家语》《大戴礼记》等书虽然有成书于两汉时期的可能性，然而，无论其具体著述时间如何，其用语、思想等具有明显的先秦学术传承脉络，故此本书统统采用，不再作进一步的判辨；《史记》成书于西汉，本书仅参考其中对于历史的记载，而并不涉及其文法句意；《列子》一向有汉人伪造之嫌，但经过种种研究，本人认为其并非伪书，且与《庄子》关联甚大，故此多处采用，下文亦有详细说明；《淮南子》成书于西汉，距《庄子》不算太远，且其中似乎多有关联，然而，本人认为《淮南子》并无庄学的实际传承，其文字、思想均与庄学存在着不小的差距，且很有诱导之嫌，《淮南子》似乎更像是带有道家风格的杂家作品，故此本书不用。

总之，以上著作或者与《庄子》同时，或者与《庄子》同源，或者有思想之启发，或者有文字之佐证，都是解读庄学最可依赖的对象。而对于后世种种解读庄子的著作，如晋代郭象《庄子注》、唐代陆德明《庄子音义》、唐代成玄英《庄子疏》等，本人均从中得到无数参考与启发，但为了叙述简明，不再一一列举，仅于争议之处在注解中予以标注。

（四）庄学与各家学派的联系

《庄子》的成书与诸家学说均有一定关联，与列子、儒家、名家等学派尤有渊源，故此本书也对各家学说进行了一定的考察。

1.《庄子》与《列子》

在道家诸子的著作中，《庄子》与《列子》的联系最为紧密，甚至可以说，《庄子》内篇就是在《列子》的基础之上写成的。

很有一些学者怀疑《列子》是晋人所作，但是若仔细考察《庄子》与《列子》的文本就会发现，《列子》成书应该在《庄子》之先。

宋有狙公者，爱狙，养之成群，能解狙之意；狙亦得公之心。损其家口，充狙之欲。俄而匮焉，将限其食。恐众狙之不驯于己也，先诳之曰：'与若芧，朝三而暮四，足乎？'众狙皆起而怒。俄而曰：'与若芧，朝四而暮三，足乎？'众狙皆伏而喜。物之以能鄙相笼，皆犹此也。圣人以智笼群愚，亦犹狙公之以智笼众狙也。若实不亏，使其喜怒哉！

——《列子·黄帝》

劳神明为一而不知其同也，谓之朝三。何谓朝三？曰：狙公赋芧。曰："朝三而莫四。"众狙皆怒。曰："然则朝四而莫三。"众狙皆悦。名实未亏，而喜怒为用，亦因是也。

——《庄子·齐物论》

《庄子》《列子》都有"狙公赋芧"的故事，其区别在于：《列子》记述详细而首尾完备，《庄子》却记述片面而几近破碎。何以如此？正是《庄子》引用《列子》而借事成言之故。

如果此寓言为庄子所创，那么，依照庄子的文风，他定然会讲："何谓朝三？宋有狙公者，爱狙……"将此故事完整陈说一遍。然而，庄子却说："何谓朝三？曰：狙公赋芧。……"正因为"朝三"之事已成典故，庄子才能拿来就用，也因为先有列子对此事叙述甚为详细，故此庄子只是十分简略地重述一遍，不必担心读者有什么不明之处。在这里，"曰：狙公赋芧"是典型的引经据典的口吻，正说明《列子》成书在《庄子》之前。

又如：

汤又问："物有巨细乎？有修短乎？有同异乎？"革曰："……终北之北有溟海者，天池也，有鱼焉。其广数千里，其长称焉，其名为鲲。有鸟焉。其名为鹏，翼若垂天之云，其体称焉。世岂知有此物哉？大禹行而见之，伯益知而名之，夷坚闻而志之。……吾何以识其巨细？何以识其修短？何以识其同异哉？"

——《列子·汤问》

汤之问棘也，是已："穷发之北，有冥海者，天池也。有鱼焉，其广数千里，未有知其脩者，其名为鲲。有鸟焉，其名为鹏，背若太山，翼若垂天之云。抟扶摇羊角而上者九万里，绝云气，负青天，然后图南，且适南冥也。"

——《庄子·逍遥游》

什么是"汤之问棘也，是已"呢？在《庄子》的原文里，这里其实并没有"问"的内容，自然也就谈不上"是已"了。按照常理来讲，这句话似乎改为"夏棘答于商汤曰"要更合理一些。

实际上，这句话并不是没来由的，"汤之问棘"的部分其实是在《列子》之中，庄子对此加以简略的引用，便有了"汤之问棘也"

之说，在前文处有详细的阐发与验证，便有了"是已"之说。或者说，庄子在此处是以《列子》为讲义而进行讲述的。

故此，《庄子·逍遥游》的前半章都是庄子对于《列子》相关部分的引用与重解。我们不妨设想这样一个场景：

弟子问：先生，请问《列子》中汤与夏革（棘）的问答是怎么回事呢？其中的鲲鹏应该如何理解呢？

庄子答：好！那么我先细细地讲一讲鲲鹏的故事。北冥有鱼，其名为鲲……讲到这里，汤之问棘之事的道理也就很明白了……

当然，庄子写这篇《逍遥游》的时候，并不一定真的是在和弟子相问答，但是，庄子在这里对于《列子》的引用却是不假的，《列子》一书必定早已被庄子及周围的人所熟知，甚至《列子》很有可能是庄子早年教学时的一种教材，唯其如此，才能解释庄子很多对于《列子》的"没头没脑"的引用。庄子及弟子们对于《列子》的熟悉，就像我们今天熟知许多成语一样，使用的时候是不需要具体解释与标明出处的。

《庄子》对《列子》有着全面的继承和发展，我之所以如此断言，并不仅仅在于这些引用的细节上，更重要的是，从各自的思想框架来看，《列子》八章与《庄子》内篇七章有着极其强烈的对应关系：比如《列子·天瑞》大致对应《庄子·逍遥游》，《列子·汤问》大致对应《庄子·齐物论》，《列子·黄帝》大致对应《庄子·养生主》，《列子·说符》大致对应《庄子·德充符》，等等。

当然，《庄子》的思想深度是《列子》所无法望其项背的，本文也无意对二者的学术联结进行具体的分析，这里只是为了说明：对于《庄子》的研究，道家典籍是必须要加以详查的，而其中《列子》与《庄子》的关系最为紧密，可谓重中之重。

2.庄学与儒学

《庄子》中有很多与儒家有关的故事，一会儿加以批评，一会儿又加以揄扬，阴晴不定的态度似乎叫人摸不着头脑，其实，庄学对儒学一直持有"向下兼容"的态度，这是始终一致的。

> 孔子适楚，楚狂接舆游其门曰："凤兮凤兮，何如德之衰也？来世不可待，往世不可追也。天下有道，圣人成焉；天下无道，圣人生焉。方今之时，仅免刑焉。福轻乎羽，莫之知载；祸重乎地，莫之知避。已乎已乎，临人以德；殆乎殆乎，画地而趋。迷阳迷阳，无伤吾行；吾行郤曲，无伤吾足。"
>
> ——《庄子·人间世》

在这个故事中，庄子借楚狂接舆之口对孔子进行了批评。耐人寻味的是，楚狂接舆并不认为孔子有什么本质上的错误，而是批评孔子行事过于刚猛，不知避祸。而这便是庄学对于儒学的态度：认可其思想在一定范围之内的合理性，但同时认为其境界不高。

庄子固然提倡出世，却也不因此而反对入世。在他看来，儒家的济世思想是"知人而不知天"的小道之学，虽然有一定的智慧，却总是不够高明；而庄子主张的天道完全可以向下兼容它，即所谓"小知不及大知"之论。

不过，彼时的儒学实在是流播较广且深入人心，故此，庄子杜撰出种种儒家故事作为案例，以表扬其中合于天道的部分，批评其中囿于人道的部分。

庄子讲述的儒家故事往往具有原型，倒也并不是凭空捏造，比如这段"凤歌笑孔丘"就是从《论语·微子》里改编来的。庄子甚至还会模仿儒家的口吻，比如说，《庄子·人间世》有"颜回之卫"

故事，其中"瞻彼阒者，虚室生白，吉祥止止"便是庄子对儒家发言的模仿。于是，这些故事看起来便很像是真实存在的。不得不说，这种为他人编故事的行为带有一定的迷惑性和误导性，而这种举动在《列子》中就已经有很多了，也不完全是庄子的原创，大概也是一时的风气。

庄子认为儒学"知人而不知天"，而儒家却认为庄子"蔽于天而不知人"（《荀子·解蔽》），虽然庄子觉得可以"向下兼容"，但儒家却并不甘心这么想，于是，两派学说便始终有着不可调和的冲突。然而，正是因为有如此强烈的矛盾，《庄子》中才会到处都是儒家的故事，记录着庄子对于儒家的各种"怨念"。故此，我们也要仔细研究儒家思想，才能对庄子的言论进行反向观照，从而更深入地探究庄学的精华。

3.庄学与名学

庄子与名家的关系很紧密，其态度十分简明：庄子很欣赏名家"名实之辩"等认知的方法，却很不赞成他们脱离实际地运用。

惠子谓庄子曰："人故无情乎？"

庄子曰："然。"

惠子曰："人而无情，何以谓之人？"

庄子曰："道与之貌，天与之形，恶得不谓之人？"

惠子曰："既谓之人，恶得无情？"

庄子曰："是非吾所谓情也。吾所谓无情者，言人之不以好恶内伤其身，常因自然而不益生也。"

惠子曰："不益生，何以有其身？"

庄子曰："道与之貌，天与之形，无以好恶内伤其身。今子外乎子之神，劳乎子之精，倚树而吟，据槁梧而瞑。天选子之形，子以坚白鸣。"

——《庄子·德充符》

这一段辩论集中于"无情"与"益生"两个辩题。庄子说的"无情",指的是不要施情于外物,专就滥用感情之现象而言,而惠子却将之曲解为放弃一切情感,故意夸大其词,故此庄子批驳:"是非吾所谓情也。"庄子所说的"益生",指的是不要过度加益于生命,仍然是专就滥用感情之现象而言,而惠子却将之曲解为有意义地增益生命,与庄子之说背道而驰,故此庄子批驳:"子以坚白鸣。"

所谓"坚白"之论,即针对石头的坚硬属性与白色属性进行探讨,它本来是一种积极的认识世界的基本手段,名家却抛开石头本身去讨论坚、白,认为坚与白是两种对立的存在,且两种属性不能在石头上共存,这就得到了完全脱离于实际的谬论。庄子所批判的,正是这种买椟还珠的行为。

在这一段辩论中,惠子明明懂得庄子言辞的真正指向,却故意从字词上做文章,利用语言的二义性来曲解庄子的本意,只是为了赢得辩论而已。然而,惠子的辩论真的赢了吗?他真的有所收获吗?放弃正确的认知,专注于浮华无用的诡辩,这种舍本逐末的行为就是在浪费生命而已,而这正是名家的典型做派。故此,庄子对于名家常有种"怒其不争"的感受:"其好之也,欲以明之;彼非所明而明之,故以坚白之昧终;而其子又以文之纶终,终身无成。"(《庄子·齐物论》)

总之,庄子与名家在认知的手段上是彼此欣赏的(这也是庄子与惠子成为好友的一个原因),在认知的方向上则是方枘圆凿的。参研名家的思想,可以更加清晰地了解庄子的认识手段。不过,为了要获得辩论的胜利,名家往往会进行诡辩,这是要注意的。比如

《公孙龙子·指物论》基本上是针对庄子"非指"之论而进行的发言，其内容很有助于我们理解庄学，然而就和惠子故意曲解"无情"与"益生"一样，公孙龙在辩论中也故意曲解了"非指"的内涵，后世学者对于庄子"非指"的误解有很多即是因此而起，这实在是不可不辨的。

（五）结语

《庄子》一书，实在浩瀚博大而令人称奇。虽然庄子的本意只是在揄扬自己的学说，但无论从庄学思想的宏伟与精妙来看，还是由庄子表达的尖锐与创新上来讲，它们都决定了这本书必然具有与众不同的深度与广度，它必然是蕴藏丰富的，是包罗万象的。

从文辞上讲，书中使用了大量独创的词汇和语句，我们必须要反复推研才能了解其中的妙处，更何况，《庄子》成书正在汉语逐渐成熟之时期，很多词语的用法已经发生转变或者渐渐消失了，要了解其真正的内涵，必须要凭借大量同时代的著作作为参考，同时也要兼顾汉语发展的规律和特点。故此，《庄子》实在是了解先秦文辞的一座宝库。

从论述上讲，庄子的表达天马行空而又精微玄妙，咳唾珠玉而又草蛇灰线，书中使用了大量的寓言、譬喻、意象、隐语，它们彼此之间相互勾连，穷奇造意而幻化无常，共同织成一张繁复而锦绣的波光蜃气之网，其复杂的程度要远胜过同时代的几乎所有作品，我们必须要详细地了解庄学的本质，才能够将这些谜底一一揭晓。故此，《庄子》既是哲学的巨著，又是文学的鸿篇，它实在是文辞与哲思各有所成而又能交相辉映的典范之作。

从思想上讲，庄子是道家思想的集大成者，又是将道家思想推至巅峰的一锤定音者，不曾了解道家思想的发展脉络，则不能知晓庄子学说的重要与精彩，不曾对庄子学说进行深入探研，则不能知晓道家思想的浩瀚与微妙。另外，庄子学说又是先秦思想极其重要的代表，它极度重视对于个人价值的探究，恰好与彼时儒家、墨家等偏重于社会价值的主流学说，与名家、杨朱等偏重于反社会价值的小众学说，三者形成鼎足之势，彼此纠葛，互为映照。故此，《庄子》不仅全面而集中地展示出道家思想的内涵，同时它也从独特的角度对儒、墨、名、杨等各个学派加以曲折地反映，它实在是全面了解先秦思想的必要门径。

从哲学深度上讲，庄子的学说是极其超前的，它虽然树立于先秦，却"抢先一步"地直指人类最为核心的哲学问题。据我看来，魏晋、唐宋、明清、近代等诸多学者的解读恐怕都未能一锤定音地揭示出庄学的本义，在道家本体论和认识论两个领域，也很难见到后人对于庄学的超越。于是，我们必须要跳出时代的局限，用发展的眼光来进行审视，才能清楚庄学的内涵。那么，即便拿现代哲学思维来看，庄子的学说依然远远谈不上"过时"，其中不仅有许多可取之处，更有许多令人瞠目结舌的深度。故此，《庄子》实在是中国哲学乃至世界哲学的一座丰碑。

总之，《庄子》一书文辞独特而又精蕴发微，论述新颖而又体系完备，思想精深而又涉猎广博，其哲学深度是一个时代的代表而又远远超越于时代本身，在文辞、论述、思想、哲学深度等四个维度上，《庄子》一书都是当之无愧的巅峰之作，而且庄子又能将它们圆满浑成地熔炼在一起。故此，虽然《庄子》的文字并不算多，其中包含的内容却实在深沉浩瀚，可称是地负海涵，袖里乾坤。

本书的工作主要围绕着《庄子》内篇部分而展开，这样的定位基于以下三点考量：其一，《庄子》内篇七章是庄子学说的内核，解读内篇与解读庄学，二者大致上是等价的；其二，《庄子》内篇结构浑圆整饬，论述精微严密，独成一体，而相比之下，外篇杂篇部分则不免驳杂舛乱，将之放在一起则不易协调；其三，《庄子》外篇杂篇尚有较多散佚文字，且有鱼目混珠之嫌，兼有编排错乱之患，要解决这些问题实在不太容易，只好留待以后的缘分了。

注解《庄子》的著作较多，见解多有不同，本书在注解时亦不免逐条标注、细细解释，故此多有整段、整句之解读，重在解读此段、此句与上下文的逻辑关系；每节之后又有评述部分，有时会将前文已经解读的局部逻辑嵌在此处，引为柱石，重在梳理此节与全章的逻辑关系。注解与评述的文字虽然互有重复，其实用意不甚相同，幸冀读者谅察。另外，本书的注解部分引用古文较多，且谋求简洁，故此多用半文半白之语感；本书的译文部分全用现代汉语语感，与注解处用词会稍稍有所不同。注解力求准确，译文兼顾意会，亦请读者明鉴。

虽然本书仅就《庄子》内篇七章进行解读，且有大量的前辈经验可以参考，然而，此项工作仍然不是那么容易，本书前前后后一共写了七稿，每一稿都能发现前一稿的不少错误，故此，书中一定还有许多不当之处，恳请各位师友不吝提出宝贵的批评和建议！

第一章

逍遥游

"逍遥游"，逍遥游于天道。世人之心，无不期于逍遥，因此便有本章之旨。"逍遥游"为庄学立言之本。

何为逍遥？心意自得即是逍遥。《庄子·让王》："逍遥于天地之间而心意自得。吾何以天下为哉？"即此义。

何为游？身有所系，心有所游。《文子·精诚》："老子曰：若夫圣人之游也，即动乎至虚，游心乎太无，驰于方外，行于无门，听于无声，视于无形，不拘于世，不系于俗。"则逍遥即游，游即逍遥，俱是由心而成，皆是对抗世俗拘系之道。

不拘于物，成于大知，此二者正是逍遥游内外两种境界，故此，要得逍遥游之义，必要先打破外物之缚、知见之浅。勘破外物是向外向名之法，提升知见是向内向实之道，二者并成逍遥游之境。

何以勘破外物？见其鄙陋便知物象之浅。故此，庄子示以北冥、齐谐、斥鴳、天下，皆是外物之小，见其无用。

何以提升知见？见其逍遥便得求知之心。故此，庄子示以鲲鹏、天苍、六气、无穷，皆是天道之大，见其逍遥。

本章以鲲鹏故事为"逍遥游"立义，示以万象，思辨无穷，皆是以象喻心之道。

本章可分为 10 节：01. 鲲鹏故事；02.《齐谐》之见；03. 大鹏之思；04. 蜩鸠之笑；05. 汤棘之志；06. 庄子之论；07. 越俎代庖；08. 藐姑射之山；09. 不龟手之药；10. 无何有之乡。前六节为鲲鹏故事，重于立论，为体；后四节为寓言四则，重于演绎，为用。小节题目及划分均由注者所拟定，并非原文。以下皆同，不再一一标注。

鲲鹏应时而化，终得逍遥之境，得"逍遥游"之正义；《齐谐》见于虚象，得"逍遥游"之名；大鹏思于自心，得"逍遥游"之实；蜩鸠困守于已知，得"逍遥游"之小；汤棘汲汲于未知，得"逍遥游"之大。前五节示以正义及名实小大，再加上第六节庄子之论，便成"逍遥游"之立论。

立论已毕，又有四则寓言相示，以勘向道之心。前两则寓言论天下、言辞，皆是外物之辨；后两则寓言论小知、大知，皆是内心之成。勘破外物，渐成内心，二者即是呼应于鲲鹏变化之真义，即是本章"逍遥游"之旨。

01. 鲲鹏故事¹

北冥^[1]有鱼^[2]，其名为鲲^[3]。鲲之大，不知其几千里也^[4]。化而为鸟^[5]，其名为鹏^[6]。鹏之背，不知其几千里也^[7]。怒而飞^[8]，其翼若垂天之云^[9]。是鸟也，海运^[10]则将徙于南冥。南冥者，天池也^[11]。

【译文】

北冥之处有鱼，以鲲为名。鲲之大不知有几千里。此鲲又变化成鸟，以鹏为名。鹏之背不知有几千里。它勃然奋飞，翅膀就像一直垂挂到天边的云层。就是这只鸟，将要乘着大海之势而去往南冥。所谓南冥，即是天池。

【注解】

[1] **北冥**：虚构之处，取其窅冥无极之意，喻指世界之大。北冥之名出自《列子·汤问》："终北之北有溟海者。"溟海写明是浩瀚之海，北冥则不止于海，庄子将溟海改为北冥，是升华其内涵。

[2] **有鱼**：喻指万物从无到有。"有"字不是表示静态的存在，而是含有动态的变化。

[3] **其名为鲲**：它的"名"叫作鲲，亦暗示它的"实"并不是鲲。名为小鱼，其实不小，庄学多有名实之辨，此处亦然。鲲：鱼子。

1　本书各节标题均为注者为了便于阅读所加，并非原文。下文不再一一标明。

[4] **鲲之大，不知其几千里也**：指此鱼由鱼子成长为巨鱼，喻指量变。鲲之小，为名；几千里之大，为实。世间万物，终于难逃名实不副之悖论，此是哲学之永恒命题。庄子将此悖论刻意放大，以惊诡之言凸显哲学思辨，正见其妙。万物初生，先有幼弱之态，后有几千里之大，而其名往往不变，譬如，庄子幼年即以周为名，未必得其周密，及至思想深邃完备，依然名为庄周，万物同此一理。崔譔认为"鲲"应当是"鲸"，不可取，鱼子不能生而成鲸，正如人不能生而壮年，再者，巨鲸亦没有几千里之长。崔譔调朱傅粉，反而漏洞百出。

[5] **化而为鸟**：指此鱼由巨鱼化为小鸟，喻指质变。由水中入于空中，固然达成新境界，然而原有之大亦不得不屈服为小，人由一旧境界跃升至另一新境界，往往如此。正所谓此之丘山，彼之毫末。鲲鹏故事出自《列子·汤问》，原文中鲲、鹏二者彼此无关，庄子加上"鲲化为鹏"之变，是升华其内涵。

[6] **其名为鹏**：它的"名"叫作鹏，亦暗示它的"实"并不是鹏。鹏：朋聚而飞之鸟，极小之鸟。《说文》："鹏，古文凤，象形。凤飞，群鸟从以万数，故以为朋党字。"过去学界依据此条，便以为"鹏"即是"凤"，而这里恐怕有所误会："凤"之形应是"鹏"字借用之象，而"凤飞，群鸟从以万数"才是"鹏"字之本义，即跟从凤飞之小鸟。鸟，《说文》作"[图]"，取鸟之象；凤，《说文》作"[图]"，取鸟与王冠之合象，鸟戴王冠为凤，则凤为百鸟之王，其义甚明；鹏，《说文》误收于"凤"字条，作"[图]"，取鸟与"朋"之合象，即朋聚之鸟附于凤尾而群飞之意，与"凤"字之象分明不同。简言之，高飞之领鸟为王，名凤，跟从之群鸟为从，名鹏，"凤"字有王冠而无群鸟，"鹏"字有群鸟而无王冠，一象化出两义，正是六书造字系统中指事之法，犹如上、下、本、末诸字。

[7] **鹏之背，不知其几千里也**：指此鸟由小鸟成长为大鸟。巨鱼

化为小鸟，是质变，而小鸟又成长为巨鸟，是量变，境界之提升即成逍遥，正在于质变、量变交替之间。

另注：过去注者皆以为是小鱼化为大鱼，大鱼又化为大鸟，其实，应当是小鱼、大鱼、小鸟、大鸟依次而化。大鱼何以仅能化为小鸟？只因大、小之名，不仅指其身体，亦有内我之辨。此鱼在水中之本领已臻其极，故称为大鱼；初学飞，仅能入门，只是盲目跟从于凤尾而已，故称为小鸟；待其逐渐成长，在空中之本领已臻其极，才称为大鸟。譬如孙悟空初为小猴；后称王于花果山，可称为大猴；又随菩提祖师学道，此时仅可称是小仙；学成而有大闹天宫之能，才可称是大仙。则小猴、大猴、小仙、大仙之变化，即如鲲鹏故事，万事万物亦无不如此。

[8] **怒而飞**：勃奋而飞，大鹏此时体量巨大，便不满足于北冥之小，故有此言。怒：蓬勃外发之情，这里形容其进取之心。

[9] **其翼若垂天之云**：它的翅膀就像是垂挂在天边的云。此时巨鸟已成，双翅对北冥已成垂抱之态，暗示巨鸟之境界已经高于北冥，在此无可容身。

[10] **海运**：运海之势，借海之力。此鹏虽巨，南冥更远，不借力则无以至。

[11] **南冥者，天池也**：南冥为我之天，故称为天池，境界升华之意。对他人而言，南冥未必高于北冥；对我而言，南冥却是我高处之目标，不努力则无以到达，故此以"天池"称之。《列子·汤问》以商汤与夏革为观察者，侈谈北冥鲲鹏之怪事，北冥为不可及之远处，故此称北冥为天池；庄子以鲲鹏为亲历者，此身已在北冥，复有南冥之志，故此称南冥为天池。境界不同，则心中之天池亦有所不同。

另注：此段鲲鹏故事取自《列子·汤问》："终北之北有溟海者，天池也，有鱼焉。其广数千里，其长称焉，其名为鲲。有鸟焉。其名为鹏，翼若垂天之云，其体称焉。世岂知有此物哉？大禹行而见之，伯益知而名之，夷坚闻而志之。"列子设此寓言，仅有小大名实之辨，庄子继承此说，又嫌其不够丰富，未有逐层而上之精神，所以另造一处南冥，又赋予天池之名，以达成北冥鲲、北冥鹏、南冥鹏之三重境界。

【评述】

北冥之鲲本是鱼子，因它一心求道，便不断变化，终成巨鱼，又几经周折，化巨鱼为小鸟，再化小鸟为巨鹏，飞往天池，不断取得逍遥之新境界。——鱼子犹能如此，我心又当如何？《庄子》一书即在此处立言，示人以逍遥之道。

逍遥之道，可得否？答曰：可得。鱼子化为巨鱼，便有水中之逍遥；小鸟化为巨鹏，便有空中之逍遥；巨鹏飞往南冥，便有天池之逍遥。境界愈高，愈得逍遥。世人皆有逍遥之心，逍遥并不能依赖外物而得，其要义在于自身境界之提升。

逍遥之道，容易否？答曰：否，逍遥非是仅凭内心之知见即可达成。鱼子化为大鱼，必定历尽艰辛；大鱼又化为小鸟，又有变化之一时之痛；大鸟之本领已臻极致，欲要飞往南冥，犹然借助海运之力，则其艰难可知。故此，有所付出，方能有所收获；历尽艰辛，方能得其逍遥。本节之立义即在于此。

诸子多在开篇处树立主旨。《道德经》："道可道，非常道。名可名，非常名。"《论语·学而》："学而时习之，不亦说乎？"《礼记·曲礼》："毋不敬，俨若思，安定辞。安民哉！"皆是如此。《庄子》亦然。辨明鲲鹏故事，可得《庄子》立言之本。

小鲲、小鹏犹有数千里之广大，不可不谓光怪神奇，世人所见，往往在此。列子顺势侈谈奇闻，借物论心，示以"我当闻而志之"

之旨。庄子亦以此为本，又将其化用，演绎出鲲鹏相化、鹏怒而飞、海运而徙、南冥天池等新事，便生出名实相辨、心向逍遥、乘势而为、知无止境等新义，亦是"我当闻而志之"之旨，其内涵却远非原来故事可比。庄学继承列学，却又创辟深化许多，由此可见一斑。

02.《齐谐》之见

　　《齐谐》[1]者，志怪者也。谐之言[2]曰："鹏之徙于南冥也，水击[3]三千里，抟[4]扶摇而上[5]者九万里，去以六月息者也。"

【译文】

　　《齐谐》之书，专门记录谐怪之事。其中记载了一条谐事说：大鹏去往南冥之路，有三千里海水的击拍，它积聚并利用了气流摇动向上之力，足足有九万里，整整六个月才算完息。

【注解】

　　[1]《齐谐》：书名，将谐怪之事一并记录于此，故有此名。齐：一并。齐谐之齐，其义犹如齐物之齐。此书未见于其他记载，可能是庄子虚构之言。

　　[2] 谐之言：《齐谐》之记载，亦暗喻谐趣猎奇之言。

　　[3] 水击：指海水击打着大鹏，形容路途艰难。《战国策·韩策》："陆断马牛，水击鹄雁。"《韩非子·显学》："水击鹄雁，陆断驹马。"皆此义。水击是先秦常用词汇，崔譔将"水击"释为"击水"："将飞举翼，击水跳踉也。"未免失之。

　　[4] 抟（tuán）：把东西捏成团，又引申为积聚、集中之义，这里指大鹏积聚并利用了大风之力。《商君书·农战》："抟民力，以待外事。"抟风力犹如抟民力，其义甚明。

　　[5] 扶摇而上：扶其摇动之力而向上，指利用向上的气流。扶

摇：智者借助摇动之力，用来扶持自己，所以称作扶摇。《庄子·在
宥》："云将东游，过扶摇之枝，而适遭鸿蒙，鸿蒙方将拊髀雀跃而
游。"借助枝条之摇动，鸿蒙方能"拊髀雀跃而游"，所以称为"扶
摇之枝"，其义与此处相同。司马彪云："上行风谓之扶摇。"《尔雅》
云："扶摇谓之飙。"郭璞云："暴风从下上也。"若据此说，则"扶
摇之枝"无解。众说皆有望文生义之嫌，是未解庄子本意之故。

【评述】

前文讲述鲲鹏故事，以讲述者（庄子）为视角，立义颇明，然
而仅是一家之言，未免不够全面，换个角度来看又当如何？故此，
此下又有旁观者、当事者、否定者、肯定者四种视角。本节即其一，
以旁观者视角而论。

大鹏将徙于南冥，结果如何？答曰：此事已成，且波澜壮阔。
然而何以讲述者不直言，而由《齐谐》代而言之？答曰：以示世人
浅薄之处。世人所见即如《齐谐》，往往在于名而不在于实，在于雄
奇之象而不在于曲折之路。故此，《齐谐》专注于大鹏徙于南冥之壮
阔，却不知此前之种种曲折，此种见识，正是泥名失实之故。正如
世人见《庄子》之书而惊叹不已，广为传颂，而庄子成书之前必有
无数艰辛，又有几人得知？本节明写《齐谐》之言，其实在写众人
之心。

《齐谐》之见，见在志怪，即所谓猎奇之心，旁观者之视角往往
如此。南冥鹏有事成之壮阔，固然足以称道；北冥鲲有未成之艰辛，
又有何人可见？得其名，而不得其实，寸找则一无所用。《齐谐》之
短视，正是世人不得道之根本。

人人欲得逍遥之境，然而，成道之象看似壮美，却须勤劬用心于
众人未见之处，否则将有名无实而一事无成。本节之立义即在于此。

03. 大鹏之思

　　野马也，尘埃也[1]，生物之以息相吹也[2]。天之苍苍，其正色邪[3]？其远而无所至极邪[4]？其视下也，亦若是则已矣[5]。

　　且夫水之积[6]也不厚，则其负大舟也无力[7]。覆杯水于坳堂[8]之上，则芥为之舟，置杯焉则胶，水浅而舟大也。风之积也不厚，则其负大翼也无力。

　　故九万里则风斯在下矣[9]，而后乃今培风[10]；背负青天而莫之夭阏[11]者，而后乃今将图南[12]。

【译文】

　　天地间的野马，此时看起来就像尘埃一样，这便是造物者在生育它，用气息在吹它的结果。天空青苍苍，这是它的正色吗？它是如此杳远而无穷无尽？它看待下方种种，想必也是这样的感受吧。

　　而且，水力的积蓄若是不够深厚，就没有力气负载大船。在堂上洼地之处倒一杯水，只能以草芥当船，放一只杯子则会胶住不动，这就是水太浅而船太大的结果。风力的积蓄若是不够深厚，就没有力气负载巨大的翅膀。

　　故此，飞行九万里而风已经渐在身下了，而后便是凭借今日振翅培风之能；能够背靠青天而无所阻碍了，而后便是此时实施去往南冥的宏图。

【注解】

[1] **野马也，尘埃也**：原先身在地表，见野马奔腾便觉震撼；此时身在高空，见野马不过是尘埃而已。境界升华，则认知升华，逍遥亦升华。野马：野生之马，意即无拘无束、本性自显之马。先秦诸子惯于以马论万物，故有此象。郭象、司马彪、崔譔等人皆以为野马是游动之气，后世学者遂从其说，其实无据。

[2] **生物之以息相吹也**：所谓野马奔腾，不过是造物者以气息相吹的化育之象。《庄子·齐物论》："夫吹万不同，而使其自己也。"指天风吹于万物，使其自性勃发而呈现。即此义。大鹏飞往南冥之境，得以俯观全貌，才能有此认知。境界愈高，知见愈深。生物：育生万物。《庄子·天地》："泰初有无……留动而生物。"《列子·天瑞》："生物者不生，化物者不化。"《列子·说符》："使天地之生物，三年而成一叶。"皆此义。

[3] **天之苍苍，其正色邪**：天空苍苍是它本质的颜色吗？天之本性尚未可知，此是继续探寻之意。

另注："野马"是大鹏向下之辨，是此时之大知反观以前之小知；"天苍"是大鹏向上之问，是此时之大知展望未来之至知。俯视可知野马之本，是境界已有提升之故；仰视不知苍天之实，是境界仍然未及之故。大鹏本来不知野马之本，此时已知，便是已成之逍遥；大鹏本来不知苍天之实，此时仍不知，便是未及之逍遥。大知可解小知，却仍然困于至知；向下则得其逍遥，向上则永无止境。故有此言。

[4] **其远而无所至极邪**：天空远不可及，喻天道之无穷。

[5] **其视下也，亦若是则已矣**：以苍天之境界来看视下方，也会有"远而无所至极"之感。以下视上，知其遥不可及；自上视下，亦是遥不可及。北冥固然视南冥为高，南冥却不可视北冥为下，

一切本无高下之分，唯有未知者为至道，此是庄学辩证之论。《庄子·秋水》："自细视大者不尽，自大视细者不明。"即此义。

另注：向上，则有天地之远而未及；向下，则有毫末之微而未及。二者均须探索而得，其实并无高低大小之分，俱是天道之无穷，由此亦知已知之浅薄，故此唯有求知以逍遥。《庄子·秋水》："河伯曰：'然则吾大天地而小毫末可乎？'北海若曰：'否。夫物，量无穷，时无止，分无常，终始无故。……计人之所知，不若其所不知；其生之时，不若未生之时。以其至小，求穷其至大之域，是故迷乱而不能自得也。由此观之，又何以知毫末之足以定至细之倪！又何以知天地之足以穷至大之域！'"即此义之明辨。

[6] **水之积**：与下文"风之积"可解释为水力、风力的积蓄。鱼子化为巨鲲，以水之积为助力；小鸟化为大鹏，以风之积为助力。二者皆是大鹏反思过去之论，示积累、借势之重要。

[7] **则其负大舟也无力**：宋刊本、蜀本作"则负大舟"，此处依覆宋本、道藏本、万治本校为"则其负大舟"，得以与下文相齐。

[8] **坳（ào）堂**：堂上低凹之处。聚土为堆，高于他处，即是堂；又在堂上选一坳处，即是坳堂。坳堂之说，示其孤立无援。坳处之水或有他水可以相通，坳堂之水必无他水可以借力，故有此言，正合巨鲲已无他力可用之象。

[9] **九万里则风斯在下矣**：飞九万里而风已在身下。显示不足以承载之意。

[10] **培风**：指大鹏振翅生风，类似于培土成丘。

另注：风力具足，则抟风而起；风力未足，则培风而上。"抟扶摇而上者九万里"，是此前大鹏借风而上；"九万里则风斯在下矣"，是此后大鹏培风自飞。借势可得一时之用，凭借自我才是根本。

[11] **莫之夭阏（è）**：无可阻挡。夭：摧折。阏：阻碍。有风时，大鹏有用风之知；无风时，大鹏又有培风之能，便能应对一切而无

可阻挡。故有此言。

[12] **图南**：图谋去往南冥。

【评述】

上节讲《齐谐》之言，言在得道之名；此节讲大鹏之思，思在得道之实。

"野马也，尘埃也。"是大鹏之反思。大鹏飞往南冥，何以关注于野马？只因原先身在低处，只知野马奔腾之表象，此时身在高处，才知野马奔腾之本性。大知反观小知，便一切通明，可得逍遥之义。正所谓："不识庐山真面目，只缘身在此山中。"

"天之苍苍，其正色耶？"是大鹏之诘问。何以求问于天之苍苍？只因原先身在低处，欲知天之本性而不得，此时身在高处而依然不可得，正是境界犹有未及之故。向上追逐永无极限，逍遥须要逐级而成。正所谓："欲穷千里目，更上一层楼。"

大鹏又有水之积、风之积之思辨。何以思辨于水？只因鲲借水势以成巨鱼。何以思辨于风？只因鹏借风势以成大鸟。事不借势而不可成，二者皆是对过往而言，反思其成长，总结其经验。

又有培风之思辨。何以要培风？风势已借无可借，便须自培而成。无外力可用便须自成，此是对当下之思考。故曰："风斯在下矣，而后乃今培风。"

总之，有外物之力则巧于借用，无外物之力则依凭自身，善用此二法，则无所阻挡，图南可成。

大鹏之思，立于自我，无论他人，当事者之视角即是如此。水风之积，思于我之外物，借力而有得；培风图南，思于我之自心，向上而有成。野马尘埃，立足于当下之境界，思及过去，辨明已知之小；天之苍苍，用心于未知之玄妙，着眼未来，辨明未知之大。

知天道之广大，便长有图南之志；知未知之无穷，便永怀求道之心。

此节写大鹏之思谋，与上节《齐谐》之旁观相比而成，正反相示：自我之思可知问题所在，旁人之见难解其中奥妙。旁观者全不知晓当事者之洞见，当事者亦无意于旁观者之点评。《齐谐》只见逍遥之壮美，未见积成之艰辛，恐怕空怀临渊羡鱼之情，难有退而结网之志；大鹏既见已得之收获，又见未知之玄秘，更有自身之反思，必将入于更高之境界。须当如何选择，读者之心自明。

04. 蜩鸠之笑

蜩[1]与学鸠[2]笑之曰："我决起[3]而飞抢[4]榆枋，时则不至[5]而控于地[6]而已矣，奚以之九万里而南为？"

适莽苍[7]者，三湌[8]而反[9]，腹犹果然[10]；适百里者，宿舂[11]粮；适千里者，三月聚粮。之二虫又何知？

小知不及大知，小年不及大年。奚以知其然也？朝菌[12]不知晦朔[13]，蟪蛄[14]不知春秋，此小年也。楚之南有冥灵[15]者，以五百岁为春，五百岁为秋；上古有大椿[16]者，以八千岁为春，八千岁为秋；而彭祖[17]乃今以久特闻，众人匹之，不亦悲乎！

【译文】

蜩和学鸠嘲笑此事："我想出发就出发，撞到榆树、枋树就停下来，就算时运不至，也不过是安全地落在地上而已，何必要飞九万里而向南呢？"

到郊野去，只需带上三顿饭食，返回时腹中并不饥饿；到百里之远，则要整晚捣米备粮；到千里之远，准备粮食要三月之久。这些道理，两只小虫又哪里知晓呢？

小智慧不如大智慧，短寿命不如长寿命。何以见得如此呢？朝生暮死的菌类不晓得月令更替，夏生夏死的蟪蛄不懂得春秋变化，这就是所谓短寿。楚地之南有冥灵这种生物，以五百年为春，五百年为秋；上古有大椿这种生物，以八千年为春，八千年为秋；而彭祖到现在还以长寿而闻名，众人都以他为榜样，这不是很可悲吗！

【注解】

[1] 蜩（tiáo）：蝉。

[2] 学鸠：小鸠。古人认为鸠可化为鹰，则鸠可视为鹰之幼学之子，故有学鸠之名。司马彪认为学鸠或即莺鸠，亦有可取之处，暂系于此。

[3] 决起：决然而起，形容其无所准备。

[4] 飞抢（qiāng）：飞起撞击，形容其莽撞。《战国策·魏策》："布衣之怒，亦免冠徒跣，以头抢地尔。"

[5] 时则不至：古人讲究时运到了事情才会做成。《国语·越语下》："时不至，不可强生；事不究，不可强成。"

[6] 控于地：落于地面，安全可控。这是与大鹏九万里"不控于地"之危险形成对比。

另注：小虫决起而飞，见树则止；大鹏等待海运，以至天池。小虫之知以树为至境，大鹏之知以天池为至境，正是小知不及大知之处。

[7] 莽苍：苍野。

[8] 飡（cān）：同"餐"。

[9] 反：同"返"。

[10] 果然：很饱的样子。

[11] 舂（chōng）：捣米。

[12] 朝菌：早晨生出的蘑菇，暗指其朝生而暮死，生命较短。

[13] 晦朔：农历每月最后一天为晦，农历每月第一天为朔，这里指代月份的变化。

[14] 蟪（huì）蛄（gū）：蝉。一般生于夏季死于夏季，所以说它"不知春秋"。

[15] 冥灵：长寿生物。既然此物有春秋之变，则应当是一种树。

[16] **大椿**：长寿之树。

另注：朝菌等四个意象均出自《列子·汤问》："荆之南有冥灵者，以五百岁为春，五百岁为秋。上古有大椿者，以八千岁为春，八千岁为秋。朽壤之上有菌芝者，生于朝，死于晦。春夏之月有蠓蚋者，因雨而生，见阳而死。"其中，冥灵、大椿几乎未变，菌芝稍有修改，而蠓蚋替换成蟪蛄。基本符合原义。

[17] **彭祖**：古之长寿者，据《列子·力命》所载，他活了八百岁。

【评述】

"《齐谐》之见""大鹏之思"两节谈道之名实，"蜩鸠之笑""汤棘之志"两节谈道之真假。此节是否定者之视角，借此论小知之浅。安于现状者，看似有道，其实不真，看似逍遥，其实困于低处而一无所成。

大鹏有徙于南冥之壮举，蜩与学鸠不以其为榜样，反而加以嘲笑。因何而笑？笑其艰难险阻。然而，不历经艰难，如何成其大道？不挑战险阻，如何飞往天池？终其一生，所达高度不过榆树、枋树而已，境界如此之低，又何谈逍遥？

蜩与学鸠之笑，陋在小知，以不知为知，否定者之心态往往如此。"决起而飞"是二虫之知，"图南"是二虫之未知。不向未知中求知，却向已知中求知，则易陷于旧知，无得于新知。小知陷于已有之定见，便是其鄙陋之处。《庄子·知北游》："齐知之所知，则浅矣。"困守已知之知，拒绝未知之知，即此义。

蜩与学鸠，二者本非同类，本应异于知见而相互启发，却因嘲笑大知而结为同盟，以至于陷入小知而毫无察觉。喜谈他人之非，党同自我之非，无视大知之大，固守小知之小，因此便故步自封，不能求真正之是。《庄子·庚桑楚》："今之人也，是蜩与学鸠同于同也。""同于同"即陷于已知之意。即此义。

05. 汤棘之志

汤之问棘也，是已[1]："穷发之北[2]，有冥海者，天池也[3]。有鱼焉，其广数千里，未有知其脩[4]者，其名为鲲。有鸟焉，其名为鹏，背若太山[5]，翼若垂天之云。抟扶摇羊角[6]而上者九万里，绝云气[7]，负青天，然后图南，且适南冥也。

"斥鴳[8]笑之曰：'彼且奚适也？我腾跃而上，不过数仞而下，翱翔蓬蒿之间，此亦飞之至也。'"

而彼且奚适也[9]？此小大之辩也。

【译文】

关于商汤与夏棘相问答的事，其道理就是前面讲的那样："穷尽北发国之北，有一片冥海，是天池。其中有鱼，体长数千里，没有人知道它究竟有多长，却以鲲为名。有鸟，以鹏为名，它的背大如太山，翅膀像是遮蔽到天边的云层。它积聚并利用了气流摇动向上之力，像羊角那样盘旋着，足足有九万里，超出了云气，背负着青天，然后图谋向南而去，而且最终到达南冥之地。

"斥鴳笑它说：'它为什么非要去南冥呢？我腾跃而起，不超过几丈高就落下，在蓬蒿丛草中翱翔，这也是飞翔的至境了。'"

那么，它为什么非要去南冥呢？这就是小知与大知的不同啊。

【注解】

[1] **汤之问棘也，是已**：指汤之问棘之事已经如前文所述而验证于此。汤之问棘：指列子版本的鲲鹏故事。《列子·汤问》有汤与夏革之问答，鲲鹏故事原出于此，庄子化用之，以阐述"逍遥

游"之旨。前文皆是借题发挥，至此处则回归原典，故此说"汤之问棘也"；前文已有阐述验证，故此说"是已"。棘：夏革，又称夏棘，商汤时贤臣，见于《列子》《庄子》。是已：由此得以验证。《荀子·正论》："人之情，欲是已。"意思是，人之情完全从人之欲中得到验证。即如此类。"是已"是先秦常用词语，有时与"是也"有类似之用。《晏子春秋·谏上》："晏子曰：'公疑之，则婴请言汤伊尹之状也。……'公曰：'然，是已。'"

《晏子春秋·杂下》："公见其妻曰：'此子之内子耶？'晏子对曰：'然，是也。'"

前者，晏子为景公描述商汤形貌，景公验证为可，故此说"是已"；后者，景公问此人是否为晏子之妻，晏子不必验证，故此说"是也"。二者差别如此。

[2] **穷发之北**：穷尽北发国之北，极北之意。《列子·汤问》中称"终北之北"，与此同义。穷：穷尽。《庄子·天道》："能虽穷海内，不自为也。"发：古国，位于极北之处，又称北发。据《大戴礼记·五帝德》所载，虞舜时，北方有"山戎、发、息慎"诸国；据《大戴礼记·少闲》所载，虞舜至商汤时，海外有"肃慎、北发、渠搜、氐、羌"诸国。

[3] **有冥海者，天池也**：前文"南冥者，天池也"，与此处略有不同。以世间之汤、棘为视角，则冥海为我之天池；以北冥之鲲、鹏为视角，则南冥为我之天池。主体不同，心中之天池便有所不同。《列子·汤问》原文称冥海为天池，此处袭用之。

[4] **脩**（xiū）：同"修"，长。《列子·汤问》："物有巨细乎？有脩短乎？有同异乎？"

[5] **太山**：极大之山。

[6] **羊角**：这里指借着风力像羊角那样向上盘旋。

[7] **绝云气**：九万里以前，借助云气而飞；九万里以后，断绝外力而行。即前文"故九万里则风斯在下矣"之义。

[8] **斥鷃（yàn）**：鷃雀。因其排斥大知，故以"斥"为名。

另注：汤棘问答原本出自《列子·汤问》："汤又问：'物有巨细乎？有修短乎？有同异乎？'革曰：'……终北之北有溟海者，天池也，有鱼焉。其广数千里，其长称焉，其名为鲲。有鸟焉。其名为鹏，翼若垂天之云，其体称焉。世岂知有此物哉？大禹行而见之，伯益知而名之，夷坚闻而志之。……吾何以识其巨细？何以识其修短？何以识其同异哉？'"则列子原意为小物大物之辨，庄子深而化之，成小知大知之辨。

[9] **而彼且奚适也**：此句上承汤之问棘而言，是模仿斥鷃之口吻进行反问。第一条"彼且奚适也"，是斥鷃无知而问；此一条"彼且奚适也"，是庄子启发而问。本段主干为："汤之问棘也，是已……而彼且奚适也？此小大之辩也。"这是庄子的话，其余中间两段是庄子引的故事。

【评述】

上节是否定者之视角，亦论哂笑者之愚；此节是肯定者之视角，亦论求道者之志。二者正反相示，高下立判。

前文讲鲲鹏故事，已甚完备，此处如何又讲一遍？其实，此处并不是草草讲述，而是有志者之复盘。汤棘皆有逍遥之志，以鲲鹏为榜样，细细辨明其人其事，便能有所启发。故此，蜩与学鸠听闻鲲鹏之事，未加思索便行嘲笑之举，正是其鄙陋之处；汤与夏棘听闻鲲鹏之事，详究其细节而拷问真义，正见其求知之诚心。

汤棘之志，志在逍遥，见未知而喜，有志者之心态即是如此。鲲鹏相化，怒其壮心，意在待时而飞，是庄学之寓，求道者须要识之；探其细节，究其根本，学在精微之处，是汤棘之心，有志者必能知晓。有志者关注于解决问题，领略关键所在，故此细细学之；嘲笑者则急于否定，亦不知其妙，只因毫不用心。否定者空占言语之上风，其实一无所获；肯定者用心思谋其中诀窍，暗中已有所成。

此节借汤棘之口重述鲲鹏故事，似乎与前文颇有重复，然而其视角各不相同，其细节便不同，立义便不同，并非文义复沓之失。

试举一例：立言讲"北冥有鱼，化而为鸟"，则此鸟是由巨鱼所化而成，为求逍遥不惜弃绝本相，由此见得舍身入道之通达；汤棘讲"有鱼焉，有鸟焉"，则鲲鹏彼此本不相干，各持其法亦各得其成，由此见得万物皆有生生不息之精神。立言论逍遥之法门，汤棘谈得道之偶像，二者涵义迥然。

再举一例：《齐谐》讲"抟扶摇而上者九万里，去以六月息者也"，抟扶摇而上、九万里、六月息者，皆是壮丽之气象，令人赞叹。汤棘讲"抟扶摇羊角而上者九万里，绝云气，负青天，然后图南"——此处多出羊角、绝云气、负青天等细节——羊角为前期抟风之法，绝云气、负青天为后期培风之法，俱是精进之经验，供人参悟。《齐谐》观其大略，重于表象，汤棘细究其本，兼谈义理，两处蕴藏不同。

总之，鲲鹏生于何处？成于何状？何等艰辛？如何逍遥？汤棘相问，有穷发之北、羊角而上、绝云气、适南冥等洞察深微之见，皆是前文故事所未有，正见得有志者用心所在，亦见得庄子运笔之微妙。

至此，寓言周备，立义全成。一部鲲鹏故事，示以五重视角，展播种种心象，以立逍遥游之义。篇首故事是其总论，立义于论道，以境界变化述其事，并有名实小大之纲；《齐谐》之言是名之论，立象于名物，以谐怪示其表，名以壮丽之辞；大鹏之思是实之论，立象于自心，以思辨示其心，意在天道无穷；蜩鸠之笑是小知之论，立象于无知，以孔见之囿示其坐困，困在不知而骄；汤棘之志是大知之论，立象于求知，以索问之笃示其将成，成在汲汲向上。

辨鲲鹏故事，可知其道；辨齐谐之言，可知名之虚；辨大鹏之思，可知心之实；辨蜩鸠之笑，可知小知之有限；辨汤棘之志，可知大知之无穷。

知其道，避其名，得其心，慎其小，成其大，五义并举，即本章"逍遥游"之旨。

06. 庄子之论

　　故夫知效一官[1]、行比一乡[2]、德合一君[3]而征一国[4]者，其自视也，亦若此矣。

　　而宋荣子[5]犹然笑之，且举世而誉之而不加劝，举世而非之而不加沮[6]。定乎内外之分[7]，辩乎荣辱之竟[8]，斯已矣。彼其于世，未数数然[9]也。虽然，犹有未树也[10]。

　　夫列子[11]御风而行[12]，泠然[13]善也，旬有五日而后反。彼于致福[14]者，未数数然也。此虽免乎行，犹有所待者也[15]。若夫乘天地之正，而御六气之辩[16]，以游无穷者，彼且恶乎[17]待哉！

　　故曰：至人无己[18]，神人无功[19]，圣人无名[20]。

【译文】

　　所以说，其才智足以担当一个官职，行为足以比肩一乡的楷模，德行足以契合一位君主的要求，从而便能征得一国之道的人，他看待自己，也像是汤棘故事那样。

　　而宋荣子仍然笑其浅薄，而且，他面对举世称赞而不感到激励，面对举世批评而不感到沮丧。能够笃定于内心与外物的分别，能够分辨出荣耀和屈辱的疆界，这样就已经达到一种高度了。他对于这个世界，不会盲目地遵从和追寻。即便如此，他的内心仍然有未曾树立的境界。

　　列子御风而行，自然和顺而美妙，十五日后才返回。他对于所谓福报，并没有苦苦追寻。不过，虽然他不必费用力用脚行走，却仍然需要等待风的出现。如果顺乘天地之正道，从而自如地驾驭所有天地之气，游于无穷之至境，他又哪里需要等待起风的时机呢？

所以说：至人没有一己之念，神人没有功绩之念，圣人没有虚名之念。

【注解】

[1] **知效一官**：才智足以效力于一个官职。效：效力，这里指足够有能力。《荀子·王霸》："岁终奉其成功以效于君。"

[2] **行比一乡**：品行足以比得上一乡之最，可为此乡之楷模。

[3] **德合一君**：德行足以担任一位君主。合：契合。

[4] **征一国**：征悟一国之道。征：本意为拿取，又引申为征得、征悟。《论语·八佾》："夏礼吾能言之，杞不足征也。"即是"征一国"之例。《庄子·天问》："征之以天。"《庄子·列御寇》："以不征征，其征也不征。"皆与此同义。

另注：知效一官，则可征此官之道；行比一乡，则可征此乡之道；德合一君，则可征此君之道。三者均是"征一国"之义。所谓"征一国"者，道之上限即在此国，而汤、棘之境界即在于此，故说"其自视也，亦若此矣"。《列子·周穆王》："且一身之迷，不足倾一家；一家之迷，不足倾一乡；一乡之迷，不足倾一国；一国之迷，不足倾天下。"即此义。

[5] **宋荣子**：又称宋钘（xíng），战国时宋人，主张以别宥（破除认知的局限）、息兵之论治理天下。这种思想突破了前述官、乡、君、国之局限，故此他"犹然笑之"。

[6] **举世而誉之而不加劝，举世而非之而不加沮**：举世称赞而不感到激励，举世批评而不感到沮丧。劝：劝勉，被激励。宋荣子主张"见侮不辱"，即此义。《韩非子·显学》："宋荣子之议：设不斗争，取不随仇，不羞囹圄，见侮不辱。"《庄子·天下》："宋钘……

见侮不辱，救民之斗；禁攻寝兵，救世之战。以此周行天下。"受到
外侮而内心不以为辱，便能泰然处之，无所争斗，亦即"定乎内外
之分，辩乎荣辱之竟"义。

[7] **定乎内外之分**：笃定于内心与外物的分别。赞誉、非议皆是
外物之为，劝勉、沮丧实由内心而成。定乎内外之分，便可泰然
处之。

[8] **辩乎荣辱之竟**：分辨出荣耀和屈辱相对于内心的边界。荣
辱均是外物，不辨外物与内心之疆界，则荣辱会侵扰内心，故有此
言。竟：通"境"，疆界，二字时有混用。《庄子·胠箧》："阖四竟
之内。"

另注：《文子·上礼》："老子曰：……若夫至人定乎死生之意，
通乎荣辱之理，举世誉之而不益劝，举世非之而不加沮，得至道之
要也。"

[9] **数（shù）数（shù）然**：不断探求、刻意谋求的样子。古人
将万物法则称为数，如天数、度数等，不断探求其数，便是数数。
《庄子·天运》："吾求之于度数，五年而未得也。"即"数数然"之
义。以本段论之，"征一国"，即是"于世，数数然"；宋荣子犹然笑
之，即是"于世，未数数然"。

[10] **虽然，犹有未树也**：指宋荣子内心之树立犹然不足。《庄
子·天下》："宋钘……其为人太多，其自为太少。"即此义。

[11] **列子**：列御寇，又称列子，战国时郑人，秉承道家思想，
著有《列子》，是庄子的前辈。

[12] **御风而行**：乘风而行。御：驾驭。《列子·黄帝》："列子师
老商氏，友伯高子，进二子之道，乘风而归。"宋荣子定乎内外之
分，外辱不入，却未见内心之成；列子心有所成，大道有所建树，
故能御风而行。

[13] **泠（líng）然**：自然和顺。泠：从水，从令，本义为顺水而

行，引申为自然和顺之意。《庄子·天下》："泠汰于物。"意思是任凭外物施加于己，其中，泠为和顺之力，汰为过当之力。《列子·黄帝》有"列子乘风"之记载："心凝形释，骨肉都融；不觉形之所倚，足之所履，随风东西，犹木叶干壳。竟不知风乘我邪？我乘风乎？"正是与风合一之境界，故此称为"泠然"。

[14] 致福：追求福报。道家主张不必追求福报，只须顺应天道安排。《庄子·刻意》："不为福先，不为祸始。"《庄子·人间世》："福轻乎羽，莫之知载；祸重乎地，莫之知避。"均是此义。列子亦看法相同。《列子·力命》："可以生而生，天福也；可以死而死，天福也。可以生而不生，天罚也；可以死而不死，天罚也。……不骇外祸，不喜内福。"故此庄子赞扬列子"于致福者，未数数然也"。

[15] 此虽免乎行，犹有所待者也：列子乘风，不必凭足而行，即"免乎行"；无风，则无以游，故"有所待"。所待：指待风而游。列子"旬有五日而后反"，不能及时随心而返，即是因为须要等待风起之故。

[16] 御六气之辩：辨明六气，任意乘之而游，不止于乘风而已。御：驾驭。六气：统指天地之气，《左传·昭公元年》以阴、阳、风、雨、晦、明为六气，《黄帝内经·至真要大论》以风、热、湿、火、燥、寒为六气。列子御风，无风则不成，犹有所待；庄子御六气，万物皆可化，随心所欲。

[17] 恶乎：哪里会。

[18] 至人无己：世人多在人道，以己为先；至人合于天道，有天而无己。故有此言。《庄子·在宥》："合乎大同，大同而无己。"即此义。至人：纯粹不杂之人，入于至境之人。

[19] 神人无功：世人施功而汲求功绩，神人施功而无显于功。故有此言。《庄子·应帝王》："明王之治，功盖天下而似不自己。"即此义。神人：元神之盛者，超常之人。《庄子·齐物论》："至人神

矣。"意即入于至境之人可得超常之能。至人神人之义可见一斑。

[20] **圣人无名**：世人治世于功名，圣人治世于无名。故有此言。《庄子·刻意》："无仁义而修，无功名而治，……此天地之道，圣人之德也。"即此义。圣人：治化天下之人。

另注：至人无己，指天道而言，己是天道之贼；神人无功，指心神而言，功是心神之贼；圣人无名，指天下而言，名是天下之贼。至人、神人、圣人，以及天人、真人、德人等，均是有道之人，外性不同，便有不同之名。

【评述】

此节是庄子之论，承接汤棘故事，又藉此立"逍遥游"之旨。

汤、棘之知、行、德无一不善，能征一国之道，又有外求之心。如此之人，可称是得道者乎？

非也。汤、棘虽有图南之志，却犹然陷于天下之困，故此，不如跳出尘世之宋荣子。

宋荣子无意于天下，无心于是非，无争于荣辱。如此之人，可称是得道者乎？

非也。宋荣子有道之心而无道之成，故此，不如已有所成之列子。

列子能御风而行，颇有建树。如此之人，可称是得道者乎？

非也。列子能御风而不能御六气，于道术犹有未得，故此，可知天道有无穷之妙，求道之路亦永无止境。

观此三者，则知人外有人，天外有天，道外有道，向上之心岂能有停歇之时？

汤、棘逍遥于一国之道，然而于天下犹有未舍；宋荣子更进一步，逍遥于外天下之道，然而于自心犹有未树；列子又进一步，逍遥于御风之道，然而于六气犹有未知。小知不及大知，鱼子不及大鹏；逍遥之道，逐级而成；境界愈高，视下愈觉通透；至于极处，则自成无己、无功、无名之心。至此，"逍遥游"之立论已成。

虽然如此，仍有疑问。

既然至人无己，那么"我"在何处？说是内外有分，却又当如何分之？既然犹有未树，却应将如何树之？凡此种种，皆有答案，此即下章"齐物论"之辨。

汤、棘困于天下，甚为外物所系；宋荣子定乎内外之分，却困于内心之成；列子得御风之小成，却困于大成。此三者，均可得庄学而解。庄子之学，无非是外物、内心之道，可有三重境界：第一重境界，勘破外物，即本章"逍遥游"之义，可解汤、棘之困；第二重境界，区别内心与外物，内外各得其成，即第二章"齐物论"之义，可解宋荣子之困；第三重境界，养生为主，修心不止，即第三章"养生主"之义，可解列子之困。则此段之论亦隐隐点明庄学之旨。

07. 越俎代庖

尧让天下于许由[1]曰："日月出矣，而爝[2]火不息，其于光也，不亦难乎！时雨[3]降矣，而犹浸灌[4]，其于泽也，不亦劳乎！夫子立而天下治，而我犹尸[5]之，吾自视缺然[6]，请致[7]天下。"

许由曰："子治天下，天下既已治也。而我犹代子，吾将为名乎？名者，实之宾也，吾将为宾乎？鹪鹩[8]巢于深林，不过一枝；偃鼠[9]饮河，不过满腹。归休乎君，予无所用天下为！庖[10]人虽不治庖，尸祝[11]不越樽俎[12]而代之矣。"

【译文】

尧要把天下交让给许由，他说："日月已经出来了，而火把却不熄灭，以光辉而言，这不是很无用吗？天空降下了应时的好雨，而有人还在灌溉田地，以恩泽而言，这不是劳而无功吗？您树立了大道，而天下大治，而我却窃据此位，我自感这是一种缺失，就让我把天下交给您吧！"

许由说："你出面治理天下，天下也已经得到了治理。而我若是还要替代你，那么，我难道是要图个虚名吗？名啊，只是实的附庸，我难道是要图个附庸吗？鹪鹩在深林中筑巢，只占一根枝条而已；偃鼠在河中饮水，只是喝饱肚皮而已。你请回吧，天下于我无所用啊！即便厨子不下厨，祭司也不会跨过祭礼而代替他。"

【注解】

[1] **许由**：上古贤人，帝尧以天下相让，而许由不受，此事见于《墨子》《慎子》等诸多典籍。司马迁在《史记·伯夷列传》中说他在箕山上见过许由冢。《庄子·天地》中说许由是尧的老师。

[2] **爝**（jué）：火把。

[3] **时雨**：应时的雨水。

[4] **浸灌**：灌溉田地。

[5] **尸**：祭祀时有生人代替死者受祭，称为"尸"。这里指尧代替许由获得名。

[6] **缺然**：缺失的，不完满的。

[7] **致**：送达。

[8] **鹪**（jiāo）**鹩**（liáo）：体形很小的鸟，善于筑巢，巢约鸡蛋大小，甚为精巧，因此又有巧妇鸟之称。

[9] **偃**（yǎn）**鼠**：小鼠。偃：伏，倒伏，此处言其低伏且小。

[10] **庖**（páo）：烹调。

[11] **尸祝**：泛指祭祀之人。尸：代死者受祭之人。祝：主持祭祀之人。

[12] **樽俎**（zǔ）：器皿，樽用来盛酒，俎用来盛肉。樽俎是尸祝所用之物。《礼记·乐记》："铺筵席，陈尊俎，列笾豆。……宗祝辨乎宗庙之礼，故后尸。"

另注：庖行世俗之事，喻帝王，即人道之尧；尸祝行祝神之事，喻求道者，即天道之许由。"庖人虽不治庖，尸祝不越樽俎而代之矣。"亦暗示许由坚守天道，不入人道。

【评述】

　　"鲲鹏故事""《齐谐》之见""大鹏之思""蜩鸠之笑""汤棘之志""庄子之论"为本章之体，"越俎代庖""藐姑射之山""不龟手之药""无何有之乡"四则寓言为本章之用。本寓言论天下之无用。

　　帝尧欲让天下于许由。何以让之？理由有二。其一，帝尧之才不如许由，犹如爝火不及日月，浸灌不及时雨。其二，天下之治，实由许由所为，非是帝尧之功。若许由掌管天下，名实相符，岂不美哉？

　　而许由固辞焉。何以辞之？理由亦有二。其一，天下既已得其治，又何必图谋治天下之名？轻其实而重其名，本末倒置也。其二，天下者，外物也，故此天下于我无用；至贵者，自心也，故此修心才是要务。

　　帝尧视天下为重，许由视天下为轻，此是二人认知差异之根本。以天下为重，便失于自心；以天下为轻，能明心见性。世人多不知此义，故此陷于外物。

　　尧以天下为至大，许由却认为天下大而无用，正是"小知不及大知"之意。小知之境，视天下为野马；大知之境，视天下为尘埃。

　　儒、墨尊奉人道，便以天下为大，庄学尊奉天道，反以天下为小。庄学与儒、墨之分别便在于此。

　　凡束心者，皆视天下为至大之物，不知天下之无用。故此，先破天下，再论其他。鲲若以冥海为天下，则无以得鹏之化；鹏若以北冥为天下，则无以得天池之逍遥。

08. 藐姑射之山

肩吾[1]问于连叔[2]曰："吾闻言于接舆[3]，大而无当，往而不反[4]。吾惊怖其言，犹河汉而无极也，大有迳庭不近人情[5]焉。"

连叔曰："其言谓何哉？"

曰："藐姑射之山[6]，有神人居焉。肌肤若冰雪，淖约[7]若处子。不食五谷，吸风饮露。乘云气，御飞龙，而游乎四海之外。其神凝[8]，使物不疵疠而年谷熟[9]。吾以是狂而不信也。"

连叔曰："然。瞽[10]者无以与乎文章之观，聋者无以与乎钟鼓之声。岂唯形骸有聋盲哉？夫知亦有之。是其言[11]也，犹时女[12]也。之人也，之德也[13]，将旁礴[14]万物以为一，世蕲[15]乎乱，孰弊弊焉[16]以天下为事！之人也，物莫之伤，大浸稽天[17]而不溺，大旱金石流、土山焦而不热，是其尘垢秕糠[18]，将犹陶铸[19]尧、舜者也，孰肯以物为事！宋人资[20]章甫[21]而适诸越，越人断发文身[22]，无所用之。尧治天下之民，平海内之政，往见四子[23]，藐姑射之山，汾水之阳[24]，窅然[25]丧其天下焉。"

【译文】

肩吾问连叔："我听到了一些接舆的言论，夸大而不切实际，能说出口却圆而不回来。他的话让我很惊愕，就像银河那样漫无边际，很是自负而不近人情。"

连叔说："他说了什么呢？"

肩吾说："他说藐姑射山上有神人居住，肌肤清丽如若冰雪，风姿绰约如若处女，不吃人间五谷，只是吸风饮露，乘着云气，驾驭飞龙，遨游于四海之外，他们对内凝聚精神，对外使万物无灾而谷物按时丰收。我认为这是狂言，不能采信。"

连叔说："他说得有道理。瞎子无法感知到花纹之美，聋子无法欣赏到钟鼓之声。而岂止身体有瞎有聋呢？认知上也有啊。求是于接舆之言，便正应矫正自心之时。接舆说的是神人，其实说的是大德，说的是将磅礴的万物与自己化合为一之道，世界是趋于混乱的，何必要疲惫不堪地以天下为人生之事呢！接舆说到的神人，外物无法侵害他，洪水漫天，他却不会溺亡，大旱使金石熔化、土山枯焦，他却不会烦热，若是学到他尘垢秕糠那么一丁点儿皮毛，都能铸就尧、舜那样的人，又怎么肯以外物为人生之事呢！宋人为了推行章甫礼帽而去往越国，越人却习惯于剪断头发、纹饰身体，根本无处可用。尧使天下安治，海内太平，去拜谒四位贤者，在藐姑射之山，汾水的北面，深深地失去了以天下为己事之心。"

【注解】

[1] **肩吾**：虚构人物，仅见于《庄子》。在《庄子》中，肩吾曾两次问道于接舆，他本人亦有得道之美誉。

[2] **连叔**：虚构人物，仅见于此。

[3] **接舆**：楚人，佯狂而避世，以接舆为名，故此又称为楚狂、狂接舆。西汉刘向《列仙传》说他本名叫陆通，不知何据，聊备一说。

[4] **往而不反**：这里指话说出口却圆不回来，即吹牛之意。反：同"返"。

[5] **迳（jing）庭不近人情**：径直进入庭院，对别人不予理会，类似于闭门谢客，自负之意。迳：同"径"，直至。《吕氏春秋·安死》："孔子径庭而趋，历级而上……径庭历级，非礼也。"由此可

知，迳庭即不近人情之意。成玄英疏："迳庭，犹过差，亦是直往不顾之貌也。"此说甚是。司马彪、李颐认为迳庭指激过之辞，是会意之解读，大致不差。清代宣颖《南华经解》说："迳，门外路也；庭，堂前地也。势相远隔，今言大有迳庭，则相远之甚也。"此解虽然广为流传，其实无据。

[6] **藐姑射**（yè）**之山**：传说中的仙山，是姑射列山中的一座，藐形容其远。藐：辽远。姑射：地名，见于《山海经》《列子》。姑射之名原出自《山海经·海内北经》："列姑射在海河洲中。姑射国在海中，属列姑射，西南，山环之。"《山海经·东山经》："又南三百八十里，曰姑射之山，无草木，多水。又南水行三百里，流沙百里，曰北姑射之山，无草木，多石。又南三百里，曰南姑射之山，无草木，多水。"则姑射国、列姑射之山共成姑射之地。《列子·黄帝》："列姑射山在海河洲中。"与《山海经·海内北经》同。

[7] **淖**（chuò）**约**：柔弱美好之态。淖：从水从卓，水有柔和之态，卓有超然特立之义，故此以淖表示既柔且美。另有绰约、婵约，均与此相类。

[8] **神凝**：指心神专注于大道。庄子主张凝结心神，勿生杂念，故有此言。《庄子·在宥》："至道……无视无听，抱神以静，形将自正。"《庄子·刻意》："纯粹而不杂，静一而不变，惔而无为，动而以天行，此养神之道也。"皆此义。

[9] **使物不疵**（cī）**疠**（lì）**而年谷熟**：使万物自然有序、蓬勃生长之意。疵疠：疾病。上一句"神凝"讲神人的自身修为，这一句讲神人对外物的影响。

另注：此故事出自《列子·黄帝》："列姑射山在海河洲中，山上有神人焉，吸风饮露，不食五谷；心如渊泉，形如处女，不偎不爱，仙圣为之臣；不畏不怒，愿悫为之使；不施不惠，而物自足；不聚不敛，而己无愆。阴阳常调，日月常明，四时常若，风雨常均，字育常时，年谷常丰；而土无札伤，人无夭恶，物无疵厉，鬼无灵响焉。"庄子简并其意。

[10] **瞽**（gǔ）：瞎眼。

[11] **是其言**：于其言之中求是。肩吾质疑接舆之言，陷于争辩而一无所获，即"非其言"；连叔不加真假之辨，取其可用而求道之是，即"是其言"。是：于……中求是。庄子常用此句式。《庄子·齐物论》："以是其所非，而非其所是。"《庄子·徐无鬼》："各是其所是，天下皆尧也。"均如此类。此句式亦广泛用于先秦。《墨子·尚同上》："是以人是其义，以非人之义。"《文子·道德》："世各是其所善，而非其所恶。"均如此类。郭象、成玄英等均认为此处"是"为代词，恐怕不通："其"字已是代词，何必多一"是"字？王叔岷《庄子校诠》认为："'是其'，复语，其亦是也。"将"是其"二字当成一个"是"字来用，似乎先秦时并无如此用法。

[12] **时女**：使汝应于时，点化、矫正之意。时：使应于时。古人主张应时而为。《论语·阳货》："孔子时其亡也，而往拜之。"《论语·学而》："使民以时。"《荀子·富国》："时其事，轻其任。"《庄子·寓言》："孔子行年六十而六十化，始时所是，卒而非之。"皆此义。女：同"汝"。

另注：既然以言相示，即是时机已至。"是其言也，犹时女也。"连叔告诫肩吾要辨别接舆之言，从中求是。若是肩吾能行此法，便等同于抓住了求知的时机；若是一味否定，则错失了求知的时机。故有此言。此论正与上下文义一气贯通。成玄英、司马彪等将"时女"释为"处女"，恐怕无据。焦竑《庄子翼》将"时"释为"是"，钱穆、王叔岷等人从之，则全句变为"是其言也，犹是女也"，此说尤为奇怪：短短前后八字，何必同义之下而又有是、时字形之别？实在难以采信。

[13] **之人也，之德也**："其言之人也，其言之德也"的省略说

法，指接舆所论是人，其实所论是德。换言之，肩吾应当考量接舆言论中论德的内涵，而不必关注论人的表象，即，此事真假并不重要，其中道理才重要。

[14] **旁礴（bó）**：同"磅礴"，又写作旁薄、旁魄，广大之意。

[15] **蕲（qí）**：趋于。

[16] **弊弊焉**：困顿不堪的样子。弊：倒下。

[17] **大浸稽天**：洪水漫天。浸：淹没，此处指洪水。稽：停留。

[18] **是其尘垢粃（bǐ）穅（kāng）**：于其"尘垢粃穅"之中求是，学到一丁点儿皮毛的意思。是：于……中求是。见上文"是其言"词条。粃穅：瘪谷和米糠，琐碎无用之物。穅：同"糠"。

[19] **陶铸**：制作陶范并用以铸造金属器物，此处为铸造、造就之意。

[20] **资**：资助，帮助。《庄子·大宗师》："尧何以资汝？"

[21] **章甫**：商代的一种冠，常用于商礼，是殷商王道的象征。《仪礼·士冠礼》："章甫，殷道也。"宋国是商之后裔，礼乐合于殷商之道，则章甫是宋人独特文化。

[22] **断发文身**：剪断头发，纹饰身体。断发文身是吴越习俗，不合中原之礼，往往被视为陋习，不过，道家却主张弃外物、返自然，故此反而将其视为善举。

另注：章甫喻世俗之小知，断发文身喻自然之大知。宋人持世俗之礼法售卖于越人自然之道，便一无所用，正如肩吾持小知之见一遇接舆之大知而不知其妙。连叔以此故事点化肩吾。刘文典、陈鼓应等人以为此段是庄子旁言，而非连叔之言，恐怕不通：《庄子·内篇》各章结构整饬，并无零碎骈拇之言；再者，此事寓意甚明，宋人之形象正与肩吾相合。故此，当是连叔之言。

[23] **四子**：四位贤者，藐姑射之神人。帝尧已得天下之至而四子又胜之，连叔以此示道无止境。司马彪、李颐等以为是王倪、啮

缺、被衣、许由，其实无据，四子不必有具体形象。

[24] **汾水之阳**：汾水的北面。汾水已是极北之处，汾水之阳则是极北之北，杳远无边之意。《庄子·天下》："我知天下之中央，燕之北，越之南是也。"《列子·黄帝》："华胥氏之国在弇州之西，台州之北，不知斯齐国几千万里，盖非舟车足力之所及，神游而已。"先有一地之远，而又胜之，即"之阳""之北"之意。与此处相类。

[25] **窅（yǎo）然**：悠远地，这里指境界深远。《庄子·知北游》："夫道，窅然难言哉。"

另注：藐姑射之说，肩吾认为不真，连叔却偏偏以此为真，顿然使肩吾陷于思辨怪圈之中。连叔此种点化之法，可谓高明至极！——汝以为假，吾偏以为真，汝若欣然从之，便知汝并无思辨，不过是人云亦云而不求甚解。汝以为假，吾偏以为真，汝若断然否之，便知汝并无思辨，不过是陷于定见而一无所获。无论何者，均是肩吾之错，错在他喜于言辩而不知思辨，错在他喜于争胜而不知求是。藐姑射之事是真是假其实并无意义，唯有破开表象，从中悟道，才是正理。

另注：肩吾听闻接舆之道而不知求是，如宋人之愚，此即宋人故事之用意；帝尧听闻四子之道而深得其意，如连叔之明，此即帝尧故事之用意。两故事均是连叔特意为点化肩吾而谈。

【评述】

上节讲天下之无用，本节论是非之无益，二者相承而言，俱是破物之法。

肩吾听闻接舆之言，颇觉荒谬，又无力反驳，便询问连叔之意见。既然有不解之处，肩吾何不向接舆求问其真义？不求于未知，反陷于已知，此即世人不明之处。肩吾问于连叔，冀望连叔有同于己之言，借此而得心安。此举非是求其实，只是求其名，正见得肩吾未有求道之真心。《庄子·庚桑楚》："今之人也，是蜩与学鸠同于同也。"正是肩吾症结所在。

故此，连叔反而说接舆之言为真，正是道者点化之法。言辞之争辩有何益处？能得其真义才是要务。接舆之言固有其真，其真不在于神人之事，而在于视天下为外物之道。若得此义，则争辩之胜负亦可抛开，此事之真伪亦不足道也。

言必不真，其中有真。听闻接舆之言，若能去伪存真，明其义理而自心有成，则此言为真；若是陷于真伪之辩，无视其义理而自心无成，则此言无真。道者当行得真之法，而不以是非为意。连叔曰："是其言也，犹时女也。"即是此义，万事无不如此。

既知河汉无极，何不明辨其言而求是其义？既知不近人情，何不去人之情而求道于心？以小知否定大知，以成见困于言辞，肩吾一遇接舆之言，不知求是，只知争个高下，便是其未明之处。

肩吾困惑于接舆之言，本想求得附和之声，一如蜩与学鸠；连叔却能透过现象而观其本质，颇似自忖之鲲、鹏；帝尧闻于许由、四子之言，又得藐姑射之行，践行而求道，类于有志之汤、棘。前文寓言之种种心象亦见于此，以示本章之义。

凡束心者，皆视天下为至大之物，不知天下之无用；凡乱心者，皆视言辞为明辨之器，不知言辞之至伪。故此，先破天下，再破言辞，如此则外物俱得勘破。上节讲许由点化帝尧，本节讲连叔点化肩吾，二者上下相承，合成破物之道。

09. 不龟手之药

惠子[1]谓庄子曰:"魏王贻我大瓠[2]之种,我树之成,而实五石。以盛水浆,其坚不能自举也;剖之以为瓢,则瓠落无所容。非不呺然[3]大也,吾为其无用而掊[4]之。"

庄子曰:"夫子固拙于用大矣。宋人有善为不龟手[5]之药者,世世以洴澼[6]絖[7]为事。客闻之,请买其方百金。聚族而谋曰:'我世世为洴澼絖,不过数金;今一朝而鬻[8]技百金,请与之。'客得之,以说吴王。越有难,吴王使之将[9]。冬,与越人水战,大败越人,裂地而封之。能不龟手一也,或以封,或不免于洴澼絖,则所用之异也。今子有五石之瓠,何不虑以为大樽[10]而浮乎江湖?而忧其瓠落无所容,则夫子犹有蓬之心[11]也夫!"

【译文】

惠子对庄子说:"魏王送给我大葫芦种子,我把它种成了,它足足有五石重。若是用它来盛水浆,它不够坚固,不能自举;若是将它剖开成瓢,则没有储水的容器能容纳它。它并不是大得不够令人吃惊,我因为它实在无用,就把它打碎了。"

庄子说:"您确实缺少驾驭大用的智慧。宋国有擅长制造不皲手之药的人,世代以漂洗丝绵为业。有过客听闻此事,便请求用一百金购买制药的秘方。宋人召集家族共同商讨,说:'我们世世以漂洗丝绵为业,赚钱不过数金而已;这次一下子就能卖出一百金,卖给他吧!'过客于是得到了秘方,以此游说吴王。越国发兵作难,吴王便为士兵装备此药。冬天,吴人与越人水战,大败越人,吴王就划出一块封地奖赏他。使手免受皲裂的秘方是一样的，有人以它得到封地，有人却跳不出漂洗丝绵的想法，这就是所用不同。现在您有五石之大的葫芦，何不考虑将它作为大樽，使之浮游于江河湖海呢？而您却担忧它没有容身之处，那么，您所拥有的仍然是浅薄的蓬草之心啊！

【注解】

[1] **惠子**：惠施，宋人，曾为魏国宰相，名家代表人物。庄子很欣赏惠子思辨的手段，但是不赞成他为了辩论而辩论的目的。《庄子·天下》："惠施多方，其书五车，其道舛驳，其言也不中。"有道而驳杂不纯，有言而陷于论辩，即庄子对惠子之评价。

[2] **瓠**（hù）：葫芦。

[3] **呺**（háo）**然**：使人惊讶地，犹如吁然之意。呺：大叫。李颐、成玄英等认为呺为虚大之貌，此说无据。况且，文中惠子意欲设立一大而无用之物，以驳斥庄子"小不及大"之论，则此物必实大而无用方有效果，虚大之物本就无用，不足为辩，惠子不应有自损之言。

[4] **掊**（pǒu）：击碎。

[5] **不龟**（jūn）**手**：不皲手。

[6] **洴**（píng）**澼**（pì）：漂洗。

[7] **纩**（kuàng）：同"纩"，丝绵。

[8] **鬻**（yù）：卖。

[9] **将**：持有，这里指涂药于身，犹如将甲。《庄子·秋水》："将甲者进。"《庄子·知北游》："无有所将，无有所迎。"成玄英疏："吴王使为将帅。"则成玄英以为将为将帅之意，后世学者多从之，然而，此客所行是商贾之事，其人岂能必有将帅之才？吴王岂

能安心使一说客执掌三军？此处之将，必是以药将于身之意。将药于身则无冻裂之伤，不惧冬日之水战，故此胜之。

[10] **大樽**：樽为盛酒之贵器，宽腹，长颈，正与大瓠器型相仿。以大瓠浮于江湖，可为罕见之祭器，可载人载物，均是不世之宝，称之大樽，以示尊贵。司马彪释为腰舟，即缚于腰间而用于自渡之物，似乎无据，而且腰舟难以称为至宝。

[11] **蓬之心**：像蓬草一样浅薄的思想、境界。蓬草是浅薄之物，《庄子·逍遥游》说斥鴳"翱翔蓬蒿之间"，《庄子·齐物论》说宗、脍、胥敖三个小国"存乎蓬艾之间"，均取此义。郭象注："蓬，非直达者也。"向秀云："蓬者短不畅，曲士之谓。"阮毓崧云："此与《孟子》茅塞义略同。"王叔岷云："《孟子·尽心篇》：'今茅塞子之心矣！'"则众人均取蓬草蜷曲或者阻塞之象。然而，此处惠子病在"拙于用大"，病在"小知不及大知"，故此，应是庄子取蓬草浅薄之象以讽之。另外，庄子一向批评惠子陷于争辩而不知用心于道，亦与蓬草无根之象相合。《庄子·天下》："惜乎！惠施之才，骀荡而不得，逐万物而不反，是穷响以声，形与影竞走也。悲夫！""骀荡而不得"正是浅薄无根之象，即"蓬之心"之意。

【评述】

"越俎代庖""藐姑射之山"两则寓言谈破物之道，"不龟手之药""无何有之乡"两则寓言谈成心之道。本寓言借惠子之大瓠谈大知之用，道有所成则大物亦能有不凡之用，由此可知以心成道之必要。

惠子有大瓠，不能盛水，亦不能为瓢，遂因其无用而击之。何来此瓠？皆由惠子幻化而成，以喻庄子之学，讥其大而无用也。

大物必有大用乎？小物必无大用乎？《楚辞·卜居》有云："尺

有所短，寸有所长。"世间万物本来各得其用，不必以大小相拘。再者，鲲得其大而化，鹏得其大而成，此"大"指境界而言，并非指身形而言。惠子偏有"大不如小"之辩，于此强设一无用之大瓠，自是诡辩之法。

然而，若如此相解，便等于承认大瓠无用，亦等于承认庄学无用，则陷入惠子彀中。故此，庄子偏能迎其锋芒，逆其流而上，设出一大樽之用。

大樽者，祭器也，神器也。世人尊神为上，未有嫌神器之大者。于是，大瓠便得其大用，此其一；大瓠不盛水，不为瓢，游于世间，只为浮于江湖而用，其义亦与庄学相合，此其二。则惠子之小知完败于庄子之大知。

惠子以诡辩设局，庄子并未直刺其病，反而以大知解之。同是一物，只因知见不同，大知则得其大用，小知则得其无用。故此，小知不及大知，此反击甚是高明。

大瓠可盛水浆，可剖为瓢，常人之法无非如此，庄子却变幻出大樽之用，平凡之物忽成贵重之器，非王者之心不能得之。庄子天道亦通，人道亦通，故能如此。

此事另有一处可说：庄子能将大瓠翻出大樽之用，直言相告即可，何必又引出不龟手之药故事？曰：此是庄子点化之法。困于此乡，仅得此乡之用；跳入彼处，能得彼处之法。于低处求知，见野马是野马；于高处求知，见野马是尘埃。洴澼绒之族困于小术，皆是小知之故；百金之客能以此术得封地，正是大知之明。惠子若能知晓其中道理，其心便得自解。只可惜惠子之心全在争胜，不在求真，故此未解其义。智者以道相示，愚者犹然不明，岂是愚者知见不足？实是愚者自成其困。则小知不及大知，不在于其知见，全在于其道心。

10. 无何有之乡

惠子谓庄子曰："吾有大树，人谓之樗[1]。其大本[2]拥肿[3]而不中绳墨[4]，其小枝卷曲而不中规矩[5]。立之涂[6]，匠者不顾。今子之言，大而无用，众所同去也。"

庄子曰："子独不见狸狌[7]乎？卑身而伏，以候敖者[8]；东西跳梁，不辟[9]高下；中于机辟[10]，死于罔罟[11]。今夫斄牛[12]，其大若垂天之云。此能为大矣，而不能执鼠。今子有大树，患其无用，何不树之于无何有之乡、广莫之野[13]？彷徨乎无为其侧，逍遥乎寝卧其下。不夭斤斧，物无害者，无所可用[14]，安所困苦哉！"

【译文】

惠子对庄子说："我有一棵大树，人们称之为樗。它的树干满是树瘤而无法用绳墨裁量，它的枝条蜿蜒卷曲而无法用规矩校正。它伫立在路旁，匠人们不屑一顾。如今您的言论正是如此大而无用，众人便因此而远离。"

庄子说："您难道没见到那些狸猫吗？它们卑下地伏着身子，伺候着出现的小动物；它们四处跳梁而行，不论高处低处；然而却被机关暗算，死于罗网之中。再看那斄牛，大得像垂天之云。它有如此大的能为，却不会捕捉老鼠。如今您有如此大树，却苦于不知怎么用，为何不将它树立在无何有之乡、广莫之野呢？在它身边无为地流连，在它下面逍遥地睡卧。不会夭折于斧头之下，没有外物可以加害，没有什么可以被人利用，哪里还有困苦呢！

【注解】

[1] 樗（chū）：臭椿，有恶气味。

[2] 大本：树干。

[3] 拥肿：长满树瘤。

[4] 绳墨：木工打直线的墨线。

[5] 规矩：校正圆形和方形的两种工具。

[6] 涂：道路。

[7] 狸狌（shēng）：狸猫。《庄子·秋水》："骐骥骅骝，一日而驰千里，捕鼠不如狸狌。"

[8] 敖者：这里指出来活动的小动物。敖：漫游，闲游。

[9] 辟（bì）：同"避"，避开。

[10] 机辟（pì）：机关。

[11] 罔罟（gǔ）：渔猎的网具。罔：同"网"。

[12] 斄（tái）牛：斄地之牛，庄子杜撰之巨牛。大约此地偏僻而神秘，故托名异物于此。司马彪释为旄（牦）牛，似乎无据。斄：古地名。《晏子春秋·问上》有"景公伐斄"，《庄子·应帝王》有"斄之狗"。

[13] 无何有之乡、广莫之野：什么也没有的地方、广袤无垠的原野。庄子杜撰之处，清虚广大之境。此处本无一切，何必谈论其有？故有此名。

[14] 无所可用：没有什么可以被人利用的，即上文"不中绳墨""不中规矩"之意。

【评述】

上则寓言谈大瓠之用，以世间之法用之；本则寓言谈大樗之用，以世外之法用之。同是"小知不及大知"之义，因道心不同，境界便又有不同。两则寓言相比而成。

惠子设大瓠之巧辩，却完败于庄子之知，反而不甘失败，便又设喻一大樗而卷土重来。此大樗不中绳墨，不中规矩，匠者不顾，一无所用。大樗所喻为何？依然是庄子之学。所不同者，上次惠子设大瓠之无用，似乎未曾思虑周全，遂为庄子所反击；此次惠子则明言"匠者不顾"，使大樗概无世间之用，以成思维周密之网，使庄子无可遁逃。则惠子之心依然困于胜负之中。

庄子见惠子之伎俩，心下自明，故此以狸狌、犛牛相对。狸狌为何物？正是惠子心中之庄子形象，故此，惠子欲用网罟机辟困射之。犛牛为何物？正是庄子实有之形象，大若垂天之云而游于世外，远避世间之种种是非。庄子以此喻暗示二人境界之不同。

大樗之用，究竟如何？庄子答以"无用之用"。世间之道皆以有用为用，世外之道却以无用为用。所谓无用，非不能也，实不为也。此心不为世间所用，故能不夭斧斤，无所困苦，自然便能得其逍遥。则大樗实是此心之喻，大瓠则是彼身之喻。

前处庄子将大瓠翻出大樽之用，是顺势而成之法，法在世间之道；此处庄子将大樗示以无用之用，是逆势成新之法，法在世外之道。庄子持世外之天道，高于惠子世间之人道，故此，虽人道之惑，天道亦可解之，而天道之境，概是人道所不知。亦是"小知不及大知"之义。

故此，两侧寓言相比而成。大瓠与大樗看似相近，实则不同。大瓠者，他物也；大樗者，自心也。

大瓠之辩，喻外物之用，比试道术之高低，庄子以世间之大用胜于惠子世间之小用，以大知化其小知；大樗之辩，喻自心之用，较量境界之大小，庄子以世外之大用胜于惠子世间之无用，以大境化其小境。

大樗本是我心，匠者眼中却只有枝干之用，世人之知见无非如此，庄子却能变幻出无何有之乡，无用之物忽成逍遥之境，非道者之心不能得之。

《庄子·外物》："知无用而始可与言用矣。"即庄子之至境；惠子不知无用之用，始终困于小境。庄子之胜，胜在其知，更胜在其心。

至此，寓言四篇已成。前两篇以天下、言辞之浅喻物之极，则有"物无所用"之论，是破物之法；后两篇以大瓠、大樗之大喻心之远，则有"心无所囿"之境，是成心之道。先知物之无用，再论心之逍遥，正合"逍遥游"之旨，亦是道家独有之法。

第二章

齐物论

　　"齐物论"，齐物而论之，以此而寻我。逍遥全由我心而成，不知我则无以成，而世人却往往不知"我"在何处，因此便有此论。"齐物论"是庄学认知之法。

　　既然要寻我，何以要齐物而论？只因为"我"自有隐幽之性，难以直接论断，须要一一辨明外物，"我"才能于此中渐明。则"齐物论"是反向逼近之法，名为论物，实为论"我"。说是"齐物论"，其实是"寻我论"。

　　欲知物，先知心。何为内心？真我所在即是内心。何为外物？内心之余皆是外物。故此，天下、形骸、精神，皆非我心，皆外物耳，将之一一祛除，弃无可弃，即见真我。

　　上章"逍遥游"有"至人无己"之论，隐隐设下"无己"之辨；本章开篇以"吾丧我"与"无己"相对，上下相承，深化寻我之义。

　　本章可分十七节：01.吾丧我；02.天籁之辨；03.我之生；04.隐于天籁；05.存于形骸；06.生即迷茫；07.言辩无益；08.是非无穷；09.非指；10.两行；11.以明；12.有言之法；13.葆光之道；14.十日之德；15.不知之知；16.吊诡之言；17.庄周化蝶。前十三节为齐物而寻我之论，重于立论，为体；后四节为寓言四则，重于演绎，为用。

　　何者是我？我即自性，寄托于身性之内，隐藏于天性之中。故此，欲要寻我，便须先有吾、我、天籁之辨，亦即身性、自性、天性之辨，亦即我与外物之辨。前五节即立言于此。

　　如何见我？身性易得，天性难分，自性渺然难寻，只能见我于迷茫之中，亦要知晓言辩之无益、是非之变幻。六至八节即立言于此。

　　如何得我？须要凭借非指、两行、以明诸般破物之术，亦即庄学认知三法，由此才知葆光之义。外物由此而破，内我由此而得。九至十三节即立言于此。

　　知晓明我、见我、得我之义，则齐物之论已成，我亦见而得之。

　　立论已毕，又有四则寓言相示，以勘知物之心。帝尧困于天下之心；啮缺困于是非之心；瞿鹊子困于言辩之心；罔两困于不见我之心。四则寓言逐级而成，正是庄学破物成心之法，亦即本章"齐物论"之义。

01. 吾丧我

南郭子綦[1]隐几[2]而坐，仰天而嘘，嗒[3]焉似丧其耦[4]。

颜成子游[5]立侍乎前，曰："何居[6]乎？形固可使如槁木，而心固可使如死灰乎？今之隐几者，非昔之隐几者也。"

子綦曰："偃，不亦善乎，而问之也！今者吾丧我[7]，汝知之乎？女闻人籁[8]，而未闻地籁[9]；女闻地籁，而未闻天籁[10]夫！"

【译文】

南郭子綦倚靠着几案而坐，仰头向天嘘气，随口应答就好像丢了魂。

颜成子游站在他面前侍奉着，说："什么缘故呢？形体固然可以像枯槁的树木那样，而心灵竟然可以像死灰一样吗？今日的隐几而坐，不同于往日啊。"

子綦说："偃，你能如此提问，这不是很好嘛！现在的我丧失了自我，你明白吗？你可能听说过人籁，而没听说过地籁；或者你可能听说过地籁，而没听说过天籁啊！"

【注解】

[1] **南郭子綦**（qí）：楚昭王庶弟，官至司马，此时住在南郭，故有此称。后文多有出现，亦称南伯子綦、东郭子綦、司马子綦。

在庄子笔下，子綦是得道之人。

[2] 隐几：将几案隐于身下，慵懒倚靠的样子。

[3] 嗒（dá）：同"答"，应答。此答仅以其口作无心之应，故写作嗒。此字宋刊本、覆宋本、道藏本、万治本、蜀本均作"嗒"，郭象注成玄英疏亦作"嗒"，可知原文应为此字不谬。唯有陆德明《庄子音义》释文："荅，本又作嗒，同。……解体貌。"后世学者遂据此校为"荅"字，并依其解。然而，考查"荅"字并无解体之义，此解想必是陆氏依据后文"似丧其耦"而猜度其义，不足为信。遍查先秦典籍，"嗒"字仅见于此处，或许是庄子自创一字，将"荅"字加一"口"之偏旁，以示强调，以应其哲学内涵。庄子于字词之用多有精妙创新之处，此即其一，其余如《齐物论》篇"猨猵狙以为雌"之"猵"字，《人间世》篇"隐将芘其所藾"之"藾"字，《大宗师》篇"謷乎其未可制也"之"謷"字，均是如此，详见各章注释。

[4] 丧其耦：丧失了与之配偶的（灵魂）。灵魂与肉体本应是一对儿，此时只见其肉体，不见其灵魂，故有此言。下文"吾丧我"与此同义，"我"即"吾"之耦。

[5] 颜成子游：姓颜成，名偃，字子游，是南郭子綦的学生，在《庄子·徐无鬼》篇又作颜成子。

[6] 何居：什么原因。《礼记·檀弓上》："檀弓曰：'何居？我未之前闻也。'"

[7] 吾丧我：我丧失了自我，肉体丧失了灵魂。吾，金文写作"𠮷"，取形面部，上为双目，下为口，本义是能言者，即肉体；我，甲骨文写作"𢦔"，本义是杀伐之凶器，又引申为被杀时所失去者，即灵魂。《说文》："我，施身自谓也。……一曰古杀字。"

另注："吾丧我"之义，众说纷纭，似乎未有定论。

郭象注："吾丧我，我自忘矣。我自忘矣，天下有何物足识哉！故都忘外内，然后超然自得。"成玄英疏："丧，犹忘也。"则此派学者认为"吾丧我"约同于"吾忘我"，忘我是入于超然之道。

王雾云："吾丧我，物我所以俱齐也。"王夫之云："物无非我者，唯天为然。我无非天，而谁与我为偶哉？故我丧而偶丧，偶丧而我丧，无则俱无，不齐者皆齐也。"林希逸云："有我则有物。丧我，无我也，无我则无物矣。"则此派学者认为"吾丧我"约同于"吾无我"，无我是入于无物、齐物之道。

陈鼓应云："吾丧我：摒弃我见。'丧我'的'我'，指偏执的我。'吾'，指真我。由'丧我'而达到忘我、臻于万物一体的境界。与篇末'物化'一节相对应。"章启群云："'吾丧我'之'吾'指本体自我，'我'指经验自我。子綦此种状态与今日气功某种状态相似。"则此派学者认为"吾丧我"约同于"吾弃我"，弃我是入于真我之道。

以上诸论，看似各有其理，实则并未详查道家"丧我""寻我""得我""存我"义。

道家思辨以"我"为本。《关尹子·六匕》："有人问于我曰：'尔族何氏？何名？何字？何食何衣？何友何仆？何琴何书？何古何今？'我时默然不对一字。或人扣之不已，我不得已而应之曰：'尚自不见我，将何为我所！'"则氏族、名字、衣食、友仆等皆是"吾"之所属，而"我"却犹然未见。正合此处"吾丧我"之义。

《文子·九守》："老子曰：……精神本乎天，骨骸根于地，精神入其门，骨骸反其根，我尚何存？"亦是"丧我"之辨。《列子·天瑞》："精神者，天之分；骨骸者，地之分。属天清而散，属地浊而聚。精神离形，各归其真，故谓之鬼。鬼，归也，归其真宅。黄帝曰：'精神入其门，骨骸反其根，我尚何存？'"则列子认为"我"既非精神，又非骨骸，而是归真为鬼。那么，骨骸即"吾"之义，精神即下文"天籁"之义，鬼即"我"而略同于灵魂之义。

辨明"丧我""寻我""得我""存我"之义，方知下文何以有"天籁"之论，方知本章何以"齐物"而论。

[8] **人籁**（lài）：以人为出声之器，喻肉体之孔窍。正所谓"人籁则比竹是已"（见下文子游之言）。籁：吹奏之器。《吕氏春秋·遇合》："客有以吹籁见越王者，羽角宫徵商不谬。"

[9] **地籁**：以大地之孔窍为出声之器。正所谓"地籁则众窍是已"（见下文子游之言）。人之喉咙犹如大地孔窍，人之气息犹如大地之风，故有人籁、地籁之比，二者均是以气息吹孔窍以发声，形式类同。

[10] **天籁**：以万物之性为出声之器，喻其天性。道家认为，万物有预定之天性，犹如大地、众人有预定之孔窍，天道"吹"之如风，使其天性显现，故有此言。下文说："夫吹万不同，而使其自已也。"即此义。

另注：诵读吟唱，是人籁之声；万窍怒吗，是地籁之声；万物生长，是天籁之声。多有学者以为籁即是声响，其实并非如此，人籁、地籁、天籁，均是出声之根器，受人风、地风、天风吹之而成其声。

此处何以有人籁、天籁之辨？不妨以人性解之。以道家看来，人有三性：身性、天性、自性。所谓身性即是肉身之性，名为人籁，以"吾"为窍，待人之风吹之而成声，略同于肉体之义。所谓天性即是天道赋予之性，名为天籁，以人为窍，待天之风吹之而成声，略同于精神之义。所谓自性即是自我之性，不知何名，不知何窍，不知何声，不知存于何处，思之似有，寻之不得，故曰"丧我"，略同于灵魂之义。

道家认为，自我即自性，并非肉身，亦非精神，而在肉身与精神之外，在吾与天籁之外，在身性与天性之外。如《关尹子·五鉴》："我之思虑日变，有使之者，非我也，命也。"则思虑即精神，即天性，由命吹之而成。命即天道之风，思虑即天籁之声。此中无我。如《关尹子·六匕》："枯龟无我，能见大知；磁石无我，能见大力；钟鼓无我，能见大音；舟车无我，能见远行。故我一身，虽有智、有力、有行、有音，未尝有我。"则龟智、磁力、钟音、舟行即精神，即天性，由天道吹之而成。此中无我。（关尹子此处之思辨，既包括智、力、行、音之行为，又包括智、力、行、音之施予，其实尚未辨明骨骸之性与精神之性二者之不同，本处为了叙述方便，仅取其精神属性部分为例。）如《列子·仲尼》："知去来之非我，止变乱于心虑。"则生死来去皆是天性，属于精神，由天道吹之而成。此中无我。

故此，天籁即天道赋予我之灵性，又有天风吹之，以成智、力、行、音等诸般举动，而智、力、行、音等诸般举动，死物亦有之（譬如，古人认为枯死的 龟壳能以兆纹预示吉凶，是有智谋的表现），畜亦有之，庸者亦有之，圣者亦有之，究竟我在何处？须待下文渐渐论明。

【评述】

此节承接上章"逍遥游"之主旨而论。非真我不能求真知，非自性不能得逍遥。逍遥由我不由吾，世人却往往将吾、我二者混为一谈，故有"吾丧我"之辨。

南郭子綦隐几而坐，仰天而嘘，正是寻我之象。此象何能寻我？最关键之处，正在于颜成子游之言："形如槁木，心如死灰。"何以形如槁木？只因此形之中必然无我。何以心如死灰？只因此心之中似乎有我，然而未曾得见，犹如无我。故此，使无我之身成槁木之态，使无我之心成死灰之态，所余下者，岂非即是"我"乎？

由反向之处逼近，去众伪以存真，此即庄学寻我之法。

所谓"此形无我"，即百骸、九窍、六藏等皆是寄形之身，此中无我，则身性非我，其义甚明，自不待言。而"此心无我"，又当何解？只因此心亦有天性、自性之别。言谈举止、喜怒哀乐，俱可称为天性，虽禽兽亦有之，故此，天性非我。除却言谈举止、喜怒哀乐，余下者可称为自性，正是我与禽兽之不同之处，故此，自性即我。

总而言之，人有三性：吾即身性，天籁即天性，我即自性。身性、天性甚为显明，其中却无我；自性渺茫难寻，却是我之根本。故此，将显明之身性、天性一一去除，余下便是自性之我。如此便是庄学找寻自我之法。身性、天性又可统称为外物，则寻我之法其实即是弃物之法。由此，何者为物、如何弃物，便是本章之旨。简言之，"我"究竟为何？难以言说，难以捉摸，故此，本章齐物而论，然后得我于其余，即是寻我之义。

"丧我"本是道家原有之言。究竟如何寻我？究竟我在何处？老子、列子、关尹子等人均提及此义而浅尝辄止，唯有庄子深化而论之。

人生而有天性之知，却未必有自性之明。丧我者，浑浑噩噩，心如死灰，有天性而无自性，有精神而无灵魂，天风吹之，即随风而动，虽有智、力、行、音，何可谓之逍遥？有我者，辨明自身，有的放矢，天性中存有自性，精神中存有灵魂，天风吹之，反驭天风而行，得心于天道之中，此是逍遥之义，亦是得我之义。

02.天籁之辨

子游曰："敢问其方[1]？"

子綦曰："夫大块噫气[2]，其名为风。是唯无作，作则万窍怒呺[3]。而独不闻之翏翏[4]乎？山林之畏佳[5]，大木百围之窍穴，似鼻，似口，似耳，似枅[6]，似圈[7]，似臼[8]，似洼者，似污者，激者，谪[9]者，叱者，吸者，叫者，譹[10]者，宎[11]者，咬[12]者。前者唱于，而随者唱喁[13]。泠风[14]则小和，飘风[15]则大和，厉风济[16]，则众窍为虚。而独不见之调调[17]、之刁刁[18]乎？"

子游曰："地籁则众窍是已，人籁则比竹是已。敢问天籁？"

子綦曰："夫吹万不同，而使其自已也[19]。咸其自取，怒者其谁邪[20]？"

【译文】

子游说："敢问它的道理是什么呢？"

子綦说："大地吐出气息，便以风为名。它不发作便罢，一发作则万窍怒呺。你没有听见它发出翏翏的高声吗？高山密林之曲折，百围大树之洞窍，形状似鼻的，似口的，似耳的，似梁柱纵横的，似牛栏猪圈的，似窠臼粮臼的，似水池一类，似泥塘一类，激扬的，高鸣的，叱喝的，嘘吸的，叫喊的，嚎啸的，深沉的，呜咽的。前者发出气息，后者发出和声。若是微风，则激起小的应和；若是长风，则激起大的应和；摩荡的风过去了，则众窍虚然无声。你没有看见它们有风时则应和、无风时则寂寂的样子吗？"

子游说："地籁，应和发声的各种孔窍便是；人籁，与竹笛洞箫相比便是。那么，请问天籁呢？"

子綦说："天籁是不同的吹动万窍之法，从而使之自我呈现。否则，倘若其动力全部取于自身，激发者又是谁呢？"

【注解】

[1] **方**：方法，道理。

[2] **大块噫（yì）气**：大地吐出气息。大块：大地，大自然。《列子·天瑞》："天，积气耳。……地，积块耳。"噫：叹息。此大地是就广义而言，包含一切可触之物，山林、河海等均在其中。

[3] **呺（háo）**：号叫。

[4] **翏（liù）翏**：原义为鸟高飞状，这里引申为高处之声。

[5] **畏佳（cuī）**：同"崔（wěi）崔"。山势曲折高峻。

[6] **枅（jī）**：屋梁上的横木。房屋即梁木构成之大窍，风过而发声。

[7] **圈**：养牲畜的圈。

[8] **臼**：春粮的器具。

[9] **謞（xiào）**：箭去之声。

[10] **譹（háo）**：大叫。

[11] **宎（yǎo）**：深处，这里指像是从喉咙深处发出的声音。

[12] **咬**：这里指上下齿相合而发出的呜咽之声。

[13] **前者唱于，而随者唱喁（yú）**：前者呼而后者应之意，前者指风，随者指万窍。唱于：发出气息。气舒出为于。唱喁：发出应和之声。

[14] **泠（líng）风**：清泠美妙之风，指微风。泠：从水，从令，本义为顺水而行，又引申为清爽和顺。《庄子·逍遥游》："夫列子御风而行，泠然善也。"

[15] **飘风**：回旋不散之风，即长风。《说文》："飘，回风也。"

[16] **厉风济**：摩荡的风过去了。厉，原义是石头，又转为磨砺之意，这里指风之烈。济：渡过。郭象、成玄英等释"济"为"止"，后世学者多从之，然而似乎无据。

[17] **调调**：应和的样子。《说文》："调，和也。"

[18] **刁刁**：平静的样子。

另注：众窍有小和、大和之应，即"调调"，众窍为虚而无应，即"刁刁"。人风吹，则人窍应；地风吹，则地窍应。孔窍即籁，吹声之器，故此子游说："地籁则众窍是已，人籁则比竹是已。"

[19] **夫吹万不同，而使其自已也**：指天道使万物显现天性，犹如天风吹响万窍，只是天道之"吹"法有所不同。吹万：吹万窍，此处似应脱一窍字。自已：自我呈现。已：完毕。

另注：宋刊本、覆宋本、道藏本、万治本均作"自已"，唯有蜀本作"自己"，宋刊本、万治本、蜀本郭象注均作"自已而然"，唯有覆宋本郭象注作"自己而然"。由此观之，覆宋本、蜀本虽有"自己"之字样，然而正文与注却互不对应，似乎是抄讹所致，则此处应作"自已"。郭庆藩、陈鼓应、章启群等将此处校为"自己"，亦通，聊备一说。

[20] **咸其自取，怒者其谁邪**：庄子认为万物皆由激发而动，犹如受天风之吹，自取则无此力量。咸：皆，全。《孟子·万章上》："四罪而天下咸服。"自取：取于自身。怒：激发。《庄子·逍遥游》："鹏……怒而飞。"

【评述】

何为天籁？天性即天籁。此说不易理解，故此以人籁、地籁比之。

人籁者，人之窍穴也，譬如喉咙、口鼻，人以气贯之，便能出美妙之声。所谓籁者，孔管乐器也。故此说："人籁则比竹是已。"喉咙、口鼻即人籁。

地籁者，地之窍穴也，譬如山洞、石臼、地穴、水沟，甚至树叶之隙、山丘之窪，均属其类，大块以风贯之，便能出百样声音。故此说："地籁则众窍是已。"地之窍穴即地籁。

天籁者，天之窍穴也。何为天之窍穴？万物皆是天之灵窍。何以称之为窍穴？天风吹之，而得天道之"声"，故有此称。换言之，天道使万物有不同之天性，天风吹之而得相应之行为；犹如大块使窍穴有不同之形状，地风吹之而得相应之声响。故此说："吹万不同，而使其自已也。"天性即天籁。

譬如禽兽，能鸣叫，能奔跑，小鼠善于掘穴，猿猴居木而生，种种皆属天性，身不由己而然，而其中无我。譬如人类，能言谈举止，能喜怒哀乐，种种皆属天性，皆由天道赋予。或问：言谈举止、喜怒哀乐，岂非自性乎？答曰：非也，是天性。哑者岂能言语？跛者岂能远行？非不为也，实不能也，皆因天道未曾赋予其性，无此天性，虽有我之自性而不能为之。故此，言谈举止、喜怒哀乐，皆是天性。

总之，不妨将万物视为一器，此器能传达天道之声，犹如天窍，故称天籁。

今世之人多以为美妙之声为天籁，其实非是。天籁指天之窍穴，是天性；天籁之声才是窍穴所发之声，即言谈举止、喜怒哀乐之类。二者不可混淆。籁原义为孔管乐器，有喻于此，则可将人视为管，通一孔，能言语，复通一孔，能思辨，以此类推，则孔管合称为籁，人之孔管合称为天籁。此义甚明。

何以要辨明天籁之天性？实为辨明内我之自性。庄学有精神与灵魂之辨，亦即天籁与内我之辨，亦即天性与自性之辨。

所谓精神，有我之力而无我之心；所谓灵魂，有我之心而无我之力。譬如醉酒者，能言能语，精神宛在而灵魂不知何处，即是精神独在之态；譬如垂死者，卧于床榻，灵魂欲行而精神不济，即是灵魂独成之象。精神即天籁，由天风吹而显现天性，人便因此而有言谈举止；灵魂即我，寄寓于天性之中，有种种思维而寻之无迹。庄学独成之处即在于此。

各家道者对灵魂之辨大体相当，略有不同。

《列子·天瑞》："精神者，天之分；骨骸者，地之分。属天清而散，属地浊而聚。精神离形，各归其真，故谓之鬼。鬼，归也，归其真宅。黄帝曰：'精神入其门，骨骸反其根，我尚何存？'"则列子以为精神属天，骨骸属地，独剩一我在天地之中，称之为鬼。

《关尹子·四符》："鼓之形，如我之精；鼓之声，如我之神；其余声者，犹之魂魄。知夫倏往倏来，则五行之气，我何有焉？"则关尹子将肉体称为精，将精神称为神，将其余者称为魂魄，我亦不在此三者之中。

庄子则将肉体称为吾，将精神喻为天籁，其余者为我、为灵魂（注者案：为了便于理解，此处暂以灵魂称之，庄子实未曾有此定义），其义略同于列子之鬼、关尹子之魂魄。然而，诸子之辨，大致即止于此，唯有庄子深入探讨而得其真义。

03. 我之生

　　大知闲闲，小知间间；大言炎炎，小言詹詹[1]。其寐也魂交，其觉也形开[2]。与接为构[3]，日以心斗，缦者，窖者，密者[4]，小恐惴惴，大恐缦缦。其发若机栝，其司是非之谓也[5]；其留如诅盟，其守胜之谓也[6]。其杀如秋冬，以言其日消也[7]，其溺之所为之，不可使复之也；其厌也如缄，以言其老洫也[8]，近死之心，莫使复阳也。喜怒哀乐，虑叹变热，姚佚启态[9]，乐出虚[10]，蒸成菌[11]。日夜相代乎前，而莫知其所萌[12]。已乎[13]，已乎！旦暮得此，其所由以生乎！

【译文】

　　大知者，智虑丰足，小知者，智虑间狭；大言者，言辞秀丽，小言者，言辞繁密。他们因此睡梦中神魂交缠不安，醒来时形骸松散疲惫。以对外争辩为要事，每时每刻以心力相斗，广泛地，深入地，密切地，小恐惧惴惴然，大恐惧漫漫然。这些机谋言论发出时如弩机骤射，自以为是在裁决是非；留藏时如诅咒发誓，自以为是在苦守胜利。他们如秋冬般肃杀衰败，正因沉迷于言辩从而日渐消耗自身，他们越是如此越是沉溺，便再也不能恢复了；他们满足于故步自封，正因为沉迷于言辩从而衰老于偏执之内，快要枯死的心灵，便无法回返阳春之态了。他们欣喜、愤怒、哀伤、欢乐，他们忧虑、感叹、变色、恐惧，他们轻浮、放纵、张狂、作态，泛滥的感情脱出虚窍，蒸腾着结为速朽的朝菌。日夜交替流逝就在眼前，却不知如何才能真正地成长。停下吧，停下吧！若是朝夕如此，真正的自我怎么会由此而生呢？

【注解】

[1] **大知闲闲，小知间间；大言炎炎，小言詹詹**：大知富足而小知偏狭，大言秀丽而小言繁密。闲闲：闲雅的样子，喻其富足丰溢。间间：狭窄的样子，此处与闲闲相对，喻其偏狭。间字的本义是门缝。炎炎：明亮的样子。詹詹：琐碎繁密。

另注：前文提倡"小知不及大知"，此处却又有批评之语，却是为何？只因此处之大知，仅是相对小知而言，仍然是世俗之智谋，并非庄学之至知，故此并不提倡。《庄子·庚桑楚》："至知不谋。"大言与此同理。换言之：小知不及大知，大知不及至知，至知不谋；小言不及大言，大言不及至言，至言无言。庄子言论中小知、大知、至知均是相对而言，视语境而明其义，须要识之。

[2] **其寐也魂交，其觉也形开**：睡梦中神魂交缠，醒来时身形疲惫。魂交：神魂交缠，不安之象。形开：身形松散，疲惫之态。无论大知、小知、大言、小言，四者均是与机谋相争相斗，故有此言。《列子·周穆王》："觉有八征，梦有六候。奚谓八征？一曰故，二曰为，三曰得，四曰丧，五曰哀，六曰乐，七曰生，八曰死。此者八征，形所接也。奚谓六候？一曰正梦，二曰蘁梦，三曰思梦，四曰寤梦，五曰喜梦，六曰惧梦。此六者，神所交也。"此即魂交形开之例。《列子·周穆王》又言："古之真人，其觉自忘，其寝不梦。"则道家主张超脱于魂交形开之困境。

[3] **以接为构**：以寻常的交接作为重要的构建。换言之，反而以外物之连接作为此心之主体，舍本逐末之意。构：结构，建构。道家提倡与外物接而不构，构之则损心。《文子·道原》："人生而静，天之性也；感物而动，性之害也；物至而应，智之动也；智与物接，

而好憎生焉。"《文子·符言》："人能接物而不与己，则免于累矣。"皆此义。

[4] **缦（màn）者，窖者，密者**：广泛地，深入地，密切地。缦：延展。窖：深藏。这是"日以心斗"的三种典型状态，均陷于外物而不自知。

[5] **其发若机栝（kuò），其司是非之谓也**：它们像弩机发射一样发出去，并且自认为是在裁决是非。机谋言辩发若机栝，看似有锋利无情之美，其实是引火上身之举；谓之裁决是非，其实是非本来无法裁定，不过是招致是非而已。喻指将机谋言辩像弩机发射一样发出，向别人施加时锋利无情，正因此而招致是非。机栝：弩机上发射的机关。司是非：裁决是非。司：主管。

[6] **其留如诅盟，其守胜之谓也**：它们像赌咒发誓一样留在心中，并且自认为是在苦守最终的胜利。机谋言辩留如诅盟，看似有筑壁坚守之志，其实是固守成见之愚；谓之守胜，其实一切本来并无胜负可言，不过是陷于胜负之心而已。喻指心中有机谋言辩而不能发出，亦因此而陷于胜负之心。诅盟：诅咒发誓，这里指自己的机谋言辩占于下风而无法发出，却不甘心失败、发誓要挽回败局的样子。守胜：守定胜负之心。

[7] **其杀如秋冬，以言其日消也**：喻指生命如秋冬般凋萎，全因为机谋言辩消耗之故。庄子认为机谋与言辩对自我毫无益处，只会消耗心神，故有此言。

[8] **其厌也如缄（jiān），以言其老洫（xù）也**：喻指生命满足于故步自封，便老死在机谋言辩的小知之中。厌：满足。缄：捆绑，封闭，这里指不思进取的状态。老洫：衰老于固化的认知，与前文"日消"相对。洫：本意是水道，沟渠；沟洫已成而田土难改，犹如局限已成而思维难改，所以这里引申为固化的思维。《庄子·则阳》："与世偕行而不替，所行之备而不洫。"与此同义。下文："言

未始有常，为是而有畛也。""畛"亦与"洫"同义，都是以田土比喻思维，以田垄比喻思维定式。

[9] **喜怒哀乐，虑叹变蛰（zhí），姚佚启态**：欣喜、愤怒、哀伤、欢乐、忧虑、感叹、变色、恐惧、轻浮、放纵、张狂、作态。种种消耗生命之事，均由机谋争辩而引起。《文子·道原》："智与物接，而好憎生焉。"即此义。蛰：恐惧。姚：妖娆状。佚：放荡。启：张狂。态：作态。

[10] **乐（lè）出虚**：泛滥的感情脱出清虚之心。喜怒哀乐均是损心之事，故有此言。《庄子·至乐》："至乐无乐。"即此义。乐：忘我之情，"我"因此而有失。虚：清虚之态，修心之本。《庄子·刻意》："虚无恬惔，乃合天德。"《文子·九守》："虚无者道之所居。"则无乐方可入清虚之境，为道者所求；乐则出虚，为道者所弃。

[11] **蒸成菌**：蒸出躯壳，成为野菌。此句是"乐出虚"之喻，指野菌是由树木之气蒸化而成，因其并非树木之本，故此看似美丽，实则易朽，故不可取。《文子·上仁》："是故万物之发若蒸气出。"即此义。换言之，出虚之乐犹如蒸成之菌，使人迷失而忘记树木之本。

[12] **萌**：成长。

[13] **已乎**：停下吧。

【评述】

地籁天籁，姿态万千，精彩纷呈，何以不可取？此处承接上文而言，大知、小知、大言、小言即是天籁之声。大知、大言犹如"飘风则大和"，小知、小言犹如"泠风则小和"，虽然"大知闲闲，小知间间；大言炎炎，小言詹詹"，看似精奇，变化万端，然而四者均是天风所吹之声，并非"我"之本真，天风一停，一切全无，即所谓"厉风济，则众窍为虚"。换言之，四者均是耗费心神之天性，而非自性，与我无关，故此均不可取。《关尹子·六匕》："虽有知、有为，不害其为无我。譬如火也，躁动不停，未尝有我。"即此义。大知、小知、大言、小言四者，即如火之躁动不停也，而其中未尝有我。

形骸之无我，甚易知晓；天籁之无我，颇难自明。名、墨、儒、法诸家莫不深陷于此，故此细细辨之，此即庄学独成之处。故此，本章先有"吾丧我"之论，以辨明我与形骸之分；再有天籁之论，以辨明我与精神之分；再有大知、小知、大言、小言之论，深化而述之。

04.隐于天籁

非彼无我[1]，非我无所取[2]。是亦近矣，而不知其所为使。若有真宰，而特不得其朕[3]；可行己信[4]，而不见其形；有情[5]而无形。

【译文】

诚然，若是没有它们，也就没有真我；若是没有真我，生命也就无处可取。这个认识已经接近于真相了，然而，却不知这一切又被何者所驱使呢。冥冥中仿佛有真正的主宰，却得不到他的注视；可以实施自身的验证，却见不到他的形状；他是有情而无形的。

【注解】

[1] **非彼无我**：没有天性，也就没有自性、没有我。彼：大知、小知、大言、小言等天性。自性并非天性，却又无法脱离；我并非天籁，而隐于天籁之下。换言之，无天性则自性亦无处可存，无天籁则我亦无处可藏，正所谓：皮之不存，毛将焉附？

[2] **非我无所取**：若没有我，生命则无处可取。人有独特之生命，不同于草木，并非取于天性，而是取了自性。草木有大性而无自性，便无我；人有天性而有自性，便有我。

另注：此处之"非我无所取"，承接上文"咸其自取"而言。

"我"之存在，可视为天道吹动人之天性而成，即天籁之声，此声虽然由人之自性所发动，但若无天道之吹则不可成，故此子綦有言："咸其自取，怒者其谁邪？"自取者，完全取力于自身；怒者，天道之吹。自性有心而无力，天道有力而无心。以自性之心（即自取），施天道之力（即怒之），吹于天性之窍，于是，便有了"我"。

[3] **若有真宰，而特不得其眹（zhèn）**：我的存在必有缘由，却无迹可寻，就好像有个造物主而不知道他究竟是在哪儿看着我。换言之，天道使"我"存在，却不知其缘故，亦不解其道理。真宰：真正的主宰，使我存在的根本，其义近于天道。眹：眼珠，这里指注视。《说文》："眹，目精也。"

[4] **可行己信**：可以实施自身的验证，指对于真宰的推断。

[5] **有情**：能够以情相感，这里指对于真宰的感知。

另注：真宰无形，看似难以琢磨，其实却亦有可知之真。其一以信，即所谓理性之推理；其一以情，即所谓感性之认知。二者合为悟道之两种法门。《庄子·大宗师》："夫道，有情有信，无为无形，可传而不可受，可得而不可见。"即此义。

【评述】

前文已经辨明天性，则自性亦隐隐可见。此节即论自性与天性之关系。

言谈举止、喜怒哀乐，俱是天性，此论已在前文辨明。然而，"我"在何处？

我即自性，寓于天性之中，若无言谈举止、喜怒哀乐，则我如枯木，亦不复存在，故说"非彼无我"；自性即我，不为天性所拘，虽有言谈举止、喜怒哀乐，而我亦有自己之主张，且种种行为亦由我而发出，故说"非我无所取"。若有而不见，不失自性之真；有情而无形，可行寻我之道。此是自性与天性之辨，亦是寻我之义。

本章由"吾丧我"开始，探讨"我在何处"之命题，其论点有三：其一，"彼非我"，我是自性，而非天性，两者对立；其二，"非彼无我"，我是自性，却由天性而生，两者统一；其三，"非我无所取"，我是自性，生命即我。

三者之中，其一由天籁而说明；其二、其三均属自明，无须论证。辨明三者，则大略可知"我在何处"，故言"是亦近矣"；却仍然不知"我从何而来"，故言"而不知其所为使"。

道家诸子，如老子、列子、文子、关尹子等，多有"丧我"之辨，唯有庄子深入探求"有我"之论，此即庄学独成之处。

05. 存于形骸

百骸，九窍，六藏[1]，赅[2]而存焉，吾谁与为亲？汝皆说之乎？

其有私焉？如是皆有[3]。为臣妾乎？其臣妾不足以相治乎[4]？其递相为君臣乎？其有真君存焉[5]？如求得其情与不得，无益损乎其真[6]。

一受其成形[7]，不亡以待尽[8]，与物相刃相靡[9]，其行尽如驰，而莫之能止，不亦悲乎？终身役役[10]，而不见其成功；苶然[11]疲役，而不知其所归，可不哀邪！人谓之不死，奚益！其形化，其心与之然[12]，可不谓大哀乎？

【译文】

百骸，九窍，六藏，完备地存于此身，作为使用者来说，我会和其中某一部分更加亲密吗？你会毫无分别地全部喜欢吗？

使用它们的时候会有所私偏吗？要是这么说，当然都会有。而此时它们全部都是为臣为妾的身份吗？那么，其臣妾之身不足以有序自治吧？它们交替着扮演为君为臣的身份吗？那么，其中难道会有一位不变的真君吗？其实，真君并不是它们，而无论是否能从它们之中以情理求得真君的本性，也丝毫不会增减真君的本真。

一旦真君受到孕育而成形，只要尚未死亡，便等待着被消耗散尽，真君以此体与外物相互交锋、相互消磨，匆匆行至生命尽头，飞快如驰，却无法阻止，这不是很可悲吗？真君之体终其一生为他者而忙碌，却见不到功绩有成；倦怠着疲于被役使，却不知道此心归处，这不是很可哀嘛！这样的状态，虽然被称作"不死"，可是又有什么增益之处！人之形骸渐渐衰竭老化，人之心也随之而消亡，这难道不是极大的悲哀吗？

【注解】

[1] **百骸（hái），九窍，六藏（zàng）**：泛指身体，即吾。吾是天性之身器，自性之我亦由此而生，而世人往往迷失于吾，不知有我，故有此节之辨。百骸：百千筋骨。九窍：双目、双耳、双鼻孔、口、尿道、肛门。六藏：同"六脏"，心、肝、脾、肺、肾合为五脏，肾分左右，记为二，则为六脏。

[2] **赅（gāi）**：完备。

[3] **其有私焉？如是皆有**：指百骸、九窍、六藏都有被"我"偏私偏用之时。譬如，专注于听，即是耳之私；专注于视，即是目之私。以此类推。

[4] **为臣妾乎？其臣妾不足以相治乎**：有臣无君则难以决策之意。臣妾：从属者，男为臣，女为妾。既然百骸、九窍、六藏有所偏私，并非平均施行，则必然有个主导者，故此，臣妾不足以自治，必有一君，必有"我"之存在。

[5] **其递相为君臣乎？其有真君存焉**：真君不在此中，亦即"吾中无我"之意。既然百骸、九窍、六藏有所主导，则必有君臣之分；而君臣断无轮流更换之理，则真君必不在此。

[6] **如求得其情与不得，无益损乎其真**：无论是否能感知得到此真君，无益无损于真君之存在。真君即我，我自当存在。

[7] **一受其成形**：我受天道，成形为骨骸。道家认为骨骸为灵魂之容器，受之于天，得人形便成人，得鸟形便成鸟，故有此言。

[8] **不亡以待尽**：有我之骨骸仅是待亡之身，并非永生之体。我

之灵魂寄于骨骸，而骨骸却有其寿命，骨骸消亡则此我亦无所存身。此句犹如时不我待、珍惜此生之义。

[9] **相刃相靡**（mí）：相互交锋、摩擦，相互消耗。靡：摩擦。《庄子·马蹄》："夫马，陆居则食草饮水，喜则交颈相靡。"

[10] **役役**：为他者而忙碌。

[11] **苶**（nié）**然**：疲倦的样子。

[12] **其形化，其心与之然**：形亡，则心随之而亡。换言之，骨骸既化，此我便随之而无存。此句亦有惜时之意。

【评述】

上节是自性与天性之辨，此节是自性与身性之辨。二者合为找寻自性，即寻我之义。

百骸，九窍，六藏，即是此身。"我"是此身否？答：非也。此身之用，皆有偏私之时，有时用耳目，有时用手足，而我既非耳目，又非手足，故此，"我"不是此身之一处，亦不是此身之全部。

既然不是此身，"我"存否？答：是也。耳目、手足皆不能自用，故此必有其君，此君即"我"，其义甚真。

此君如何得之？答：尚未知也。虽然如此，亦无损其真。

已知其真，却又不能得，如此须当如何？答：当惜时而寻之。此身并非真君，却是真君之寓所。身有所亡，则此中真君亦不复存焉。故此，不可耗费真君于物性之中。此论正是下章"养生主"之义，亦即庄学"成我"之法。

身形是"我"寄寓之所，"我"虽与之不亲，却也未能相离。形有所化，心有所亡，自性并非成于身性，却将亡于身性，此事足以为戒。

至此，"吾丧我"之立论已成：自性非是天性，而隐于其下；自性非是身性，而寄于其中。换言之：我隐现于天籁之余，存身于吾形之内。

天性容易迷惑人心，而自性难得；身性容易与之偕亡，而自性难持。辨明天性身性，以分自性，即本章"齐物论"之法；扬弃天性身性，以成自性，即下章"养生主"之术；以情以信，去伪存真，寻我于天性之外，存我于身性之中，即庄学之道。

06. 生即迷茫

人之生也，固若是芒乎[1]？其我独芒，而人亦有不芒者乎？夫随其成心而师之[2]，谁独且无师乎？奚必知代而心自取者[3]有之？愚者与有焉。未成乎心而有是非[4]，是今日适越而昔至[5]也，是以无有为有。无有为有，虽有神禹且不能知，吾独且奈何哉！

【译文】

人之生命，必然要如此茫然吗？难道只有我茫然，而他人居然会有不茫然的吗？若是跟随着内心的成长而以之为师，谁又会没有老师呢？何必只有惜时知命而善于自学的人才有呢？愚者其实也有啊。明明内心并无所成，却因为茫然而不去实践，反而陷入这条路线是对是错的争辩之中，就好像一个人此时出发去往越国，却执着地认定这条路是绝对正确的，仿佛他过去曾经验证过似的，这是将未验之事当成已验之事。将未验之事当成已验之事，从而茫然地束缚了自己的手脚，即使神如大禹也无法获得真知，我又有什么办法呢！

【注解】

[1] **人之生也，固若是芒乎**：承接上文，指自性难寻而言。以上数节，已知"我"并非"吾"亦非天籁，自性并非身性亦非天性，且自性之我可情可信，不失其真，虽然如此，然而此"我"究竟居于何处？似乎终究难以知晓，渺茫难寻。故有此叹。芒：同"茫"，

迷惘，茫然。

[2] **随其成心而师之**：随心自成，以己为师，自我启导之意。成心：成就内心。成玄英将之解为成见、偏见，非是。《庄子·人间世》篇有仲尼批评颜回之言："而色将平之，口将营之，容将形之，心且成之。"自以为此心已成，便不再继续成之，即"心且成之"之意，如此才是成见。此处"随其成心而师之"是虚心以成，彼处"心且成之"是自持成心，二者迥然不同。

[3] **知代而心自取者**：惜时而自勉自修之人。知代：知晓岁时更代，惜时之意。前文有"日夜相代乎前，而莫知其所萌"之语，知代即指此而言。心自取：取法于自心，即"随其成心而师之"之意。

[4] **未成乎心而有是非**：不去修成此心，却陷于是非争论。譬如名家之诡辩，只为争胜于是非，不顾修其本心。

[5] **今日适越而昔至**：初次踏上去往越国之路，却抱着"曾经到达过"的态度。未曾实践，而先行判断对错并笃信之，便是"今日适越而昔至"。或者说，庄子主张的是"今日适越，明日至，方知今日适越之是非"。

另外，这句话也是名家惠子提出的一个论题，记述于《庄子·天下》篇。惠子将天地万物视为一体，将极大与极小贯通为一，将过去与未来连环为一，故有此说。对于此命题，庄子认为它脱离于认知，是无关于内心之强辩，并非"人"之哲学，故此不可取。换言之，在某种设定之下（譬如科幻、参禅等），此辩论自有其价值，亦不失精妙，然而，它却始终与现实认知无关，故此并无实际价值。《庄子·天下》："以反人为实，而欲以胜人为名，是以与众不适也。"违背人类之认知，不为求知，只是为了争胜，即是其问题所在。

同样一句话，其内涵却迥然不同，为了避免混淆，特在此细细辨之。

【评述】

我在何处？前文五节已辨明我之真，并论明求我之两法：其一以情（有情而无形），其一以信（可行己信，而不见其形）。

然而，以情以信仅是求我之术，并非必能得我之法。究竟此"我"居于何处？似乎终究未能尽知。只知其然，不知其所以然；只知此生如驰，莫之能止；只知时不我待，形化而此心将与之俱化，更将渺然难寻。总之，此心犹在浑沌，尚未云开雾明，故此便有茫然之叹。

所谓茫然，自是指"不得真君"（即寻我不成）而言。然而茫然之中亦有不茫，只因真君必然存在，虽然求之不得，亦可无限逼近。"如求得其情与不得，无益损乎其真。"即是此义。既然如此，则须当寻之不辍。

若要寻此真君，谁可为师？答曰：此心不断自成，自可以之为师，而不必外寻。以自心为师，则人皆有其师；不以此心为师，谁又能为我之师？故此，其义甚明。

以自心为师，此心须要持清虚之法而不断自成，不可持成见之法而陷于是非。虚心能使人求真不止，成见则使人裹足不前。

总之，在茫然之中前行，以不断自成之心为师，终将有所收获。

本章以"吾丧我"之论开篇，继以"寻我"之辨，至此却仅得一"不免茫然"之论断，此即庄学之菁乎？非也。茫然正是人之本态，论明此者，便知人之渺小，便知道之无穷，便知修成此心之重要，便知师于自心之必然，便知言辩是非之无益。言辩是非者，譬如名家，深陷于伪象而无法自拔；师心修心者，譬如道家，守持前行而渐有所成。二者高下立判，读者当如何选择，自不待言。

世人皆茫，我亦不免，不如茫中有成；此心皆有，贤愚可成，其实心即吾师。随其成心而师之，可稍解茫然之惑；远是非而成乎心，能免入歧途之知。

07.言辩无益

夫言非吹也^[1]，言者有言，其所言者特未定也^[2]。果有言邪？其未尝有言邪^[3]？其以为异于鷇音^[4]，亦有辩乎？其无辩^[5]乎？道恶乎隐而有真伪？言恶乎隐而有是非^[6]？道恶乎往而不存^[7]？言恶乎存而不可^[8]？道隐于小成，言隐于荣华^[9]。故有儒墨之是非^[10]，以是其所非而非其所是^[11]。欲是其所非而非其所是^[12]，则莫若以明^[13]。

【译文】

言辞并非像天风吹心那么真，发言者示以言辞，可他言谈的对象却都是变化不定的（此言又怎么会真呢？）。果真有真言吗？还是从来未曾存在过真言呢？人们自以为说出的定言很有意义，不同于无意义的鸟鸣，可它们真的有分别吗？还是其实无分别？至道是隐藏不见的，怎么会有真伪之辩呢？真言是隐藏不见的，怎么会有是非之争呢？至道怎么会易逝而不能长存呢？真言怎么会长存而自失其真呢？若是自满于一孔之见，至道便被遮蔽了；若是自骄于妙语连珠，真言便被隐藏了。于是便有儒家、墨家的是非争辩，他们不过是"辩非为是"而又"辩是为非"罢了。若要真正"干非中取是"而"干晃中去非"，则莫若以明辨之心来看待一切。

【注解】

[1] **言非吹也**：指言论并非如天风吹心那么真朴。天道以天风

"吹动"万物本有之性，而言辞则"特未定也"，是以片面之论误导本性，故有此言。

[2] **其所言者特未定也**：言者所言之对象犹然变化不定。言者有言，是为了言说某物，而此物犹然处于变化之中，则此言必不真。道家认为，万物皆变化不定，故此，无法以定言对万物进行绝对的定义，故此，所言必有误。故有此言。换言之，言无特定之言，法无恒常之法。即"世无绝对真理"之意。譬如说，"狗咬人"自是一时之真理，然而狗、人皆是"特未定"者，忽有一日性情变换，有"人咬狗"之变化，则"狗咬人"之论便从此不真。此即"言必不真"之例。

[3] **果有言邪？其未尝有言邪**：果真有真言吗？还是从未有过真言呢？自以为是绝对之真言，其实是片面之假言，虽有言，却犹如未言，故此说"未尝有言"。

[4] **縠（kòu）音**：鸟叫声。

[5] **有辩、无辩**：有分别、无分别。《庄子·则阳》："曰：'……王与蛮氏，有辩乎？'君曰：'无辩。'"

[6] **道恶乎隐而有真伪？言恶乎隐而有是非**："至道隐而无真伪，至言隐而无是非"之意。恶乎：怎么会。不隐之道均是假道，必有真伪之辩；不隐之言均是假言，必有是非之争。道家认为至道必定是无法描述的，描述则必会有局限之处，真言必定是无法定说的，定说则必会有不实之处，故此说"至道则隐，至言则隐"。《道德经》："道可道，非常道；名可名，非常名。"同于此义。

[7] **道恶乎往而不存**："至道不往而长存"之意。往而不存之道，皆是一时之道，并非至道。道家认为长存之道才是至真之道，即所谓天道。故有此言。

[8] **言恶乎存而不可**："真言不存而可"之意。存而不可之言，皆是一时之言，并非真言。道家认为真言必不存于世间，存于世间

之言，必有缺失之处，必有不实之处，故有此言。可：认可，认知。

[9] **道隐于小成，言隐于荣华**：小成使人自满，便不见大道；妙语使人自骄，便陷于假言。隐：此处犹如埋没之意。小成：小境之成，浅薄的成就。荣华：这里指华美的辞藻，漂亮话。

另注：道家常有"道隐"之辨，此隐有时是自隐之义，指其本性而言；有时是隐没、隐蔽之义，指其形态而言。如《庄子·在宥》："至道之精，窈窈冥冥；至道之极，昏昏默默。"《庄子·知北游》："道不当名。"《道德经》："道隐无名。"皆是自隐之义。如此处："道隐于小成。"《庄子·庚桑楚》："去、就、取、与、知、能六者，塞道也。"《道德经》："大道废，有仁义。"皆是隐没之义。

[10] **儒墨之是非**：彼时儒家、墨家学说传播甚广，而庄子认为儒、墨之学皆有立言之失，以致往往陷于是非之争，故有此言。《庄子·在宥》："而儒、墨毕起。于是乎喜怒相疑，愚知相欺，善否相非，诞信相讥，而天下衰矣。"即此义。

[11] **以是其所非而非其所是**：肯定他人所否定的，而否定他人所肯定的。指儒、墨之学尊奉一家之言，指摘对手，便陷于争辩对错之小境，于认知无益。

[12] **欲是其所非而非其所是**：在否定中寻求值得肯定的，而在肯定中去除应该否定的，即辩证认知之意。

另注：两处均有"是其所非而非其所是"，语境不同而语义便不同。前者指对外争辩而言，彼以为是而我偏以为非，彼以为非而我偏以为是，见其偏执，于认知无益；后者指对己反思而言，我以为是而又从中求非，我以为非而又从中求是，见其辩证，是真知之道。

"是其所非而非其所是"，前后出现而语义不同，正是庄子惯用于哲学思辨之手段，似乎并未为历代注家所重视。

字形合同为一，而字义分别为二，正是语言之二义性，道家向来长于名实之辨，故此多有运用。最著名者当属《道德经》："道可道。"第一个"道"字是真道之道，第二个"道"字却是道法之道，字形相同而字义不同。《庄子·德充符》："唯止能止众止。"亦同于此类。

《庄子·逍遥游》："彼且奚适也？……而彼且奚适也？"首句为斥鴳小知之言，次句为讲述者大知之论。次句袭用首句之形，却翻出全新之义，类似于古典小说中"正犯"之法，句形相同而句义不同。亦是一例。

《庄子·德充符》末节有"无情""益生"之辩，同是一词，庄子以为此义，惠子以为彼义，于是产生争论。此例正是语言二义性之典型，详见彼处注释。

总之，两句"是其所非而非其所是"字形全同，内涵其实恰恰相反，此处唯有辨明此句之二义性，才知前句为批判之语，后句为提倡之语，如此方能知晓此段内涵。否则，此句既为儒墨之是非，又为庄学所提倡，则不通之至。

[13] 莫若以明：不如用以明辨之心。以言辞争辩则无益，以内心思忖则有成，故有此言，与前文"随其成心而师之"同义。《文子·道原》："明白四达，能无知乎？"《墨子·经说下》："夫名以所明正所不智，不以所不智疑所明。"亦即"以明"义。明：明辨。《庄子·齐物论》："非所明而明之。"《庄子·骈拇》："吾所谓明者，非谓其见彼也，自见而已矣。"皆"明"之义。

【评述】

上文讲："夫随其成心而师之，谁独且无师乎？"即本节"以明"之义。

"以明"之说，看似浅显易懂，实则有两个大陷阱，其一是言辞，其二是是非。言辞之阱由本节论述，是非之阱由下节论述。

言辞何以使人迷惑？答曰：言辞有"以假乱真"之性。寻我之法，须借真言之明，然而言必非真，真言必隐于不言之内。人有求道之心，便往往先求其真言，以期指点迷津，岂不知所求之言俱是假言，真言反而藏于不言之中。言辞本来不真，明辨而得其真。若以言辞为重而陷于其中，求之愈多，得之愈少。

既然如此，求之不得，不求亦无得，求与不求，难道无一可用耶？"人之生也，固若是芒乎？"言辞之惑即第一处迷茫之源。

何可相解？唯有以心相解。此真不由言辞相求，应以言辞为辙迹，借此而求于自心。言辩无益，故此，莫若无言无辩，莫若以明。何为"以明"？不立言，不争辩，观言辩之消亡，而我自持明辨之心，并以此心求真。"以明"即庄学"寻我"之法，此是"以明"之第一解。

08．是非无穷

　　物无非彼，物无非是[1]。自彼则不见，自知则知之[2]。故曰：彼出于是[3]，是亦因彼[4]。彼是方生[5]之说也。虽然，方生方死，方死方生[6]；方可方不可，方不可方可[7]；因是因非，因非因是[8]；是以圣人不由，而照之于天[9]，亦因是[10]也。是亦彼也，彼亦是也。彼亦一是非，此亦一是非[11]。果且有彼是乎哉？果且无彼是乎哉？彼是莫得其偶[12]，谓之道枢[13]。枢始得其环中，以应无穷。是亦一无穷，非亦一无穷也，故曰：莫若以明。

【译文】

　　外物无非是不可知的，这就是它的"彼"性，外物无非是可知的，这就是它的"是"性。由其不可知处去认知，则一无所见；由其可知处去认知，则可以获知。故此说，不可知生于可知，可知亦与不可知相关。这便是彼、是两性不断相生的说法。虽然如此，可它们方才相生又忽然相毁，方才相毁又忽然相生；方才可得又忽然不可得，方才不可得又忽然可得；关联着是又关联着非，关联着非又关联着是；所以圣人不会被这些变化所牵制，而是以天道来洞照此心，同时也是在依缘正解。可知之是其实也是不可知之彼，不可知之彼其实也是可知之是。彼物也是可是可否之一体，此心也是肯定否定之一体。果然有可知与不可知的分别吗？果然没有可知与不可知的分别吗？无论可知与不可知，我都不以此心一一相与，这便是至道之枢纽，即所谓道枢。道枢在于认知之环的中心，以此来应对变化之无穷。肯定亦是无穷无尽，否定亦是无穷无尽，所以说，莫若以明辨之心来看待一切。

【注解】

[1] **物无非彼，物无非是**：外物之中无非彼、是二性，即不可知性与可知性。物：外物。庄子有物我之辨，未入我心者，即称为"物"。彼：彼性，不可知性。不可知不可用，彼我不合，故称为"彼"。是：是性，可知性。可知可用，可行其是，故称为"是"。

另注：这是庄子的认识论，先设定世间有"我"，则我之外全是"物"，而外物之中有是与彼、可知与不可知、可用与不可用、可化与不可化之变化与分别，故有此言。譬如，大醉之时，我竟不知百骸为何物，则百骸为我之彼，不可知不可用；未醉之时，我亦可知百骸之有情，则百骸为我之是，可知可用。百骸为"我"之外物，时有彼性，时有是性，外物本身不增不减，彼是二性均随"我"而成，即"物无非彼，物无非是"义。以此类推。

是于物，即认知于物，此思辨多见于先秦。如《礼记·大学》："致知在格物。"《礼记·中庸》："体物而不可遗。"所谓格物、体物，即"是于物"之义。《墨子·小取》："夫物或乃是而然，或是而不然。""是而然"即认知于物并且肯定，所得为是；"是而不然"即认知于物并且否定，所得为彼。亦即"是于物"之义。

历代注家多将"是"与"此"同义而解，殊不可取。若如此解，则本句变成"物无非彼，物无非此"，虽然语义浅俗，亦算是通畅，然而，下文"彼亦一是非，此亦一是非"又当如何解之？庄子岂能有此种混淆错乱之用字？故此，可知"此"即此身之义，与"彼"相对；"是"即求是之义，与"非"相对；而"彼""是"二字并列，又分别衍化为彼性、是性，即不可知性与可知性之义。如此，则此节之义甚明，其余各段亦无不通。

[2] **自彼则不见，自知则知之**：由不可知处去认知，则一无所见；由可知处去认知，则可以获知。物有"是"之性，我却要先"知"而后"是"，否则便不知其"是"，便无"自是"可言，所以是"自知则知之"，而不是"自是则知之"。换言之，自彼处去格物，则必然不见，自是处去格物，亦未必知其是，唯有以我之知对应物之是，方能获知其是性。"自知则知之"可视为"自知则是之"与"自是则知之"二句合义而成。

譬如说，汤棘欲求是于鲲鹏故事（见于《庄子·逍遥游》第5节），此故事为汤棘之外物，又分为斥鷃、鲲鹏两节，各有彼性、是性之分。此故事中，斥鷃喻否定者，则此一节显然属于彼性，若由此而求知，必然一无所得，故此说"自彼则不见"。此故事中，鲲鹏喻有志者，则此一节可能具有是性，若由此而求知，则又有两种可能：其一，若能得其"是"，即知其是性，便是"自知则知之"；其二，若是得其"非是"，即知其彼性，亦是"自知则知之"。求知以前，汤棘不知鲲鹏一节究竟是彼性还是是性，故此说"自知则知之"，不能说"自是则知之"。

严灵峰《庄子章句新编》、陈鼓应《庄子今注今译》等将"自知而知之"改为"自是而知之"，甚是无据。

[3] **彼出于是**：因为有了可知性，其余的便是不可知性，犹如子出于母，故有此言。

[4] **是亦因彼**：可知本来是不可知，由于认知而化为可知，犹如母子连心，故有此言。

[5] **彼是方生**：不可知性与可知性是接连相生的。方：方才，刚刚，这里指不断变化的动态性。《庄子·天下》："日方中方睨，物方生方死。"

[6] **方生方死，方死方生**：指外物的不可知性与可知性不断相生而又不断相毁，即一切规律都是动态的、变化的，不可拘泥之意。

针对物之属性而言。

　　另注："是"由"彼"中生出，"我"由"物"中求得，即所谓"自知则知之"，此是庄学认知之法。然而，认知不仅有"彼是方生"之美，亦有"彼是方死"之困，不可不识，特此言之。

　　[7] **方可方不可，方不可方可**：指认知需要在肯定与否定之中不断反复。可：许可，肯定。针对我之方法而言。

　　[8] **因是因非，因非因是**：指获得的认知与是、非均有关联，二者对立统一。针对我之收获而言。

　　[9] **圣人不由，而照之于天**：圣人不被固有的价值观所牵引，而是以天道来洞照此心。不由：不由着它，不听命于它。人的认知具有绝对的局限性，不应固守一隅，故有此言。

　　[10] **因是**：关联着是，依缘于正解。"因是"是先秦哲学专属词汇。《公孙龙子·坚白论》："离也者，因是。"《孙子兵法·用间》："因是而知之。"《司马法·定爵》："因是辨物。"皆是此用法。过去注家多以为"因是"同于"因此"之义，甚不可取，语义亦不通。

　　[11] **彼亦一是非，此亦一是非**：于彼物中亦有是非之辨，于此心中亦有是非之辨。彼物与此心，均须反复扬弃，指认知而言。

　　另注："物无非彼"之彼，指物之彼性而言，与物之是性相对，故称为彼；"彼亦一是非"之彼，指彼物而言，与此心相对，此心以外皆是彼物，故亦称为彼。其一指彼性，其一指彼物，二"彼"所指不同。

　　[12] **彼是莫得其偶**：无论可知性、不可知性，此心均不与其对应，即"心不与物"之意，亦即上文"圣人不由"之意。偶：匹配，这里指心性与物性相合。《庄子·知北游》："偶而应之，道也。"《管子·心术上》："其应物也，若偶之。"皆此义。"心不与物"是庄子认识论的基本原则，外物固有彼、是之别，此心若偶之、陷之，则真知不可得。

　　[13] **道枢**：天道之枢纽。

【评述】

此节承接上节而论，继续辨明"以明"之陷阱。是非之争犹如言辞之惑，亦是遮失人心之迷雾。

是非何以使人迷惑？答曰：是非有"以无乱有"之性。寻我之法，须借是非之辨，然而是非无定，真是必藏于道枢之中。人有求道之心，便往往先辩其是非，以期去伪存真，岂不知，是非原无定论，所求之真，亦在是非之中，亦在是非之外。是非本来无真，考问而得其真。若以是非为重而陷于其中，争胜愈多，存真愈少。

既然如此，辩之不真，不辩亦无真，辩与不辩，难道无一可用耶？"人之生也，固若是芒乎？"是非之争即第二处迷茫之源。

何可相解？唯有以道相解。此真不由是非而定，应以是非为辙迹，借此明辨道之真。是亦无穷，非亦无穷，道枢如环，并无定论，故此，莫若无是而无非，莫若以明。何为"以明"？不陷于是，不陷于非，观是非之互化，而我自持明辨之心，并以此心求道。此是"以明"之第二解。

人之茫然，其一在于言辩不真，故此以心相解；其二在于是非无穷，故此以道相解。言辩、是非二者，正是外物之极，勘破此二者便能通于外物，故在此齐而论之，便得破物之法，便得知我之法，便得真道。

"生即迷茫""言辩无益""是非无穷"三节均是讲去除迷茫之法。首节总而言之，以"随其成心而师之"相解，其实即是"以明"之义；后两节分而言之，分别去除言辩之茫、是非之茫，亦以"以明"解之。则此三节可称是"去茫三论"。

09.非指

以指[1]喻[2]指之非指[3]，不若以非指[4]喻指之非指也；以马喻马之非马[5]，不若以非马喻马之非马也[6]。天地一指也[7]，万物一马也。

【译文】

以"下定义"这种指名之法来认知所指之中不能被指名的部分，不如以"知觉"这种非指名之法来认知所指之中不能被指名的部分；以"对马下定义"这种方法来认知此马之中不能被定义的部分，不如以"体悟此马"这种方法来认知此马之中不能被定义的部分。天地之道便同如此指，万物之道便同如此马。

【注解】

[1] 以指：以指事、指名而认知，即表性认知之意。指事而名辨，由外而及内，由感而知，略同于感觉、唯物论，即是"以指"。譬如，有一马，辨其为马、白马、肥马、长马等，均是指名，亦可以无限逼近马之实。而庄子认为，此方法固然有所获知，而马之实却终究不在其中，故此，不提倡以之作为终极认知之法，即所谓"以指……不若以非指"。指事而名辨是先秦哲学基本认知方法之一，如《墨子·小取》："白马，马也；乘白马，乘马也。骊马，马也；乘骊马，乘马也。获，人也；爱获，爱人也。臧，人也；爱臧，爱人也。此乃是而然者也。"则墨子先指白马、骊马之名，又辨出

白、骊为名，马为实，故此可知乘白马、乘骊马为名，乘马为实。可为此例。

[2] 喻：知晓，明白。《论语·里仁》："君子喻于义。"

[3] 指之非指：所指对象中不能由指名而认知的那部分，即本性之意。庄子认为物之本性无法由指名而得，故有此言。譬如，有一马，辨其为马、白马、肥马、长马等，均是指名，而此马却另有其实，终究不能由指名之叠加而成。此马之实，不可尽言，不可尽名，即所谓"指（所指之马）之非指（马之实）"。

[4] 以非指：不以指事、指名而认知，即里性认知之意。不指事，不名辨，由知而知，略同于知觉、唯心论，即是"以非指"。譬如，有一马，不辨其为马、白马、肥马、长马等，不指名，而是体察其自性，渐渐贴合，即所谓"心诚求之，虽不中，不远矣"。《庄子·则阳》："今指马之百体而不得马，而马系于前者，立其百体而谓之马也。"意思是，将马的百种特性都进行定义，却不能知道什么是真正的马，而将马拉到面前，体悟到它的百种特性，便知道什么是马了。可为此例，亦是"以指……不若以非指"之义。

[5] 马之非马：此马之中，并非由马之名能够概括的部分，即马之本性。

[6] 不若以非马喻马之非马也：这句话是对上一句的具体解释，"指"为理论，而"马"为实例。两句内涵一致。

[7] 天地一指也，万物一马也：天地之道同于"以指喻指之非指，不若以非指喻指之非指"之道。"万物一马也"与此同理。换言之，体悟天地之道与非指之法归同为一，明辨万物之法与非马之法归同为一。一：归一，归同于。

另注：成玄英等人将指解释为手指，是不对的，指在先秦哲学中是很重要的哲学命题，与名的涵义类似。《庄子·养生主》："指穷于为薪。"《庄子·知北游》："异名同实，其指一也。"均是此义。

指：原义为手指，以手指指向一物而认知，则衍生为指代之义，指点、指示、指明等词义均由此而生。《说文》："指事者，视而可识，察而见意，'上、下'是也。"正是"指"之义。

"指"亦有狭义与广义之分，明指于实物即其狭义，虚指于万物即其广义。如《墨子·经下》："所知而弗能指，说在春也、逃臣、狗犬、贵（遗）者。"则墨子认为春天之抽象、逃臣之无踪迹、狗犬之命名不同、逝去者之形体尽失等，均无法以手指相指。此正是"指"之狭义用法，庄子此处则是广义用法。由此可窥见先秦哲学家对于"指"之思辨。

凡物皆有可指之处，如马之白、肥、长等特性，此"指"即成其名；凡物皆不可尽指，如白马、肥马、长马之外，此马尚有难以尽言之性，此"非指"即是其实。故此，以物之指（物之名）称物之非指（物之实），不过是以偏概全之举，换言之，名必非实，实必非名，名实必不相副。

以现代哲学语言来讲，"指"等同于"能指"，"非指"等同于"所指"。瑞士语言学家索绪尔提出，"能指"指语言的声音形象，"所指"指语言所反映的事物的概念。用以描述之语言与事物之本真的分别，正是"能指"与"所指"的分别，而"能指"与"所指"其实即是中国哲学中的"名"与"实"。

故此，"以指喻指之非指"，意为以指名为手段认知其实；"以非指喻指之非指"，意为以不指名为手段认知其实。以不指名为手段，即是抛开命名、定义之法，亦即心领神会之意。

"以指喻指之非指"，推崇表性认知，它类似于认知科学中的符号主义，即以命名、定义、符号等方式来进行认知，其优点是直观、便捷，缺点是冗杂、难以深入。《公孙龙子·指物论》："物莫非指。"意思是，万物没有不能指名的，即此义。庄子认为这种认知只能流于表面，只能在外物的层面上认知事物，故此反对。

"以非指喻指之非指"，推崇里性认知，它类似于认知科学中的联结主义，不是像符号主义那样，依赖于对认知对象的特性进行不断地细化，而是将认知对象之本性视为元信息，不断地建设提升自己的认知联结体系。《墨子·经下》："所知而弗能指。"意思是，所认知的却无法指名，大致即此义。

另外，《列子·杨朱》："实无名，名无实；名者，伪而已矣。"《墨子·经上》："所以谓，名也；所谓，实也。"都指出了应该以名、指为手段、为附庸，应该以实、非指为目的、为根本。《列子·仲尼》："无意则心同，无指则皆至。"《墨子·大取》："名实不必名。"《墨子·经说下》："夫名以所明正所不智，不以所不智疑所明。"都是反对指之法而提倡非指之法之意。

【评述】

"生即迷茫""言辩无益""是非无穷"三节破茫然、破言辩、破是非，已然破除种种伪象，可称"去茫三论"；"非指""两行""以明"三节则分别论述非指、两行、以明三法，正是庄学认知三种手段，可称"认知三论"。

前者"去茫三论"已经涉及"以明"之义，后者"认知三论"深化而正论之。

如何"以明"？得真知则明，不得真知则不明。如何能得真知？须要辨清真知之名与真知之实。行指之法，得真知之名；行非指之法，得真知之实。得名不如得实，故此，以指之法不若以非指之法。本节立义即在于此。

何为指之法？遍指一物，名其百象，以此逼近其真义，即是指之法。譬如，遍指一马，名其白马、肥马、长马等性质，所名愈多，愈近其性。

　　何为非指之法？不必指名此物，而是以心体察其性而得其真义，即是非指之法。譬如，系马于前，以心观其百体，便得其性。

　　指之法，犹如由外向内而无限逼近；非指之法，犹如拨开迷雾而直中其心。故此，指之法不如非指之法。

　　指得其名相，非指得其实相，故此，我心之天地皆成于非指；马得其名相，非马得其实相，故此，我心之万物皆成于非马。以指、马而辨，是形名之法，物未成，我亦无成；以非指、非马而辨，是"以明"之道，物有成，我亦有成。

　　"以非指喻指之非指"，即是非指之法，是庄学认识论之实，亦是"以明"之基础，是庄学认知三法之一。

10. 两行

可乎？可。不可乎？不可[1]。道行之而成，物谓之而然[2]。恶乎然？然于然。恶乎不然？不然于不然[3]。物固有所然，物固有所可[4]。无物不然，无物不可，故为是举[5]。莛[6]与楹[7]，厉[8]与西施[9]，恢恑憰怪[10]，道通为一。其分也，成也；其成也，毁也[11]。凡物无成与毁，复通为一[12]。唯达者知通为一[13]，为是不用而寓诸庸[14]。庸也者，用也[15]；用也者，通也；通也者，得也；适得而几矣[16]，因是已[17]。已而不知其然，谓之道[18]；劳神明为一而不知其同也[19]，谓之朝三。何谓朝三？曰：狙公赋芧[20]。曰："朝三而莫四[21]。"众狙皆怒。曰："然则朝四而莫三。"众狙皆悦。名实未亏[22]，而喜怒为用[23]，亦因是也。是以圣人和之以是非[24]，而休乎天钧[25]，是之谓两行[26]。

【译文】

（轻视实践、名辨）可以吗？可以。不可以吗？不可以。至道是由实践而成，外物是由名辨而知。何以得知？得知于认知。何以不得知？不得知于不认知。外物固有可知之处，外物固有可得之处。没有外物是一无可知的，没有外物是一无可得的，故此要将"求是"举为至上之道。草茎与楹柱，恶病者与西施，种种怪异之象，无不与至道相通为一。对它们分而辨之，便可以得其所成；得其所成，便可以毁之于心。而外物自身并无所成，亦无所毁，仍旧与至道相通为一。唯有通达者大知小知相通为一，求是而并不自用心神，而是寄寓于驱使外物之法。驱使外物而认知，便相当于我心之用；我心如此之用，便可得认知之通；既然认知已通，便因此而有所得；到了应得尽得之时，与"是"的关联便告一段落了。得偿所愿却又不知其然，可称为道；物我心神相合为一却又不知其理，可称为"朝三"之法。什么是"朝三"呢？那便是养猴人分配橡果的故事。他说："早晨三颗，晚上四颗。"猴子们都很生气。又说："那么早晨四颗，晚上三颗。"猴子们都很高兴。分配橡果之名与分配橡果之实都未曾有所亏损，而猴子的喜怒却能拿来为我所用，这也是依缘正解的做法。故此，圣人以是非之术、小知之术与外物相和，以休心之术、大知之术与天道相应，这便叫作"两行"，各行其是。

【注解】

[1] **可乎？可。不可乎？不可**：这是针对前文"指莫若非指"而言，将此作为思辨之标准，则可；作为行动之标准，则不可。换言之，因为"指莫若非指"，故此重用非指之法，则可；因为"指莫若非指"，便完全抛弃指之法，则不可。

另注：庄子主张非指之法，即里性认知，反对指之法，即表性认知，然而，里性认知又以表性认知为基础，须要认清主次，不可一概否定。前文颇有否定指之法而推崇非指之法之意，不免有误导之嫌，故于此处再加一层思辨，便成此言。于是又有下文"道行之而成，物谓之而然"之论，行、谓即是前文之指，不可推崇，亦不能全盘否定。此即本节之要旨。

此处行文正因哲学思辨而成，先秦诸子立言多有设问之法，又止反辩之，以示周全。如《公孙龙子·坚白论》："'坚、白、石，三。可乎？'曰：'不可。'曰：'二。可乎？'曰：'可。'"《墨子·经下》："惟：谓是霍，可。而犹之非夫霍也，谓彼是是也，不可。"《孟子·公孙丑上》："告子曰：'不得于言，勿求于心；不得于心，勿求于气。'不得于心，勿求于气，可；不得于言，勿求于心，不可。"皆是与此文风相近者。

　　过去注者多将此处断句为"可乎可，不可乎不可"，如《淮南子·泰族训》："故可乎可，而不可乎不可；不可乎不可，而可乎可。"以为"可乎可"是"可于可"之意，然而先秦典籍均无此种用法，于此亦文义不通，故不甚可取。

　　又，《庄子·寓言》："恶乎然？然于然。恶乎不然？不然于不然。恶乎可？可于可。恶乎不可？不可于不可。物固有所然，物固有所可，无物不然，无物不可。"与此段极相似，王先谦等学者便因之校订此处。然而，"可乎？可。不可乎？不可"自是上下承接之枢纽，与《寓言》篇"恶乎可？可于可"看似相类，实则淮橘北枳，不可一概而论。

　　（附：陈鼓应《庄子今注今译》："严灵峰先生说：'王先谦曰："又见《寓言》篇。此是非可否并举，以《寓言》篇证之，'不然于不然'下，似应更有'恶乎可？可于可。恶乎不可？不可于不可'四句，而今本夺之。"王说是也。此"道行之而成"句上"可乎可不可乎不可"八字，实即"不然于不然"句下之文，因中夺去上"恶乎可"及下"恶乎不可"七字，而又错入上文；并在"恶乎然"上又脱"有自也而可有自也而不可有自也而然有自也而不然"二十二字，致错乱不可解说。幸此全文羼入《寓言》篇内，得以完整无误，因据以补正。'（《道家四子新编》，第532页）按：刘文典、王叔岷等据崔譔本考订这段文句，然以严说为优。"此中诸学者均以《寓言》篇反校本处，正是未明本段涵义之故。此说较有代表意义，特系于此处。）

　　[2] 道行之而成，物谓之而然：指悟道离不开实践，格物离不开名辨。谓：称谓，名辨，定义。即前文"以指喻指之非指"之义。

另注：前文主张"以非指喻指之非指"，所谓非指，即是非名、非谓之意，然而，庄子主张"非谓"，却并非提倡"不谓"，故又提倡"物谓之而然"，谓之法，非谓之法，二者应当并举。指物（谓之法）为知之始，不可不指，然而亦应知晓指之法为下策；非指（非谓之法）为知之真，指不若非指，故此亦应知晓非指之法为上策。

[3] **然于然……不然于不然**：去认知，则可以获知；不去认知，则不能获知。

[4] **物固有所然，物固有所可**：外物固然值得认知、可以认知。

[5] **故为是举**：故此，将求是奉为要义。举：推崇。《庄子·应帝王》："莫举名。"《庄子·天道》："五变而形名可举。"

另注：无物不然，无物不可，则格物可以致知，甚明。然而，又不可陷于格物之法，当尊奉"为是"之道，格物为下策，为是为上策，故有此论。《庄子·养生主》："吾生也有涯，而知也无涯。……缘督以为经。"辨明认知之轻重，即此义。《庄子·庚桑楚》："为是举，移是。""为是"即求是之义，"移是"即得鱼忘筌之义，以"为是"为道，以"移是"为法，即与此相类。

[6] **莛**（tíng）：草茎。

[7] **楹**（yíng）：柱子。

[8] **厉**：通"疠"（lì），恶病。此处指恶病之人。厉、疠二字先秦多有混用。《逸周书·时训解》："民多厉疾。"《吕氏春秋·明理》："民多疾疠。"

[9] **西施**：美女名。

[10] **恢恑**（guǐ）**憰**（jué）**怪**：各种怪异之象。恢：极大的。恑：形象变异的。憰：虚诈的。

[11] **其分也，成也；其成也，毁也**：将外物分而辨之，便有所得；得于我心，便融会贯通；既通为一，便将所得毁弃。这是讲认识，即"物谓之而然"的过程。分：因物中有彼是二性，故此分而

辨之。成：得而融汇于心。毁：此指道而言，道无常道，故得而毁
之。《庄子·大宗师》："受而喜之，忘而复之。"即此义。

[12] **凡物无成与毁，复通为一**：对物施行扬弃之法，我心由此
而成，物性并无损益，故有此言。

[13] **唯达者知通为一**：指通达之人既能驾驭"非指"之大知，
又能利用"指"之小知。非指之法是正道，是大知；指之法是小术，
是小知。大知小知，均指求是而言，贯通为一，并无分别。

[14] **为是不用而寓诸庸**：指通达者求是之时并不消耗内心，而
是借助外物。用、庸：自我施行，自驱为用；使唤别人，驱人为庸。
庸之本义是驱人为我所用，受人驱策而毫无主见之人即以庸人为名。
《礼记·学记》："善学者，师逸而功倍，又从而庸之；不善学者，
师勤而功半，又从而怨之。"此庸即是供师驱策之意。

[15] **庸也者，用也**：驱使外物，而我有所得，便犹如我亲力亲
为，故有此言。譬如，使人建楼，便是"庸"之；自己建楼，便是
"用"之。若能"庸"之而得此楼，便不必"用"之而得此楼。此
即"庸也者，用也"之义。

另注：尽量不做无谓之事，从而专注于自我获知，这是庄学养
生之法，故此有庸、用之辨。

[16] **几矣**：差不多了。

[17] **因是已**：与"是"的关联便结束了，即认知告一段落之意。
道无常道，道成即毁，复求新道，故有此言。即上文"其成也，毁
也"之义。

[18] **已而不知其然，谓之道**：大道无形，可得而不可知，可用
而不必究其本，故有此言。《庄子·大宗师》："夫道，有情有信，无
为无形；可传而不可受，可得而不可见。"下文狙公已知触发众狙喜
怒之条件，而不必知其本因，即是"已而不知其然"。

[19] **劳神明为一而不知其同也**：使我与外物心神合同为一，却

又不必究其根本。神明：心神。暂将外物与我心神合一，即是求道之法，可以行之；不知外物与我同于何处，正因彼此无关，不必行之。下文狙公"劳神明为一"，便得众狙喜怒之用，便于我有益；狙公"不知其同"，只因两心不同，则不必细究。

[20] 狙（jū）公赋芋（xù）：养猴子的人给猴子分配橡果。狙：猴子。赋：分配。芋：橡果。此事原出自《列子》，庄子引用，作为典故。

[21] 莫四：同"暮四"。

[22] 名实未亏：无论朝三暮四还是朝四暮三，狙公赋芋之名并未改变，则名未亏；赋芋之实共是七个，亦未改变，则实未亏。

[23] 而喜怒为用：狙公赋芋，名亦未亏，实亦未亏，稍加调整，即能得众狙之喜怒而用之。我本无亏，而物能为我所用，此即庄学养生之法。

另注：狙公赋芋故事原出自《列子·黄帝》："宋有狙公者，爱狙，养之成群，能解狙之意；狙亦得公之心。损其家口，充狙之欲。俄而匮焉，将限其食。恐众狙之不驯于己也，先诳之曰：'与若芋，朝三而暮四，足乎？'众狙皆起而怒。俄而曰：'与若芋，朝四而暮三，足乎？'众狙皆伏而喜。物之以能鄙相笼，皆犹此也。圣人以智笼群愚，亦犹狙公之以智笼众狙也。若实不亏，使其喜怒哉！"《列子》记述详细，首尾完备，《庄子》记述片面，几近破碎，正是《庄子》引用《列子》而借事寓言之故，足以证明《列子》之书不伪，而《庄子》之言多是因袭重构而成。

[24] 和之以是非：朝四暮三为是，朝二暮四为非，俱是得其喜怒之术，我心即凭借此术而成和。《列子·天瑞》："气专志一，和之至也。"

[25] 休乎天钧：休心于天道钧衡之中。众狙之喜怒非我所知，亦非我所应知，此必天道之钧量，故此休心焉。休：休心。《庄

子·刻意》："圣人休，休焉则平易矣，平易则恬惔矣。平易恬惔，
则忧患不能入，邪气不能袭，故其德全而神不亏。"即此义。天
钩：天道之衡量。以我钧之，则朝三暮四与朝四暮三相同为七；以
天钧之，则前者得其怒而后者得其悦而各有不同。此即人钧与天
钧之别。钧：钧量，衡量。《吕氏春秋·离俗览》："钧其死也，戮
于君前。"

另注：《庄子·寓言》篇有"天均"，形容天道如环，无轻重
之分别。与此涵义不同。成玄英等认为"天钧"即是"天均"，恐失
其义。

[26] **两行**：各行其是。于物则以"朝三"之法，即小知之法，
"和之以是非"；于我则以天道之法，即大知之法，"休乎天钧"。庄
子主张非指之法，亦不排斥指之法，两法并行而各得其用，即是
"两行"之义。

【评述】

前文已辨明真知之名为轻而真知之实为重，既然如此，重实而
轻名，可乎？可。有实而无名，可乎？不可。本节即由此而补述两
行之法，以免学者有偏颇轻视之心。

何为两行之法？此行一法，彼行一法，彼此互通而不相干，互
化而两相成，即是两行。而其中又有两解：其一，指之法与非指之
法两行而成；其二，我与物两行而成。

前文讲"指莫若非指"，谓指物之行莫若修心之成，然而，"道
行之而成，物谓之而然"，不行、不谓亦将无成、无然，故此，本
节再论指之重要，又提出"两行"之法，则指与非指应当并行不悖，
恰如灵与肉之分别。

一行为指，为格物之法，对外物而言，"博学之，审问之"，"和

之以是非"，恰如"狙公赋芧"；一行为非指，为致知之法，对内心而言，"慎思之，明辨之"，"休乎天钧"，正如"天地一指"。

何为"狙公赋芧"？狙公赋芧，朝三暮四而众狙皆怒，朝四暮三而众狙皆悦。怒、悦俱是众狙之情，于我又有何干？故此，亦可行朝三暮四之法，亦可行朝四暮三之法，而狙公之赋芧始终为七之数，其"实"未亏，狙公始终有赋芧之名，其"名"无损，此即"名实未亏"。

众狙皆怒，众狙皆悦，则众狙之喜悦愠怒均在狙公之手，此即"喜怒为用"。何能喜怒为用？皆因狙公"劳神明"而与众狙为一。我知众狙之喜怒，又知其成因，便可驱使之。我驱使众狙，而我赋芧却始终为七，不增不减，不必耗用我之心神，即"不用而寓诸庸"之义。而"庸也者，用也"，不必用心即"庸"，用心即"用"，两者效果相同，于是，我不必用心而能得众狙之"是"。此即"朝三"之法。

我以朝三之法，能和众狙之是非，此是对外物之法；我自用心于天钧，求道不止，此是对内心之法。两法并用，即是"两行"。

两行之法多见于各学派，如《礼记·中庸》："博学之，审问之，慎思之，明辨之。"前二者即指之法，后二者即非指之法，其实即是"两行"。《关尹子·二柱》："我与天地，似契似离，纯纯各归。"《墨子·经说下》："闻所不知若所知，则两知之。"此中亦有物我两行之辨。

"和之以是非，而休乎天钧"，两行之法是庄学认识论之形，亦是"以明"之外化，是庄学认知三法之二。

11. 以明

古之人，其知有所至矣[1]。恶乎至？有以为未始有物者[2]，至矣，尽矣，不可以加矣[3]。其次以为有物矣，而未始有封也[4]。其次以为有封焉，而未始有是非也[5]。是非之彰也，道之所以亏也[6]。道之所以亏，爱之所以成[7]。果且有成与亏乎哉？果且无成与亏乎哉[8]？有成与亏，故昭氏[9]之鼓琴也；无成与亏，故昭氏之不鼓琴也。昭文之鼓琴也，师旷[10]之枝策[11]也，惠子之据梧[12]也，三子之知，几乎[13]！皆其盛者也，故载之末年[14]；唯其好之也，以异于彼[15]。其好之也，欲以明之；彼非所明而明之[16]，故以坚白之昧终[17]；而其子又以文之纶终，终身无成[18]。若是而可谓成乎？虽我亦成[19]也。若是而不可谓成乎？物与我无成[20]也。是故滑疑之耀[21]，圣人之所图也[22]。为是不用而寓诸庸[23]，此之谓以明。

【译文】

古时之人，其认知是可以有所成就的。何以会有所成就呢？有这样的人，以为物与我毋须有所分别，从来就没有什么外物可言，他的认知就达成了，穷尽了，毋须有所进步了。其次一等的人，以为物与我须要有所分别，然而却从来就没有分明的界限。再次一等的人，以为物与我须要有分明的界限，然而却从来就没有绝对的是非标准。是非的彰显，正是道心亏损的本因。道心因之而亏损，溺爱便因之而生成。果真有溺爱之成与道心之亏吗？果真没有溺爱之成与道心之亏吗？正因为有了溺爱之成与道心之亏，故此昭氏才会

陷于鼓琴之物象；倘若没有溺爱之成与道心之亏，那么昭氏将不会
陷于鼓琴之物象。昭文有鼓琴之技，师旷有奏乐之能，惠子有倚树
而吟之巧，三位先生的认知也就到此为止了。三位先生都是此中极
有成就之人，因此才会带着成就的束缚老此一生；三位先生只是因
为偏爱这些技法，便使它们脱离了应有的彼物之性。偏爱它们，便
想要明辨它们；而物之彼性本来是不应该被明辨的，偏偏却要去明
辨，故此，便只能被"坚白"之术蒙昧终身了；而三位先生的后辈
又沉醉于这些华美的表象之中，以至于终身无成。像这样的事，可
以说它道有所成吗？其实，这些所谓"成就"并不需要外物也能达
成。像这样的事，可以说它道无所成吗？确实，物与我彼此无关，
两无所成。故此，那些鼓动诱惑而飘忽不定的光彩，圣人是决不图
谋的。求是而并不自用心神，而是寄寓于驱使外物之法，这便叫作
"以明"，以明辨之心来看待一切。

【注解】

[1] **其知有所至矣**：其认知是有所成就的。至：到达。

[2] **有以为未始有物者**：有这样的人，以为世间从来就没有外物
可言。即物与我没有分别之意。物即是我，我即是物，可称是无物
之境。未始有物：其实有物，只因物与我已混同为一，犹如未始
有物。

[3] **不可以加矣**：不能有所进步了。加：加增，进益。《庄
子·天下》："天下之治方术者多矣，皆以其有为不可加矣。"本章论
如何从物中求知，既然已入无物之境，便无须从物中求知，便已至
求知之极，故此说"不可以加矣"。

[4] **其次以为有物矣，而未始有封也**：次一等境界者，以为世间
有物，而物我之间从来没有什么界限可言。即物与我有所分别，却

可以相互转化之意。物可化为我，我可化为物，虽然有物我之分别而我却无困于物，可称是无困之境。未始有封：其实有封，只因物我之间可以转化，犹如未始有封。封：疆域，界限。

[5] 其次以为有封焉，而未始有是非也：再次一等境界者，以为物我之间有界限，而从来就没有什么是非的绝对标准可言。即物之性皆能为我所用，并没有是与非之分别之意。物是物，我是我，我却可以随意取物之性为我所用，并不需要对物之是与非加以拣择，可称是无是非之境。未始有是非：其实有暂时之是非，只因"非"亦能转化成"是"，并无真正的是非之别，犹如未始有是非。

另注：此处并举了三种境界：其一，无物之境，我与物无分别；其二，无困之境，我与物有分别而无界限；其三，无是非之境，我与物有界限而无是非。

[6] 是非之彰也，道之所以亏也：指陷于一时是非之争则无法获得终极之道。此结论是与古之人相比较而得出。真道本来寓于万事万物之中，本来无是无非，分辨其是非，不过是暂时之手段，若将一时之是非视为终极标准，则能得"是"中之真道，却失去"非"中之真道，真道便因此而"亏"，故有此言。譬如说，儒家以儒学为"是"，便能得此中真道，却又以墨学为"非"，便不能得此中真道，则儒家所得之道便残亏不全。下文昭文、师旷、惠子三人自以为所持之道为"是"，执着于此，便对外物有了分别之心，便不知真道无是无非的道理，皆属此例。

[7] 道之所以亏，爱之所以成：道心因此而亏损，溺爱便因此而生成。指道心亏损和溺爱生成的本因是一样的，它们都因为"是非之彰"。

另注：前文并举三种"道全"之境界，此处再举一种"道亏"之境界，并成四种境界：其一，无物之境，得法最上，又可称是"物我合一"；其二，无困之境，得法居中，又可称是"物我无界"；其三，无是非之境，得法最下，又可称是"物我皆通"；其四，有是非之境，有法而不真，得道而有亏，又可称是"物我同是"。

举例而言，庄周是蝴蝶，彼此并无分别，便是"物我合一"；庄周化蝴蝶，彼此随意转化，便是"物我无界"；庄周通晓蝴蝶，彼之性皆为我用，便是"物我皆通"；庄周明辨蝴蝶，得其是而去其非，便是"物我同是"。

[8] **果且有成与亏乎哉？果且无成与亏乎哉**：指"道之亏"与"爱之成"其实只在一念之间而已。

[9] **昭氏**：指下文的"昭文"，技法高超的琴师。

[10] **师旷**：晋悼公、平公的乐师，博学多才，尤其精通音律，后拜为太宰。

[11] **枝策**：敲击钟鼓的木槌竹枝，这里指演奏技法。

[12] **据梧**：指惠施倚着梧桐而吟诵辩论。

[13] **几乎**：差不多了，到头了。

[14] **皆其盛者也，故载之末年**：因为长于此技，便贪恋于此，困陷于此，终其一生，不知有他。《列子·说符》："色盛者骄，力盛者奋，未可以语道也。"即此义。盛者：盛名之人。载之末年：终生背负。《荀子·劝学》："则末世穷年，不免为陋儒而已。"

[15] **唯其好之也，以异于彼**：只是因为偏爱，便将它看作不同于彼物的根本，而不是看作彼物本身，即不能正确对待外物之意。鼓琴、枝策、据梧等皆是外物，皆是我之彼，而三子偏偏以之为本，反而以己为末，便有本末倒置之谬，故有此言。

[16] **彼非所明而明之**：物之彼性与我无关，并不是应当明辨的，却要加以明辨，便误入歧途。

[17] **故以坚白之昧终**：指昭文等人终生误于"坚白"之辨。坚白：战国时各学者就石（石头的本体）、坚（坚硬的属性）、白（白色的属性）三者进行讨论，以探索如何认知世界，如公孙龙认为坚之性与白之性应当分离而论之，墨子则认为应当合而论之，等等。"坚白"

之法所探究的对象是彼物之性，并非真我之性；正如昭文等人用心于外物，由此而被蒙昧，未曾用心于真我，故此说是"坚白之昧"。

另注：真道本来无是无非，物中之是非只有暂时之真，只是我心一时之投射，不应该将其当成根本而加以明辨，故有此处之言。

[18] 而其子又以文之纶终，终身无成：指错误的认知方向又披着华丽的外衣，不仅自误，也误了后代，流毒匪浅，难以校正。其子：指跟从者。文之纶：言辞的整饬华美，暗示其内容的空洞。纶：丝带，也引申为梳理、整饬。《礼记·缁衣》："王言如丝，其出如纶。"庄子主张华美整饬的文辞反而会妨害其理，亦即前文"言隐于荣华"之义。三子沉醉于"坚白"那样华丽而空洞的辩说之中，他们的跟从者便在华丽的表象中越陷越深。"坚白"即是"文"，"坚白"之华美即是"文之纶"。

[19] 虽我亦成：庄子主张借物而成心，外物只是假借之手段，内心才是待成之根本；而昭文三人却陷于外物之是非，以外物为根本，故此内心无成。有外物而内心无成，则内心之成与此外物无关，那么，倘若无此外物而仅有自心，则自心依然可成，故此说"虽我亦成"。

[20] 物与我无成：倘若外物能帮助内心有成，则外物之存在亦有意义；而昭文三人并未从物中获得认知，我亦不因此而成长，物亦不因此而明辨，我亦无成，物亦无成。

另注：此处可以用"我""舟""行"三者之关系相类比——有舟而不以舟为用，若是而可谓行乎？虽我亦行也。若是而不可谓行乎？舟与我无行也。

[21] 滑疑之耀：鼓动诱惑而飘忽不定的光彩，喻指言辞，即上文"文之纶"之意。滑：圆滑，容易使人接受的。《说文》："滑，利也。"《列子·黄帝》："美恶不滑其心。"疑：迷惑的，不确定的。

[22] 圣人之所图也：此处似乎缺一"莫"字，应为"圣人之所莫图也"。《庄子·刻意》："圣人……光矣而不耀。"《道德经》："圣

人……光而不耀。"可见圣人不耀才是庄子的主张。王叔岷认为"图"字是"鄙"字之讹，蒋锡昌认为"图"字是"啬"字之讹，亦通。

[23] **为是不用而寓诸庸**：不消耗心神去实践，即"不用"，以他者之实践拿来我用，即"庸"。见上文详解。此处"文之纶""滑疑之耀"，都是我对世界所发出的"定言"，是消耗自我之"用"，故有此说。

另注：庸于物而得于心，可称上法；用于物而得于心，可称下法；昭文三人用于物而不得于心，可称是全不得法。是故在此重提"庸""用"之分别。

【评述】

前文已有"非指""两行"之论，二者俱是"以明"之基础，此节则深入探讨"以明"之法。

所谓"以明"，即以明辨之心看视一切，以修心求道为根本，以物我两成为目标。其实即是认知之法，不以物性成之，而以心性成之。

"以明"之法，得心则成，得物则损。如何得心？以心成之即可，其义自明。如何运物而不得物？此事复杂，尚须细细分辨。故此，不妨借物性而反论心性，以物道而反观心道。亦不妨由两类事例谈之：其一是古之人之事，为正论；其二是昭文、师旷、惠子三子之事，为反论。

何以要谈古之人？只因尊古循古自是一时风气。每逢树立榜样之时，便不免托言于古人，以示经霜不易之法。《庄子·徐无鬼》："循古而不摩。"即此义。

古之人之认知有三种境界，其一是"物我合一"之境，譬若"庄周是蝴蝶"，我即物，物即我，则认知可以任意而成，得法最上；其二是"物我无界"之境，譬若"庄周化蝴蝶"，我化物，物化我，则认知可以化物而成，得法居中；其三是"物我皆通"之境，譬若"庄周通晓蝴蝶"，我通物，物通我，则认知可以取物而成，得法最下。得法最下者，亦能通晓外物，于真道而言，便无不明之处；又其次者，不能通晓外物，仅能得物中之是，不能得物中之非，于真道而言，便有得有失，有盈有亏。不能通晓外物者，可称是"物我同是"之境，譬若"庄周明辨蝴蝶"，我知物之是，不知物之非，则认知陷于片面之中，其实并未得法。

"物我同是"者，又有陷于物之是非而不自知者，以昭文、师旷、惠施三子为代表。昭文、师旷、惠施三子各自有鼓琴、枝策、据梧之术。其术可谓有成乎？答曰：有成。精于技而得其盛，成一时之名，自然有成。其道可谓有成乎？答曰：无成。得技之成，无心之成，载之末年而以昧而终，终身无成。三子皆是人中龙凤，犹然彰显于是非而损亏于道，皆因为外物能据人之心，是非能乱人之志，故此应当远之。

古之人持心无关于物，故能成道；昭文三子将心困陷于物，故此不能成道。"以明"之法实是心性之法，排除种种物性，其义自明。

再者，所谓"以明"，即以明辨之心看待一切，将万事万物之一切当成不确定，即其核心要义。"非指"可得其"是"，"两行"可避其"非"，然而，所谓是与非均是暂时之真，真道本来无是无非，唯有持"以明"之法，得其是非却不驻留于是非，方生方毁，随得随弃，才能无亏于真道。故此，"以明"之法实是一切之统领。

言辩无益，莫若以明；是非无定，莫若以明。则"以明"是通会之法，可知"以明"之重要。此心不驻于物，则得道；困陷于物，则无成。则"以明"是必行之道，可知"以明"之必要。

行"非指"之法，可得认识之实；行"两行"之法，可得认识之形；行"以明"之法，可得认识之本。至此，庄学认知三法已成。

12.有言之法

今且有言于此[1]，不知其与是类[2]乎？其与是不类[3]乎？类与不类，相与为类[4]，则与彼无以异矣[5]。虽然，请尝言之：

有始也者；有未始有始也者；有未始有夫未始有始也者；有有也者；有无也者；有未始有无也者；有未始有夫未始有无也者，俄而有无矣，而未知有无之果孰有孰无也[6]。今我则已有谓矣[7]，而未知吾所谓之其果有谓乎？其果无谓乎[8]？

天下莫大于秋豪之末，而大山为小；莫寿乎殇子，而彭祖为夭[9]。天地与我并生，而万物与我为一。既已为一矣，且得有言乎[10]？既已谓之一矣，且得无言乎[11]？一与言为二[12]，二与一为三[13]，自此以往，巧历不能得，而况其凡乎[14]！故自无适有，以至于三，而况自有适有乎！无适焉，因是已[15]。

【译文】

当然，此刻我也暂且发表了种种言辞，不知它属于"是"吗？还是不属于"是"呢？无论它属于"是"还是不属于"是"，还是属于对"我"而言的一时之"是"，它都是"我"之"彼"，本质上没有什么不同。虽然如此，还是让我试着"立言"吧：

有已经开始之言辞；有尚未开始之言辞；有尚未确定要开始之言辞；有当下存在之言辞；有正在消亡之言辞；有尚未开始就要消亡之言辞；有尚未确定就要开始消亡之言辞，而等到它要开始消亡的时候，却不知它的消亡是否真的会开始。此刻，我已经有对于言辞的论述了，而不知我的论述果真有所论述吗？还是其实没有论述呢？

天下之事，可以说，没有大得过秋毫之末端的，而大山是小的；

没有比夭折的婴儿更长寿的，而彭祖是短命的。天地与我共生于心，而万物与我道通为一。既然已经道通为一了，还需要言辞吗？既然已经用言辞说是道通为一了，不需要言辞吗？物本来只有一性，言说它，便有了二性，用这个二性来参知一性，于是又有了三性，自此以往，繁杂无休，即使巧妙地推衍也不能得其本真，更何况一个个去解读呢？故此，从无到有，便已经将本性繁杂成三了，更何况是从有到有呢？莫要再走下去了！与"是"的关联已经结束于此了。

【注解】

[1] **今且有言于此**：庄子主张"大辩不言"，此时是不得已而言之，故有此言。

[2] **与是类**：所言与"是"为一类，即所言为真。

[3] **与是不类**：所言与"是"非为一类，即所言为假。

[4] **相与为类**："我与言相与而与是类"，即所谓一时之真。言辞本身并无真假，我与言发生关系，才有真假之分，故有此言。前文"劳神明为一而不知其同也"即略同于此处"相与"之义。

[5] **则与彼无以异矣**：无论言辞为真、为假、为一时之真，皆是我之彼，并无不同。

另注：上文讲"为是不用而寓诸庸"，而言辞亦是用之一种，则言辞无益，庄子亦应无言才是。不应有言，却又为何言之？应当如何言之？于是便有此节之辨。

[6] **有始也者……孰有孰无也**：此处列举事物七种状态，借以说明言辞亦有存在与消亡，即所谓言本无定。换言之，人们通常会将某些言辞尊奉为不可更易之真言，但此种"真言"也逃不脱这七种状态，总有一天会消亡。

另注：为了便于理解，不妨以人为例来说明言辞及事物之七种状态：其一，"有始也者"，比如婴儿；其二，"有未始有始也者"，比如母体中的胎儿；其三，"有未始有夫未始有始也者"，比如计划之中而尚未受孕的胎儿；其四，"有有也者"，比如生者；其五，"有无也者"，比如将死者；其六，"有未始有无也者"，比如壮年者，未有死亡之象；其七，"有未始有夫未始有无也者，俄而有无矣，而未知有无之果孰有孰无也"，比如健康的壮年，忽然有了老病之态，却不知他是否真的会死亡。人、物、言，三者本是一理。

[7] **今我则已有谓矣**：指庄子已经立言。谓：发表言辞，即上文的"有言于此"。

[8] **而未知吾所谓之其果有谓乎？其果无谓乎**：指不知庄子的立言是真是假。这是启发式的提问，承接上文"俄而有无矣，而未知有无之果孰有孰无也"而来。若此立言有助于听者求道，"相与为是"，则"有谓"；若心已成，则可以将此言抛诸脑后，即"无谓"。

[9] **天下莫大于秋豪之末，而大山为小；莫寿乎殇子，而彭祖为夭**：这四个命题看似是假，若是换一个维度考察，则可以为真，比如《逍遥游》篇的"大椿"，它"以八千岁为春"，自然会以为彭祖是短命的，"彭祖为夭"之说便可为真。这是庄子承接上文论述，为了说明言辞的不定性而举的事例，它提倡真理的相对性。我之立场不同，言辞之真假亦有不同，亦即前文"相与为类"之义。它继承自《列子·汤问》等道家思辨，与惠施"天与地卑"之类的"合同异"的观点尽管看上去有几分相似，其实质却是截然不同的。秋豪：同"秋毫"，鸟兽在秋天新长出来的细毛。大山：一作太山。殇子：夭折的婴儿。

另注：先秦多用秋毫与太山之比较。《文子·守静》："夫目察秋毫之末者，……目不见太山之形。"《文子·上德》："太山之高，倍而不见，秋毫之末，视之可察。"《鬼谷子·抵巇》："经起秋毫之末，挥之于太山之本。"

[10] **既已为一矣，且得有言乎**：既然已经道通为一了，还需要言辞吗？既然万物与我合道为一，则不须言辞争辩，只需心之"以明"，故有此言。

[11] **既已谓之一矣，且得无言乎**：既然已经用言辞说是道通为一了，不需要言辞吗？既然有言于此，则可知言辞亦是重要工具，虽不可贵之，亦不可弃之，故有此言。这仍然是庄子对于"今且有言于此"而发出的启发式的反问。

[12] **一与言为二**：物之本性为"一"，若以言辞相定义，必不能中，所以便生出"二"，即第二性，有所偏离的本性。

[13] **二与一为三**：以言辞生成的第二性来理解第一性，只能得到更加偏离之性，既偏于第一性，又偏于第二性，便生出"三"，即第三性。

[14] **自此以往，巧历不能得，而况其凡乎**：自此以往，繁杂无休，即使巧妙地推衍也不能得其本真，更何况一个个去解读呢？庄子认为第二性、第三性都是由言辞所生，而且之后也会继续生出第四性、第五性……都必然会与第一性有所偏离，故有此言。历：经过，这里指推衍、认知。《庄子·天下》："历物之意。""历物"即认知于物，"历"之义与此同。成玄英以为"巧历"指"善巧算历"之人，颇无据。凡：遍指，所有的。这里指一一解读。

另注："一与言为二，二与一为三"，仍然是庄子对于"以指喻指之非指"的批判。举例而言，马有其本性，即第一性；将马进行指言，"今指马之百体而不得马"，言必不中，便有了第二性；再以指言而认知，知必不至，必与第一性相偏离，又与第二性相偏离，便有了第三性。如此反复，愈行愈远，所以说"巧历不能得"。

庄子主张抛掉言辞之他性（第二性、第三性……），直接去体悟本性（第一性），不妨讲，他主张的是"一与一为一"。此即"非指"

之法，亦是"以明"之义。

言辞必然会偏离本真，然而，言辞亦会无限逼近本真，所谓第二性、第三性，亦是逼近第一性之法门。若是将言辞看作手段，而不是目的，那么，第二性、第三性亦无不可。故此，庄子既于此章立言又于此处批判立言之行为，他批判的是以言辞为目的，而并不反对以言辞为手段，庄学"大辩无言"之内核始终未变。

[15] 因是已：与"是"的关联便结束了，即无法以此获得真知之意。名之辨偏于实之真，愈辨愈偏，故有此言。

【评述】

前文已立论非指、两行、以明三法，则庄学认知三法已成，一切无不通达，无不澄明。论已至此，便知所谓言辞之阱、是非之阱均是名相，均是手段，读者自可灵活用之而不受其扰，故此，便可重新审视言辞之真假虚实，以得我用。

言辩无益，故此庄学主张"大辩不言"；然而，此时庄子却立言于此，那么，此言是有用之言否？答曰：亦是，亦不是。

说它是有用之言，只因言辞可有一时之真，可有一事之真，正所谓"相与而与是为类"。此言应时而用，应事而用，便能得真义。

说它不是有用之言，只因言辞并非永恒之真，并非万事之真，正所谓"不相与而不与是为类"。此言不合时而用，不合事而用，便不得真义。

故此，秋毫亦可为太，太山亦可为小，殇子亦可为寿，彭祖亦可为夭，种种言辞，均是一时一事之用也。不陷于言辞，善用之，明辨之，则可得言外之真。此即是万言归真之法，即是万物成一之道。

言辩无益，其本质实为彼性；若得"以明"之道，便能于彼性中求其是性。此即本节之义。"一与言为二,二与一为三,自此以往,巧历不能得。"此即陷于言辞之举。不妨"一与一为一","以非指喻指之非指",如此则不必陷于言辞,亦能驱言辞而为我所用,其实即是非指、两行、以明之法。

或曰:言辞之辨,前文已经有所论述,此节再次论之,何故?答:境界有所不同,破物、成心之法便有所不同。

前文讲言辞无异于鷇音,此处又讲有言无异于彼,二者均是"言辩无益"之论。虽然如此,角度大有不同。前者未明"以明"之道,便有"真言不存"之辨;后者既明"以明"之道,便有"言存于心"之说。先辨言辞之伪,便能稍得真道;既然稍得真道,便复知言辞之伪中有真,亦知如何存真。知辨伪之法,便得其入门;知存真之法,便得其小成。

同是"言辞无益"之辨,前处得其儆戒,此处得其妙用,前后境界有所不同,正见得庄学认知三法已成,正是庄学之进阶。

13.葆光之道

夫道未始有封[1]，言未始有常，为是[2]而有畛[3]也。请言其畛：有左，有右[4]，有伦，有义[5]，有分，有辩[6]，有竞，有争[7]，此之谓八德[8]。

六合[9]之外，圣人存而不论[10]；六合之内，圣人论而不议[11]；春秋经世先王之志，圣人议而不辩[12]。故分也者，有不分也；辩也者，有不辩也[13]。曰：何也？圣人怀之，众人辩之，以相示也。故曰：辩也者，有不见也[14]。

夫大道不称[15]，大辩不言，大仁不仁[16]，大廉不嗛[17]，大勇不忮[18]。道昭而不道[19]，言辩而不及，仁常而不成，廉清而不信，勇忮而不成。五者园而几向方[20]矣，故知止其所不知[21]，至矣，孰知不言之辩、不道之道？若有能知，此之谓天府[22]。注焉而不满，酌焉而不竭，而不知其所由来，此之谓葆光[23]。

【译文】

至道从未有界域之分，言辞从未有永恒之定，为了求是，这才有了边界。我且将这些边界列举如下：有左，有右，有人伦，有义气，有分别，有论辩，有竞赛，有争斗，这便是"八德"，八种德行。

六合以外之事，圣人怀存而不言论；六合以内之事，圣人言论而不谈议；历经时间考验的先王传下的意志法则，圣人谈议而不争辩。故此，之所以有所分别，是因为有不必分别之至真；之所以有所辩论，是因为有不必辩论之至道。为什么这么说呢？圣人心中怀存的道理，正是众人所争论不休的；众人要争论不休，是为了相互阐明示现。所以说，之所以有所辩论，是因为此心有所不见。

至道之道不称扬，至辩之辩不言论，至仁之仁不施加，至廉之廉不为名，至勇之勇不威吓。道若昭显于人，便不是至道；言若陷于论辩，便难达其意；仁若常念施教，便不成真仁；廉若图谋清名，便无法取信；勇若凭借威吓，便不成真勇。以上五种本来是圆融的心性，却几乎被当成刚方的规则而用，所以，其认知也就止于已知了，已经到头了，又怎么会知晓不曾立言的至理和不曾实践的大道呢？冥冥中仿佛有可以认知的能力，这就叫作天府。不断注入它也不会满溢，不断酌取它也不会枯竭，却不知道其中的智慧是由何而来的，这就叫作葆光，永葆智慧之光。

【注解】

[1] **封**：界域，藩篱。

[2] **为是**：求是。

[3] **畛**（zhěn）：边界，界限。

[4] **有左，有右**：左为阴，为下，为内，为卑，为地；右为阳，为上，为外，为尊，为天。左右之分，略同于分出尊卑内外之意。《逸周书·武顺解》："天道尚右，日月西移。地道尚左，水道东流。"《周礼·春官宗伯》："右社稷，左宗庙。"《礼记·王制》："道路：男子由右，妇人由左。"

[5] **有伦，有义**：天道纲常为伦，人道品行为义。伦义之分，即天理与人欲之分，即礼法与品行之分，即社会法则与个人规范之分。《礼记·礼器》："天地之祭，宗庙之事，父子之道，君臣之义，伦也。社稷山川之事，鬼神之祭，体也。丧祭之用，宾客之交，义也。"

[6] **有分，有辩**：彼此不交为分，彼此相交为辩。二法并行，各行其是即是分，摩擦冲突即是辩。

[7] **有竞，有争**：齐头并进为竞，决出胜负为争。二法并行，暗中角力即是竞，志在高下即是争。

[8] **八德**：八种德行。八种行为看似互有冲突，目的却是为了归一于道。分为表象，合为本质，故称为"德"，以示其对立统一。德：成和之美。《庄子·德充符》："德者，成和之修也。"另外，庄子主张顺道无为之德，一般称为天德、大德、至德、上德。《庄子·天地》："玄古之君天下，无为也，天德而已矣。"即此义。《道德经》："上德无为而无以为，下德为之而有以为。"此八德是有为之德，是下德。

另注：八德又可分为前四德、后四德。

前四德为义理之分：属于尊者之上，即右；属于卑者之下，即左；属于社会规范，即伦；属于个人操守，即义。

后四德为行动之分：二法各行其道，即分；二法冲突而行，即辩；二法齐头并进，即竞；二法决出胜负，即争。

[9] **六合**：天地与东南西北四方。此处指人的认知范围。

[10] **存而不论**：此事落在认知范围之外，故此以心存之，不必究其对错，不必言之论之。

[11] **论而不议**：此事落在认知范围之内，便以此心论之，只取其中之"是"，不必反复谈议。

[12] **春秋经世先王之志，圣人议而不辩**：先王之志流传已久，其中有道，亦颇有可议之处，故此辩证议之，不必与人争辩。春秋经世：指历经时间考验。

另注：先秦诸子多有提倡遵循"先王之志"者，如《孟子·离娄上》："故曰，徒善不足以为政，徒法不能以自行。《诗》云：'不愆不忘，率由旧章。'遵先王之法而过者，未之有也。"《管子·小匡》："修旧法，择其善者，举而严用之。"皆是如此，概是一时风气。庄子则认为法无定法，不必因循旧法，其"议而不辩"之说，即对此而论。

[13] 分也者，有不分也；辩也者，有不辩也：之所以有所分别，是因为有不必分别之至真；之所以有所辩论，是因为有不必辩论之至道。指分与辩都是手段，不可分、不必辩的至道才是目的。不分、不辩即"道未始有封"之义。换言之，一时之分是为了获取不分之道，一时之辩是为了获取不辩之言。

[14] 辩也者，有不见也：之所以有所辩论，是因为此心有所不见。圣人所怀者，即众人所辩者，二者本是同一之真；圣人有所见，故此怀之，众人有所不见，故此辩之。换言之，众人因不见而有辩，圣人因有见而无辩。

[15] 大道不称：真正的大道是不必赋予美誉而称扬的。称：衡量而得其美。《庄子·田子方》："田子方侍坐于魏文侯，数称谿工。文侯曰：'谿工，子之师邪？'子方曰：'非也。无择之里人也，称道数当，故无择称之。'文侯曰：'然则子无师邪？'子方曰：'有。'曰：'子之师谁邪？'子方曰：'东郭顺子。'文侯曰：'然则夫子何故未尝称之？'子方曰：'其为人也真，人貌而天虚，缘而葆真，清而容物。物无道，正容以悟之，使人之意也消。无择何足以称之！'"谿工善于与人论道，此为小道，故此田子方称之；东郭顺子不与人论道，而是使人悟道，此为大道，故此田子方未尝称之。正是"大道不称"之义。郭象、成玄英等将"称"解为称谓，颇失其义。

[16] 大仁不仁：真正的仁道是不必施加显现的。不仁：不将仁政施加于人，即不强迫之意。《庄子·人间世》："强以仁义绳墨之言术暴人之前者，是以人恶有其美也，命之曰菑人。"即是强行施仁。

[17] 大廉不嗛（xián）：真正的廉洁是不必挂在嘴上的。庄子认为真正的廉是"纯素之道"，是淡于无物，若将廉名作为目标，则会堕于名相而扰乱本性。《庄子·刻意》："廉士重名。"批评小廉之士是为了名望而廉，其实并非真廉，即此义。嗛：口中衔物。《庄

子·盗跖》："口嗛于刍豢醪醴之味。"《说文》："嗛，口有所衔也。"

[18] **大勇不忮**（zhì）：真正的勇猛是不必展现出来的。忮：以武力相威胁。

[19] **道昭而不道**：昭显之道，必非真道，其上必有更高之道。真道永存于不见之境，北冥之外必有南冥。

[20] **五者园而几向方**：指五者本是圆融之知，却被人当成刚方之法。园：同"圆"。先秦哲学中，圆主智慧，方主实践。《管子·君臣下》："主劳者方，主制者圆。圆者铉，铉则通，通则和。方者执，执则固，固则信。"《鬼谷子·反应》："未见形，圆以道之；既见形，方以事之。"《文子·微明》："智欲圆，行欲方。"皆是此义。庄子认为，道、言、仁、廉、勇五者都是圆融之知，值得追求；而道昭、言辩、仁常、廉清、勇忮五事却是刚方之法，不知变通，陷于小知，有表而无里，有名而无实，应当舍弃。郭象、成玄英等将此解为以圆学方、画虎类犬之义，是未曾留意先秦哲学中广有方圆之辩之故。

[21] **故知止其所不知**：知见将止于道昭、言辩、仁常、廉清、勇忮等，夜郎自大之意。若昭显己道，则自以为己道为至道，则不知道外有道，则其知即止于此，故有此言。其余以此类推。

[22] **天府**：人之认知犹如上天赋予之府库。《荀子·大略》："学问不厌，好士不倦，是天府也。"

[23] **葆**（bǎo）**光**：使智慧之光永远充盛，即"注焉而不满，酌焉而不竭"之意。葆：草木茂盛的样子。

【评述】

非指、两行、以明等庄学认知三法已成，上节勘破言辞之阱，此节勘破是非之阱，兼论"葆光"之道。

是非无穷，其实为彼；若得以明之道，便能彼中求是。此即本节之义。

"道未始有封，言未始有常，为是而有畛也。"故此，以"为是"为纲领，则不必陷于是非，亦能驱是非而为我所用。

何以得是非之用？又有存而不论、论而不议、议而不辩三法。究其根本，不过是守住此心，不系于物，随而化之，亦是庄学养生之道，则此处亦隐隐点明下章"养生主"之旨。

前文讲"是亦一无穷，非亦一无穷"，此处又讲"道未始有封，言未始有常"，其实均是"是非无穷"之论。前者未明"以明"之道，便有远离是非之辨，即所谓"圣人不由，而照之于天"；后者既明"以明"之道，便有驾驭是非之说，即所谓"注焉而不满，酌焉而不竭"，即"葆光"之义。

同是"是非无穷"之辨，前处得其儆戒，此处得其妙用，前后境界有所不同，正见得庄学认知三法已成，正是庄学之进阶。

何为"葆光"？葆者，草木茂盛也；光者，我心之光也。我心犹如天道之府库，种种真知即是其光。既然是天道之府库，则永不满溢，亦永不枯竭；既然有真知之光，则真知愈多，其光愈明，又可以此反哺"以明"之心。成之以"葆"，明之以"光"，即是"葆光"之义。

人以言辩是非探求世界，则言辩是非是对外物之法，亦是对身性、天性而言；人以"葆光"寻求自我，则"葆光"是对内心之道，亦是对自性而言。于身性、天性之中求"是"，以成自性，于是，自性便于身性与天性之中寻得，内我便于外物之中寻得，于是，物我之辨已成，齐物而寻我之论已成，本章之立论已成。

虽然如此，仍有疑问。说是非指、两行、以明，此认知三法又当应在何处？说是"葆光"，却又如何"葆光"？天道无穷，人生有限，认知必有其所，"葆光"必有其主，此即下章"养生主"之辨。

14.十日之德

　　故昔者尧问于舜曰："我欲伐宗、脍、胥敖[1]，南面[2]而不释然。其故何也？"

　　舜曰："夫三子[3]者，犹存乎蓬艾[4]之间。若[5]不释然，何哉？昔者十日并出[6]，万物皆照，而况德之进乎日[7]者乎！"

【译文】

　　故此，过去尧曾经向舜问询道："我想要征伐宗、脍、胥敖这三个国家，我已经面南称帝了，心中却仍旧不能释然，这是什么原因呢？"

　　舜说："这三个小小的国家啊，还在蓬蒿艾草之间苦苦生存呢，您为何不能释然呢？过去的时候，十个太阳一起出现，万物无不被其酷烈之光所照耀，更何况德政之施加要胜过太阳之猛烈呢！"

【注解】

　　[1] 宗、脍（kuài）、胥（xū）敖：三个国家，经史无考。

　　[2] 南面：指天子临朝。《礼记·大传》："圣人南面而治天下。"

　　[3] 三子：宗、脍、胥敖三者既是国家之名，又是首领之名，所以称为三子。

　　[4] 蓬艾：蓬蒿艾草，此处形容国力低微。

　　[5] 若：您。

　　[6] 十日并出：十个太阳一起出现。这是过当的现象，不合于自

然之道，故此，道家对此持否定态度。此事又见于《竹书纪年·帝
厘》："八年，天有祅孽，十日并出，其年陟。"

[7] **德之进乎日**：德政的手段比太阳照射更加厉害，这里是指德
政的不可抗拒性。日光犹可遮蔽，德政则避无可避。尧欲伐三国，
自以为是施以德政，传德于四方，舜却以为适得其反，反而有战乱
之祸，故有此言。《庄子·盗跖》："然而黄帝不能致德，与蚩尤战于
涿鹿之野，流血百里。尧、舜作，立群臣，汤放其主，武王杀纣。
自是之后，以强陵弱，以众暴寡。汤、武以来，皆乱人之徒也。"即
此义。

【评述】

本节以上十三节齐物寻我之论为本章之体，"十日之德""不知
之知""吊诡之言""庄周化蝶"四则寓言为本章之用。

帝尧以为宗、脍、胥敖三子无德，便欲伐之，以施恩德。诚然，
帝尧向来以德行闻名于世，若将此德行至彼处，或许能解彼处百姓
无德之苦。然而，帝尧有真德乎？若有真德，岂须借助于杀伐之
法？若无真德，行之何益？由此可知，帝尧之德必非真德，其实不
必行之。

舜以蓬艾对之，喻三子之卑微。然而，三子果真微不足道乎？
若是果真微不足道，又岂能引得帝尧烦心不已？故此，可知此乃点
化之言。道者视天下如外物，如草芥，自当不入于心。

又有十日并出之喻。日有日之德，人有人之德，德之大者，在
于有度。何为度？天道即其度。十日之德，非不多也，失其度也，
失其度则失其德。帝尧欲施其德，反而失德，原因亦是如此。不知
天道则德不成。

总之，帝尧欲要施以德政，却以为必用杀伐之术方可行之，故

此踌躇。然而，圣人用德不用兵，用兵之德，实乃下德。《庄子·天道》："三军、五兵之运，德之末也。"《庄子·盗跖》："勇悍果敢，聚众率兵，此下德也。"《庄子·人间世》："昔者尧攻丛枝、胥敖，禹攻有扈，国为虚厉，身为刑戮，其用兵不止，其求实无已。"自持下德，却以之为上德，此即帝尧不明之处。

《庄子·秋水》："道人不闻，至德不得，大人无己，约分之至也。"示道于人，当在无声无息之中；施德于人，当在彼此无得之间。则大德本是圆融之性，却被帝尧当作方刚之术，故此他陷于此境，不知至道，此即前文"五者园而几向方"之弊。正所谓"大道不称，大辩不言，大仁不仁，大廉不嗛，大勇不忮"。此寓言所言是德，其实与诸道相通为一。

自性隐于天性之下，寄于身性之中。天性之中，德性最高；先破德性，才知自性。故此，以辨德之言为四寓言之首。

15.不知之知

啮缺[1]问乎王倪[2]曰："子知物之所同是[3]乎？"

曰："吾恶乎知之！"

"子知子之所不知邪？"

曰："吾恶乎知之！"

"然则物无知邪？"

曰："吾恶乎知之！虽然，尝试言之。庸讵[4]知吾所谓知之非不知邪？庸讵知吾所谓不知之非知邪？且吾尝试问乎女：民湿寝则腰疾偏死，鳅[5]然乎哉？木处[6]则惴慄恂惧，猨猴[7]然乎哉？三者孰知正处？民食刍豢[8]，麋鹿食荐[9]，蝍且甘带[10]，鸱鸦[11]耆[12]鼠，四者孰知正味？猨猵狙以为雌[13]，麋与鹿交，鳅与鱼游，毛嫱、丽姬，人之所美也，鱼见之深入，鸟见之高飞，麋鹿见之决骤[14]，四者孰知天下之正色哉？自我观之[15]，仁义之端，是非之涂[16]，樊然殽乱[17]，吾恶能知其辩！"

啮缺曰："子不知利害[18]，则至人[19]固不知利害乎？"

王倪曰："至人神矣！大泽焚而不能热[20]，河汉冱[21]而不能寒，疾雷破山、风振海而不能惊。若然者，乘云气，骑日月，而游乎四海之外，死生无变于己，而况利害之端[22]乎！"

【译文】

啮缺向王倪问道："您知道如何了解万物的共性吗？"

王倪答："我哪里知道！"

问："您知道您不知道的原因吗？"

答："我哪里知道！"

问："那么，万物之理是不可知的吗？"

答："我哪里知道！虽然如此，我还是试着说一下吧。何以知晓我所谓的知之就是知之，而不是不知呢？何以知晓我所谓的不知就是不知，而不是知之呢？而且，我试着问问你：人若是于湿处寝睡，便会患上腰部的病症，半身瘫痪，泥鳅是这样吗？人若是身居树上，则会战栗不安，心怀恐惧，猿猴是这样吗？人、泥鳅、猿猴三者，谁代表着正理呢？人吃家畜，麋鹿吃草，蜈蚣以蛇为美味，猫头鹰喜欢吃鼠，这四者，哪个又代表着正味呢？黑猿将猴子作为雌性配偶，麋与鹿相交配，泥鳅与鱼同宿同游，毛嫱、丽姬是人间公认的美女，鱼见了却深潜水底，鸟见了却飞避高空，麋鹿见了却骤然逃开，以上四者，谁代表着天下的正色呢？自我而观之，仁义的树立，正是生成是非的途径，它纷杂错乱，我哪里能知晓其中的分辨之道呢！"

啮缺问："您不知道其中的利害，那么，至人也不知道其中的利害吗？"

王倪答："至人啊，神妙极了！山泽焚烧却不能使他炎热，河流冻结却不能使他寒冷，疾雷响破山峦、飘风吹振大海却不能使他惊恐。像这样的人，乘着云气，骑着日月，遨游于四海之外，生与死都不会使自性改变，更何况关于利害与是非的争辩呢！"

【注解】

[1] **啮缺**：虚构人物，有啮咬精神，锲而不舍，因此便不知清虚，有缺于道，故有此名。在《庄子·天地》篇，许由评价啮缺，说他"审乎禁过，而不知过之所由生"，对待过错十分审慎自律，但是却不懂得过错的本质，又说他"乘人而无天"，关注点在于人，却

不知天道，正是"啮缺"二字之义。

[2] 王倪（ní）：虚构人物，象征王道、天道之端倪，故有此名。倪：小儿，又引申为端倪，迹象。据《庄子·天地》篇所载，尧的老师是许由，许由的老师是啮缺，啮缺的老师是王倪，王倪的老师是被衣。

[3] 物之所同是：万物同于"是"，即共同标准。物之彼是因我而生，我心不同，则是非不同；王倪之是，并非啮缺之是，故此王倪不答。换言之，啮缺以为世间之道德有恒定标准，施加仁义者常持此论，而道家非之。

[4] 庸讵（jù）：何以，凭什么。

[5] 鳅：泥鳅。

[6] 木处：居处在树上。

[7] 猨（yuán）猴：同"猿猴"。

[8] 刍（chú）豢（huàn）：家畜。刍：以草料喂养牲畜。豢：以谷料喂养牲畜。

[9] 荐：兽类所食之草。

[10] 蝍（jí）且（qū）甘带：蜈蚣喜欢吃蛇。蝍且：同"蝍蛆"，蜈蚣。带：这里指蛇。《关尹子·三极》："蝍蛆食蛇，蛇食蛙（蛙），蛙（蛙）食蝍蛆，互相食也。"

[11] 鸱（chī）鸦：猫头鹰。

[12] 耆（shì）：同"嗜"。

[13] 猨（yuán）猵（biǎn）狙（jū）以为雌：黑猿将猴子做为雌性配偶。猨：猿。猵：抚摸。猵，人之抚；猵，兽之抚。崔譔、向秀、司马彪等以为猵狙是一词，是某种猴类动物之名，此说似乎无据，语义亦不通。考察先秦典籍，"猵"字仅见于此，可能是庄子自造之字，由"猵"字类比而成。狙：猴。

[14] 决骤：快速跑开。决：分开，分离。骤：马急速奔跑。

[15] **自我观之**：辨明万物之是，应该由我出发，若无我则无意义。王倪通篇用"吾"，唯独此处用"我"，颇有点化之意。

[16] **仁义之端，是非之涂**：仁义的指向，导致是非的发生。指先有仁义之树立，才导致是非之争辩。端：端点，方向。涂：同"途"，道路。道家认为彰明仁义不可取，只因它亦是是非之源。《庄子·马蹄》："屈折礼乐以匡天下之形，县跂仁义以慰天下之心，而民乃始踶跂好知，争归于利，不可止也。"《道德经》："不尚贤，使民不争。"即此义。

[17] **樊然殽（ xiáo）乱**：纷杂错乱。殽：同"淆"。

[18] **利害**：利益与损害。啮缺欲知"物之所同是"，其实便是仁义是非，其实便是利益与损害。

[19] **至人**：到达至境之人。啮缺之本心犹在求道，故有此问。

[20] **大泽焚而不能热**：这里是讲山泽的焚烧并不能干扰至人的心神，并不是讲他有什么法术。以下几句类同。

[21] **冱（ hù）**：冻结。《列子·汤问》："霜雪交下，川池暴冱。"

[22] **利害之端**：指对万物之间利益与损害的分辨。此是接承"仁义之端，是非之涂"而言。

另注：啮缺之心，犹然囿于利害之辨，至人却能跳脱此境，不须知晓利害，亦不为利害所伤。一如惠子尚且囿于大树之辨，而庄子却早已逍遥于无何有之乡。

【评述】

上节寓言谈帝尧困于人道之德，不知天道之大德。人道之失，表面在于强行仁义之标准，其实在于同化万物之自性，帝尧欲以一人之德代替天下之德，正是其不明之处。

既然人道如此，天道又如何？求道者啮缺以为天道亦有"同是"

之标准，故此依然困于人道之见。人道以万物为卑，强施仁义，推崇利害，便是其小处；天道以万物为贵，不施仁义，脱却利害，故能成其大。本节之立义正在于此。

帝尧不知人道之小，以人道为至大，故此困于德性；啮缺知人道之小，又欲知天道之大，却依然困于是非。啮缺可视为有所领悟之帝尧，略有小成而犹有未成，两则寓言相比而示。

啮缺以"物之所同是"相问，王倪答以"不知"。而究竟物有"同是"乎？曰：亦有，亦无有。

万物皆有其自性，人之所美，鱼鸟之所避，吾之蜜糖，汝之砒霜，岂能灭其自性而混为一谈？故此，物无"同是"之处，此说指其自性而言。

一切皆通于天道，万物各得其性，亦能彼此相通，以心神相辨，可成于我心，此即"以明"之法。故此，物有"同是"之处，此说指认知而言。

此心在于天道，则物可得其"同是"；此心在于人道，则物不可得其"同是"。啮缺之心似在天道，又未脱离人道，故此王倪一概以"不知"相答。王倪之"不知"，非是不知认知之法，实是不知啮缺之心。啮缺若有"我"，则万物可知；若有"吾"而无"我"，则一无可知。"吾恶乎知之！"实是王倪点化啮缺之言。

啮缺欲知"物之同是"之法，不得；退而求其次，欲知"知其不知"之法，不得；退而求其次，欲知"知物"之法，不得；退而求其次，欲知至人之法，终不得。啮缺四问看似谦退，其实为冒进。不知"物无同是"之论，则不知"是非相生"之理；不知"是非相生"之理，则不知辨物之法；不知辨物之法，则不知至人之道。不得根本，何以进而有成？不知物，何以知心？此即本章"齐物论"之义。

所谓齐物而论，其要义在于以心性体察万物，由此反观自心。

若是不知自心而求知，何能得其真？得其物性又有何用？故此，王倪有言："自我观之。"自"我"而体察万物，则我心将有所得；不自"我"而体察万物，空有是非而我心无成。前文有言："自彼则不见，自知则知之。"此即其义。"自我观之"四字，实是王倪再次点化啮缺之言。

格物之先，要先知我，物才有彼是之性，即所谓"物我同生"；格物之后，我已不在此，物便无彼是之性，即所谓"物我两忘"。啮缺不知我而论物，其实是"无我亦无物"。故此，王倪以"不知"相答，答于此问；又以"自我观之"相告，告在此心。

无我则无是，无是则无物，无物则无分别，此即前文之义："道未始有封，言未始有常，为是而有畛也。"道长在而我不在，虽有道而不明；我不在则真不在，似有知而无益。故此王倪反问："庸讵知吾所谓知之非不知邪？庸讵知吾所谓不知之非知邪？"知与不知，全凭此心，若本来无心，又何来知与不知之说？

啮缺之本心在于求道，所求却是仁义之术，此即物我不明之弊，若循其本，弊在"失我"。知物我之论，则可解之；不知物我之论，则易陷之。本章名为"齐物论"，实为"寻我论"，其义即在于此。

啮缺已有求道之心，则啮缺可视为勘破德性之帝尧；啮缺尚有成见之困，则此心尚未成于天性之中。此与前文上下相承而言。

16.吊诡之言

瞿鹊子[1]问乎长梧子[2]曰:"吾闻诸夫子[3],圣人不从事于务[4],不就利,不违害,不喜求,不缘道[5];无谓有谓,有谓无谓[6],而游乎尘垢之外。夫子以为孟浪[7]之言,而我以为妙道之行也。吾子以为奚若[8]?"

长梧子曰:"是黄帝[9]之所听荧[10]也,而丘也何足以知之!且女亦大早[11]计[12],见卵而求时夜[13],见弹而求鸮[14]炙。予尝为女妄言之,女以妄听之。奚[15]旁日月,挟宇宙[16],为其脗合,置其滑涽[17],以隶相尊[18]?众人役役[19],圣人愚芚[20],参万岁[21]而一成纯[22],万物尽然[23]而以是相蕴[24]。

"予恶乎知说生[25]之非惑邪?予恶乎知恶死之非弱丧[26]而不知归者邪?丽之姬,艾封人[27]之子也,晋国之始得之也,涕泣沾襟;及其至于王所,与王同筐床[28],食刍豢[29],而后悔其泣也。

"予恶"乎知夫死者不悔其始之蕲生[30]乎?梦饮酒者,旦而哭泣;梦哭泣者,旦而田猎。方其梦也[31];不知其梦也[32];梦之中又占其梦焉,觉而后知其梦也[33];且有大觉而后知此其大梦也[34];而愚者自以为觉,窃窃[35]然知之。君乎,牧乎,固哉[36]!丘也,与女皆梦也[37]!

"予谓女梦,亦梦也[38];是其言也[39],其名为吊诡[40];万世之后,而一遇大圣知其解者,是旦暮遇之也[41]。既使我与若[42]辩矣,若胜我,我不若胜,而果是也,我果非也邪?我胜若,若不吾胜,我果是也,若果非也邪?其或是也,其或非也邪?其俱是也,其俱非也邪?我与若不能相知也,则人固受其黮闇[43]。吾谁使正之？使同乎若者正之，既与若同矣，恶能正之？使同乎我者正之，既同乎我矣，恶能正之？使异乎我与若者正之，既异乎我与若矣，恶能正之？使同乎我与若者正之，既同乎我与若矣，恶能正之？然则我与若与人俱不能相知也，而待彼[44]也邪？

"何谓和之以天倪[45]？曰：是不是，然不然[46]。是若果是也，则是之异乎不是也亦无辩；然若果然也，则然之异乎不然也亦无辩。化声之相待[47]，若其不相待，和之以天倪[48]，因之以曼衍[49]，所以穷年也。忘年忘义[50]，振于无竟[51]，故寓诸无竟。"

【译文】

瞿鹊子向长梧子问道："我曾在夫子那里听闻：圣人不受事务的管束，不趋近利益，不逃避损害，不喜好谋求，不攀缘道法；不名辨已有名辨之物，去名辨尚未名辨之物，从而逍遥于浊世之外。夫子以为这是不着边际的话，我却以为是妙道之行。您认为如何？"

长梧子说："这是黄帝都感到迷惑的，孔丘先生又哪能明白呢！而且，你探究此事也未免太早了些，就好比见到了鸡蛋便想要公鸡司晨，见到了弹丸便想要烤炙鸮鸟。我为你姑妄一说，你且姑妄一听吧。为何要依傍日月，挟持宇宙，与之相吻合且混沌无间，尊奉于此呢？众人操劳而蒙昧，圣人虚心而悟道，参悟万年只为大道之专一纯成，万物尽可探究而取用其中之是。

我何敢断定留恋生命就不是一种迷惑呢？我何敢断定恐惧死亡就不是一种自幼流落他乡而不知回家之情呢？丽姬是艾地封人之女，当晋国刚娶得她的时候，她痛哭流涕，泪湿衣襟；等她到了王宫，与王同住大床，共享肉食，便后悔当初的悲泣了。

我何敢断定死去的人就不后悔当初的求生之举呢？梦中饮酒之人，早晨醒来却放声哭泣；梦中哭泣之人，早晨醒来却开心打猎。

有正在梦中的；有不知在梦中的；有梦中占验此梦，醒后知它果然是梦的；有暂且有所彻悟而知道此乃大梦的；而愚者却总是自以为觉悟了，暗暗地通晓了。君王啊，州牧啊，总是如此！孔丘先生啊，与你一样，都在幻梦之中。

"我说你是梦这件事，同样也是梦而已；虽然是梦，却不妨在此言辞之中求是，而无视其玄妄怪诞之名相；即便在万世之后，一遇到大圣之人知晓其中的真解，那也是一种朝夕相遇了。辩论其是非是无意义的，假使我已经与你相辩，你胜了我，我不能胜你，你就真的对吗？我就真的不对吗？我胜了你，你不能胜我，我就真的对吗？你就真的不对吗？你我一定有人对、有人不对吗？你我一定要么都对、要么都不对吗？我与你并不能彼此透彻相知，毕竟人都是蒙昧无知的。那么，谁可以更正我呢？让赞同你的人来更正我吗？他已经与你同心了，如何取其正呢？让赞同我的人来更正我吗？他已经与我同心了，如何取其正呢？让相异于你我之人来更正吗？他已经异于你我了，如何取其正呢？让相同于你我之人来更正吗？他已经同于你我了，如何取其正呢？如此，我与你与第三者都并不能彼此相知，那么，难道还要等待彼者的看法吗？

"什么叫以天道端倪相和合呢？正所谓：求是，于不是之中；求然，于不然之内。所求得之'是'，如若果真为'是'，则所谓是与不是的区别也就没什么可辩的了；所求得之'然'，如若果真为'然'，则所谓然与不然的区别也就没什么可辩的了。化用那些与我相待共行的议论之声，若是遇到不相待的反驳之声，便以天道端倪相和合，以延伸衍化相因循，以此终其一生。忘记时间，忘记世情，大知振发于无争无竟，故此，也寄寓在无争无竟之中。"

【注解】

[1] **瞿鹊子**：虚构人物。瞿：鹰隼之视。取名瞿鹊，扣合求知者形象，意欲筑巢之鹊却有鹰隼之视，暗示其好奇发问而稳重不足，亦暗示其志在高远而自巢未成。

[2] **长梧子**：虚构人物。取名长梧，扣合师者形象，暗示其甚有根基而任鸟为巢。

[3] **夫子**：这里指孔夫子。

[4] **不从事于务**：指不会为了做事而做事，即有所分辨，持有本心之意。这句话并不是在说圣人"不务事"。庄子在《庄子·外物》篇中称赞了静养、闭目、宁神三种举动，然而称它们仍然是"劳者之务"，正是因为庄子主张为道而务，而不是从事于务，成为务的奴隶。《庄子·达生》："达生之情者，不务生之所无以为。"即此义。务：用力地去做某事。

[5] **不缘道**：指不追求所谓的得道之法。庄子主张道无定法。《道德经》："道可道，非常道。"亦是此义。

[6] **无谓有谓，有谓无谓**：不名辨已经名辨之物，去名辨尚未名辨之物。庄子主张大道藏于未知，故有此说。《道德经》："名可名，非常名。"亦与此同义。谓、名，其实一理。

[7] **孟浪**：鲁莽轻率的，不着边际的，犹如狂荡之意。孟：大。《管子·任法》："高言孟行，以过其情。"

[8] **奚若**：如何。

[9] **黄帝**：上古明君。圣人追求天道，孔丘追求人道，故此后者不能理解前者，而黄帝贵为人道之极，故此拿来相比。《庄子·盗跖》："世之所高，莫若黄帝，黄帝尚不能全德，而战涿鹿之野，流血百里。"

[10] **听荧**：感到迷惑。荧：迷惑。《战国策·赵策》："荧惑诸侯。"

[11] **大早**：太早。

[12] **计**：谋划，考虑。

[13] **时夜**：值夜，亦即司晨。

[14] **鹗（xiāo）**：善于鸣叫的鸟，统称为鹗。

[15] **奚**：如何，为何。

[16] **旁（bàng）日月，挟宇宙**：依傍日月，挟持宇宙，指跳出尘世的羁绊，放眼于日月宇宙，参研大道。即瞿鹊子"游乎尘垢之外"之意，亦即上文王倪所言："乘云气，骑日月，而游乎四海之外。"旁：同"傍"。《庄子·渔父》："子路旁车而问曰。"

[17] **为其脗（wěn）合，置其滑涽（hūn）**：与日月宇宙相吻合，且与之混沌无间。其：指上文的日月宇宙。脗合：同"吻合"，如上下嘴唇般相合，形容其完美地融合一体。滑涽：滑乱昏暗，犹如混沌之意。庄子认为混沌是相合的最高形态，故有此言。《庄子·天地》："合喙鸣，喙鸣合，与天地为合。其合缗缗，若愚若昏，是谓玄德，同乎大顺。"即此句之义。

[18] **以隶相尊**：以己为隶，以天道为尊，投身于天道之意。隶：受驱使，对应上文"从事于务"之说。孔子主张"从事于务"，庄子则主张"不从事于务，从事于天道"，故有此言。《庄子·在宥》："无为而尊者，天道也。"亦此义。

另注：此段即瞿鹊子"妙道之行"之真实涵义，长梧子为其深而论之。"游乎尘垢之外"是为表，"旁日月，挟宇宙……"是为里。类似主张在《庄子》中随处可见。《庄子·在宥》："吾与日月参光，吾与天地为常。"《庄子·刻意》："虚无恬惔，乃合天德。"《庄子·至乐》："天无为以之清，地无为以之宁，故两无为相合，万物皆化。"皆是此义。

[19] **役役**：操劳的样子。役：原义为戍卫。

[20] **愚芚（tún）**：懵懂无心地生长，指放空自己而领悟天道的

状态。芚：草木萌生。道家主张持有至愚之心才能体悟天道。《庄子·天地》："其合缗缗，若愚若昏，是谓玄德，同乎大顺。"《道德经》："众人皆有余，而我独若遗。我愚人之心也哉！"即此义。这里的愚芚，亦是回应瞿鹊子所言的"不就利，不违害，不喜求，不缘道"，此四者可称作"四愚行"。

[21] **参万岁**：不断参悟之意，形容其持续性。参：参悟，参验。郭象释为参糅，成玄英释为参杂，皆失其义。此处之"参"能得其纯，当是参悟之义。《庄子·天下》："以法为分，以名为表，以参为验，以稽为决。"《鬼谷子·决篇》："度之往事，验之来事，参之平素。"《荀子·大略》："是非疑，则度之以远事，验之以近物，参之以平心。"皆此义。

[22] **一成纯**：专一地达成精纯的境界。《庄子·刻意》："故素也者，谓其无所与杂也；纯也者，谓其不亏其神也。能体纯素，谓之真人。"即此义。

[23] **万物尽然**：无差别地参研万物，形容其广泛性。然：肯定，认识。即前文"道行之而成，物谓之而然"之义。

[24] **以是相蕴**：指并非盲目地参研万物，而是寻求其中之是。庄子主张"物无非彼，物无非是"，物中皆有是可为我所用，故有此言。

另注："游乎尘垢之外"为手段，"参万岁而一成纯"才是目标。瞿鹊子只知手段，不知目标，故有此段之论。

[25] **说（yuè）生**：同"悦生"，迷恋生命。

[26] **弱丧**：年幼时流落他乡。

[27] **封人**：官名，掌管封疆事务之人。

[28] **筐床**：同"匡床"，方正的床。《商君书·画策》："人主处匡床之上。"匡：方正。

[29] **刍（chú）豢（huàn）**：家畜。刍：以草料喂养牲畜。豢：以

谷料喂养牲畜。

[30] **蕲（qí）生**：求生。蕲：求。

[31] **方其梦也**：正在做梦。此喻懵懂无知、不知醒悟之人。

[32] **不知其梦也**：不知在做梦。此喻稍有觉知、尚未领悟之人。

[33] **梦之中又占其梦焉，觉而后知其梦也**：梦中觉察并求证此梦，醒后知它果然是梦。此喻已有小知、有所醒悟又有所占验之人。有所醒悟，又不知此醒悟是否为真，便予以检验，便是"占其梦"；认知而得是，知此醒悟为真，便是"知其梦"。

[34] **且有大觉而后知此其大梦也**：暂且觉醒，知此人生大梦。此喻已有大知、有所彻悟之人。人生之惑皆是梦，唯有生死是其大梦；参出生死之道，故此称为"大觉"；生死大梦终不能彻底摆脱，故此说"且有"。

另注：梦即人生之幻惑，大梦即人之生死。此处列举四种人，世人对待生死之态度尽在其中：第一种，不知醒悟之人，未有生死之思考，世人多在此类；第二种，尚未醒悟之人，有生死之思考而未解其义，孔丘即此类；第三种，有所醒悟又有所占验之人，略解生死之义而有所领悟，瞿鹊子即此类；第四种，有所彻悟之人，彻悟生死之义，长梧子即此类。

[35] **窃窃**：暗暗地。《庄子·庚桑楚》："窃窃焉欲俎豆予于贤人之间。"庄子主张"以参为验"，主张"同乎无知"，故此批判这种"私自以为己知"的心态。司马彪认为"犹察察也"，似无据。

[36] **君乎，牧乎，固哉**：君王与州牧总是如此。牧：治民之人。固：固守。君、牧是对上文"是黄帝之所听荧也，而丘也何足以知之"的呼应，庄子认为孔子素有州牧之志，故有此言。

[37] **丘也，与女皆梦也**：指孔丘与瞿鹊子俱在人生大梦之中。瞿鹊子虽然意识到"妙道之行"，却不知其原因，不知天道，故有此言。

[38] **予谓女梦，亦梦也**：指我之言亦是梦言，须要思辨而识其真。言未始有常，凡言皆是梦。悟而求是，可得其真；不悟而盲从，未得其真。此是长梧子谨慎之告诫，犹前文"今且有言于此，不知其与是类乎？其与是不类乎？类与不类，相与为类，则与彼无以异矣"之义。梦中可悟其真，彼中可求其是。

[39] **是其言也**：在这些言辞中求是。吾言如梦，汝须求是。

[40] **其名为吊诡**：言辞之形，玄妄怪诞，故此以吊诡为名，无妨其真言之实。名为吊诡，实为真言，暗示瞿鹊子应当舍名而求实。吊：虚悬，不着边际。诡：怪异，违反。

[41] **是旦暮遇之也**：多年相遇亦如朝夕。指天道真理可以穿越时空。

[42] **若**：汝，你。

[43] **黮（dǎn）闇（àn）**：昏暗不明。

[44] **待彼**：等待外人的评判，即上文"谁使正之"之义。己心可求是，彼言则无益。同异之辩，他人之正，皆是彼我言语相交，不入己心，与求是无益，故无须"待彼"。

[45] **天倪**：天道的端倪，入门于天道之法。倪：小儿，又引申为端倪，迹象。《庄子·寓言》："万物皆种也，以不同形相禅，始卒若环，莫得其伦，是谓天均。天均者，天倪也。"始卒若环，均施如一，即是天道之端倪。得此义者，可入天道。天均，指天道之均衡而言；天倪，指天道之端倪而言。二者之义稍有不同。

[46] **是不是，然不然**：求是，于不是之中；求然，于不然之内。向未知之中求知，即上文"有谓无谓"之义。

另注：前文有"然于然，不然于不然"之说，指认知之重要性而言，此处"然不然"则是指认知之方向性而言，二者侧重不同。若补全其意，则前者为"何以有然？然于施然之举"。后者为"然于何者？然于不然之中"。

[47] **声之相待**：指能够彼此启发的声音。声：发声，指表达出来的观点。声为思想之形，其中或有至道之实。《庄子·人间世》："心和而出，且为声为名。"《庄子·天道》："故视而可见者，形与色也；听而可闻者，名与声也。"俱是此义。相待：相待与我同行，此处指彼此有益之言。《庄子·大宗师》："夫知有所待而后当。"与此同义。

[48] **若其不相待，和之以天倪**：这里指不去回应那些无益的声音，而是分辨其对错，试图与天道相合。倘若此声不是、不然，"不相待"，只需不辩而和之，故有此言。亦即"是不是，然不然"之义。

[49] **因之以曼衍**：指分辨各种议论并由此展开认知。曼衍：延伸衍化。《说文》："曼：引也。衍：水朝宗于海也。"

[50] **忘义**：指不去理会尘俗之事。义：做应做之事，这里指俗世的要求和评判。《庄子·秋水》："顺其俗者，谓之义徒。"另外，庄子主张忘世俗之小义、物之小义，而取天道之大义、我之大义。《庄子·庚桑楚》："至义不物。"即此义。

[51] **振于无竟**：不争不辩，大知出焉，这是对"和之以天倪"的一个解释。竟：同"境"，二者往往混用。《庄子·秋水》："且夫知不知是非之竟。"《墨子·旗帜》："死士为仓英之旗，竟士为雩旗。"

【评述】

上节寓言谈啮缺困于世物之中，不知自心之成；此节寓言谈瞿鹊子未困于世物，却未解天道之真，犹有外言之困，长梧子即以生死为之相解。两则寓言亦是相比而示。

世人之心，多困于世事，而世事之大，莫过于生死。人若始终受困于生死，则此生有何意义？道家之法，正在于解生死之困，悟自心之真。生死既得其解，则事务、利害、物欲、言辩、是非等种种外物之惑无不随之豁然开朗。故此，道家提倡修心于天道，并以为"游乎尘垢之外"是为妙道之行。简言之，道家种种思辨，皆由生死之惑而来；种种法门，亦由生死之惑而成。

生死如梦，梦必能醒。虽然尚不知此大梦如何醒来，但既然已有如此知见，便能知天道之神妙，亦知一切必将有所安排。道家此法，虽然不能完全解开生死大惑，却已然接近天道之真义，余下便是各人秉持自心而求道不止。

言辞亦如梦，其名为吊诡，其中却有可得之真。

瞿鹊子知"妙道之行"，未知"天道之倪"，长梧子便以梦喻之。求道之本，在于此心之悟，不在彼人之言，故此，长梧子又说："予谓女梦，亦梦也；是其言也，其名为吊诡。"

何为"吊诡"？玄妄怪诞，即是"吊诡"。何以有此名？只因言必非真，所有自称真言者，必将失于实而虚于名。既然如此，岂非所有言辞皆是"吊诡"之言？以之为名，亦无不妥。世人即如瞿鹊子，于言辞多有"求名忘实"之见，故此，不妨以"吊诡"为名，夸饰其荒诞，以示"舍名求实"之义。此亦是道家勘破名实之法。

圣人无物于心，故此游乎尘垢之外；瞿鹊子尚有言辞之系，故此其心将疑而未成。所谓孟浪之言，亦是尘垢；妙道之言，亦是大梦。

前文有言："言者有言，其所言者特未定也。……言未始有常。"正是此处论梦之义。前文又说："今且有言于此，不知其与是类乎？其与是不类乎？类与不类，相与为类，则与彼无以异矣。"此处"既使我与若辩矣"一段正是其详解。

你我皆在梦中，并无彼言可待，仅有此心为用。故此，"和之以天倪"，见我于天道，即前文"以明"之法。

瞿鹊子已有成道之法，则瞿鹊子可视为勘破成见之啮缺；瞿鹊子尚有外言之困，则此心尚未成于自性之中。此与前文上下相承而言。

17.庄周化蝶

罔两[1]问景[2]曰："曩[3]子行，今子止；曩子坐，今子起。何其无特操[4]与？"

景曰："吾有待而然者[5]邪？吾所待又有待而然者邪[6]？吾待蛇蚹蜩翼邪[7]？恶识所以然？恶识所以不然[8]？昔者庄周梦为胡蝶，栩栩然[9]胡蝶也；自喻适志与[10]，不知周也；俄然觉，则蘧蘧然[11]周也。不知周之梦为胡蝶与？胡蝶之梦为周与？周与胡蝶，则必有分[12]矣。此之谓物化[13]。"

【译文】

罔两问影子："刚才你还在走着，现在你却停下了；刚才你还在坐着，现在你却起身了。为何你如此没有独立的自我呢？"

影子说："我有可以等待着他而向他领取自我的导师吗？如果有的话，我的导师又有可以等待着他而向他领取自我的导师吗？如果没有的话，我就要等着像蛇蜕蝉蜕一样吗？认知自我怎样算是对？认知自我怎样算是不对？从前，庄周梦到自己是一只蝴蝶，他便真的化身为鲜活的蝴蝶了；他彻悟于此，而将情志化入其中，便不知庄周为何物了；突然他又醒来，则一下子又化身为庄周了。此身不知是庄周在梦中化为的蝴蝶呢，还是蝴蝶在梦中化为的庄周呢？无论庄周还是蝴蝶，都必然有可以分辨、参悟之处。这便是'物化'之法，即随物而化。"

【注解】

[1] 罔两：没有形体的精怪。《左传·宣公三年》："故民入川泽山林，不逢不若；螭魅罔两，莫能逢之。"罔：无。两：不一，不定数，这里指其形态不定。

[2] 景（yǐng）：同"影"，影子。

[3] 曩（nǎng）：从前。

[4] 特操：独立的意志，犹如自我之义。操：控制。

另注：罔两认为，罔两无形体却有自我，影子有形体却无自我，以自我而言，似乎罔两胜之，故有此质问。

[5] 待而然者：待其至而得然于其中，即可以用来认知自我的他物。影子此刻并没有这样的"然者"，这里先假设会有，所以是"待而然者"。罔两认为影子并无自由可控之身器，便谈不上有自我，而影子认为自我之本性具足，无须等待一自由可控之身器，故有此反问。

[6] 吾所待又有待而然者邪：吾之自我若是凭靠他物，则他物之自我又将凭靠谁？故此，吾之自我只存在于己心之中。

[7] 吾待蛇蚹（fù）蜩（tiáo）翼邪：吾之自我若无他人可以凭靠，又岂能甘心成为死物？故此，吾之自我只存在于己心之中。蛇蚹蜩翼：蛇蜕与蝉蜕，象征死物。蛇蚹蜩翼与影子类似，都是本体之附庸，然而影子是有生命之我，蛇蚹蜩翼是无生命之物，影子不甘心失去生命，故有此类比。

另注：影子为附庸者，举手投足似乎全不由己，然而，形拘于此，心却自由，岂需待人相救？"吾有待而然者邪？"此问正源于此。

影子是他物之附庸，岂不知他物亦是他他物之附庸？二者本质并无分别。故影子无须待，无可待；他物亦无须待，亦无可待。"吾所待又有待而然者邪？"此问正源于此。

影子有自我，蛇蚹蜩翼无自我，有我无我只在于心，而与形体无涉。"吾待蛇蚹蜩翼邪？"此问正源于此。

我若有待，则不知其用；我若无待，则即成死物。二者均不可取。唯有以我为本，以我为待，才是正道。

[8] **恶识所以然？恶识所以不然**：指认识本身并无对错，既无以然之，亦无以否之。影子虽然行止不由己，却有认识自我之心，故有此辩。

[9] **栩栩然**：鲜活的，生动的。这里指庄周全情投入，真的把自己当成一只蝴蝶。

[10] **自喻适志与**：遵循此中之道，全情投入其中。这里指庄周彻悟蝴蝶之变化，并将情志寄托于蝴蝶。自喻：按照安排。自：由此及彼。喻：晓喻，这里指化蝶之行是天道之谕。适志与：将情志顺适于此。

[11] **蘧（jù）蘧然**：一下子。这里形容庄周迅速接受转变。蘧：同"遽"（jù）。《管子·轻重丁》："桓公遽然起。"

[12] **必有分**：指必然有可以参悟之处。此分并非指庄周与蝴蝶之分别，而是指庄周与蝴蝶，无论何者，必有可以分辨成我之处，即所谓"定乎内外之分"。

[13] **物化**：此身随物而化，此心恒常有我。

另注："栩栩然胡蝶也"，则庄周以自己为蝴蝶；"不知周也"，则庄周不以自己为庄周；"蘧蘧然周也"，则庄周以自己为庄周。此心不失，随物而化，三者皆是物化之法。以此推之，影子此刻以自己为影子，下一刻若有天道安排，则影子将以自己为庄周、蝴蝶，亦未可知也。无论何者，形态虽有不同，求我之心不变，只需随物而化，即是"物化"之义。《庄子·天道》："知天乐者，其生也天行，其死也物化。"将死亡亦视作一种物态，亦合此义。

【评述】

上节寓言谈瞿鹊子困于言辞之中，此节寓言谈影子未困于言辞之中，而罔两却困于天性之中。两则寓言亦是相比而示。

罔两是无形之体，不受拘束，甚是自由，似乎甚能得其自我。影子是有形之体，毫无自由，俯仰随人，不能自已，故此罔两笑之。然而，影子果真无我乎？若是如此，其言语、思想、意识又从何而来？故此，影子其实有我，行动之自由属于天性，并非自性，并非判定自我之标准。

人有三性：身性、天性、自性。俯仰随人即影子之天性，言语思想才是影子之自性。有自性则有我，得自性则得我。自性岂由天性而成？岂能受自性之困？

影子固然缺少自由，然而谁又是绝对自由之身？自由之身实属天性，而自性却与天性无关。罔两以无束缚之身嘲笑影子有束缚之体，恰如健全之人嘲笑瘫痪之人，然而两人之自性其实并未因此有高下之分。以此之天性嘲笑彼之天性，却不知其自性，其实是五十步笑百步之愚蠢。

影子已由天道寄于此形之中，此事无可更改，亦无须更改。假若影子放弃自我，仅有躯壳，则与蛇蚹蜩翼无异。假若影子持心成道，明心见性，则天性之束缚无碍于此心之成。庄周梦为蝴蝶，即化身为蝴蝶，醒为庄周，便化身为庄周，其身性、天性皆有变化，唯有自性始终不变。天道高妙，将我化于世间，不知又将把我化于何处。影子亦可能化为庄周，庄周亦可能化为影子，无论何者，种种身性、天性，俱是外物，均不可取，唯有自性才能得天道之真。

影子虽无吾之形，却有我之心，不失成道之根。吾形皆是外物，虽有蛇蚹蜩翼，犹然一无可取；我心才是本元，无论庄周蝴蝶，俱能随物而化。行坐即天性，有天性亦不足以成，虽有罔两之问亦不能得其道；特操即自性，无自性则不足以明，若无影子之知必不能得其心。

影子已有得道之知，则影子可视为勘破外言之瞿鹊子；影子正行物化之法，则此心将成于天道之中。此与前文上下相承而言。

至此，四则寓言相继而出。帝尧困于德政，有天下之心，可解之以"至德无为"；啮缺困于定见，有是非之心，可解之以"至知不谋"；瞿鹊子困于外言，有言辩之心，可解之以"大辩不言"；罔两困于天性，有不见我之心，可解之以"物化"。帝尧不知真德，而啮缺可视为勘破德性之帝尧；啮缺囿于成见，而瞿鹊子可视为勘破成见之啮缺；瞿鹊子困于言辞，而影子可视为勘破外言之瞿鹊子；影子行物化之法，其心将成于天道。德性、成见、言辞，皆是外物扰乱心志之大者，勘破此三者，行物化之法，见我寻我，便可破物而入心。四则寓言逐级而成，正是庄学破物成心之法，亦即本章"齐物论"之义。

上章"逍遥游"讲心之逍遥，本章"齐物论"讲物之取舍。以心为本，则万物并无不同，便不妨齐而论之；守我为一，则万物皆不足虑，无非是随他而化。

本章开篇有"吾丧我"之言，其实是"物丧我"之意，世人之自我，往往丧失于外物之中，本章即于此处入题；本章结尾用"物化"之喻，其实是"我化物"之法，自我本有易失难寻之性，须要辨明天下、是非、言辞等外物，随而化之，不失自心，本章即于此处结题。至此，本章主旨首尾扣合，"齐物论"亦由此而圆成。

第三章

养生主

"养生主"，养生其主，养生内我。树立"逍遥游"之目的，便知寻我之义；掌握"齐物论"之要旨，便得寻我之法。然而，既知我在，我又如何可成？此即本章之论。上章"齐物论"有"葆光"之法，其实即是本章"养生主"之义。"养生主"是庄学成心之术。

何为养生？养之生之。何为主？我心即主。《庄子·天道》："本在于上，末在于下；要在于主，详在于臣。"则养生其本、主，是为真道；养生其末、臣，名为养生，其实不得其真。

吾生也有涯，而知也无涯。以有涯随无涯，不知养生之法，则殆而已矣，困弊难成；以无涯养有涯，以有涯之生为主，缘督以为经，则保身、全生、养亲、尽年，无一不成。

"养生主"，既可解为"养生其主"，又可解为"以养生为主"。仔细想来，实是一义。两解当并行不悖。

本章可分六节：01.缘督以为经；02.庖丁解牛；03.右师之介；04.泽雉之善；05.秦失之吊；06.薪尽火传。前两节为养生之辨，重于立论，为体；后四节为寓言四则，重于演绎，为用。

君为万民之主，心为吾生之主。各人之主皆得其独，各有不同。

庖丁有庖之心，文惠君有君之心，知养生之道，则各得其成。故此，本篇立言甚简，仅是入门之法，其余则各在人心。

立论已毕，又有四则寓言相示，以勘问求道养生之心。前两则是右师与泽雉故事，并举为恶为善之道，义在立心；后两则是老聃与薪火故事，共成"身死心不死"之论，义在论道。心已立，道无穷，一干道而成于心，"养生主"之义正寓于其中。

人生在世，皆欲逍遥；若求逍遥，必先知我；既已知我，便须葆光。以上三重要旨即是庄学之核心脉络，亦分别是《庄子·内篇》前三章内容。"逍遥游"是庄学立言之本，"齐物论"是庄学认知之法，"养生主"是庄学成心之术。

《逍遥游》《齐物论》《养生主》可称是《庄子·内篇》"立言三章"。至此，庄学主旨已成。虽然如此，却仍须明晓言无定法之说。立言非是目的，实为天道而立；言有穷尽，道无休止。"指穷于为薪，火传也，不知其尽也。"学者均须以此为诫。庄学之义，在于天道；《庄子》之义，在于此言。

01.缘督以为经

吾生也有涯[1]，而知[2]也无涯。以有涯随无涯，殆已[3]；已而为知者，殆而已矣[4]。为善无近名，为恶无近刑[5]，缘督以为经[6]，可以保身，可以全生，可以养亲，可以尽年[7]。

【译文】

我的生命是有穷尽的，而认知是没有穷尽的。以有穷之生茫然地依随于无穷之知，便只会陷于困境罢了；如此求知，便只会陷于困境而认知亦止于此。做善事莫要近于虚名，做恶事莫要近于刑罚，牢牢守定我之主脉，可以保护此身，可以全养生命，可以养护六亲，可以尽享天年。

【注解】

[1] 涯：边际。

[2] 知：认知。陆德明以为此"知"是"智"之义，后世学者遂有从之者，其实此"知"即是认知，承接上篇"齐物论"非指、两行、以明等庄学认知三法而言。既得认知三法，则可以获得真知，然而真知无涯，而此生有涯，以有涯之生对无涯之知，应当如何驾驭？即是本章所论之旨。

[3] 殆（dài）已：陷于困境而止。

[4] 殆而已矣：陷于困境而认知亦止于此。前者"殆已"，实为"吾殆已"，"已"针对"殆"而言；后者"殆而已矣"，实为"为知

殆而已矣",“已”针对“为知”而言。换言之，以有涯随无涯，则吾将陷于困境；以有涯之生随无涯之知，则吾将陷于困境而求知亦将止于此。

[5] **为善无近名，为恶无近刑**：做善事要避开虚名，做恶事要避开刑罚。为知本无善恶之分，因世俗之评价而有善恶之名。正所谓：“道未始有封，言未始有常，为是而有畛也。”此处便是“畛而论之”。王叔岷《庄子校诠》：“案此二句，以善、恶对言，上句犹易明，下句最难解，似有引人为恶之嫌。”其实，道家眼中并无绝对善恶之分。《道德经》：“处众人之所恶，故几于道。”则人之恶可成我之道。正所谓彼之蜜糖，吾之砒霜，善恶本无定论。《列子·黄帝》：“其美者自美，吾不知其美也；其恶者自恶，吾不知其恶也。”亦此义。此处之“恶”，仅以世俗之论而言，道者自可明辨而行，并非教人行恶。

另注：为善可求其然，以真取真；为恶可求其不然，去伪存真。二者合为认知两种手段。

为善可求其真，而真，有实之真，有名之伪真，实真往往被名真所掩蔽，正所谓“名实者，圣人之所不能胜也”(《庄子·人间世》)，故此“为善无近名”。此为求知之上边际。

为恶可求其假，从而去伪存真，而为恶往往有触逆之举，会招致刑罚相加，以致戕害自我，故此“为恶无近刑”。此为求知之下边际。

[6] **缘督以为经**：沿着督脉分布经络，即把握主干并以此进行拓展之意。督：督脉。古人认为胸前中脉为任脉，脊后中脉为督脉，二者合为人体经络主脉。其中，督脉为阳，为向外之脉；任脉为阴，为向内之脉。庄子以此比喻向外之认知，故有此言。

另注：“为善无近名，为恶无近刑”是认知的两个限度，“缘督以为经”是认知的一条准则。

[7]**可以保身，可以全生，可以养亲，可以尽年**：这是养生由低到高的四个层次，分别对应向内之体、向内之心、向外之体、向外之心。养亲：养护与我有关的一切。亲：和我关联紧密者即为亲，多用于血缘关系，这里泛指相关事物。《说文》："亲，至也。"不妨用传统的术数思想来理解：生我者皆可视为父母，我生者皆可视为子女，克我者皆可视为官长，我克者皆可视为妻妾，比肩我者皆可视为兄弟姐妹。生我、我生、克我、我克、比肩五者，合我而为六亲，可指万物，并非仅仅指人。

【评述】

此节承接上章"齐物论"之主旨而论。"齐物论"已得认知之法，可得真知，可以破物而入心，虽然如此，然而世间万物繁杂，岂能一一辨明？此心渺然难寻，如何全力而成？此身犹在世间，如何尽年而存？种种问题，即本章"养生主"之论。

"吾生也有涯，而知也无涯。"天道神秘莫测，世事五光十色，若是不辨璇枢，不加拣择，则不免陷于疲惫无成之中。巨鲲何以有成？只因它舍弃水中万象，一心求飞，便终得小鹏之化。大鹏何以有成？只因它舍弃北冥种种，一心图南，便终入南冥之境。芟剪繁芜，撮其枢要，便是"缘督以为经"之法。

何谓"缘督以为经"？督脉为人身之至脉。保全督脉，即便四肢受损，亦无伤我之主干；以督脉为经，聚精凝神于一心之中，则此心终将有成。故此，知晓人之"主"，养之生之，舍弃其他无关紧要之杂扰，便是"养生主"之义。

若要"养生其主"，前提在于保全其真。求知之举，自是全由我心而发，此心固然自有思辨之逍遥，然而若是行于世间，则不免有所受限，其上，有名之惑，其下，有刑之祸，故此，当秉承"为善无近名，为恶无近刑"之法，如此可保真我无虞。

何为善？何为恶？有世人之善恶，有我心之善恶，不可一概而论。世间万物各有其自性，善恶之标准亦大不相同。行我之善，不行我之恶，自是我持心之正；行人之善，不行人之恶，只为避其祸患。假若有一事，我以为善，人以为善，只要不近于浮名，自可行之；假若有一事，我以为善，人以为恶，只要不近于刑罚，亦可行之。近于名则惑，近于刑则祸，慎于名、刑二患，便是保真之法。

上章有"齐物论"之辨，齐物而论，便能得葆光之道，知若天府，"注焉而不满，酌焉而不竭"。虽然如此，注、酌亦有其道。何为其道？即所谓"缘督以为经"，此即"养生主"之法。不从此法，则将陷于认知之无穷；从此法，则芟剪繁芜，树立根本，我心便能渐渐有成。

上章"齐物论"探求"得我"之道，本章"养生主"探求"成我"之法。

02.庖丁解牛

庖丁[1]为文惠君[2]解牛，手之所触，肩之所倚，足之所履，膝之所踦[3]，砉然[4]向然[5]，奏刀[6]騞然[7]，莫不中音，合于《桑林[8]》之舞，乃中《经首[9]》之会。

文惠君曰："嘻，善哉！技盖[10]至此乎！"

庖丁释刀对曰："臣之所好者，道也，进乎技矣。始臣之解牛之时，所见无非牛者；三年之后，未尝见全牛也；方今之时，臣以神遇而不以目视。官知止而神欲行[11]，依乎天理；批大郤，导大窾[12]，因其固然。技经肯綮之未尝[13]，而况大軱[14]乎！良庖[15]岁更刀，割也；族庖[16]月更刀，折也；今臣之刀十九年矣，所解数千牛矣，而刀刃若新发于硎[17]。彼节者有间，而刀刃者无厚，以无厚入有间，恢恢乎[18]其于游刃必有余地矣，是以十九年而刀刃若新发于硎。虽然，每至于族[19]，吾见其难为，怵然[20]为戒，视为止[21]，行为迟[22]，动刀甚微，謋然[23]已解，如土委地，提刀而立，为之四顾，为之踌躇满志[24]，善刀而藏之。"

文惠君曰："善哉！吾闻庖丁之言，得养生焉。"

【译文】

庖丁为文惠君割解全牛，手有所触到，肩有所倚到，脚有所踏到，膝有所抵到，砉然而皮肉分离，响然而筋骨裂解，下刀如演奏，裂然而振响，无不切合音韵，合于《桑林》之舞，切于《经首》义。

文惠君说："啊，好啊！技艺竟然已经达到如此境地了！"

庖丁放下刀，回答说："微臣所爱好的是道，这是要超出技艺的。我最开始解牛之时，眼中所见到的无非就是牛而已；三年以后，我的眼中便看不到全牛了；如今，我与牛以心神相遇，而不以眼睛来看。感官知觉都停止了，而心神欲念在运行，依照于天理；击砍大的肉隙，沿大的骨缝而行，因循其本性。其筋肉包络都未曾受到影响，更何况大骨头本身呢！天下的名厨每年换一次刀，是以刀相割的缘故；族里的名厨每月换一次刀，是以刀相砍的缘故；现在我的刀已经用了十九年了，割解了数千头牛，而刀刃之锋芒就像在磨刀石上新磨的一样。那些关节之间是有缝隙的，而刀刃却可以薄到就像没有厚度，以无厚之物入于有隙之域，便很宽松从容，即便刀刃游于其中也很有宽裕，所以，十九年过去了，刀刃之锋芒就像在磨刀石上新磨的一样。虽然如此，每次来到族人居处，我看到解牛难为之处，便惕然小心，以此为警，目视至牛而止，行动慎重舒迟，动刀精微而已，牛便迅然割解而开，犹如泥土落地一般，这时，我提刀而立，为之环顾四周，为之踌躇满志，善待吾刀并将它收藏起来。"

文惠君说："善哉！我听了庖丁的言论，便得到了养生之道。"

【注解】

[1] **庖（páo）丁**：人名。庖：烹调。丁：壮健者。庖丁为厨技之高超者，故有此名。先秦时"丁"字多用于名，如武丁、太丁、公孙丁、乐丁等；再者，以"丁"为名，以"壮健"寓意，示其得养生之道。

[2] **文惠君**：某国君，可能是庄子虚构出来的人物。

[3] **踦（yǐ）**：抵住。

[4] **砉（huā）然**：拟声词，犹如"划然"。

[5] **向（xiǎng）然**：同"响然"。

[6] **奏刀**：操刀。庖丁以刀解牛很有音韵节奏，所以称为奏刀。

[7] **骁（huō）然**：拟声词，形容其迅疾猛烈。

[8] **桑林**：较为正式的舞蹈，以此称赞庖丁的动作优雅而有神韵。《左传·襄公十年》："鲁有禘乐，宾祭用之。宋以《桑林》享君，不亦可乎？"

[9] **经首**：疑是乐曲之名。司马彪说是《咸池》之乐章，不知何据。

[10] **盖**：完全。

[11] **官知止而神欲行**：感官知觉都停止了，而心神欲念在运行。

[12] **批大郤（xì），导大窾（kuǎn）**：击砍大的肉隙，沿大的骨缝而行。批：击打。郤：空隙。窾：空洞，洞穴。

[13] **技经肯綮（qìng）之未尝**：未曾将刀技施展在紧挨着骨头的筋肉上，更别提骨头了，即"未尝使此技法经于肯与綮"，刀法高妙之意。众庖"技经肯綮"，便难免有骨刀两伤之失，而庖丁技艺高超，未尝如此，故有此言。肯：附着在骨头上的肉。綮：原义为细密的缯帛，此处指裹住骨头的筋膜。

另注："技经肯綮之未尝"亦是道家推崇于万物之法。《庄子·田子方》："经乎大山而无介，入乎渊泉而不濡。"《列子·汤问》："经物而物不觉。"皆此义。

[14] **軱（gū）**：粗壮的骨头。

[15] **良庖**：良庖为天下之名庖。

[16] **族庖**：族庖为一族之名庖。良庖较族庖为优，故此，良庖岁更刀而族庖月更刀。

[17] **新发于硎（xíng）**：刚刚发刃于磨刀石。发：发刃。刃发锋芒，犹如吐蕊，故此用"发"字。硎：磨刀石。

[18] **恢恢乎**：宏大宽广的样子。

[19] **每至于族**：每到一族人居住之处。

[20] **怵**（chù）**然**：警惕的样子。

[21] **视为止**：指精神专注，眼中并无其他杂事。《庄子·天下》："其行适至是而止。"

[22] **行为迟**：指小心谨慎，并非鲁莽行事。

[23] **謋**（huò）**然**：迅速的样子。

[24] **踌躇满志**：从容自得的样子。踌躇：来回踱步，这里指庖丁验看自己的杰作。

【评述】

庖丁为文惠君解牛，解法高妙。文惠君以为是技之美，庖丁却以为是道之妙，故此郑重相告："道也，进乎技矣。"

解牛是道，何以见得？道在解牛之法。万物无不有骨、有隙，以刀击骨则两败俱伤，寻隙而行则彼此无损。无损则无阻碍，无阻碍则无伤，无伤则我与物两成于自然，正得天道之义。

解牛是道，何以见得？道在知牛之心。说是有骨、有隙，俱要以心知见。此心不明则见牛之形，此心通明则见牛之本，见牛之本则一通百通，无论何牛俱能知其骨隙，俱是得心之故。

解牛是道，何以见得？道在养刀之本。此牛虽有骨隙，非良刃不可解之。劣刃朽钝，良刃无厚，以无厚之刃入有间之隙，方可彼此无伤。隙小而刃厚，虽有隙而无用；隙大而刃薄，便能游刃有余。万物之隙难以更动，我心之刃却可以淬磨。故此，隙为外物，不妨依之而行；刃为根本，须要养育不止。

解牛是道，何以见得？道在万物一理。庖丁者，厨人也；文惠君者，君王也。厨人有解牛之论，君王有养生之得，俱是万物同道为一之故。庖丁可称是得道者乎？可也。庖丁所解是牛，实为万物，所养是刀，实为自心。万法无不合于天道，故此解牛之庖丁亦能踌踌满志，善刀而藏。文惠君可称是得道者乎？可也。文惠君听闻解牛之言，实为养生之论，有道心者便能知之。万事无不合于天道，故此文惠君亦能以听闻而悟道，以解牛之论而得万事之法。

庖丁解牛，名为解牛之技，实为养生之道。技易成而道难得，正所谓"道也，进乎技矣"。故此，文惠君先得其技，后得其道。

庖丁初看牛时，无我而有牛，则"所见无非牛者"，牛未成而我未成；三年以后，渐已知我，则"未尝见全牛也"，见其有用者而已，我与牛各自有成；方今之时，得我而无牛，则"以神遇而不以目视"，我与牛彼此两成。牛即外物，庖丁解牛即庄学认知之法。

何以"以神遇而不以目视"？牛是我之外物，得其神则得其是，此即"劳神明为一而不知其同也"。求是之道即在于此。目视即指之法，神遇即非指之法。"以指喻指之非指，不若以非指喻指之非指也；以马喻马之非马，不若以非马喻马之非马也。"马、牛、万物，本是一理。

庖丁之刀，其实是我；所解之牛，实是万物。刃之无厚，即我之清虚；斫骨之有间，即遇物之有法。此是养刀、养生之道，即本章"养生主"之旨；亦是解牛、解物之道，即下章"人间世"之论。

自性各得其独，而万物实为一理。庖丁自性为庖，便于解牛中得道；文惠君自性为君，便可由解牛之中自忖己道。故此，文惠君闻庖丁之言，虽然以君性自持，亦可得养生之法；众人闻庄子之言，无论自持何性，皆可知天道之真。

庖丁得其道，正是"专一于我"之故。"吾生也有涯，而知也无涯。"立足于有涯之我，便可得有用之知，正是"缘督以为经"之义。庖丁之主，在于庖中之我；文惠君之主，在于君中之我。善刀而存刃，可解天下之牛，然后踌躇满志；养生而存我，可解天地万物，然后逍遥而游。庖者，君者，"专一于我"，便皆能与天道相通。养生于己之心，专一于己之主，即是本章"养生主"之义。

03.右师之介

公文轩[1]见右师[2]而惊曰："是何人也？恶乎介[3]也？天与，其人与[4]？"

曰："天也，非人也[5]。天之生是[6]，使独也[7]，人之貌，有与也。以是知其天也，非人也。"

04 泽雉之善

泽雉十步一啄，百步一饮，不蕲畜乎樊中[8]。神虽王[9]，不善也[10]。

【译文】

公文轩见到右师，惊呼道："这是谁啊？为何会有面具呢？是上天所为呢，还是人力所为呢？"

答："是上天所为，不是人力所为。上天使人生出自我，使之独一无二，人的相貌也是由它赋予。由此可知，这是上天所为，不是人力所为。"

水泽中的野鸡走十步才能啄一次食，走百步才能饮一次水，却不求饲养在笼中。若是在笼中，心神虽然有如王者，其实却并未真得其善。

【注解】

[1] **公文轩**：人名，其事迹仅见于此，生平无考。

[2] **右师**：官名。宋国以右师、左师、司马、司徒、司城、司寇为六卿，右师为最高官职。

[3] **介**：本义为铠甲、甲壳，此处引申为面具。《礼记·曲礼上》："介胄，则有不可犯之色。"之前诸家将"介"释为"刖"或者"独"，似乎无据。下文说"人之貌"，不说"人之形"，正与此相应。

另注：右师面部受刑，只好辅以面具，故此，公文轩一度不能相认，并有惊呼之言。

[4] **天与，其人与**：上天所为，还是人力所为？此指右师面部伤疤而言。自己无意弄伤，即"天与"；他人施与刑罚，即"人与"。右师已是极高官职，似乎不应遭受如此刑罚，故此公文轩有此惊问。

[5] **天也，非人也**：指右师认为这是上天所为。依文意来看，右师其实是遭受了人为之刑，但他认为本质上仍然是上天之安排。匹夫无罪，怀璧其罪，身为右师，即其原罪，虽是人与之刑，亦是天刑。

[6] **天之生是**：上天使人生出自我。是：我之是。

[7] **使独也**：使其独一无二。庄子主张"我必有其独"，否则便无真我。《庄子·大宗师》："朝彻，而后能见独；见独，而后能无古今；无古今，而后能入于不死不生。"则"见独"是求道之要义。《庄子·在宥》："独有之人，是谓至贵。"亦即此义。

[8] **不蕲畜（xù）乎樊中**：不求饲养在笼中。畜：饲养。樊：笼。

[9] **神虽王**：心神虽然有如王者。王：王于天下万物，悠然自得、无所拘束之意。《庄子·天道》："静而圣，动而王。"即此义。

[10] **不善也**：并未真得其善。笼中之雉有食有水，自以为
"善"，其实是外物之善，不是内心之善，是善之名，不是善之实。
右师在朝为官，犹如野雉入笼，是不善也。

【评述】

"缘督以为经""庖丁解牛"两节是本章之体，"右师之介""泽
雉之善""秦失之吊""薪尽火传"四则寓言是本章之用。

右师遭受人刑，公文轩见之而惊。何故惊之？只因右师本是极
高之权位，何人能刑之？以世俗之见，其位愈高，愈得逍遥，而右
师偏偏以贵显之位而获刑，故此吃惊。

右师受人之刑，却说是天刑。此言何意？只因匹夫无罪，怀璧
其罪，身为右师，即其原罪。不能视天下如草芥，便只能困陷于乱
世之中。此即右师之心刑，亦即天刑。

泽雉入于樊笼，便能寄食于人而无冻馁之患，然而此是身之善，
非是心之善。泽雉出于樊笼，十步一啄，百步一饮，似乎衣食无着，
然而此是身之恶，却是心之善。人生在世，以心为主，要义在于生
养其心，故此，何去何从，已然分明。

右师即是入笼之泽雉，此笼即是其天刑。而右师已有天刑之领
悟，亦见得其得道之心。亡羊补牢，犹未晚也，虽得此刑，亦无妨
于跳脱樊笼，养生其心。

右师成在其心，不在其貌，故此，能以人刑为天刑，以伤身之
法为养心之道。泽雉成在其心，不在其神，故此，樊中虽有养身之
食，却无养我之道，于是我心不入。右师因得刑而养心，养我于既
成之事；泽雉以避刑而养心，养我于未成之间。二者俱是"养生主"
之义。而泽雉知世情，避灾祸，化我为虚，不入其樊，正是"以无
厚入有间"之法，要更胜一筹。右师泽雉之辨，亦暗寓下章"人间

世"之旨。

右师所行之事，其实本无善恶之分，却成为他人眼中之恶，便不免被刑罚，须要戒之慎之。此即开篇"为恶无近刑"之义。笼中之雉有善之名，却无善之实；笼外野雉无善之名，却有善之实。近于名则假得其善，近于实则真得其善。此即开篇"为善无近名"之义。两则寓言合述善恶之法，正是保真之道。

05. 秦失之吊

老聃[1]死，秦失[2]吊之，三号而出。

弟子曰："非夫子之友邪？"

曰："然。"

"然则吊焉若此，可乎？"

曰："然。始也吾以为其人也，而今非也[3]。向[4]吾入而吊焉，有老者哭之，如哭其子；少者哭之，如哭其母[5]。彼其所以会之，必有不蕲[6]言而言、不蕲哭而哭者。是遁天倍情[7]，忘其所受[8]，古者谓之遁天之刑[9]。适来，夫子时[10]也；适去，夫子顺[11]也。安时而处顺，哀乐不能入也，古者谓是帝之县解[12]。"

06. 薪尽火传

指穷于为薪[13]，火传也，不知其尽也[14]。

【译文】

老子去世，秦失前来吊唁，号哭了三声便出去了。

弟子问："您不是夫子的好友吗？"

答："我是的。"

问："然而您吊唁如此简率，可以吗？"

答："可以的。起初我以为他尚在人世，所以来访，此刻他却已经不在了，所以三号而出。刚才我入门而吊唁之时，有老者哭他，就像哭自己的子嗣；有少年哭他，就像哭自己的母亲。他们之所以会聚于此，必是有不愿发言而发言、不愿哀哭而哀哭的情况。这种做法逃遁天道，违悖本性，忘记了自我所应当秉受的，古人将此视为刑罚，称为遁天之刑。恰逢来此世间，是老聃夫子合时而为；恰逢离开此世，是老聃夫子顺应而行。安于时运而处于顺应，伤毁之哀与放纵之乐都不能侵入心神，古人称这是帝王的悬解之道。"

名指之物犹如柴薪，总有穷绝之时，所生之火却一再相传，不知哪里是尽头。

【注解】

[1] 老聃（dān）：老子。

[2] 秦失：人名，仅见于此，生平无考。

[3] 始也吾以为其人也，而今非也：指秦失动身之时，以为老子尚在人世，否则连吊唁也不会参加，更别说"三号而出"了。

[4] 向：刚才，过去。《庄子·山木》："向也不怒而今也怒，向也虚而今也实。"

[5] 有老者哭之，如哭其子；少者哭之，如哭其母：指很多人假意而哀哭，并非真正顺应性情。老聃并非老者之子，亦非少者之母。

[6] 蕲（qí）：求。

[7] 遁天倍情：逃避天道，违背性情。遵循天道，顺应性情，如秦失之三号而出；不循天道，违背性情，如老者少者之不蕲哭而哭。倍：同"悖"。《庄子·则阳》："今人之治其形，理其心，多有似封人之所谓：遁其天，离其性，灭其情，亡其神，以众为。"与此同义。

[8] **忘其所受**：忘记了自我所应当秉受的，即忘记人生使命之意。庄子认为人之自我受于天道，"遁天"便是忘其所受，故有此言。《庄子·齐物论》："一受其成形，不亡以待尽。"《庄子·德充符》："受命于天。"

[9] **遁天之刑**：逃避天道的举动，反而是心灵的刑罚。人受命于天，当循天道而行；忘其所受，失其自我，便减损生命，犹如天降刑罚。故有此言。《庄子·列御寇》："为外刑者，金与木也；为内刑者，动与过也。宵人之离外刑者，金木讯之；离内刑者，阴阳食之。"将心动与心过视为人之内刑，将减损生命（阴阳食之）视为相应之惩罚，即与此同义。

另注：老者少者"不蕲哭而哭"，遁天倍情，哀伤过甚，亦是"恶"之一种，便有"阴阳食之"之刑；秦失欲访老聃其人，却见其死，便"吊之，三号而出"，不损真我，不失为礼，便无内刑之患。亦是"为恶无近刑"之义。

[10] **时**：符合时运，在恰当的时候做恰当的事。《论语·学而》："使民以时。"

[11] **顺**：顺应自然。《庄子·应帝王》："合气于漠，顺物自然。"

[12] **县（xuán）解**：悬解，指以跳出束缚的方式得到解脱。县：同"悬"，悬于空中而无拘无束。《庄子·在宥》："其居也渊而静，其动也县而天。"《庄子·外物》："心若县于天地之间。"皆是此义。《庄子·大宗师》亦有言："且夫得者时也，失者顺也，安时而处顺，哀乐不能入也。此古之所谓县解也，而不能自解者，物有结之。"结缚于物，便不能自解；不结缚于物，跳脱而悬于哀乐之上，便是悬解。

[13] **指穷于为薪**：所指犹如柴薪，总会有所穷绝。指：所指，名指，即《庄子·齐物论》中"天地一指也"之指，详见彼处注释。前人多有以"指"通假为"脂"者，甚无据，先秦时"指""脂"各

自涵义甚明，未见混用。

[14] **火传也，不知其尽也**：火却由此传播下去，绵延无尽。火即实指之喻。

另注：薪火之喻是庄子对于秦失寓言之评论，老聃之身即道之名指，如薪而尽，老聃之道将如火而永存；亦是庄子借此而对"养生主"之义而论，此身即指，将如薪而尽，而此心将如火而永存；亦是庄子借此而对言辞等外物之论，言辞即天道之指，将如薪而尽，而天道将如火而永存。

【评述】

老聃死，秦失吊之，三号而出，而弟子怪之。

弟子所怪为何？怪于秦失吊唁之举。先秦之丧法，以哀戚为礼。《礼记·檀弓下》："丧礼，哀戚之至也。"《礼记·问丧》："丧礼唯哀为主矣。"即此义。秦失为老聃之友，却临丧少哀，三号而出，似乎不成礼法，故此弟子怪之。

哀戚自是丧礼之一种，然而，哀戚之形果真合于礼义乎？《论语·子张》："丧致乎哀而止。"《礼记·檀弓下》："节哀，顺变也，君子念始之者也。"则所谓丧礼之哀者，将哀戚之真送达即可，唁者应自保其身之本，儒家亦知此义。秦失已有三号之礼，哀戚已至，何可说其不真？

再者，丧礼之中有老者哭子、少者哭母之事，皆是不薪言而言、不薪哭而哭者，虽有哀戚之形，却无哀戚之实，如此不真之哀，又岂合丧礼之义乎？不仅如此，此种胁从之行，正是遁天悖情之举，有损于天道，可称遁天之刑。

何为遁天悖情？人之性命皆秉受于天，天与之情，人却逆情而为，天与之性，人却离性而行。离其性，灭其情，逃遁于天道之安排，悖离于自心之根本，即是遁天悖情。人行此法，无异于减损生命，有如天降刑罚，故此又可称是遁天之刑。道者自当以此相诫。

再者，道者视生死为外物，生于此世，恰是合时而为，离开此世，亦是顺应而行。老聃之生死皆是天道之化，我又何哀之有？何能使外物之哀乐侵损于自心？故此，秦失有言："始也吾以为其人也，而今非也。"则秦失原先以为老聃尚在人世，故此动身看视；若知老聃已入彼世，则秦失必将泰然不动，无视其丧。由此，亦可知秦失之三号仅是守礼之举，并非内心之哀。何以有三号之礼？不过是敷衍世情，以求勉强过关，此亦是"为恶无近刑"之法。

秦失之心所系，实为老聃之心；秦失三号而出，仅为世情之法。我心之成即在于此。形骸为指，为有穷之薪；此心为实，为无穷之火。道之无穷即在于此。

何为"指"？认知即"指"。我以认知获取自我，认知有穷，而认知自我之路永无穷尽。何为"指"？老聃之身即"指"。老聃之心寄于此身，此身有穷，而老聃之思想永无穷尽。何为"指"？言辞即"指"。言辞示以真道，言辞有穷，而真道永无穷尽。"指穷于为薪，火传也，不知其尽也。"柴薪之名指总有穷绝之时，火之实指却因之而不知其尽。万物名实之义，无不如此；庄学与天道之喻，亦在其中。

老聃死于身，生于心；薪火死于指，生于实。两段合述死生，皆是"身有尽而道无穷"之义，以成表里之言。

四则寓言先论成德之心，再论天道无穷，共成"以道养生其心"之义，即本章"养生主"之旨。

至此，本章完结，庄学立言三章亦告完成，在此示以薪尽火传之喻，计有三重涵义：

其一，老聃之身为名指，如薪；老聃之学为实指，如火。名将亡而实永存。则薪尽火传是对秦失故事之论。

其二，吾身为指，为薪；大知为实，为火。"指穷于为薪"扣合"吾生也有涯"，"火传也，不知其尽也"扣合"而知也无涯"。则薪尽火传以篇末之寄寓呼应篇首之立言，是对本章之论。

其三，庄学之言为指，亦有穷绝之处；天道为实，绵延如不尽之火。则薪尽火传正扣合庄学立言之义，是对《庄子·内篇》立言三章之论。

薪尽火传为秦失故事之结，可为"身有尽而道无穷"之用，一也；为本章《养生主》之结，可为"养生主"之用，二也；为《庄子·内篇》立言三章之结，可为庄学立言之用，三也。所言者一，所用者三，嵌套循环，尽归于一，可知《庄子》论述之严谨，构思之精妙。

逍遥游为立言之本，齐物论为认知之法，养生主为成心之术，至此，庄学立论已成，本处可视为《庄子·内篇》第一个结尾。

第四章

人间世

"人间世"，为人须要间行于世。《庄子·养生主》："以无厚入有间，恢恢乎其于游刃必有余地矣。"即是本章之义。《庄子·内篇》以《逍遥游》《齐物论》《养生主》立言三章为体，至此立言已成，以下《人间世》《德充符》《大宗师》演绎三章皆是其用，昭示以庄学之法如何处世。

何为人？人即我。我本清虚，以此为至薄之刃，便可得"以无厚"之道。何为间？间即隙。人世有隙，寻之为入刃之处，便可得"入有间"之法。《墨子·经上》："间，不及旁也。"我不及旁物则无伤，人入于世隙则有为。

本章可分六节：01. 颜回之卫；02. 叶公子高使齐；03. 颜阖傅卫；04. 散木；05. 不材；06. 无用之用。前三节为成事之辨，重于立论，为本章"人间世"之体；后三节为寓言三种，重于演绎，为本章"人间世"之用。

人间行于世，意在逍遥，用在处事。故此，前三节分别探讨欲做之事、必做之事、待做之事，三者合成处事之法，以示"人间世"之旨。

人间行于世，义在寻我，亦在存身。故此，后三节有寓言三种，皆是存身之论，分别出示甚得其法、已得其法、未得其法，此三者即道心万象，以见"人间世"之用。

01. 颜回之卫

一

颜回[1]见仲尼，请行。

曰："奚之？"

曰："将之卫。"

曰："奚为焉？"

曰："回闻卫君[2]，其年壮，其行独；轻用其国，而不见其过；轻用民死，死者以国[3]量乎泽[4]若蕉[5]，民其无如[6]矣。回尝闻之夫子曰：'治国去之，乱国就之。医门多疾[7]。'愿以所闻思其则，庶几[8]其国有瘳[9]乎！"

仲尼曰："嘻，若[10]殆[11]往而刑耳。夫道不欲杂，杂则多，多则扰，扰则忧，忧而不救。古之至人，先存诸己而后存诸人。所存于己者未定，何暇至于暴人[12]之所行！

"且若亦知夫德之所荡[13]而知之所为出乎哉？德荡乎名，知出乎争[14]。名也者，相轧[15]也；知也者，争之器也。二者凶器，非所以尽行也。

"且德厚信矼[16]，未达人气[17]；名闻不争，未达人心。而彊以仁义绳墨之言术暴人之前[18]者，是以人恶有其美[19]也，命之曰菑人[20]。菑人者，人必反菑之。若殆为人菑夫！

"且苟为悦贤而恶不肖[21]，恶用而求有以异[22]？若唯无诏[23]，王公必将乘人[24]而斗其捷[25]，而目将荧之[26]，而色将平之[27]，口将营之[28]，容将形之[29]，心且成之[30]，是以火救火、以水救水，名之曰益多[31]，顺始无穷。若殆以不信厚言[32]，必死于暴人之前矣。

"且昔者桀[33]杀关龙逢[34]，纣[35]杀王子比干[36]，是皆脩[37]其身以下伛[38]拊[39]人之民[40]，以下拂其上[41]者也，故其君因其脩以挤之。是好名者也[42]。昔者尧攻丛枝、胥敖[43]，禹攻有扈[44]，国为虚厉[45]，身为刑戮。其用兵不止，其求实无已[46]。是皆求名实者也，而独不闻之乎？名实者，圣人之所不能胜也，而况若乎！

"虽然，若必有以也，尝以语我来！"

【译文】

颜回去见孔子，向他辞行。

孔子问："哪里去？"

答："将去卫国。"

问："要去做什么？"

答："我对卫君有所耳闻，他年壮气盛，独断专行；很轻率地动用国力，却不见他检讨自己；很轻率地看待人民生死，人民往往为国事而死，死者布满川泽，犹如生麻衰草，人民简直无所依存了。我曾经听夫子您的教导说：'此国治平，则拂身而去；此国纷争，则投身其中。以治病为天职，以救人为己任。'我便思考这条准则，希望以它指导我的见闻，这个国家差不多可以得救吧！"

孔子说："唉！你去了只会陷入刑罚的困境。把握天道不可杂乱，杂乱便会多事，多事便会扰心，扰心便会忧虑，自己忧虑则无法救人。古时的至人，先保全自己然后才能保全别人。保全自己的手段尚且不能确定，哪里有余力去干预暴力者的行为呢？

"并且，你也知晓施展德行会激发什么而使用谋略会产生什么吧？施展德行会激发争名之事，使用谋略会产生争斗之祸。争名，使人相互倾轧；谋略，培育争斗的器皿。二者都是凶器，决不可以任意施用。

"并且，德行信义敦厚质朴，触不到众人之情；名节声誉守拙不争，达不到众人之心。而若是强行地发表仁义准则之言，并展示于暴力者的身前，便是以他人之恶来生出自己之美，如此行为可以称之为'灾人'。给他人带来灾难，他人必会以灾难相返。你将会困于他人返给你的灾难之中！

"并且，如果卫国君臣真能喜爱贤人而厌恶不贤之人，又哪里用得到你来改变什么呢？你唯有无可奉告，王公们则必然会就人而不就事，以机谋口舌相争辩，而你的目光将会因此而迷惑，而不自主地，你的面色将会试图平息它，口齿将会试图说服它，容貌将会试图迁就它，你的心其实已经与之迎合了，其本质其实是以火救火、以水救水，并不能弥补不足，可称之为'益多'，一旦开始便无穷无尽了。你会陷于没有信誉、巧舌多言的困境之中，必将死于暴力者之前。

"并且，昔日桀王杀关龙逢，纣王杀王子比干，他们全都修身治德，以俯身之态爱抚其民众，从而以下臣之职拂逆了君上之意，故此，其君主反而因为他们修身治德而排挤他们。这便是喜好虚名者。昔日尧帝攻打丛枝、胥敖，禹帝攻打有扈，国家虚败纷乱，人民苦于刑戮。他们用兵不止，他们求实不得。这都是勉强苦求名实之人的下场，而你没有听说过吗？名也好，实也罢，圣人尚且不能充分把握，而何况你呢！

"虽然如此，你必是也有自己的根据，不妨说给我听！"

【注解】

[1] 颜回：又名颜渊，孔子的学生。

[2] 卫君：卫国国君。此处是假托之事，未必真有其人。

另注：此事未见于其他出处，孔子、颜回之言亦近于道家口吻，则此事必不真。卫国之乱确有所本。《韩非子·外储说左下》有孔子逃于乱卫之事："孔子相卫，……人有恶孔子于卫君者曰：'尼欲作乱。'卫君欲执孔子，孔子走，弟子皆逃。"《孔子家语·七十二弟子解》有子路死于乱卫之事："仲由，弁人，字子路，一字季路。……仕卫为大夫，遇蒯聩（卫庄公）与其子辄（卫出公）争国，子路遂死辄难。"可见一斑。

[3] **死者以国：**指人民为过重的徭役等国事而死。《墨子·非攻下》："厮役以此饥寒冻馁疾病，而转死沟壑中者，不可胜计也。"即此义。

[4] **量乎泽：**以湖泽为计量，形容其多。《荀子·富国》："然后荤菜百疏以泽量。"《吕氏春秋·开春论》："无罪之民，其死者量于泽矣。"

[5] **蕉：**生麻。

[6] **无如：**无所依靠。如：跟随、随从。

[7] **治国去之，乱国就之。医门多疾：**离开安定之国，投身纷争之国。医者门中总要有许多病人。即以治世救人为己任之意。此句未见于儒家典籍，可能是庄子所杜撰。

另注：《论语·泰伯》有言："子曰：笃信好学，守死善道。危邦不入，乱邦不居。"则似乎"乱邦不居"才是儒家之法，正与此句之义相反。然而，"乱邦不居"与"乱国就之"二者看似相悖，实则各成其理，事不同则法不同，不可一概而论。

儒家向来以"守死善道"为志，守之不疑。《论语·子罕》："三军可夺帅也，匹夫不可夺志也。"邦有危乱，儒者岂能废其志乎？由此可知："乱邦不居"，言其行道之法；"乱国就之"，示其行道之志。二者并不冲突。换言之，儒家有"乱国就之"之志，笃定不移；亦有"乱邦不居"之法，适时而用。

《孔子家语·哀公问政》："继绝世，举废邦，治乱持危。"约同于"乱国就之"之义，则此言确实是儒家之义，并非毫无根据。

再者，所谓"人间世"，意为人须当间行于世间，亦即避祸就福之术，亦是儒家之法。《论语·公冶长》："邦有道，不废；邦无道，免于刑戮。"《论语·宪问》："邦有道，危言危行；邦无道，危行言孙（逊）。"皆是此义。然而，有法不妨其道，存身不害其志。《论语·微子》："不仕无义。……君子之仕也，行其义也。道之不行，已知之矣。"则儒家之心，亦在于"知其不可而为之"。虽有避祸就福之术，却无妨于危难之时迎难而上，如此才是儒家精神。《荀子·法行》："子贡曰：……良医之门多病人。"此即"医门多疾"之义，正是儒家恒持之心。则此处之言虽有杜撰之嫌，亦能得儒家之味，大致不离其宗。

[8] 庶几：差不多。

[9] 瘳（chōu）：疾病消失。

[10] 若：你。

[11] 殆（dài）：陷于困境。

[12] 暴人：以暴力行事者。指年壮行独、轻用国民之卫君。

[13] 德之所荡：指施展世俗之小德会有所激荡，其实与"大德不荡"同义。荡：本义为水在器皿中摇荡，这里引申为激发、产生。

[14] 德荡乎名，知出乎争：施展德行会激发争名之事，使用谋略会产生争斗。至德无为故无所荡，世德有为则荡乎名；大知无封故无所出，小知有封则出乎争。《庄子·外物》："德溢乎名，名溢乎暴，谋稽乎誸，知出乎争，柴生乎守，官事果乎众宜。"亦是此义。

另注：此处德、知出自儒家之口，指世俗之小德小知，即施展德行、使用谋略，不同于庄子无为之至德、无封之大知，故此下文称之为"凶器"。庄子借儒家之口"自我批评"，故有此言，其实并非儒学本义。

[15] 轧（yà）：辗轧。

[16] 德厚信矼（kòng）：德行敦厚，信义质朴。矼：坚实，这里引申为质朴无华。

[17] 未达人气：触及不到众人的气息，犹如不接地气之意。

另注：德厚信矼，不施手段，难合庸人之情，故此未达人气；名闻不争，世人不传，难得愚人之顾，故此未达人心。《庄子·盗跖》："无耻者富，多信者显。夫名利之大者，几在无耻而信。"即此义。

[18] 彊（qiáng）以仁义绳墨之言术暴人之前：强行发表以仁义为法则的言论，并展示于暴人眼前。彊：同"强"。绳墨：木匠画直线所用的工具，喻指规矩、准则。《商君书·定分》："夫不待法令绳墨而无不正者，千万之一也。"术：以之为术而施之。《礼记·学记》："蛾子时术之。"

[19] 以人恶有其美：以人之恶，有我之美。强施我之仁义，他人必不甘心，不免生出恶端，而我却能得仁义之美名，故有此言。《庄子·骈拇》："且夫待钩绳规矩而正者，是削其性者也；待绳约胶漆而固者，是侵其德者也。"则强加绳墨是削弱本性之行，是生恶之本。

[20] 菑（zāi）人：施灾于人。菑：同"灾"。使人居于恶地，犹如施灾。《荀子·臣道》："禽兽则乱，狎虎则危，灾及其身矣。"

另注：名闻不达人心，无以成事，唯有献策于卫君之前。而此策又将损人之实而成己之名，实为"灾人"之举，故此将受人"反灾"。

[21] 苟为悦贤而恶不肖：如果喜爱贤人而厌恶不贤之人。不肖：不相像。这里指不肖于贤，即不贤之意。

[22] 恶用而求有以异：何必用你之道，只是为了与原来不同？如果卫国本有重贤之道，则不必再求之；如果本来没有，则去而

无用。

[23] **若唯无诏**：你唯有无可奉告。若：你。诏：通知，告知。先秦时以下对上亦可称诏。《礼记·曲礼下》："（君子）出入有诏于国。"

[24] **乘人**：关注于人而不问道理，犹如"一心于人，不顾其他"之意。乘：登上，驾驭。《庄子·天地》："啮缺……乘人而无天。"即此义。

[25] **斗其捷**：斗其思维之敏捷。既然卫君"悦贤而恶不肖"，则群臣必是自以为贤，则必会以机锋相辩，不问其道，故有此言。

[26] **目将荧之**：目光将会迷惑。陷于"斗其捷"之中，忘其本心，故有此言。荧：荧惑。《战国策·赵策》："荧惑诸侯。"

[27] **而色将平之**：而面色将试图去抚平这场争辩。

[28] **口将营之**：口中将会刻意地组织语言，口不对心之意。营：营造，经营。口中之言并非是心中所想，而是编造而成，故称为"营"。《列子·周穆王》："尹氏心营世事，虑钟家业。"《鹖冠子·王铁》："耳目不营，用心不分。"心之营，即思虑；耳目之营，即视听；口之营，即巧舌。甚明。此处郭象注："自救解不暇。"后世学者遂从之，以为"营"是营救之意，甚失其义。

[29] **容将形之**：容貌将试图去迁就这场争辩。若口舌不足以说服，则以形容补之。《文子·精诚》："说之所不至者，容貌至焉。"《庄子·人间世》："形莫若就，心莫若和。"皆是此义。

另注：颜回入卫，是为了成德于和，不是为了引起争斗，故此必将试图平息此争辩，故此必将以色平之、以口营之、以容形之。"目将荧之"是受到蛊惑，"色将平之"三句是试图平息。

[30] **心且成之**：其心暂且与争辩者成于一处，即迷失本心、趋附于人之意。

[31] **益多**：增益其富足的，与弥补不足相对。《道德经》："天之道，损有余而补不足。人之道则不然，损不足以奉有余。"则益多之

法并非天道，道家对此持批评态度。

[32] **不信厚言**：不能示信于人，反而显得言辞过多。"口将营之"，且"顺始无穷"，即是"厚言"。道家认为至信相斥于言辞，言愈厚愈不可信。《庄子·田子方》："夫子不言而信。"《道德经》："信言不美，美言不信。"皆此义。

另注：倘若卫国全无贤臣，则颜回必将陷于"灾人"之患；倘若卫国已有贤臣，则颜回必将陷于"益多"之患。此处是两种假设，正反而言，其实皆是前文"知出乎争"之义。

[33] **桀**：夏桀王，夏朝的暴君。

[34] **关龙逢**（páng）：关龙逢，夏桀的贤臣，因忠谏而被杀。

[35] **纣**：商纣王，商朝的暴君。

[36] **比干**：商纣的贤臣，因忠谏而被杀。

[37] **脩**（xiū）：同"修"，修身。

[38] **下伛**（yǔ）：弯下腰，这里指俯身亲和之态。伛：弯曲，往往用来形容驼背。

[39] **拊**（fǔ）：抚摸，爱抚。

[40] **人之民**：他人的百姓。《荀子·王制》："人之民日欲与我斗，吾民日不欲为我斗。"此民为桀、纣之民，非关龙逢、比干之民，故有此言。

[41] **以下拂其上**：以臣之行触逆君之心，指越职而拊民之事。拂：甩动而过，往往引申为触逆。《礼记·大学》："好人之所恶，恶人之所好，是谓拂人之性，灾必逮夫身。"《韩非子·外储说左上》："忠言拂于耳。"

[42] **是好名者也**：关龙逢、比干强为谏言，并无行动之实，所求为名，故有此言。

[43] **丛枝、胥敖**：国名。《庄子·齐物论》有宗、脍、胥敖。其余无考。

[44] **有扈**：国名。见于《尚书》《竹书纪年》《吴子》等。

[45] **虚厉**：虚败纷乱。厉：凌厉，这里指国事冲突纷乱。《墨子·非命中》："是故国为虚厉，身在刑僇之中。"《墨子·公孟》："国为庆虚。"则厉、庆同义，为凌厉、庆气之意。成玄英疏："宅无人曰虚，鬼无后曰厉。"似无据。

[46] **其求实无已**：指求道而不得，用力为之而适得其反。尧、禹攻伐诸国，为行道之实，却又不得其道，故有此言。无已：无止，此处亦有不得之意。求实既已，则得其实；求实无已，则不得其实。《庄子·天下》："说而不休，多而无已，犹以为寡，益之以怪。"即同于此义。《庄子·让王》："今周见殷之乱而遽为政……杀伐以要利，是推乱以易暴也。……周德衰。"则用兵之法并非至德，非但求德不成，反而有德性之衰。想要求德之名、德之实，却终究未成，尧、禹尚且如此，故此说"圣人之所不能胜也"。此处亦是前文"德荡乎名"之义。

另注：此处孔子给出五条原因，计有五段：其一，"道不欲杂，先存诸己。"其二，"德荡乎名，知出乎争。"其三，"灾人"之患。其四，"益多"之患。其五，名实之患。

"灾人"之患、"益多"之患俱是"知出乎争"之义，名实之患正是"德荡乎名"之义。则后四条理由实为一条，第二条为总述，而第三至五条分述之。

故此，五条原因实为两条：其一，"道不欲杂，先存诸己。"是对己而言，正是前章"养生主"之义。其二，"德荡乎名，知出乎争。"是对外而言，正是本章"人间世"之旨。

【评述】

颜回秉儒家之心，欲入卫而救其乱，而孔子否之。

为何否之？否在道法之杂。颜回空有救国之志，未见其恒持之法。卫君之独断、小民之水火、颜回之自保，种种问题共成卫国之乱，千头万绪，糅杂不定，岂是凭借一腔热血便可以解得？故此，须辨别其主次，然后方可行事。诸法之中，何为最上？性命乃人之根本，故此应以此为先。人乃行事之本，此身不存，则事将无成。颜回轻入险地，近接暴人，疏于存身，一旦失去性命根本，又当如何成事？颜回不知存己之道，故此孔子否之。

为何否之？否在争斗之凶。争名有相轧之祸，谋略是争斗之源，二者皆是凶器。颜回入卫，必将因争名、谋略而陷于凶险之中。而若不如此，又当如何行事？故此孔子否之。

为何否之？否在献策之灾。名闻不达人心，无以成事，唯有献策于卫君之前。而此策又将损人之实而成己之名，实为"灾人"之举，必将受他人之反灾。故此孔子否之。

为何否之？否在言辩之失。若是卫国本来有亲贤之道，则何须更用颜回之贤？贤人亦必将有言语之较量，而颜回又持成和之心，则必将相互妥协，以致于以火救火、以水救水。其名为"益多"，其实为无用而失言。失言既成，则此心便无信誉，则自身亦有性命之忧。故此孔子否之。

为何否之？否在好名之患。以臣下之职代行君主之责，非为成事，实为求名。好名之患，圣人亦不能避；求实之难，圣人亦不能得。何况颜回乎？故此孔子否之。

在此，孔子计有五重否定，其实不过是两层涵义：其一，"道不欲杂，先存诸己。"是对己而言，正是前章"养生主"之义。其二，"德荡乎名，知出乎争。"是对外而言，正是本章"人间世"之旨。

"道不欲杂，先存诸己。"是对己而言，其义在于"养生其主"。《庄子·养生主》："为善无近名，为恶无近刑，缘督以为经，可以保身，可以全生，可以养亲，可以尽年。"则"道不欲杂"即"缘督以为经"义，"先存诸己而后存诸人"即"为恶无近刑……可以保身……可以养亲"之义。杂于道则其主不明，主不明则殆而已矣；近于刑则无身可保，不保身则无以养亲。此法承接上章"养生主"之义，以开本章之论。

"德荡乎名，知出乎争。"是对外而言，其义在于"间行于世"。世道纷乱，存身甚难。以仁义之德行于世间，则不免引出争名之患；以小知之谋行于世间，则不免引出是非之患。既然如此，如何行之？不如弃仁义，黜聪明，以清虚无我之身，寻世之间隙而行。此即本章"人间世"之义。

此故事上承下覆，自是庄子之巧妙安排。

此处孔子之论颇具道家口吻，其实是庄子"借尸换魂"之术，皆非孔子本意，此种安排，正是庄子寓言之法。《庄子·寓言》："寓言十九，藉外论之，亲父不为其子媒。亲父誉之，不若非其父者也；非吾罪也，人之罪也。与己同则应，不与己同则反，同于己为是之，异于己为非之。"庄子是庄学之父，其言即如其子，若是自矜其言，正是父为子媒，不免惹人反感；借儒家之口言道家之论，则道家本无罪，若说有罪，罪在儒家之口与读者之心。世间万法，无不可行，借尸换魂，有何不可？如此可以煌煌出言于他人之口，我自论道于无罪无迹之中，是非纷纷，莫知我在，亦是"人间世"之深义。

二

颜回曰："端而虚，勉而一[1]，则可乎？"

曰："恶！恶可！夫以阳为充孔扬[2]，采色不定[3]，常人之所不违。因案[4]人之所感，以求容与其心，名之曰'日渐之，德不成[5]'，而况大德乎？将执而不化，外合而内不訾[6]，其庸讵可乎？"

"然则我内直而外曲[7]，成而上比[8]。内直者，与天为徒[9]。与天为徒者，知天子之与己皆天之所子而独以己言[10]。蕲乎而人善之，蕲乎而人不善之邪[11]？若然者，人谓之童子[12]，是之谓与天为徒。外曲者，与人之为徒也。擎跽曲拳[13]，人臣之礼也。人皆为之，吾敢不为邪？为人之所为者，人亦无疵[14]焉，是之谓与人为徒。成而上比者，与古为徒。其言虽教，谪之实也[15]。古之有也，非吾有也。若然者，虽直不为病[16]，是之谓与古为徒。若是则可乎？"

仲尼曰："恶！恶可！大多政[17]，法而不谍[18]，虽固亦无罪。虽然，止是耳矣，夫胡可以及化？犹师心[19]者也。"

【译文】

颜回说："我自己态度端正而谦虚，勉励对方而使彼此如一，这样可以吗？"

答："不！不可以！仅以表面的行为来推行理念，以至于面色游移不定，这是常人都不会做的违背之举。考察并遵从他人的感受，以求得能与其心相合相容，这便叫作'日渐之，德不成'，更何况你想推行的大德呢？看似掌控局面其实却不能教化，表面上彼此相合而内心里却没有争辩，那怎么可以成事呢？"

问："那么，我内心刚直不移而做事委婉相合，逐步成事而渐渐向上递进。所谓内心刚直，便是与天道为伴。所谓与天道为伴，便是知晓天子之心，他与我都是天道之子，由此便能专门采纳我的言论。哪里还需要谋求事成呢？哪里还有他人对我善与不善之事呢？像这样行事，他人只会把我当成无害的童子，这便叫作与天道为伴。所谓做事委婉，便是与人情为伴。拱手长跪，曲身蜷伏，这是为人臣子的礼节。世人都如此，我又何敢不为呢？做世人都做的事，他人对我便没有意见，这便是与人情为伴。所谓逐步成事而渐渐上进，便是与古训为伴。那些言辞虽然有些固化教条，却可以加以利用，以求实用。这是自古便有的，并非我凭空造的。像这样行事，言辞虽然率直却不会遭到怨恨，便是所谓与古训为伴了。像这样去做可以吗？"

孔子答："不！不可以！使政治理念变得繁多，树立了法理却没有法则，这种方法虽然有些死板，却没有罪过。虽然如此，也没什么更多的进展了，又怎么可以达成教化的目的呢？这样做，仍然是在师法自己的成心而已。"

【注解】

[1] 端而虚，勉而一：指自己态度端正而谦虚，心中却暗暗勉力而为，使彼此意见合一。"端而虚"对外，指态度而言；"勉而一"对内，指内心而言。

[2] 以阳为充孔扬：以表面的行为来勉强推行理念。阳为：阳行，表面的行为。阳为表，阴为里，故此表外之行为阳，心内之念为阴。"端而虚"即是阳为，"勉而一"即是阴谋，两不相称，阳为

不免虚张声势，所以说是"充孔扬"。充：充当。孔：大。扬：推行。《庄子·让王》："扬行以说众。"

[3] **采色不定**：神色不定。颜回外有阳为而内无真心与之相匹，表里不一，故此不能笃定。采色：神情面色。《庄子·天地》："垂衣裳，设采色，动容貌，以媚一世。"

[4] **因案**：考察并遵从。因：因循，顺着。案：考察。

[5] **日渐之，德不成**：日渐之功并非成德之法。道家主张和而成德，不和而不成德，渐行之法，虽非暴术，其实仍是欺心之行，并非和同之道，故有此言。《庄子·缮性》："德，和也。"《道德经》："德者，同于德。……同于德者，德亦乐得之。"则德并不能成于"日渐"之法，而是天然而成。

[6] **将执而不化，外合而内不訾**（zǐ）：掌控了局面却并未教化，表面相合而内心无所触动。将执：执掌，拿着。不化：未能教化。《孔子家语·好生》："执此法以御民，岂不化乎？"内不訾：内心并无争辩。訾：批评，争辩。《庄子·山木》："无誉无訾。"颜回"端而虚"，避其实质，不触其暴，便是"将执"，亦是"外合"；对卫君"勉而一"，佯作相合，心亦无所争，便是"内不訾"，亦是"不化"。

[7] **内直而外曲**：内心刚直不移而做事委婉相合。"端而虚，勉而一"，实为"内直而外虚"，内外无以相应；便又改用"内直而外曲"之法，设法使内外曲折相连。

[8] **成而上比**：不断相成而向上求真，渐行渐高之意。比：与之相当。"将执而不化"，实为"不成而无比"，便改为"成而上比"之法。成：有所化。上比：接连化之。

[9] **徒**：朋，同伴。《庄子·知北游》："死生为徒。"

[10] **知天子之与己皆天之所子而独以己言**：知晓天子"与己皆天之所子"的本性，便能独得己之言而不用他人之言。天子为天之

子，我亦为天之子，我若以人道言之，则必得彼之异，我若以天道言之，则必得彼之同，故有此论。天之所子：天道之子。《文子·自然》："所谓天子者，有天道以立天下也。"卫君为卫国之君，心中必有卫国，必是天之子；我虽一介布衣，心中亦有卫国，亦是天之子。故有此言。

[11] **蕲乎而人善之，蕲乎而人不善之邪**：即我无须求事之成，亦无须在意他人善与不善之意。蕲：求。既然天子独得我之言，便不必蕲求，亦无人之是非，故有此言。

[12] **童子**：道家认为童子无欲无害，是处世的甚高状态。《列子·黄帝》："状不必童，而智童；智不必童，而状童。圣人取童智而遗童状，众人近童状而疏童智。"《道德经》："为天下溪，常德不离，复归于婴儿。"皆此义。颜回持天道之言，不持人道之言，可称为"童状"，故此将为众人所近，而无善与不善之忧。

[13] **擎跽（jì）曲拳**：泛指行礼。擎：拱手。跽：长跪。曲：曲身鞠躬。拳：同"蜷"，蜷伏于地。

[14] **疵（cī）**：病之，指责。

[15] **其言虽教，谪之实也**：指古训不免有些教条，不能完全解决眼前的问题，但仍然有实用之处。教：教条。庄子主张"不言之教"，凡是"有言之教"，必然有其局限，即是此处"教"之意。谪之实：提炼古训之"实"。谪：责罚。此处犹如勘问之意。

[16] **病**：批评，指责。

[17] **大多政**：使政治理念变得繁多，即大其政、多其政之意。卫国已有国政，颜回又要引入古训，则政事大而多，有繁乱之患。

[18] **法而不谍（dié）**：有法理而无条文，即有法而无律之意。颜回引入古训，便是法，却没有现成之则，只有经过解读（谪之实）才能应用，所以说"法而不谍"。谍：原义为将重要的言辞记在木片上，如谍报、间谍等，这里指总结成条目。《庄子·列御寇》："内诚

不解，形谍成光。"

　　[19] 师心：师法自己固成之心，即执着于成见之意。

　　另注：以心为师，本是道家之法，可与不可，皆在心之虚实。庄子主张"师其若虚之心"，心无固然之见，则无困陷之患。《庄子·齐物论》："夫随其成心而师之，谁独且无师乎？"随成而随师，即此义。此处颜回已有固然之见，是"师其已实之心"，如此必有局限，则不可取，故此下文孔子劝以"心斋"，以虚其心。换言之，心虚则无成见，师心可也；心实则有成见，师心未可。前者是道家之法，后者是颜回之病。

【评述】

　　颜回欲入卫而救其乱，而孔子否之，劝他先行存身之要道，切莫陷定于仁义之外法。于是，颜回首先以"端而虚，勉而一"之法相解。

　　何为"端而虚"？态度端正而谦虚，不触人之怒，不伤人之情，以此保身无虞。何为"勉而一"？勉力而使意见合一，不失己之志，不减己之心，以此渐渐成事。前者对外而言，后者对内而言，皆是针对孔子之批评。简言之，即是"内直外虚"之法。内直之法，在于成事；外虚之法，在于存己。

　　此法看似合理，然而，"端而虚"似乎可以存己，而"勉而一"果真能成事乎？成事之德，在于彼此两心相合。颜回以"端而虚"与人相待，能与人合于形，却不能合于心。此即"将执而不化，外合而内不訾"之义。不合之心，岂能成事？故此孔子否之。

　　既然"外虚"不成，何不以"外曲"之法而行？故此，颜回又以"内直而外曲，成而上比"之法相解。

　　"外虚"者，虚与委蛇也；"外曲"者，曲意逢迎也。众人行事，我不相违，即是"外虚"；众人行事，我亦行之，即是"外曲"。既得众人之同，便能与人为徒，此即得其"成"；再引以先贤之言，勘问其实，施以教化，便是与古为徒，亦能"成而上比"。如此，似乎可以有所作为。

此法看似合理，且又更进一步，然而，"外曲"之法果真能成事乎？所谓"外曲"，亦有其局限，并非任意而为。他人行人臣之礼，我便随之而行，固然可矣；他人若吮痈舐痔，我又岂能随而行之？故此，"外曲"之法自能小有所成，却终将有所局限，非是成事之道。孔子曰："止是耳矣，夫胡可以及化？"即此义。

再者，古人之言，岂必是至真之理？每每勘问其理，未免多费心思；总是临事而取用，亦将有所不便。故此，引古人之言亦非持久之道。

既然如此，颜回又岂有不知焉？何以有此作茧自缚之举？答曰：此举反而是颜回有所进益之处。颜回起初欲举"勉而一"之法，其实是秉持自心而成事，未免力有不逮，故此，便转而向先贤处求法，欲以先贤之高义替代自心之浅见。此举固然有所长进，然而，犹未得其通达。以我之心解意先贤之心，所得依旧是我心之成见。故此，孔子曰："犹师心者也。"

总之，颜回之法有二：其一，内直外虚；其二，内直外曲，成而上比。内直外虚，则内外两不相衬，虚其声势而已；内直外曲，内外虽有曲折相接，终不能一气贯通，反有繁乱其道之患。故此，二法均非最优之解。

三

颜回曰："吾无以进矣，敢问其方。"

仲尼曰："斋[1]，吾将语若。有而为之，其易邪？易之者，皞天不宜[2]。"

颜回曰："回之家贫，唯不饮酒、不茹荤者数月矣。若此，则可以为斋乎？"

曰："是祭祀之斋，非心斋也。"

回曰："敢问心斋？"

仲尼曰："若一志，无听之以耳，而听之以心；无听之以心，而听之以气[3]。听止于耳[4]，心止于符[5]。气也者，虚而待物者也。唯道集虚[6]。虚者，心斋也。"

颜回曰："回之未始得使，实自回也；得使之也，未始有回也。可谓虚乎？"

夫子曰："尽矣！吾语若，若能入游其樊[7]而无感其名，入则鸣，不入则止，无门无毒[8]，一宅而寓于不得已[9]，则几矣。绝迹易，无行地难[10]。为人使，易以伪；为天使，难以伪。闻以有翼飞者[11]矣，未闻以无翼飞者[12]也；闻以有知知者矣，未闻以无知知者也。'瞻彼阒者，虚室生白，吉祥止止[13]。'夫且不止[14]，是之谓坐驰[15]。夫徇耳目内通而外于心知[16]，鬼神将来舍[17]，而况人乎！是万物之化也，禹、舜之所纽[18]也，伏戏[19]、几蘧[20]之所行终，而况散焉者[21]乎！"

【译文】

颜回说："我没有更进一步的方法了，请您给我指个方向。"

孔子说："先清心持斋吧，然后我会告诉你的。现在使你有个方法而做事，它就不会改变吗？而若是方法变动不定，又怎么适合广大无涯的天道！"

颜回说："我家中贫寒，已经几个月不饮酒、不食荤了。如此这般，符合您说的持斋吗？"

孔子说："这是祭祀之斋，不是心斋。"

颜回说："敢问如何是心斋？"

孔子说："你专一心志，不要以耳朵来听，而要以心来听；不要以心来听，而要以气来听。听会止步于耳朵，心会止步于成见。所谓气，正是清虚而接洽万物的。唯有清虚之中才会聚成大道。所谓清虚，便是心斋。"

颜回说："那么，我未曾开始得此使命之时，一切念头由我颜回而生；等到得此使命之际，我颜回便仿佛没有存在过。这可以说是您所说的清虚吗？"

孔子说："如此便达到极致了！我告诉你，你可以像鸟一样进入樊笼而不理会那些虚名，进入了，便鸣叫，没进入，便停止，没有所谓门径，亦没有所谓毒害，偶然以此为宅，只是因为不得已的缘故，如此便差不多了。不走路而没有足迹，这是容易的；走路却不留痕迹，这就难了。做人情的使者，容易生出伪心；做天道的使者，便无伪可生。只听说过有翅膀而能飞，未曾听说没有翅膀而能飞；只听说过有知而能成为智者，未曾听说无知而能成为智者。'请看那个了然的智者，他清虚的房间生出白光，万般吉祥在此处汇集止息。'其实此心并未止息，这便是所谓'坐驰'，以静坐为飞驰之法。若将耳目感知于内贯通而向外达到心知，鬼神也将会与你心意相通，更何况世人呢！这是化用万物之法，是禹帝、舜帝行事之枢纽，是伏羲、几蘧终身行事之准则，更何况偶尔需要此法之人呢！"

【注解】

[1] 斋：斋戒。斋为儒家修身之本，庄子状其口吻，故有此言。《孔子家语·哀公问政》："斋洁盛服，非礼不动，所以修身也。"即儒家之法。庄子更进一步，将其解为心斋，以合道家之义。其实儒家仅有斋戒之法，并未有"心斋"之说。简言之，儒家斋于身，道家斋于心。

[2] **有而为之，其易邪？易之者，皞（hào）天不宜**：指任何方法都终将会变，而变来变去的方法不符合天道。此是针对颜回"敢问其方"而言。心境未成，强授其方，则此方终将变易，亦如无方；此方若反复更变，则不宜求道。亦即"有方不如无方"之义。天道广大，变易其方则繁杂无休，终将困殆；归一其道则明辨不疑，始终有得。故有此言。皞天：同"昊天"，天道。皞：广大。

另注：有方而为之，则易亦不成，不易亦不成；无方而为之，则一以贯之，始终无易。正所谓法无常法，道通为一。《庄子·在宥》："一而不可不易者，道也。"所一者为道，所易者为法。即此义。有成心则诸方俱是此心之方，易而无定；无成心则众方皆同于一，皆可用之。颜回之困，困不在方，在于成心，在于"有而为之"，故此孔子不授其方，反有"心斋"之言。

[3] **听之以气**：以虚无之态相听。气：清虚之意。无心则无我，无我则唯有天地之气。《列子·天瑞》："太易者，未见气也；太初者，气之始也。"《庄子·知北游》："人之生，气之聚也。"则气为无我之态。

[4] **听止于耳**：指听觉之瓶颈即在于耳听之法，不如无耳而听。

此是告诫之言，而非遵循之法。下同。

[5] **心止于符**：指成见会使心境停止成长，不如无符之心。符：原义为一种信物，以竹制成，后引申为凭证、法则。这里指固化的认知，即成见。《申子·大体》："名者，天地之纲，圣人之符。"此"符"即法则之义，用法略同。

[6] **唯道集虚**：唯有清虚之处才会聚集大道。有心之实处，皆非道也。庄子认为，只有放空一切，将纷纷扰扰的看法、杂念都排除掉，天道才会呈现。故有此言。

[7] **入游其樊**：指解决一个个困境。此处以樊笼比喻困境，以鸟比喻颜回，以鸣叫比喻提出方案。

[8] **无门无毒**：没有所谓门径，亦没有所谓毒害。不为他人造门，亦不为自己造门，即是无门；不向他人投毒，亦不被他人毒害，即是无毒。无门，则我不入人，人不入我；无毒，则我不灾人，人不灾我。《庄子·应帝王》："无为名尸，无为谋府，无为事任，无为知主。体尽无穷，而游无朕，尽其所受乎天，而无见得，亦虚而已。至人之用心若镜，不将不迎，应而不藏，故能胜物而不伤。"即此义。毒：伤害，引灾。《国语·鲁语下》："夫失其政者，必毒于人。"《左传·成公十八年》："毒诸侯而惧吴晋。"《管子·宙合》："毒而无怒，怨而无言，欲而无谋。"皆此义。郭象注："毒，治也。"似乎无据。

[9] **一宅而寓于不得已**：暂时寓居于此，方能纾解卫国之困，此是不得已而为之，故有此言。道家本来主张不寓于宅。《庄子·知北游》："其来无迹，其往无崖，无门无房，四达之皇皇也。"道家亦主张不得已而为，否则无为。《庄子·庚桑楚》："动以不得已之谓德。"颜回欲救卫国，以道家视之，正是"不得已"之行。

[10] **绝迹易，无行地难**：不走路而无足迹是容易的，走路而无足迹却难了。郭象注："不行则易，欲行而不践地，不可能也；无为

则易，欲为而不伤性，不可得也。"说得透彻。

[11] **有翼飞者**：喻指人遵循天道。

[12] **无翼飞者**：喻指人不知天道。

[13] **瞻彼阕者，虚室生白，吉祥止止**：请看那个了然的智者，他清虚的房间生出白光，万般吉祥在此处汇集止息。阕：终了，这里指俗事了结。生白：生出白光，光明澄澈之象。儒家发言时喜好引用《诗经》，庄子特意仿其口吻，故有此言，一如"瞻彼淇奥，绿竹猗猗""庭燎之光，君子至止"之类。

[14] **夫且不止**：俗事已止，其实我心未止。

[15] **坐驰**：身体静坐而心境飞驰，类似"心斋"之义。无门无毒而身在其樊，为坐；有知天道而有翼飞者，为驰。《文子·精诚》："走马以粪，车轨不接于远方之外，是谓坐驰陆沉。"身不动而心飞驰，正是此义。《庄子·山木》："无形倨，无留居，以为舟车。"亦是此义。

[16] **徇（xùn）耳目内通而外于心知**：感知遍通于内，又通于外，内外澄澈相通之意。颜回本来主张"端而虚，勉而一""内直而外曲"，皆是内外不甚相通之法，故有此针对之言。徇：巡行。《墨子·公孟》："身体强良，思虑徇通。"《尚书·泰誓中》："王乃徇师而誓。"

[17] **鬼神将来舍**：鬼神将会来此寓居，内心与鬼神相通之意。《庄子·知北游》："若正汝形，一汝视，天和将至；摄汝知，一汝度，神将来舍。德将为汝美，道将为汝居。"即此义。

[18] **纽**：枢纽，关键。

[19] **伏戏**：伏羲，古之帝王。

[20] **几蘧（qú）**：古之帝王。

[21] **散焉者**：偶尔地、零散地用到这种方法的人。

【评述】

颜回之法皆不可成，何以解之？孔子未言，却以"心斋"相告。

何为"心斋"？清虚其身，便是斋；清虚其心，便是心斋。何以先行"心斋"之法？只因颜回之晦昧不在其法，而在于其心。故此，以"心斋"之法解其心之本，其本既解，则万法俱通。

颜回有"内直外虚""内直外曲"二法，其实均有"内直"之弊，与"外虚""外曲"无关。

天下万物，均奉天道而行，卫君之独断、小民之水火、颜回之自保，种种景象无不如是，而此心又何能大于天道哉？颜回之心，必有缺陷，却欲以"内直"之法相持，岂非陷于成见而不自知耶？

故此，两法之弊，弊在内直；一贯之解，解在守虚。《道德经》："知其雄，守其雌，为天下溪。为天下溪，常德不离，复归于婴儿。"即是"守虚"之义。表外之行为阳，心内之守为阴。我心若守其雄，则难得其匹；我心若守其雌，则众雄皆应。此正是道家守虚之法，亦是颜回解脱之道，故此，孔子有斋心成虚之言。

简言之，直则实，实则闭，此心故步自封，则无以应天下事。"内直外虚""内直外曲"，两法之弊皆在其"内实"，解之以"内虚"即可。

故此，孔子之言，名为"心斋"，实是虚而待物之法，此是借儒家之语论道家之本。

儒家向来以志行于世，《论语·述而》："志于道，据于德，依于仁，游于艺。"颜回引孔子之言："治国去之，乱国就之。"则儒家之心，志在人道。

道家亦有志。《庄子·大宗师》："是之谓真人。若然者，其心志，其容寂，其颡頯。"则道家之心，志在天道。《庄子·庚桑楚》："彻志之勃，解心之谬，去德之累，达道之塞。"则道家欲以天道之志彻解人道之志，此即本寓言之义。故此，颜回初有直心之志，终得虚心之法。

何为直心？心中已有成见，依存之，听从之，即为直心，亦可称为实心。何为虚心？心中本无成见，遇事而有机变，随事而有新法，即为虚心。简言之，儒家以礼乐仁义为不变之纲领，主见坚决，笃信而行之，则不免有以火救火之困；道家心中自无绝对纲领，清虚无待，遇事而变通，便长处不争不屈之道。此即两家之根本分别，亦是庄子作此寓言之真义。

本寓言由心志之论而起，由心斋之道而结，其名虽在论志，其实却在论虚。世道纷乱，暴人如火；直志亦如刚猛之烈火，以火救火，反受其灾；虚心则如清虚之弱水，不争而行，无门无毒。《道德经》："上善若水。水善利万物而不争，处众人之所恶，故几于道。"以大知惠及万物，躲避暴人而不争，居于世人不闻不见之处，善存己身，不招灾祸，此即本章"人间世"之法。人何能间行于世？不过是以己之虚避人之实而终能胜之，不过是以虚胜实之道。《道德经》："天下莫柔弱于水，而攻坚强者莫之能胜，其无以易之。"即此义。

本章《人间世》，承接上章《养生主》"以无厚入有间"而言，谈"为人须要间行于世"之理，以三篇故事立论，本篇即其首篇。世事纷乱，须要入其间隙而行事，方可保此身无虞，正如牛骨错杂，须要入其间隙而下刀，方可使刀锋无损。

卫国国政混乱，其间隙何在？正在卫君喜怒之间。颜回志向笃定，其刀锋何在？正在此心虚实之中。此心若成笃实之态，法于成心而不知变通，则刀锋厚，必将交锋于卫君之喜怒，则灾祸不免；此心若成清虚之态，心无定见而遇事机变，则刀锋薄，可以寻卫君喜怒之间隙而行，则诸事可成。所谓"人间世"之法即是如此。

心斋之法，心虚而不争，亦是"先存诸己"之术；养心而不滥用，亦是"养生主"之义。上章《养生主》成庄学之体，本章《人间世》是庄学之用，两者上下相承，体用相生，故此于文义上亦能贯通如一。

02.叶公子高使齐

叶公子高[1]将使于齐，问于仲尼曰："王使诸梁也甚重，齐之待使者，盖[2]将甚敬而不急。匹夫犹未可动也，而况诸侯乎！吾甚栗[3]之。子常语诸梁也，曰：'凡事若小若大，寡不道以欢成[4]。事若不成，则必有人道之患[5]；事若成，则必有阴阳之患[6]。若成若不成而后无患者，唯有德者能之。'吾食也执粗而不臧[7]，爨无欲清[8]之人。今吾朝受命而夕饮冰，我其内热与！吾未至乎事之情，而既有阴阳之患矣；事若不成，必有人道之患。是两也，为人臣者不足以任之，子其有以语我来！"

仲尼曰："天下有大戒[9]二：其一，命也；其一，义[10]也。子之爱亲[11]，命也，不可解于心；臣之事君，义也，无适而非君也[12]，无所逃于天地之间。是之谓大戒。是以夫事其亲者，不择地而安之，孝之至也；夫事其君者，不择事而安之，忠之盛也；自事其心者，哀乐不易施乎前[13]，知其不可奈何而安之若命，德之至也。为人臣子者，固有所不得已。行事之情而忘其身，何暇至于悦生而恶死？夫子其行可矣！

"丘请复以所闻：凡交，近则必相靡以信[14]，远则必忠之以言，言必或传[15]之。夫传两喜两怒之言[16]，天下之难者也。夫两喜必多溢美之言，两怒必多溢恶之言。凡溢之类妄，妄则其信之也莫[17]，莫则传言者殃。故法言[18]曰：'传其常情，无传其溢言，则几乎全。'

"且以巧斗力者，始乎阳，常卒乎阴[19]，泰至则多奇巧[20]；以礼饮酒者，始乎治，常卒乎乱，泰至则多奇乐[21]。凡事亦然。始乎谅，常卒乎鄙[22]；其作始也简，其将毕也必巨[23]。

"言者，风波也；行者，实丧也[24]。夫风波易以动，实丧易以危。故忿设无由，巧言偏辞，兽死不择音[25]，气息茀然[26]，于是并生心厉[27]。刘核太至[28]，则必有不肖之心[29]应之，而不知其然也。苟为不知其然也，孰知其所终！故法言曰：'无迁令[30]，无劝成[31]。'过度益也[32]。迁令、劝成殆事[33]，美成[34]在久，恶成[35]不及改，可不慎与！

"且夫乘物以游心[36]，托不得已以养中[37]，至矣。何作为报也[38]？莫若为致命[39]。此其难者[40]。"

【译文】

叶公子高将要出使齐国，向孔子求问："君王任命我出使，有很重的寄望，而齐国对待使臣应该会很尊敬，却并不着急。一般人尚且不可轻动，何况是我这样的诸侯呢？因为此事，我很不安。您常常对我说：'事情或小或大，没有不合于大道而能圆满完成的。事情若是不成，则必然会有政治上的忧患；事情若是勉强成了，也必然会有非议和隐患。无论成与不成都没有后患之忧的，唯有有德之人才能做到。'我食必粗粮而不求精美，是灶上空空心中清虚之人。如今我早晨接到命令，晚上便不断喝冰水，我的内心竟然如此燥热！我不能通达把握此事的情貌，便已经有了遭人非议的隐患；此事若是不成，又必将有政治上的忧患。这两重困境，哪个做臣子的都难以承受，请对我说说您的建议吧！"

孔子说："天下有两项需要当心的大事：其一是命，其一是义。您爱惜自身近亲，便是命，它无法在内心中得到解脱；臣下侍奉君王，便是义，不遵从于它而不承认国君的，将无法逃避于天地之间。所以称作大戒。故此，事奉亲人之人，无论何地都自心安定，这是最高的孝行；事奉君主之人，无论何事都自心安定，这是至上的忠贞；事奉自己内心之人，无论何等哀伤喜乐都不影响行动，明知无可奈何而安然如常，看作是命运的安排，这是最高的德行。做人臣子的，必然会有不得已之处。依照事情的情理而行，忘掉自身，哪里会有功夫冒出贪生怕死的念头呢？夫子您就去做吧！

"请让我再将我的听闻告诉你吧：凡是交往之事，近的，必然会以诚信相磨合；远的，必然会以言辞表忠心，而言辞必然要经由另外的人来传达。传达使双方同喜、使双方同怒的言论，是天下的难事。双方都感到喜悦，则必然会多出过度称赞的言辞；双方都感到愤怒，则必然会多出过度诋毁的言辞。凡是过度添加的，其实都是虚妄，虚妄便说明信誉缺乏，信誉缺乏则传言者遭殃。故此，格言说：'传达那些平和中正的感情，不要传达那些添油加醋的言辞，便差不多可以保全自己了。'

"而且，以小智小巧相较量的人，总是开始于阳谋，往往结束于阴谋，过于用心取胜则必然会有许多奇技淫巧；以礼节饮酒的人，总是开始于规规矩矩，往往结束于迷离纷乱，过于用心成则必然会有很多怪奇不正的音乐。所有的事情无不如此。开始于理解，往往终止于鄙薄；开始于草率，便将终止于艰难复杂。

"立言之人，其实是在激起风波；行事之人，其实是在丧失本我。风波容易招致动荡，失我容易陷于危难。于是忿恨便会无端出现，伴随着花言巧语、偏颇之辞，犹如猛兽将死，便口不择言，气息纷乱，于是同时生出凌厉猛烈之心。若是逼问严苛，则必然会得到违心的应对，从而不知其真相。若是不知真相，谁又知道会有什么结果！故此，格言说：'不要更改已经下达的命令，不要勉强事情做成。'这便是努力得过了限度。更改已下达的法令、勉强事情做成，都会困陷于事情本身，圆满的成事在于恒久之力，半吊子的成事难以再改正，岂可不谨慎于此！

"而且，驾驭外物以游于内心，遇到不得已之事便于此养护自

我，便足够了。何必做事为了报答呢？不如为了成全天命。这是其
中的难点。"

【注解】

[1] **叶公子高**：沈诸梁，字子高，楚国大夫，被楚王封于叶，
故称叶公。《墨子》《韩非子》亦记载叶公子高向孔子问政之事，各
有不同。

[2] **盖**：大概。

[3] **栗**：因恐惧而发抖。

[4] **欢成**：圆满地完成。

[5] **人道之患**：指遭到政治上的处罚。

[6] **阴阳之患**：明里暗里的争斗。下文"以巧斗力者，始乎阳，
常卒乎阴"即此义。凡事必有争，事不成则他人罪我，事成则他人
谤我，故有此言。

[7] **臧**：善，好。

[8] **爨（cuàn）无欲清**：灶台上没有东西而欲望清虚。爨：灶
台。无侈于物，即"爨无"；无侈于欲，即"欲清"。

[9] **戒**：戒慎，当心。

[10] **义**：有责任担当即是义。儒家认为义是构成良好社会关系
的基本要素。《论语·里仁》："君子喻于义，小人喻于利。"

[11] **爱亲**：爱惜自身近亲。亲：和我关联紧密者。《说文》：
"亲，至也。"无论是爱惜生命，如叶公子高的惧祸，还是爱惜亲
人，如下文的孝奉亲人，都属于爱亲的范畴。

[12] **无适而非君也**：不遵从于义而否定君王的。

[13] **哀乐不易施乎前**：悲哀喜悦都不会更改其心，一如平日之
行，即宠辱不惊之意。《庄子·田子方》："行小变而不失其大常也，

喜怒哀乐不入于胸次。"即此义。施乎前：指行为。心神在内，举止在前，举止是由心神所施，故有此言。

[14] **相靡以信**：以诚信相磨合。靡：摩擦。

[15] **或传**：另外的人来传达。此处暗指将要出使的叶公子高，亦即下文的"传言者"。或：另外的，有分别的。《礼记·月令》："止声色，毋或进。"《大戴礼记·礼察》："今子或言礼义之不如法令。"

[16] **两喜两怒之言**：使双方都喜悦或者都愤怒的言论，共鸣之言。两喜两怒，则不免共鸣而放大，放大而失其真，故此下文有溢美、溢恶之说。

[17] **莫**：无。

[18] **法言**：行事准则之言，格言。

[19] **始乎阳，常卒乎阴**：始于明争，往往结束于暗斗。

[20] **泰至则多奇巧**：过度用心于争斗，则多有奇巧之术。泰至：过度达成。泰："太"之义，二者往往混用。至则宜，泰至则过，过犹不及，故此下文说"过度益也"。

[21] **泰至则多奇乐**（yuè）：过度用心于礼乐，则多有怪奇不正之音乐。《礼记·乐记》："乐由天作，礼以地制。过制则乱，过作则暴。"批评礼乐过度之繁冗不堪，即此义。郭象注："淫荒纵横，无所不至。"是将奇乐释为淫荒之乐。然而，此处"泰至"是就以礼饮酒而言，何以有淫荒纵横之象？颇失其义。

[22] **始乎谅，常卒乎鄙**：始于理解，往往结束于责备。鄙：鄙薄，互相瞧不起。

[23] **其作始也简，其将毕也必巨**：开始得草率，便必会结束于艰难复杂。

[24] **行者，实丧也**：行事之人丧失了自我之实，身不由己之意。道家主张不刻意行事而成事。《文子·微明》："真人者，不视而明，

不听而聪，不行而从，不言而公。"《庄子·齐物论》："圣人不从事于务。"皆此义。

[25] **兽死不择音**：野兽将死之时无法控制地不住哀叫，比喻人在危乱中口不择言。

[26] **莩（fú）然**：纷乱的样子。莩：本义为草多貌，引申为纷乱。《说文》："莩，道多草。"《国语·周语中》："道莩不可行。"

[27] **心厉**：凌厉猛烈之心，指行事而言，亦即下文"剋核"之义。

[28] **剋（kè）核太至**：太过于逼问核查。剋：打败。核：核查。《说文》："核，实也，考事。"

[29] **不肖之心**：违背本心之心。不肖：不像。逼迫过甚，则不敢以实情相应。

[30] **迁令**：更改已经下达的命令。迁：移动，转换。

[31] **劝成**：勉强使事情做成。

[32] **过度益也**：好得过了限度，过犹不及之意。

[33] **殆事**：陷于事情的困境。殆：陷于困境。顺势而成，则一通百通；勉强而为，则疲困于事。

[34] **美成**：使事情得到圆满的成就。

[35] **恶成**：使事情促成，却有各种问题。迁令、劝成都属于恶成。

[36] **乘物以游心**：驾驭外物，内心从容成长。乘：驾驭。游心：指内心从容对待外物，不被羁绊。

[37] **养中**：养护自我的内心。中：胸中，性命之中，犹内心之意。《庄子·大宗师》："中心不戚，居丧不哀。"《庄子·庚桑楚》："备物以将形，藏不虞以生心，敬中以达彼。"

[38] **何作为报也**：何必做事为了回报呢？报：回报，报应。《庄子·山木》："知作而不知藏，与而不求其报。"即此义。叶公子高受命出使齐国却犹豫不决，正因为他想得其善报，避其恶报，

便是"与而求其报"，是"作为报也"。

[39] **致命**：成全天命，亦即为了本性自我而做事之意。叶公子高受王命而犹豫不决，未想如何秉受王命而成事，却只想如何谋求善报而躲避恶报，正是舍本逐末之贪念；道家则主张随物而化，遇事不避而使心有成，故有此言。致命本义为完成使命，而道家认为，无论王命、己命，万事皆是天命，皆应秉受而成，故此，致命在这里不仅有完成王命之意，亦有完成天道使命之意。《关尹子·一宇》："无一物非天，无一物非命，无一物非神，无一物非玄。物既如此，人岂不然？人皆可曰天，人皆可曰神，人皆可致命通玄。"即此义。

[40] **此其难者**：做事不难，"为致命"则难，故有此言。

【评述】

叶公子高将使于齐，有人道之患与阴阳之患。

何为人道之患？事若不成，必将受朝臣之责备、君王之处罚，此即人道之患。何为阴阳之患？事若成，亦将受朝臣之毁谤、君王之猜忌，此即阴阳之患。事不成有患，事成亦有患，则此事竟一无可行之法耶？叶公子高蒙受君恩甚重，此事又无可再推，则此患竟无可相避耶？故此叶公子高惧之，颇有走投无路之感。

叶公子高之忧，看似有理，实则未通。叶公子高是楚之重臣，与楚王有君臣之义，故此，凡遇事，仅有可行与不可行之分，不应有无患与有患之虑，岂有事未行而先避患之重臣耶？此事若可行，便谨慎行之；若不可行，便禀明楚王，陈说利害，细细商讨；若楚王偏以不可行为可行，不容置喙，便收敛心神，奋勇行之。秉受王命，责无旁贷，如此方是重臣行事之法。孔子曰："不择事而安之，忠之盛也。"即是此义。

虽然如此，仍有疑问。道家提倡"人间世"之法，讲究"先存诸己而后存诸人"。叶公子高之忧，岂非正是因"存己"而起耶？既然如此，如此忧惧又何谈不妥？事有患而不避，岂非悖于"存己"之道乎？

答曰："存己"之要义有二：其一，存身；其二，存心。何为存身？保全此身即是。何为存心？行不得已之事而有得于心，方是存心。存身甚易而存心却难，存身为表象，存心才是存己之真义。

存心之道，必将行事于不得已之中，如此方能得心之成。否则，任选一事而懵懂行之，又与行尸走肉有何分别？何谈存心之有？徒增生命之浪费而已。故此，存心不在于事之成，而在于心之明；不在于避事而无成，而在于行事而有得。

如此便可解"存己"之真义。叶公子高是何人也？是楚之重臣。凡君王之命皆应行之，如此便合于"义"，然而尚未是"存己"之道。叶公子高是何人也？是天道之子。凡天道之命皆应秉受，行于不得已之事，不避祸福，不问成败，只为此心有成，如此便合于"命"，才是"存心"之义，亦是"存己"之真义。孔子曰："自事其心者，哀乐不易施乎前，知其不可奈何而安之若命，德之至也。"即是此义。

总之，叶公子高所惧者有二：其一，事情勉强而成，即所谓阴阳之患，患在明暗之争；其二，事情不成，即所谓人道之患，患在人君之刑。所患二者其实为一，无非是惧怕命运之变。故此，孔子以命、义之戒解之。所谓命者，实为天道之命；所谓义者，实为人道之命。命、义之说，皆是命也。顺命而为，正是顺应天道之心；知命之义，则无不可为；哀乐、成败、死生，皆是外物，安时处顺，虚心以待，则无所惧，己心之成亦在于此。

虽然如此，尚有疑问。秉受天命，无忧无惧，行事以成心，如此便能存心乎？曰：未及也，尚须有"人间世"之法。孔子曰："乘物以游心，托不得已以养中，至矣。"即是此义。

何为"乘物"？将忧惧、祸患等俱视为无关之外物，乘之而不陷于其中，即是"乘物"。何为"游心"？将此心置于清虚之境，无拘于言辞、巧力、王命等世情，游而不入，即是"游心"。言辞者，溢美溢恶之器也，有溢言则传言者殃。行为者，丧己丧实之窍也，有乱行则行事者丧。故此，莫若无言无行，游心于世情之外。乘物而不困陷，即能周旋于世事之隙；游心而不失实，即是我心刃之薄。以如刃之心游于世情之隙，即是"人间世"之法。

故此，秉受命、义二戒是顺应天道之心，"乘物以游心"则是解命之法。何以乘物？乘物于无言无行之中，泰至则反被物乘，故此，不入世情即是乘物。何以游心？游心于无所挂碍之内，有碍则游心不成，故此，无欲无求即是游心。

简言之，叶公子高只见未来之祸患，便欲避之，由此便束缚于外物之中。何为外物？是非刑罚之患正是外物之大者。叶公子高未见天命之不可违，无意于修心，由此便迷失于自心之外。如何修心？应当秉受之王命正是修心之所。道家认为，无惧无求，秉受天命，无论祸福均应在其中修心而有成，才是求道养生之法。故此，庄子借孔子之口相告："乘物以游心，托不得已以养中。"所谓刑法祸患，均是不得已之事，自无须多虑；唯有修心养中，才是求道之门，当恒久持之。"乘物以游心"即"人间世"之术，"托不得已以养中"正是"养生主"之义。

本章《人间世》，谈"为人须要间行于世"之理，本篇是立论三篇之次，亦可以"以无厚入有间"之法解之。阴阳、人道二患，其间隙何在？正在是非刑罚之中。叶公子高受于王命，其刀锋何在？正在此心虚实之中，亦在种种言行之中。言行乃是心厉之举，心厉则有厚，有厚则必折；无言无行是虚心之为，虚心则无厚，可入于有间。换言之，阴阳、人道二患，看似避无可避，其实仍有间隙可乘，只要谨守无言无行之法，此身便可如无厚之刀锋，可以游心无碍，可以养中不怠。世事纷纭，我持清虚之心，寻其间隙而行，此即"人间世"之义。

上节颜回欲入卫国而孔子劝之，本节叶公子高不欲入齐国而孔子勉之，各有状况，各得其法，两故事前后相比而成。颜回之困，困在欲做之事，故此以"心斋"相解，去其既成之心；叶公子高之困，困在必做之事，故此以"二戒"相解，去其逃避之意。欲做之事，虚心随之，持以心斋；必做之事，顺势为之，不忘养中。二者均是"人间世"之法，亦是得道之法，状况不同，行事之法便不同。

03.颜阖傅卫

颜阖[1]将傅[2]卫灵公[3]大子，而问于蘧伯玉[4]曰：“有人于此，其德天杀[5]。与之为无方[6]，则危吾国；与之为有方，则危吾身。其知适足以知人之过，而不知其所以过。若然者，吾奈之何？”

蘧伯玉曰：“善哉问乎！戒之，慎之，正女身[7]哉！形莫若就，心莫若和[8]。虽然，之二者有患。就不欲入，和不欲出[9]。形就而入，且为颠为灭，为崩为蹶[10]。心和而出，且为声为名，为妖为孽[11]。彼且为婴儿[12]，亦与之为婴儿；彼且为无町畦[13]，亦与之为无町畦；彼且为无崖[14]，亦与之为无崖。达之，入于无疵[15]。

“汝不知夫螳螂乎？怒其臂以当车辙，不知其不胜任也，是其才之美者也。戒之，慎之，积伐而美者[16]以犯之，几矣[17]。

“汝不知夫养虎者乎？不敢以生物与之，为其杀之之怒也；不敢以全物与之，为其决之之怒也。时其饥饱，达其怒心[18]。虎之与人异类而媚养己者，顺也；故其杀[19]者，逆也。

“夫爱马者，以筐盛矢[20]，以蜃[21]盛溺[22]。适有蚊虻仆[23]缘，而拊[24]之不时，则缺衔[25]、毁首、碎胸。意有所至而爱有所亡，可不慎邪！”

【译文】

颜阖将要去教授卫灵公的大儿子，便向蘧伯玉请教：“这里有个人，他崇尚杀伐之德。若是无原则地对待他，则会将危害波及我国；

若是讲原则地对待他，则会将危害波及我身。他的认知刚好足以洞察别人的过错，却不知道过错的源头。像这样的，我有什么办法？"

蘧伯玉说："问得好啊！要戒备啊，要谨慎啊，要端正你的自身啊！形貌顺从是最好的，内心和调是最好的。虽然如此，这两种做法却也有隐患。顺从，切莫要侵入其内心；和调，切莫要出离其本性。形貌顺从而因此侵入其内心，则会带来颠倒错乱的状况，导致崩塌休克的结果；内心和调而因此出离其本性，则会陷入声名的幻觉，引发妖孽不正的现象。他人暂且是婴儿之态，无心求知，便也以婴儿之态相待；他人暂且是无町畦之态，不知求知之法，便也以无町畦之态相待；他人暂且是无崖之态，无所树立，便也以无崖之态相待。贴合他，无痕无形地进入到他的世界。

"你不知道螳螂的事情吗？它勃然伸出手臂，阻挡于车辙之中，它并不知道自己的力量不能胜任，反而是过于肯定它自傲的才能了。要戒备啊，要谨慎啊，积存了攻击的力量，却又自鸣得意，以此触犯他人，这简直不能更坏了。

"你不知道养虎者的事情吗？他不敢用活物来投喂，是因为老虎会激起动用杀机之怒；不敢用形貌保全之物来投喂，是因为老虎会激起撕咬处决之怒。要顺应它饥饱的时机，通达它的愤怒之心。老虎与人是异类，它能取媚于饲养之人，是顺势而喂养的缘故；唤醒了它的杀性，是逆势而喂养的缘故。

"还有那些爱马之人，用竹筐来盛装马粪，用蛤壳来盛装马尿。恰逢蚊子虻虫附于马身，而一旦没有适时驱赶，就有怒马毁坏勒口、踏碎主人头胸之祸。心意确实已经传达到了，过分的爱却导致了亡毁，岂能不慎重呢！"

【注解】

[1] 颜阖（hé）：鲁国人，此事仅见于此，其他事迹见于《庄子》《吕氏春秋》。

[2] 傅：教导，教授。

[3] 卫灵公：姬姓，名元，他的大儿子名叫蒯聩。

[4] 蘧（qú）伯玉：蘧氏，名瑗，字伯玉，卫国大臣。

[5] 其德天杀：将杀伐视为上天的旨意，并视之为德。以天杀为德，是治事偏于严苛之故，并非其人杀戮成性。《庄子·达生》："仲尼曰：……夫畏涂者，十杀一人，则父子兄弟相戒也，必盛卒徒而后敢出焉，不亦知乎！"杀不法者，以儆效尤，使他人俯首听命，则儒家以刑为用，以天杀为德。《庄子·大宗师》："古之真人……以刑为体者，绰乎其杀也。"则道家以刑为体，不以天杀为德。庄子亦借此批判儒家。

另注："十杀一人"之论虽然出自《庄子》之言，且未见于他处，似有伪造之嫌，然而孔子确实曾有诛杀少正卯之事，与此类似。《荀子·宥坐》："孔子为鲁摄相，朝七日而诛少正卯。"此事又见于《尹文子·大道下》《孔子家语·始诛》。那么，庄子以为儒家以天杀为德，大致不谬。

[6] 方：原则。《左传·隐公三年》："臣闻爱子，教之以义方。"

[7] 正女（rǔ）身：端正你的自身。女：同"汝"。颜阖"有方""无方"之言，全是因人而谋，不如端正己身，故有此言。

[8] 形莫若就，心莫若和：任何形色都不如顺从对方，任何内心都不如与对方和调。此专指与外物交往而言，并非真心所在。《庄子·齐物论》："圣人和之以是非。"《庄子·则阳》："其于物也，与之为娱矣；其于人也，乐物之通而保己焉。"正是庄学驭物之法。

[9] 就不欲入，和不欲出：顺从而不要侵入内心，和调而不要出

离本性。行就之，则易入其心；心和之，则易出其性。入心、出性本是行事之大戒，不可不知，故有此言。

[10] **形就而入，且为颠为灭，为崩为蹶**：入于他人之心，则一切颠倒错乱，崩塌休克。颠：倒置，坠落。蹶：跌倒休克。人心本性自足为一，不须更改，侵入即坏其本性，故有此言。

[11] **心和而出，且为声为名，为妖为孽**：出乎他人之性，则陷以声名之幻，使其心妖孽不正。妖：艳丽怪诞。孽：本意为旁支、庶出之子，又引申为不正的。人心本性自足为一，出离其性，则为声名所诱，故有此言。

[12] **婴儿**：婴儿之性，喻其无意识。

[13] **无町（tǐng）畦（qí）**：喻其无方法。町：田界。畦：田块。认知须要借助边界而成，无町畦则无边界，犹如建房而无田地，故有此喻。《庄子·齐物论》："为是而有畛也。"町畦与畛同义。

[14] **无崖**：喻其无所建树。崖：陡立之山，喻指建树。《庄子·天下》："端崖之辞。"《庄子·徐无鬼》："其问之也，不可以有崖，而不可以无崖。""崖"均是有所成就、有所树立之义。无崖与无涯非是一义，不可混淆。

另注：此处是认知之三种状态。卫灵公大子若无意于求知，便是婴儿之态；若有意于求知而尚无方法，便是无町畦之态；若有求知之法而尚无建树，便是无崖之态。三种状态渐次深入，须有三种相应解法，便能渐渐有成。婴儿之态，有认知无意识，"逍遥游"可解；无町畦之态，有意识无手段，"齐物论"可解；无崖之态，有手段无目标，"养生主"可解。人之认知即此三种境界，《庄子》亦是由此而立论，故此，立言三篇便恰能与此相应。庄学之妙，妙在归一。

[15] **达之，入于无疵（cī）**：贴合人心，与之相接，入于无痕。疵：毛病，过错。

[16] **伐而美者**：对别人有攻击性却自鸣得意的，即伐他而自美之意。

[17] **几矣**：差不多了。这里指"积伐而美者以犯之"差不多已经到头了，意即此举动已经不能更坏了。成玄英以为"几"是"危"之义，然而此解实在无据。《文子·道德》："四者诚修，正道几矣。"《韩非子·说难》："说者能无婴（撄）人主之逆鳞，则几矣。"《礼记·坊记》："贫而好乐，富而好礼，众而以宁者，天下其几矣。"若皆依此解，则文义岂非不通之至？"几矣"略同于"几乎至矣"之义，用于美处则为"庶几近于至美"之意，用于恶处则为"庶几近于至恶"之意，其义甚明。

[18] **时其饥饱，达其怒心**：顺应它饥饱的时机，通达它的愤怒之心。时：按时，使合于时机。达：使通达，这里指使愤怒之情得以疏通而不致发作。即上文"达之，入于无疵"之义。

[19] **故其杀**：唤醒其杀心。故：因循旧例。《国语·鲁语上》："君作而顺则故之。"

另注：养虎故事出自《列子·黄帝》："周宣王之牧正，有役人梁鸯者，能养野禽兽，委食于园庭之内，虽虎狼雕鹗之类，无不柔者。雄雌在前，孳尾成群，异类杂居，不相搏噬也。王虑其术终于其身，令毛丘园传之。梁鸯曰：'鸯，贱役也，何术以告尔？惧王之谓隐于尔也，且一言我养虎之法。凡顺之则喜，逆之则怒，此有血气者之性也。然喜怒岂妄发哉？皆逆之所犯也。夫食虎者，不敢以生物与之，为其杀之之怒也；不敢以全物与之，为其碎之之怒也。时其饥饱，达其怒心。虎之与人异类，而媚养己者，顺也；故其杀之，逆也。然则吾岂敢逆之使怒哉？亦不顺之使喜也。夫喜之复也必怒，怒之复也常喜，皆不中也。今吾心无逆顺者也，则鸟兽之视吾，犹其侪也。故游吾园者，不思高林旷泽；寝吾庭者，不愿深山幽谷，理使然也。'"

[20] **矢**：同"屎"。

[21] **蜃**（shèn）：蛤蜊，这里指它的壳。

[22] **溺**：尿。

[23] **仆**：附着。《诗经·大雅·既醉》："君子万年，景命有仆。"

[24] **拊**（fǔ）：抚摸，这里指将虫子拨拉下去。

[25] **缺衔**：毁坏勒口。衔：勒口，马嚼子。

【评述】

颜阖将傅卫灵公大子，然而有所迟疑，故此求教于蘧伯玉。

何以迟疑？只因卫灵公大子治国严苛，以天杀为德，非是久长之道。若与之无方，任意敷衍而国政不变，则此国有危；若与之有方，则必将有所触怒，而此身有危。持之无方则国危，持之有方则身危，身危则事亦不成，无益于国，其实亦是国危。此国之危似乎难解，故此迟疑。

颜阖真得其法乎？恐怕未然。颜阖之二法，皆是对卫灵公大子而言，非是对己而言，故此皆不得其真。换言之，颜阖之道足以教授卫灵公大子乎？如若此道已成，又如何有危国危身之患？故此，颜阖之道其实未成，勉强教授则必将有患，而颜阖却未打算提升自心之境界，反而期于巧谋之法，则此事如何能成？舍本而逐末，此即颜阖不明之处。故此，蘧伯玉答曰："戒之，慎之，正女身哉！"

何为"正身"？正身即明辨自我，得我之真，一如螳螂故事。螳螂自以为心有所成，便怒其臂以当车辙，于是终成笑柄。螳螂岂是因无才而死？是不知己小而车大也。螳螂不知己之小，恃才而美，其身便不正；不正却以为正，便不知进步，便困于此身之小。如此，则事无成而反受其噬。

道尚未成，而颜阖又将行教授之事，则当如何处之？蘧伯玉有言："形莫若就，心莫若和。"何为形就、心和？无非是顺性而成，一如养虎、爱马故事。养虎者知虎之性，故能以时顺应其饥饱，通达抚慰其怒心；爱马者不知马之性，故此溺爱忒甚，养其自骄之心，便有缺衔、毁首、碎胸之祸。故此，乘驭其性而不施溺爱，疏解其心而通达其情，便能得存身之道。

再者，"顺性而成"亦是对己而言，则养虎、爱马故事另有一层深意。养虎、爱马，"养"为其本。何为"养"？虎亦养成，我心亦成。何为"无养"？马未养成，我心亦不成。故此，养虎、爱马故事，表面有慎于避祸之义，其实却在于物我各得其养，我心亦能因此而成。颜阖之道，此时尚未有成，无论行以何法，俱不能解此国之危。唯有与卫灵公大子形就以相通，心和以共成。其心渐渐得成，此事亦渐渐得成，如此才是"心莫若和"之义，亦是本寓言之主旨。

总之，颜阖之忧，忧在无方。其心已有二解，其一为"与之为无方"，其一为"与之为有方"，看似有二方，却皆是与外物之方，非是与自心之方，故此其实无方。针对于此，蘧伯玉亦有二方相告，其一为"正女身"，如螳螂故事，指颜阖自身而言，可解自心之困；其一为"形莫若就，心莫若和"，如养虎爱马故事，指卫灵公大子而言，可解外物之困。螳螂自傲其才，不知虚心待物，亦不知修养自心，故此有螳臂当车之祸，若颜阖以此相戒，内心有成，则无危国危身之忧矣。爱马者不知物性，爱于外物，便陷于外物，故此有毁首碎胸之祸，而养虎者却能达于物之心，与之相和无虞，若颜阖以此相戒，和于外物，则外物可为我所用。《庄子·齐物论》："是以圣人和之以是非，而休乎天钧，是之谓两行。"知螳螂故事可以于心有成，即"休乎天钧"，知养虎爱马故事可以与物和合，即"和之以是非"，则此二方正是庄学"两行"之法。

颜阖处世之方，或危其国，或危其身，皆是与物无和之故。如何与物相和？其实在于自心之虚正。自心不虚，心有成法，以我心之实近于天杀之德，则不免招致刑祸；自心无正，内心无主，以无心之我应于天杀之德，则"心和形就"之法亦无所成。清虚并非等同于无，长持道心，有虚之形，有正之实，以虚正之态应对一切，方可使内心与外物两成。故此，"正身"是其内德，"心和形就"是其外德，两者并成，才是庖丁解牛之道。

本节是"人间世"立论三篇之末，亦立言于"以无厚入有间"之法。卫灵公大子持天杀之德，其间隙何在？正在彼心之中。颜阖将傅，其刀锋何在？正在此心之中。颜阖若能"心和形就"，则为触牛之法，能见其大郤大窾之间隙；颜阖若能"正身"，则为解牛之刃，正身而虚，则此刃至薄，便能避其大軱而入。以"正身"之无厚入于"德天杀"之有间，游刃有余，踌躇满志，善刀而藏，即是"人间世"之义。

至此，"人间世"立论三篇已成。"心斋"为颜回之刃，"养中"为叶公子高之刃，"正身"为颜阖之刃，三者形有不同，其实为一，皆是虚心之道，可凭此刃游于世而有余地。以心之无厚，入物之有间，即是"人间世"之旨。

三者之用，又各有不同。颜回之卫，是欲做之事，故此要虚心随之，持以心斋；叶公子高使齐，是必做之事，故此要顺势为之，不忘养中；颜阖傅卫，是待做之事，故此要和而化之，虚正其心。欲做、必做、待做三者，世事无非如此，此处已尽论之。至此，本章立论三篇已成，"人间世"之立言已成。

04.散木

匠石[1]之齐，至乎曲辕[2]，见栎社树[3]。其大，蔽数千牛[4]，絜[5]之百围；其高，临山十仞，而后有枝；其可以为舟者，旁十数[6]。观者如市，匠伯不顾，遂行不辍。

弟子厌观[7]之，走[8]及匠石，曰："自吾执斧斤以随夫子，未尝见材如此其美也。先生不肯视，行不辍，何邪？"

曰："已矣，勿言之矣。散木[9]也，以为舟则沉，以为棺椁则速腐，以为器则速毁，以为门户则液樠[10]，以为柱则蠹，是不材之木也。无所可用，故能若是之寿。"

匠石归，栎社见梦曰："女将恶乎比予哉？若将比予于文木[11]邪？夫柤[12]梨橘柚，果蓏[13]之属，实熟则剥，则辱，大枝折，小枝泄[14]，此以其能苦其生者也。故不终其天年而中道夭，自掊[15]击于世俗者也，物莫不若是。且予求无所可用久矣，几死，乃今得之，为予大用。使予也而有用，且得有此大也邪？且也，若与予也，皆物也，奈何哉其相物也[16]？而几死之散人，又恶知散木[17]！"

匠石觉而诊其梦。弟子曰："趣取[18]无用，则为社何邪？"

曰："密！若无言！彼亦直寄[19]焉，以为不知己者诟厉[20]也。不为社者且几有翦[21]乎？且也，彼其所保与众异，而以义誉之[22]，不亦远乎[23]！"

【译文】

匠石前往齐国，到了曲辕，看见一棵栎树，被当作此社之神。它很大，可以遮蔽数千头牛，修整剪枝以后也足有百围；它很高，比山头还要高出数米，在其上又生出枝叶；它可以用来做船，旁枝就足以造数十条。围观的人就像赶集一样，匠伯却并不旁视，照常前行，毫无停驻之意。

弟子饱看了一番，追跑向匠石，说："自从我操起斧子，开始跟随您，从未见过有如此美妙的木材。先生您却不肯一看，赶路不停，这是为何呢？"

匠石说："够了，不要再说它了。它只是不入流的散木而已，用它做舟则会沉没，用它做棺椁则会迅速腐烂，用它做器具则会很快毁坏，用它做门户则会有脂液流出，用它做支柱则会生出蛀虫，它是不成材的木头。无所可用，所以能有如此长寿。"

匠石回到住处，神社栎树出现在梦里，说："你是想拿什么与我相比呢？你要把我与美饰自己的树木相比吗？楂、梨、橘、柚，开花结果之类的树木，果实熟了则会被人摘取，摘取以后则会被人侵辱，大枝被弯折，小枝被拽下，以它们的才能害苦了它们的生命。故此不能终享天年，而只能中途夭折，自己引来世俗者的击打加害，世间万物无不如此。况且，很久以来，我一直追求获得无所可用的本领，差一点就死了，而今我得到了，性命因此得以保全，它便是我最大的用途。假使我还有用，有什么比它用途还大呢？况且，我与你都是彼此的外物而已，为何要互相以物性相交呢？那些距离死亡更近的散人，哪里懂得散木之道呢！"

匠石醒来，推断梦的涵义。弟子说："它一心想要获取无用之身，那么，为何要领取社树之职呢？"

匠石说："嘘！你别说了！它也只是朴直无欲地寄托于此罢了，所以才会被不了解的人所诟病。难道要拒绝成为社树而遭受翦除吗？而且，它所要保全的其实只是自身，与世人所设想的根本不同，而却能误导世人以世俗之义来赞美它，这不也远离了被世人所用的隐患吗？

【注解】

[1] **匠石**：寓言人物，以匠为氏，以石为名，下文又称匠伯。

[2] **曲辕**：地名，大概是庄子杜撰。此地之木皆曲身为辕，以此示栎社存身之智。

[3] **栎（ lì ）社树**：以栎树为社树，故有此名。

[4] **其大，蔽数千牛**：此处宋刊本、道藏本、蜀本均作"其大蔽牛"，与文义不甚相符，暂依覆宋本"其大蔽数千牛"、万治本"其大蔽数千牛"改之。

[5] **絜（ jié ）**：同"洁"，这里指修整剪枝。

[6] **其可以为舟者，旁十数**：旁枝亦可造舟数十条，足见此树之大。

[7] **厌观**：饱看。厌：满足。

[8] **走**：跑。

[9] **散木**：不成材的树木。散：不成群，不能为世所用。

[10] **液樠（ mán ）**：脂液流出。

[11] **文木**：美饰自己的树木。庄子主张本性至朴，其他树木开花结果，以求其用，犹如美饰自我，故有此言。《庄子·山木》："不离不劳，则不求文以待形。不求文以待形，固不待物。"约是此义。

[12] **柤（ zhā ）**：同"楂"，山楂。

[13] **蓏（ luǒ ）**：草本植物的果实。

[14] **泄**：不蓄即为泄，这里指掉落，暗指它受到人为因素的影响而损伤。小枝由本体而落，犹如细流由大湖而泄，故有此言。《庄子·山木》："天地之行也，运物之泄也。"《庄子·列御寇》："水流乎无形，发泄乎太清。"

[15] **掊（ pǒu ）**：击打。

[16] **若与予也，皆物也，奈何哉其相（ xiāng ）物也**：汝为我之

外物，我为汝之外物，若彼此再以物性相交，则一无所成，故有此言。相物：以物性相视、相交，即不交于心之意。栎社以知天道而得寿，匠石却以不材而论之，此是物性之论，而非心性之论，所以称为"相物"。《庄子·齐物论》："相与为类。"约是此义。

[17] **而几死之散人，又恶知散木**：此人在人道之中，便不知天道之木。此人不知天道，其实是几死之散人；此人又讥讽此木为散木，其实散木才是合于天道之法，而此人不知。世人看视栎社，讥其不入人道，所以称为散木，不与众木相合也；栎社看视世人，笑其不知天道，所以反称为散人，不与天道相合也。散：不合群。几死：近于死。不知天道，不知全生之要义，无异于行尸走肉，故有此言。

[18] **趣（cù）取**：一心取得，犹如直取、径取之意。趣：疾趋。《说文》："趣，疾也。"《庄子·胠箧》："赢粮而趣之。"

[19] **直寄**：分明无情之寄托，仅仅以身相寄，毫不用心之意。直：只如此，只是。《庄子·寓言》："而好恶是非直服人之口而已矣。"栎社有内心外物之明辨，将身暂寄于此，并非有"为社"之念，身在此而心不在此，故有此言。《庄子·德充符》："官天地，府万物，直寓六骸，象耳目。"《庄子·知北游》："中国有人焉，非阴非阳，处于天地之间，直且为人，将反于宗。"皆是仅仅寄身于人形，其心则在于天道，与此同义。

[20] **诟厉**：诟病批评。

[21] **几有翦（jiǎn）**：几乎遭到翦伤。不为社树，则必遭翦除之祸，故有此言。

[22] **彼其所保与众异，而以义誉之**：栎社想要保全自我，众人却认为它想保全一方，故此以义誉之。

[23] **不亦远乎**：不也远离（有用之祸）了吗？指栎社仅是寄身于此，并未真有社树之用，故此亦能远避祸患。譬如说，栎社并没有显现出树叶能治病的神迹，便不会遭到采摘之害，这也是一种自保之法。

【评述】

"颜回之卫""叶公子高使齐""颜阖傅卫"三个故事论间行于世之法，为本章"人间世"之体，"散木""不材""无用之用"三则寓言为本章"人间世"之用。

栎社有参天之美，匠石行路而不顾，弟子却饱看而不舍。

弟子何以流连忘返？只因见于其材之美，便有"可以为舟"之心思。匠石何以行而不顾？只因见于其材之不美，便有"以为舟则沉"之心思。匠石、弟子岂是观树之美乎？是观其材耳。岂是观其材乎？是观其材能否为我所用耳。非是以树为美，实有斫树之心，世人之心思往往如此。

栎社与匠石托梦，以自陈其意。何以托梦于他？只因匠石是颇有慧根之人。世人皆见栎社有舟之用，匠石却能见栎社无舟之用，透过表象而观其本质，即其慧根。然而，无舟之用是栎树本质之真乎？非也。舟之用，栎树非不能也，是不为也，暂且以此为存身之法耳。此法匠石尚且未识，故此托梦相告，期以点化。

何以要托梦点化？只因匠石物性未退，心性未成。向者匠石观树，以舟之用相评价，是以树之物性相观也。此时栎社入其梦，以种种思虑相告，是以树之心性相诉也。世间万物皆有物性、心性之分，我若与外物以其物性相交，则无得于我心；若与外物以其心性相交，则彼心与我心俱能有成。简言之，持心性则有成，持物性则无成。栎社有言："若与予也，皆物也，奈何哉其相物也？"栎社与匠石皆是彼此之外物，以物性相交则内心无成，正是此义。

虽然如此，弟子仍有疑问：既然此树远离舟之用，借以存身，又为何化身为社树？如此岂不拘系于社之用之中耶？答曰：无舟之用尚且不可得以存身，有社之用则能暂且得以存身。栎社本来设法使自己"以为舟则沉"，使其无舟之用，众人却以为"可以为舟"，以为有舟之用，则众人之蒙昧虽我亦能如何？正所谓"匹夫无罪，怀璧其罪"。倒不如寄身于社树之中，以此远避斧斤。我所恒持者，天道之心也；众人以为我所恒持者，人道之义也。此中甚有知见之分别，却正得我存身之隙。

换言之，世间有万种存身之道，"全然无用"之法是其大者，得之为优；"为社之用而不为舟之用"是其小者，行之亦可。再者，保我之道，存身为次，存心为上。此身既存，则万法皆无高下之分；此心矢志于道，方是得我之根本。存身是"人间世"之表象，得心才是"人间世"之真义。

总之，我欲以心为刃，殊不知他人亦有此心，则如何避他人之刃亦是存我之要法。要施己刃，先存己身，先使此身存于不材无用之中，再使此刃行于世人不见之处，"人间世"之真义即在于此。

成材固有其美，却启人饱看而觊觎之心；不材自得其虚，才是我存身而长寿之法。故此，成材不如不材。以无用为至用，便成栎社之大；以物用为我用，反成文木之辱。故此，有用不如无用。人之道，天之道，皆在于此。

人以我为义，我以人为鄙，自是相物之法；人知我为异，我知人之梦，能得暂寄之心。众人与栎社以物性相交，或诟厉，或觊觎，或赞美，均是误解，便彼此无成；匠石与栎树以心性相通，则知其异，亦得其梦，便彼此有成。离之以物，成之以心，此中亦有两行之法。

前文颜回、叶公子高、颜阖三子，俱怀以身入世之心，虽然犹有可解之法，终未见道家虚身入世之旨。故此，幻化出栎社之树，能以不材之材立于世间，又能避人之恶而成人之美，入于乱世而不失其心，长存其身而其心自成，正见此道之妙。

05.不材

南伯子綦[1]游乎商之丘，见大木焉，有异，结驷千乘[2]，隐
将芘其所藉[3]。子綦曰："此何木也哉？此必有异材夫！"仰而
视其细枝，则拳曲而不可以为栋梁；俯而视其大根，则轴解[4]而
不可以为棺椁；咶[5]其叶，则口烂而为伤；嗅之，则使人狂
酲[6]，三日而不已。子綦曰："此果不材之木也，以至于此。其
大也[7]，嗟乎！神人以此不材[8]。"

宋有荆氏者，宜楸柏桑。其拱把[9]而上者，求狙猴之杙[10]
者斩之；三围四围[11]，求高名之丽[12]者斩之；七围八围，贵人
富商之家求禅傍[13]者斩之。故未终其天年，而中道之夭于斧斤，
此材之患也。故解[14]之以牛之白颡[15]者，与豚之亢[16]鼻者，与
人有痔病者，不可以适河[17]，此皆巫祝以知之矣，所以为不祥
也，此乃神人之所以为大祥也。

支离疏[18]者，颐隐于齐[19]，肩高于顶，会撮[20]指天，五管
在上[21]，两髀为胁[22]。挫针治繲[23]，足以餬口[24]；鼓䇲播精[25]，
足以食十人。上征武士，则支离攘臂[26]于其间；上有大役，则
支离以有常疾不受功；上与病者粟，则受三钟与十束薪。夫支离
其形者，犹足以养其身，终其天年，又况支离其德[27]者乎！

【译文】

南伯子綦出游，到了商之丘，见到一棵大树很不同寻常，即便
集合了一千辆车马，也能悄无声息地庇护遮蔽在它树荫之下。子綦
说："这是什么树呢？它必然有不寻常的用途！"他便仰头看树的细

枝，则弯弯曲曲无法做成栋梁；俯身看树的大根，则轴心开裂无法做成棺椁；舔它的叶子，则嘴巴因此而溃烂受伤；闻一闻，则狂醉而三天不醒。子綦说："这果然是不能成材的树啊，因此才能这样。它如此之大，感慨啊！神人便是因此而遵从不材之道。"

宋国有荆氏，很会种养楸树、柏树、桑树。其中有一把两把粗、还在向上生长的，寻求拴猴木桩的人会来砍掉；三围四围粗的，寻求高大炫耀的梁栋的人会来砍掉；七围八围粗的，贵人富商之家寻求祭礼之木的人会来砍掉。故此，不能终享上天赋予的寿命，而是中途便夭折于斧头之下，这便是成材的问题所在了。所以，要纾解此难，可以用白额头的牛与翘鼻子的猪与害了痔疮的人的办法，他们不能投入河中用来祭祀，这是巫祝都知晓的，他们因此而被视为不祥，神人却因此而视为大吉大祥。

有个人名叫支离疏，他驼着背，脸颊隐在肚脐那里，双肩高过头顶，合拢着指向天空，他只能蹲行，四肢和脖颈犹如五根管子，突出而向上，两侧的腿骨却像是腋胁。他为人缝制衣服，足以养身糊口；种豆种菜，足以供养十人。而每当上面要征选兵士，支离可以大摇大摆地自如经过；每当上面要召人服役，支离便以常年有病而不受征求；每当上面要为弱病者发放救济，支离便能收受三钟米和十捆柴。放弃形貌之人，都足以全养自身，终其天年，更何况放弃世德之人呢！

【注解】

[1] **南伯子綦**：楚昭王庶弟，官至司马，《庄子·齐物论》中称其为南郭子綦。

[2] **结驷（sì）千乘**：集合了千乘车马。《战国策·楚策》："楚王游于云梦，结驷千乘。"

[3] **隐将芘（bì）其所藾（lài）**：暗暗地遮蔽在树荫之下。隐：隐秘地。此树能为甚大，庇护千乘车马而毫不费力，所以说是"隐将"，此"隐"亦合于无为之道，故有此言。芘：同"庇"，庇护。《逸周书·谥法解》："芘亲之阙曰恭。"藾：可凭借的，即树荫。"所藾"实为"所赖"，因其为树，故有此字。此字仅见于此，或是庄子自造之字。

[4] **轴解**：树干中心开裂。

[5] **咶（shì）**：同"舐"，舔。

[6] **酲（chéng）**：醉。

[7] **其大也**：既指树之大，又喻道之大，故有此叹。

[8] **神人以此不材**：神人因此而遵循不材之道。子綦此句有自寓自勉之意。

[9] **拱把**：径围大如两手合围，一把勉强可以握住之意。

[10] **狙（jū）猴之杙（yì）**：拴猴子的小木桩。狙：猴。杙：小木桩。

[11] **围**：一围略同于一手之围（即壮年男子单手相握之极限），其周长约为一尺（先秦时一尺约20厘米）。古籍并无"一围"之明确记载。《墨子·备城门》："二步积芰，大一围，长丈，二十枚。"《墨子·备城门》："十步积抟，大二围以上，长八尺者二十枚。"芰为火炬，固应一手可握，抟指柴薪，则应两手可持，皆以一尺（一手之握）为一围而较为适当。《论衡·齐世》："人生长六七尺，大三四围。"《论衡·祀义》："中人之体七八尺，身大四五围。"人之细腰约三四尺，壮腰约四五尺，亦皆以一尺为一围而合适。

[12] **高名之丽**：可供夸耀的栋梁。高名：犹扬名之意。丽：同"欐"，房梁屋栋。《庄子·秋水》："梁丽可以冲城，而不可以窒穴。"

[13] **禅（shàn）傍**：祭祀时所用的整洁的大木，用途不一，故此统称为"禅傍"，即此木随祭祀而用之意。《墨子·明鬼下》："其

始建国营都日，必择国之正坛，置以为宗庙；必择木之修茂者，立以为菆位。"此处以修茂之木为标志，供人辨识以集合，即属此类。《仪礼·觐礼》："诸侯觐于天子，为宫方三百步，四门，坛十有二寻，深四尺，加方明于其上。方明者，木也，方四尺。"方明即四方神明之像，此处以木画刻而成，周长四尺（四围），亦属此类。禅：祭天，此处泛指重大祭祀之事。《说文》："禅，祭天也。"

另注：宋刊本、道藏本、万治本、蜀本均作"禅傍"，覆宋本作"樿傍"，陆德明《庄子音义》亦作"樿傍"。考证"单"为寡少之意，"墠"意为用于祭祀之整洁之地，"墠""禅"均与祭祀有关，由此推之，"樿"之义应为洁净之木，亦多用于祭祀之礼。《礼记·玉藻》："栉用樿栉，发晞用象栉。"《礼记·礼器》："有以素为贵者……樿杓。"樿栉是洁白之木梳，樿杓是洁白之木勺，俱用于尊礼，则樿为洁美之意甚通。由此可见，"樿傍"一词似乎亦有所本，而禅傍之木即为樿木，禅傍、樿傍或是一义，而樿傍之指代则更为明晰。特将此说暂系于此。

"禅傍"一词，前人皆释为棺材。崔譔云："禅傍，棺也。"司马彪云："棺之全一边者谓之禅傍。"若如此，则直写"棺椁"即可，何必又造出"禅傍"之词？则此解未免有所偏失。此解已将禅之义等同于祭祀，若如此，丧葬之祭固然是祭祀之一种，然而，古人祭祀之事甚多，如《礼记·祭法》所载，有祭天、祭地、祭时、祭寒暑、祭日、祭月、祭星、祭水旱、祭百神、祭禘、祭郊、祭宗、祭祖等，以上诸事皆可称为禅，皆无需棺椁，何能以"禅傍"称之？再者，仅就丧祭而言，其中亦有棺椁以外用木之处，如攒木（在灵柩四周堆积的木材）、抗木（棺椁上面的木架）等，不一而足，即便以"丧傍"称呼棺椁，似乎犹然不妥。故此，禅傍并非棺椁，甚明。

[14] **解**：解决，解法。前文有"才之患"，此处便示其"解"，故有此言。《庄子·齐物论》："一遇大圣知其解者，是旦暮遇之也。"

《庄子·养生主》："古者谓是帝之县解。"则《庄子》一书示解甚多。郭象将此字解释为解除，即袚除之意，似乎无据。

[15] **颡**（sǎng）：额头。

[16] **亢**：高。

[17] **不可以适河**：不可以投河祭祀。这里指文中所说形貌不纯之三者。《礼记·郊特牲》："毛血，告幽全之物也。告幽全之物者，贵纯之道也。"适河：这里指入河祭祀。

[18] **支离疏**：寓言人物，因为形貌支离空疏而以此为名。支离：涣散。

[19] **颐隐于齐**：面颊隐藏在肚脐那里，形容他的头弯得很低，驼背很厉害的样子。颐：面颊。齐：同"脐"。

[20] **会撮**（cuō）：会聚在一起，这里指因为驼背的缘故，头低而两肩高耸并向中间会聚的样子。撮：聚拢。《庄子·大宗师》说："肩高于顶，句赘指天。"句赘是弯曲累赘之意，会撮是会聚束缚之意，则二者皆是形容两肩之怪异难受，其实同义。

[21] **五管在上**：四肢、头颈，合为五管。支离疏因为骨骼的疾病，类似于蹲行，又带有驼背，所以有五管在上的怪异形貌。管：这里指肢体，因肢胫如管，故有此称。《黄帝内经·刺节真邪》："肢胫者，人之管以趋翔也。"即此义。李颐认为五管是指五脏腧穴，供参考。

[22] **两髀**（bì）**为胁**（xié）：以腿骨为腋胁。支离疏只能蹲行，腿骨与腋胁同高，状似其胁，故有此言。髀：股骨，大腿。胁：身体旁侧从腋下至腰上的部分。

[23] **挫针治繲**（xiè）：缝制衣服。挫针：将针推没入布匹，缝制之意。挫：摧折。繲：衣服。

[24] **餬**（hú）**口**：糊口。

[25] **鼓荚播精**：摇动豆荚播种其精华，种豆子之意。鼓：鼓动。

《庄子·盗跖》："摇唇鼓舌。"荚：豆荚，荚果。精：精华，这里指种子。

[26] **攘（rǎng）臂**：捋起袖子，伸出胳膊，往往形容振奋，这里指大摇大摆的样子。

[27] **支离其德**：抛弃世间之德。庄子认为抛弃世间之德，保持本性，才是至大之德，故有此言。

【评述】

本节大木之寓言，接连上节栎社故事而言。南伯子綦游于商之丘而见大木，正如匠石至曲辕而见栎社，两事相近，亦有不同之处。

商丘大木细枝蜷曲而不可以为栋梁，大根轴解而不可以为棺椁，既有无用之实，又有无用之形，故此世人皆知其无用；曲辕栎社以为门户则液樠，以为棺椁则速腐，仅有无用之实，却无无用之形，故此唯有匠石知其无用，世人尚以为其可用。商丘大木示其无用于众人之心，栎社仅示其无用于匠石之心，则商丘大木"名实俱得"之法为上，栎社"名实不副"之法为下，此其一也。

商丘大木既得其大，又能远避斧斤之患，处世于无是无非之中，永保其身；栎社亦能得其大，却犹有斧斤之患，故此寄身于社树之用，暂存其身。然则社树之用必能远避斧斤乎？必能永存此身乎？犹未可知也。以此观之，商丘大木"自存"之法为上，栎社"寄存"之法为下，此其二也。

故此，有材之材不如不材之材，有用之用不如无用之用。世之楸柏桑，因有材而夭于斧斤；世之支离疏，因无用而终其天年。要得存身之法，何必行于世外？只须将此身化为无用之刃，无用则无厚，则可得世间一切之隙而入。此即"人间世"之义。

总之，栎社之树，名为不材，其实尚以社树为用，虽然世人多不知晓，依然有匠石秘而识之，故此不免有患；商丘大木，全无所用，得其异而成其大，即便博闻如子綦者，亦对此一无所知，于是可保无虞。其身愈虚，其刃愈薄，终得无厚之身，以行有间之世，如此便能远避灾祸，终身无患。栎社近于无用而暂存其身，大木全然无用而此生无忧，后者更胜之，二者上下相承，共成"以无厚入有间"之义。

木犹如此，人又如何？大木立于商丘，自成于不材之身；支离疏游于征役，自养于支离之形。以身为虚则得其寿，以形为虚则养其身，无论木之身、人之形，均能应于"以无厚入有间"之道。二者相并而论，以示天道广大，万物皆可得道而成。

虽然如此，道无止境，支离其形仅是"无用"之表象，支离其德才是"无用"之本质。我之身已得"人间世"之法，我之德又将如何处之？则此处亦隐隐点出下章"德充符"之旨。

06. 无用之用

孔子适楚[1]，楚狂接舆[2]游其门曰：

"凤兮凤兮，何如德之衰也？来世不可待，往世不可追也。天下有道，圣人成焉；天下无道，圣人生焉[3]。方今之时，仅免刑焉[4]。福轻乎羽，莫之知载；祸重乎地，莫之知避。已乎已乎，临人以德[5]；殆乎殆乎，画地而趋。迷阳[6]迷阳，无伤吾行；吾行郤曲[7]，无伤吾足[8]。"

山木自寇[9]也，膏火自煎也。桂可食，故伐之；漆可用，故割之。人皆知有用之用，而莫知无用之用也。

【译文】

孔子去往楚国，楚狂接舆来到他的门庭，说：
"凤啊凤啊，怎么对待世德的衰退呢？
来世不可以等待，往世不可以追上啊。
天下若是有道，圣人将成就于其中；
天下若是无道，圣人将保全于其内。
现在这个时候，能避免刑罚也就够了。
福报比羽毛还要轻，什么也承载不了；
灾祸比大地还要重，什么也躲避不及。
算了吧，算了吧，总是一副道德面孔；
累了吧，累了吧，画地为牢让人来钻。
迷惑的行为啊，不要伤了我的前行之路；
我的前路还很悠长，不要伤了我的脚掌。"

山木自己招来了侵犯砍伐，膏脂自己招来了煎熬之祸。桂木可以食用，所以砍伐它；漆树可以使用，所以割伤它。世人都知晓有用的用处，却不懂得无用的用处。

【注解】

[1] **孔子适楚**：鲁哀公六年，楚昭王聘孔子入楚，陈、蔡大夫忌之，设兵困孔子于陈、蔡之间。孔子绝粮七日，经楚昭王率兵解救而出。居楚，有叶公子高问政，又有楚狂接舆游门而歌。终于未被重用，自楚返卫。此事大致见于《孔子家语·在厄》《史记·孔子世家》《荀子·宥坐》等。

[2] **楚狂接舆**：楚人，佯狂而避世，以接舆为名，故此又称为楚狂、狂接舆、接舆。《论语·微子》篇亦有楚狂歌于孔子之事，而内容有所不同："凤兮凤兮！何德之衰？往者不可谏，来者犹可追。已而，已而！今之从政者殆而！"

[3] **天下有道，圣人成焉；天下无道，圣人生焉**：天下有道则顺道而成，天下无道则全我而生。道家主张依道成法，故有此言。《庄子·天地》："天下有道则与物皆昌，天下无道则修德就闲。"即此义。

[4] **方今之时，仅免刑焉**：如今之时，能免除刑罚就不错了。此句影射孔子厄困于陈、蔡之间之事。

[5] **已乎已乎，临人以德**：算了吧，总是想以德政施加于人。此句影射孔子入楚而不受重用之事。

[6] **迷阳**：迷惑的行为。阳：阳行，表面的行为。表为阳，里为阴，故此表外之行为阳，心内之念为阴。《庄子·人间世》："以阳为充孔扬。"《庄子·天道》："静而与阴同德，动而与阳同波。"皆此义。

[7] 郤（xì）曲：狭窄而曲折，比喻求道路途之悠长。

[8] 无伤吾足：这是歌谣结尾处表示告辞的一个比喻。此言已毕，即应告别而各自修行，继续交谈则毫无益处，反会损我根基，伤我求道之足。

[9] 寇：暴力侵犯。

【评述】

支离疏以不才游于世间，孔子却以才学入于樊笼。此节承接上节故事而言，以成正反之义。

孔子适楚，楚狂接舆游其门而歌。其歌何意？刺其心不正乎？非也。孔子心怀礼乐，不动如一，无可相疑。刺其志不笃乎？非也。孔子志在救世，始终不渝，不容置喙。其心其志，皆无可指摘之处，只是所行非时，便终究不能成事。楚狂接舆之歌，其说正在此处。

天道有时，则各人当应时而为，儒家亦赞同此说。《荀子·仲尼》："君子时诎则诎，时伸则伸。"《礼记·乐记》："事与时并，名与功偕。"皆是此义。既然如此，孔子又何必强行入楚，以致于一事无成耶？依楚狂接舆所见，孔子非是不知应时之义，实是未解应时之真。换言之，孔子不知天道，便不知人道之时为假，而天道之时为真。

楚昭王聘孔子入楚，是人道之时；"方今之时，仅免刑焉"，是天道之时。人道之时不敌天道之时。虽有人道之时，亦一无可用；不得天道之时，便一事无成。若不得时之真，则上不能处世，下不能自保，虽心正而无以自救，虽志笃而无以成事。孔子之无成，正在于此。

孔子适楚，期以作为，其实如山木自寇，亦如膏火自煎，此身将有患，则何以成事？再者，德衰，则法不行；无道，则事不成。

此是天下大势，亦是天道安排，非孔子一人可以改变。孔子非是无法，实是不得法；非是不得法之真，实是不得法之时。不得法之时，则不得世之隙；无隙可寻，何可间行于世？不得间行于世之术，则身有祸患，事唯无成。

其实儒家亦有类似之言。《论语·泰伯》："天下有道则见，无道则隐。"《孟子·梁惠王下》："乐天者保天下，畏天者保其国。"亦是审时度势之义。则儒家与道家未有法之高下，实是心之不同。心不同，则道不同；道不同，则知不同。"方今之时，仅免刑焉。"是道家所见。"治国去之，乱国就之。"是儒家所见。道家视天下为外物，儒家视天下如己身。知见不同，则境界不同。外物易弃，是道家境界之大；己身难舍，是儒家境界之小。儒道之别，即在于此。

本章共有寓言三种，栎社之树甚得其法，商丘大木、支离疏已得其法，孔子未得其法，世人之行无非如此三种，三者并成"人间世"之万象。

"迷阳迷阳，无伤吾行；吾行郤曲，无伤吾足。"此是歌谣之结尾，亦是本章之结尾。寻隙而行，无伤本真，正应本章"人间世"之义。

此段涵义亦与"养生主"呼应。"吾行郤曲"，正合"批大郤，导大窾"之法；"无伤吾足"，正合"善刀而藏之"之旨。"养生主"为体，"人间世"为用，两章相继迭出，此乃庄子顺比之法。

第五章

德充符

"德充符"，以德性充于符命之中。受命于天，不可更易，是符命之峻厉；以德充之，和合天道，是我心之有成。《庄子·人间世》："自事其心者，哀乐不易施乎前，知其不可奈何而安之若命，德之至也。"《庄子·天运》："圣也者，达于情而遂于命也。"即本章之义。

何为德？德即成和而生。《庄子·缮性》："夫德，和也。"《庄子·知北游》："调而应之，德也。"《庄子·天地》："物得以生，谓之德。"即此义。

何为符？符即无可更易之命。《庄子·知北游》："性命非汝有，是天地之委顺也。"《庄子·天运》："性不可易，命不可变。"即此义。

以符论命，是道家独有之言。《关尹子》有《四符》篇，《文子》有《符言》篇，《列子》有《说符》篇，皆是论命之言，几近于"德充符"之义。

上章"人间世"论向人之道，道在行事，间行则无虞；本章"德充符"论向己之道，道在随命，充德以有成。两章上下顺承，一向外，一向内，合为庄学处世之法。

本章可分六节：*01.* 兀者王骀；*02.* 兀者申徒嘉；*03.* 兀者叔山无趾；*04.* 恶人哀骀它；*05.* 诚忘；*06.* 无情。前四节为充德之辨，以意立论，为体；后两节为寓言两则，言充德之法，为用。

人生于世，当以德性充于符命，无论何等符命，俱可以德充之。故此，前四节以兀者论全者，以恶人论善心，兼有名实之辨；兀者部分又分出已知之德、将知之德、未知之德三节，三者合成见德之法。以示"德充符"之旨。

既明其旨，又有充德之术。于是，后两节便有寓言两则，是本章之用，亦兼论诚忘、无情，亦即"充德二法"。诚忘于外物，无情于自心，则大德可成，通于天地。至此，"德充符"之义已成。

01. 兀者王骀

　　鲁有兀者[1] 王骀[2]，从之游者与仲尼相若。常季[3] 问于仲尼曰："王骀，兀者也，从之游者与夫子中分鲁。立不教，坐不议，虚而往，实而归。固有不言之教，无形而心成者[4] 邪？是何人也？"

　　仲尼曰："夫子，圣人也，丘也直后[5] 而未往耳！丘将以为师，而况不若丘者乎？奚[6] 假鲁国[7]？丘将引天下而与从之。"

　　常季曰："彼兀者也，而王先生[8]，其与庸亦远矣[9]。若然者，其用心也，独若之何？"

　　仲尼曰："死生亦大矣，而不得与之变；虽天地覆坠，亦将不与之遗[10]。审乎无假[11] 而不与物迁，命物之化[12] 而守其宗也。"

　　常季曰："何谓也？"

　　仲尼曰："自其异者视之，肝胆楚越也；自其同者视之，万物皆一也。夫若然者，且不知耳目之所宜[13]，而游心乎德之和。物视其所一而不见其所丧[14]，视丧其足犹遗土也[15]。"

　　常季曰："彼为己，以其知得其心，以其心得其常心[16]，物何为最[17] 之哉？"

　　仲尼曰："人莫鉴于流水，而鉴于止水，唯止能止众止[18]。受命于地，唯松柏独也在，冬夏青青；受命于天，唯舜独也正，幸能正生，以正众生。夫保始之征，不惧之实[19]。勇士一人，雄入于九军，将求名而能自要[20] 者，而犹若是，而况官天地[21]，府万物[22]，直[23] 寓六骸，象耳目[24]，一知之所知[25]，而心未尝死者乎！彼且择日而登假，人则从是也[26]。彼且何肯以物为事乎！"

【译文】

　　鲁国有一位残疾人王骀，跟从他的弟子与跟从孔子的弟子数量相仿。常季问孔子："王骀是残疾人，在鲁国，跟从他的弟子却与夫子您的各占一半。他站立时并不教化，坐下时亦不探讨，弟子们却虚心而往，满载而归。难道本来就有无须言辞的教化，可以在无形中使内心感化而成吗？这是什么样的人呢？"

　　孔子说："王骀夫子，是个圣人啊，孔丘我远远在他身后，还没有前去请教呢！我都将要以他为师，更何况不如我的人呢？哪里只是鲁国呢？我将要引导全天下的人来跟从他。"

　　常季说："他是残疾人，却能为先生所称道，那就远不是蛊惑别人这么简单了。像这样的人必然是用心的，是怎样做到如此不同的呢？"

　　孔子说："死生也算是大事，其心却不因此而改变；虽然天地会颠覆，其心却也不被它裹挟。自审慎，不寄托，不随外物而动，将外物变化视为符命，而自己只是守定根本。"

　　常季说："具体怎么讲呢？"

　　孔子说："从不同之处来看问题，肝与胆就会像楚国与越国那么远；从同一之处来看问题，则万物都是统一的。像这样的人，不接受眼睛耳朵的偏见偏闻，而是在和德之中游于内心。对待万物，看取其中同道的，无视那些失道的，看待失去的脚犹如扔下的一把土。"

　　常季说："他只是为自己而做事，以其智慧得其内心，以其内心得其恒常之真心，那么，他获取的外物为何也达到最大了呢？"

　　孔子说："人不能在流水之中照鉴自己，而是在静水之中照鉴自己，唯有安止守一之态才能阻止众人止息之心。从大地处秉受生命的，唯有松柏得到了独有的常在之性，无论冬夏保持常青；从上天处秉受生命的，唯有舜帝得到了独有的正性，有幸能正导自己的生命，并以正道引导众生。他们保持长久如初之表现，即是无所忧惧之根源。独自一人，却气势雄壮地踏入九军之中，打算博求名声而又能自己赢得的勇士，便正是这样的品质，更何况奉行天地之道、府藏万物、只是以六骸为寄寓、以耳目为法象、认知通达如一、内心超脱生死之人呢！他将要有仙去的那一天，而众人也会照样跟从他的真知灼见。他怎么会把外物当回事呢！"

【注解】

[1] **兀者**：残疾失足者。兀：不和谐，突兀。

另注：过去注者多以兀为刖之义，其实二者略有不同。刖为断足之刑，则刖者是受刑而成；兀为失足之实，则兀者不必由受刑而成。简言之，兀者既包括自然之足疾者，也包括受刑之足疾者，而刖者仅就受刑者而言。

从文义来看，申徒嘉、叔山无趾皆是刖者，亦是兀者，故此孔子拒斥叔山无趾之刖，以其失德，以恶论之；王骀仅是兀者，非是刖者，故此孔子无视王骀之兀，不以其失德，以圣人论之。

[2] **王骀**（tái）：虚构人物。断足之人，取名王骀，暗示他虽然身形不全却颇有王道之风而不受世俗拘束。骀：没有笼头的马。《庄子·天下》："惠施之才，骀荡而不得。"《说文》："骀，马衔脱也。"

[3] **常季**：孔子的弟子，仅见于此，可能是虚构的。

[4] **无形而心成者**：无教之形，而教已至，心已成。

[5] **直后**：远在身后。

[6] **奚**：哪里。

[7] **假鲁国**：借用鲁国之全部。前文常季有"中分鲁"之言，因

王骀得鲁国人心之一半而忿忿不平，孔子反以"全鲁"为王骀而辩，认为王骀得鲁国人心之全部亦是理所应当，故有此言。假：借。

[8] 王（wàng）先生：称王于先生，征服之意。

[9] 其与庸亦远矣：指王骀对待他人并非强行驱使之法，而是用心而成。所以下一句说"其用心也"。庸：无心之用。

另注：庄学之"庸"与"用"有特别之内涵，有情为用，无情为庸。常季此处先说"其与庸亦远矣"，又说"其用心也"，正见"庸""用"二者相互比较之义。详见《齐物论》篇"为是不用而寓诸庸"条目。

[10] 不与之遗：不留身于天地间，不被其影响。

[11] 审乎无假：审慎自心，不假借外物。

[12] 命物之化：将外物之变化都视为符命，能够通达看待之意。命：以命运视之。

[13] 耳目之所宜：耳目所喜欢的见闻，即偏见偏闻。宜：适宜，喜欢。

[14] 物视其所一而不见其所丧：对待万物，看取其中同道的（所一），无视那些失道的（所丧）。与道同合为一者，则认知；与道不同者，则无视。物性有二，与道同合者可称"一于道"，余者可称"丧于道"，故有此言。

[15] 视丧其足犹遗土也：王骀失其足，此足已经与道无关，便视为遗落之土。即上文"不见其所丧"之义。

[16] 以其心得其常心：用心体悟，便得到恒常的真心。以物相见，便不得其心；以心相见，便渐得其恒心。故有此言。常心：恒常之真心。

[17] 彼为己……物何为最：王骀不为物而用心，只是为自己而用心，反而得到至多之物。王骀"立不教，坐不议"，并非为人而教议，实是为己而修心，便是"为己"；众人皆来依附，孔子亦"将引

天下而与从之"，便是"物为最"。故有此言。

[18] **唯止能止众止**：唯有安定止守之态，方能阻止众人止息不前之心。众人因我之安定而前行不止，犹如河溪因海之安定而奔涌不息。换言之，以我之不变，使众人有万变。我如流水，则众人无以鉴照，渐生止心；我如止水，照鉴人之不足，则止心无以生。《文子·九守》："人莫鉴于流潦而鉴于澄水，以其清且静也。"即此义。

[19] **保始之征，不惧之实**：保持长久如初之表现，即是无所忧惧之根源。征：征象，表现。松柏始终常青，与生命始态相同无二，便是"保始之征"；尧、舜、王骀内心完满，由此"以正众生"，便是"不惧之实"。"不惧"亦是对上文"死生亦大矣，而不得与之变"之解释，众人忧惧而圣人不惧，即是因此。

[20] **自要**（yāo）：凭借自己便可以赢得，犹如自取而胜于自取。要：赢得为要，直拿为取。《庄子·应帝王》："藏仁以要人。"《庄子·盗跖》："故辞而不受也，非以要名誉也。"

[21] **官天地**：官于天地，即奉行天地之道。《礼记·礼运》："礼，……其官于天也。"与此同义。官：奉命之人。《说文》："官，吏事君也。"

[22] **府万物**：府藏万物。道家将万物视为府藏之物，不属于我，却能任我所用，犹如入我天地之府库，故有此言。

[23] **直**：朴直地，只不过。形容毫无羁绊之情。

[24] **寓六骸，象耳目**：以六骸为暂时寄身之处所，以耳目为内心参考之法象。

[25] **一知之所知**：深知其所知，使之通达为一。

[26] **彼且择日而登假，人则从是也**：即便形体死去，众人亦会跟从其智慧，薪尽火传之意。登假：登仙，亦隐喻尊者死亡，又写作登遐、登霞。《礼记·曲礼下》："告丧，曰天王登假。"《列子·周

穆王》："穆王几神人哉！能穷当身之乐，犹百年乃徂，世以为登假焉。"从是：跟从对的。

【评述】

鲁有兀者王骀，"立不教，坐不议，虚而往，实而归"，从之游者却与孔子相若。常季不解。

何以不解？只因儒家奉行亲身施教之法。《孔子家语·弟子行》："孔子之施教也，先之以《诗》《书》，导之以孝悌，说之以仁义，观之以礼乐，然后成之以文德。"即是此义，恰与王骀"不言之教"之法相悖。似乎二法必有一假，必有一真。

孔子却以王骀为贤，何故？只因王骀以心相用，而非以心相庸。何为用？此心与彼心共鸣而成事。何为庸？此心不入彼心，而驱使之。故此，儒家强施教义，可称"庸心"之法；王骀教于不言之中，可称"用心"之法。以心相用则得其本，以心相庸则得其表，则王骀"用心"之法为优，儒家"庸心"之法为劣，甚明。

"用心"之成，在于心之止；"庸心"之不成，在于心之不止。"人莫鉴于流水，而鉴于止水。"即是此义。王骀"用心"之法，有如止水，犹如松柏之长青，亦如帝舜之长在，此心不动，而彼心自然前来相与，此心与彼心便俱得其成；儒家"庸心"之法，颇如不止之流水，此心随彼心而动，彼心向东则此心向东，彼心向西则此心向西，此心疲于奔命，彼心亦难以捉摸，此心与彼心便难得其成。

上章"人间世"论向人之道，本章"德充符"论向己之道，一向外，一向内，合为庄学处世之法。

何为"德充符"？无论何种不可更易之符命，均要探寻我之德性，以德性充之，即其义。本章以四篇故事立论，计有三位兀者一个恶人，本篇为其首。

兀者，符命也，符命由天，不可改易；用心，德性也，德性由我，守宗而成。以守宗之用德充于符命之不迁，即是"德充符"之义。

王骀有兀者之符命，身形残废，行动不便，却可以求道而有成，正是其通达之处。所谓符命，无论优劣，俱是外物之一种，泰然处之，随而化之，以德充之，便能得自心之成。前文有"罔两问景"故事，影子尚无形体可言，其符命之下劣，过于王骀等兀者多矣，然而犹能得其自心，则王骀之得道，犹是"罔两问景"故事之余绪，读者自可识之。王骀之兀，在身不在心，心德不受其损，则守宗而成圣人；天命之符，在物不在我，我实不受其害，则化物而得其最。我自行修心之道，虽丧足亦有何妨？丧足亦物，命亦物，众人亦物，无论何等符命，我心均可自成，以德充之，可以正生，可以正众生。

行不言之教，是道家之法。《庄子·在宥》："大人之教，若形之于影，声之于响。有问而应之，尽其所怀，为天下配。处乎无响，行乎无方。"《庄子·知北游》："夫知者不言，言者不知，故圣人行不言之教。"即此义。

行有言之教，是儒家之法。《论语·述而》："学而不厌，诲人不倦。"《论语·子罕》："夫子循循然善诱人，博我以文，约我以礼。"即此义。

王骀行不言之教，无形而心成，实是道家之法；而孔子以圣人之道称之，其实悖于儒家之言。此种安排，亦是庄子借儒家为道家张目，即所谓"寓言"之法。

本章有立言四篇，前三篇王骀、申徒嘉、叔山无趾三者均是失足之人，庄子特意称为兀者，是与全者相对，以形体之残缺反衬内心之完满，以兀者之大知反衬全者之偏见。兀者实为全者，全者反为兀者，将辩证之实寄托于矛盾之名，犹如鲲鹏名实之辨，亦如罔两与景心形之辨，是庄子惯有之手法。

02. 兀者申徒嘉

申徒嘉[1]，兀者也，而与郑子产[2]同师于伯昏无人[3]。子产谓申徒嘉曰："我先出，则子止；子先出，则我止。"其明日，又与合堂同席而坐。子产谓申徒嘉曰："我先出，则子止；子先出，则我止。今我将出，子可以止乎，其未邪？且子见执政而不违[4]，子齐执政乎？"

申徒嘉曰："先生之门，固有执政焉如此哉？子而说[5]子之执政而后人[6]者也。闻之曰：'鉴明则尘垢不止[7]，止则不明也。'久与贤人处则无过。今子之所取大者，先生也，而犹出言若是，不亦过乎？"

子产曰："子既若是矣[8]，犹与尧争善，计子之德，不足以自反[9]邪？"

申徒嘉曰："自状其过以不当[10]，亡者众；不状其过以不当，存者寡。知不可奈何而安之若命，唯有德者能之。游于羿之彀中[11]，中央者，中地也[12]；然而不中者，命也[13]。人以其全足笑吾不全足者，众矣，我怫然[14]而怒；而适先生之所，则废然[15]而反[16]。不知先生之洗我以善邪？吾与夫子游十九年矣，而未尝知吾兀者也。今子与我游于形骸之内，而子索我于形骸之外，不亦过乎？"

子产蹴然[17]改容更貌曰："子无乃称[18]！"

【译文】

申徒嘉，残疾人，与郑国的子产同在伯昏无人处拜师学习。子产对申徒嘉说："我要是先出门，您就等一等；您要是先出门，我就等一等。"次日，申徒嘉照常与他合堂同席而坐。子产对申徒嘉说："我要是先出门，您就等一等；您要是先出门，我就等一等。现在，我要出门了，您可以等一等，却为什么不这样做呢？而且，您见到执政官而不回避，您是与执政官平起平坐吗？"

申徒嘉说："先生的门庭，原来会有这样的执政官吗？会有像您这样自满于执政之职而瞧不起别人的啊。我听说：'若是镜子明净，则尘垢不应停留；若有尘垢停留，则镜子不会明净。'与贤人长久相处便不会犯错。您所认同的大贤，正是此处的先生，而您却还如此讲话，这不是犯错吗？"

子产说："您既然已经这样了，还想要与尧帝争善，请估量一下您的德行吧，它不足以使您自行转身离开吗？"

申徒嘉说："自己的过错不应该受此刑罚，即使向人证明了，离开者也会很多；自己的过错不应该受此刑罚，即使不向人证明，留下者也会很少。知晓其不可奈何而安之若命，唯有有德之人才能做到。世人游荡在后羿刑罚之箭的射程之中，身在中央之人，正处于中矢之地；却也有不被射中的，这就是所谓命运。凭借着全腿全脚来嘲笑我腿脚不全的人太多了，我往往怫然而怒；而来到先生的处所，则可以怒气全消地回去。岂不知这正是先生在以善德来洗涤我吗？我与夫子交往十九年了，从来没想过我是个残疾人。而今您与我交往于形骸之内，而您却索求我于形骸之外，这不是犯错吗？"

子产一下子转变了态度，说："您真是很值得称赞！"

【注解】

[1] **申徒嘉**：受刑而断足之人，仅见于此，大概是庄子虚构的。

[2] **子产**：公孙氏，名侨，字子产，先后执政辅佐郑简公、郑定

公，是孔子很推崇的政治家。

[3] **伯昏无人**：又称伯昏瞀人，多次见于《列子》《庄子》，是列子的师友，得道之人。

[4] **违**：离开，回避。

[5] **说（yuè）**：同"悦"。

[6] **后人**：以人为后，以己为前，瞧不起人之意。

[7] **鉴明则尘垢不止**：镜子明净则尘垢不会停留。《文子·九守》："夫鉴明者则尘垢不污也。"

[8] **子既若是矣**：你既然已经这样了。申徒嘉曾有过错，因此而受刑成为兀者，故有此言。

[9] **自反**：自己转身而走。反：同"返"。

[10] **状其过以不当**：展示其过错以及与此不相当的惩罚，即我有过错而用刑不当之意。不当：不相当，不匹配。《吕氏春秋·先识》："示晋公以天妖，日月星辰之行多以不当。"

另注：我之过错与所受刑罚并不相当，然而我却坦然处之。我若以此相示，则众人必有不允者，则亡者众；我若不以此相示，则众人亦有私议者，则存者寡。示与不示，俱无损于我心，亦无益于他心。此即所谓"知不可奈何而安之若命"，即安于符命之心，即"德充符"之法。

[11] **游于羿之彀（gòu）中**：传说后羿主政时刑法甚严，以此喻今。《管子·形势解》："明主犹羿也，平和其法，审其废置而坚守之，有必治之道，故能多举而多当。道者，羿之所以必中也，主之所以必治也。"《韩非子·用人》："发矢中的，赏罚当符，故尧复生，羿复立。"彀中：弓箭射程之中，比喻圈套、牢笼。彀：使劲张弓。

[12] **中央者，中（zhòng）地也**：中央之处即是中矢之地。

[13] **然而不中者，命也**：未受刑罚之人不过是侥幸而已。世道纷乱，常人难免受到刑罚，故有此言。《庄子·人间世》："方今之

时，仅免刑焉。"

[14] 怫（fú）然：心中不平。

[15] 废然：指愤怒之心废弃了、消除了。此是针对怫然而言。

[16] 反：同"返"。

[17] 蹴（cù）然：顿足的样子，形容其警觉。

[18] 子无乃称：您难道不应该受到称赞吗？无乃：岂不。称：称扬，称赞。

【评述】

兀者申徒嘉与子产同师于伯昏无人，子产谓申徒嘉曰："我先出，则子止；子先出，则我止。"不使两人行于一处。

两人既为同学，又何故作此分别？只因学者有"同类相从"之论。《礼记·乐记》："君子反情以和其志，比类以成其行。"即是此义。子产自以为与申徒嘉并非同类，故此有所分别。既是同学之人，何以不能同类？只因申徒嘉受刑而成兀者，受刑则德行有亏，便不能与德行无亏者相从。故此，子产有所诘问："计子之德，不足以自反邪？"

然而，申徒嘉果真德行有亏乎？既往之事，何能陷困此时之心？《论语·八佾》："成事不说，遂事不谏，既往不咎。"子产岂可不识此义耶？再者，居于乱世，恰如"游于羿之彀中"，岂有万无一失之全身之法？刖者兀者，皆是符命，岂能以此判定其德？再者，道者本来不游于形骸之表，而游于形骸之里，形骸不全无妨于此心无损，岂可因其形而判别其心？

故此，申徒嘉以兀者之身犹能得道，子产以全者之身却未能得道，则得道之本不在于形体之外物，而在其心。此即本节之义。

受刑而足不全，是申徒嘉之符命，申徒嘉以德充之，故能得道；

与申徒嘉合堂同席而坐，是子产之符命，子产不以德充之，故不得其道。此中之象正是对心而言。

断足、非议，俱是外物，申徒嘉视之轻如丧土，便得心之恒常；执政、同席，亦是外物，子产视之重如丘山，便得心之桎梏。此中之象正是对物而言。

本章"德充符"立言四篇，此即其二。此篇与前篇故事俱以得道之兀者相示，所不同者：王骀有得道之名，孔子便以圣人论之；申徒嘉未有得道之名，子产便以罪者视之。申徒嘉犹如北冥之鲲，已有所得而未被《齐谐》所载；王骀犹如南冥之鹏，名实俱得便能入《齐谐》之志。有名无名，岂能侵乱其实？有实无实，岂能以名而定？子产因申徒嘉之无名而视申徒嘉为无实，固然是愚者；孔子因王骀之有名而论王骀之有实，又何谈高明？世人之见，往往如此。不过，言辞是非皆与我心无关，世人之见亦是符命之外物而已，以德充之，则无损于心。

03.兀者叔山无趾

鲁有兀者叔山无趾[1]，踵见[2]仲尼。仲尼曰："子不谨。前既犯，患若是矣；虽今来，何及矣！"

无趾曰："吾唯不知务[3]而轻用吾身，吾是以亡足；今吾来也，犹有尊足者存[4]，吾是以务全之[5]也。夫天无不覆，地无不载，吾以夫子为天地，安知夫子之犹若是也！"

孔子曰："丘则陋矣。夫子胡不入乎？请讲以所闻！"

无趾出。孔子曰："弟子勉之！夫无趾，兀者也，犹务学以复补前行之恶，而况全德之人[6]乎！"

无趾语老聃曰："孔丘之于至人，其未邪？彼何宾宾[7]以学子为？彼且以蕲以诚诡幻怪之名闻[8]，不知至人之以是为己桎梏[9]邪？"

老聃曰："胡不直使彼以死生为一条，以可不可为一贯[10]者？解其桎梏，其可乎？"

无趾曰："天刑之，安可解[11]！"

【译文】

鲁国有一位残疾人叔山无趾，瘸着来见孔子。孔子说："你太不小心了。之前犯下了过错，便有如此之患；虽然现在来见我，哪里能补救呢！"

无趾说："我只是不知时务而轻易地以身相试，便因此而失去了脚；如今我来了，向道之心依然存在，因此想要使它成长而完满。上天没有不覆盖的，大地没有不承载的，我把夫子您当成天与地，哪知道您却是这样的见解呢！"

孔子说："是我鄙陋了。夫子您何不进来呢？请讲讲您的听闻吧！"

无趾离开了。孔子说："弟子们要努力啊！无趾是残疾人，犹自努力求学以不断弥补之前的恶果，更何况德性健全之人呢！"

无趾对老子说："孔子和至人还不能相比吧？他怎么毫无主见，像个学生那样？他只能以追求诡谲怪诞的空名而闻名于世了，岂不知至人把这些当成自己的枷锁吗？"

老子说："为何不直接引导他，告诉他死与生其实是一体，而可与不可其实是一类的道理呢？如此解开他的枷锁，可以吗？"

无趾说："他的内心受了上天之刑，如何能解！"

【注解】

[1] 叔山无趾：虚构人物，受刑而断趾之人，仅见于此。

[2] 踵（zhǒng）见：踵行而求见。踵：脚上承重的部分，即脚掌、脚跟。无趾者仅能以踵艰难而行。

[3] 务：时务，紧要之事。

[4] 尊足者存：指向道之心犹存。尊足者：指心。失足之形者，人也；尊足之道者，心也。为人虽有不谨，而尊心犹在。故有此言。

[5] 务全之：追求使内心完满。形貌虽然不全，无碍内心之全。

[6] 全德之人：德行完满之人。孔子认为叔山无趾因违法而受刑，德有所失，必不是全德；而弟子们未有失德之事，可称是全德，胜于不全德之人。故有此言。

另注： 此处，孔子认为，人一旦有失德之事，便无可救药；叔山无趾认为，即便有失德之事，亦属于过去，无妨当下。二人见解之不同约在此处。孔子只见到此形之覆水难收，未见到此心之生生不息，便是其浅薄之处。

旧行不谨，未妨有全德之志；刑罚加身，无损于向道之心：此乃叔山无趾之信念。亡羊补牢，犹是失德之已晚；言行无亏，必是全德之铁律：此乃孔子之法度。无趾向道而通于法，孔子执法而塞于道，二人相差如此。

[7] **宾宾**：形容毫无主见且不知求实的求知状。道家主张以我为主，以物为宾。《道德经》："道常无名。朴虽小，天下莫能臣也。侯王若能守之，万物将自宾。"即此义。又主张取其实而舍其名，取其主而舍其宾。《庄子·逍遥游》："名者，实之宾也，吾将为宾乎？"即此义。此处孔子毫无主见，被物性所蒙蔽，即是"宾"；再者，舍其实而取其名，舍其主而取其宾，即是"宾宾"。既乐于求知，又未解求知之真义，所以说他像个学子。

[8] **彼且以蕲（qí）以諔（chù）诡幻怪之名闻**：他（孔子）暂且以谋求诡谲怪诞之名而闻于天下。蕲：求。諔：奇异。孔子态度转变，仅是惊异于无趾之言，并未领略所言之实，得其名而失其实，未能得道而徒有其表，故有此评价。

[9] **桎（zhì）梏（gù）**：刑具，缚脚为桎，束手为梏。

[10] **以死生为一条，以可不可为一贯**：死生之事均是外物，犹如一体，并无分别；求是与求非俱是求道之法，彼此相成，并无高下。外物之趾，或有或无，均可求其是；求道之行，或可或不可，均无损于道。孔子不知其理，故有此言。

[11] **天刑之，安可解**：指孔子之心愚昧不通，犹如上天对其心性施加了刑罚。趾刑无损于心，不须解；心刑作茧自缚，无可解。孔子之心陷于小知，他人爱莫能助，犹如上天之刑，故有此言。

【评述】

兀者叔山无趾踵见孔子，孔子以言相拒。

前者王骀是兀者，孔子以之为贤；此处无趾亦是兀者，孔子却以之为不贤。同是兀者，何以有如此分别？只因王骀未曾受刑而兀，孔子以为德行无亏；无趾却因受刑而兀，孔子以为德行有亏。故此态度大不相同。

然而，受刑者必是失德之人乎？亡足者便无求道之心乎？人之形，天与之。受刑而亡足，不受刑而亡足，二者岂有根本之分别？俱是天道之安排也。再者，足者，形也；尊足者，心也。道成于心，不成于形。足虽有亡而此心无损，又何妨于继续求道？无趾曰："今吾来也，犹有尊足者存，吾是以务全之也。"即是此义。

听闻无趾之言，孔子自知其陋，改以夫子相称，又以此勉励弟子。孔子有言："夫无趾，兀者也，犹务学以复补前行之恶，而况全德之人乎！"

然而，孔子果真自知其陋乎？曰：其实未知。纵然无趾有前行之恶，又与此时之心何干？何须补之？纵然无趾有形体之兀，又与其德何干？何以不是全德之人？无趾之兀，在其形而不在其德，孔子犹视无趾为兀者，即是其始终蒙昧不明之处。

天道之中，万物自性具足，何有兀者、全者之分别？若不知此义，便是自造桎梏而又奉之不弃。诸般桎梏之中，唯有自造之物最难解。故此，无趾曰："天刑之，安可解！"

天刑之心，必不可解乎？曰：非也。其实解之甚易。若此心勘明自性，无困于外物，则立地自解；否则，确乎解无可解，犹如天降之刑。

故此，未闻叔山无趾之言，孔子之心束缚于失德之成见；已闻叔山无趾之言，孔子之心束缚于全德之成见。未闻其言而轻视叔山无趾，是孔子之无成；听闻其言而重视叔山无趾，是孔子之小成；再闻其言而误解叔山无趾，是孔子之终于未成。孔子自以为其心已解，然而其实未解，得道之关键全在此心。此心未解，即便小有所成，依然无以大成，甚至误入歧途。此即本节之义。

叔山无趾身有刑而心无刑，可成至人；孔子身无刑而心有刑，实为陋者。孔子初见叔山无趾，将彼身之刑当作此心之刑，正是世俗之见，孔子亦知其陋；叔山无趾讲闻而出，孔子将前行之恶当作当下之恶，不知两行之道，则孔子其实未知其陋。

无论其身刑与未刑，其德并未有损，无趾有"务全"之言，实为务全其道，正是"德充符"之旨；无论其志勉与未勉，其心始终未解，孔子有"补恶"之论，其实无恶可补，未知"德充符"之义。无趾之刑，止于亡足，未曾损于天道之分毫；孔子之刑，不止于桎梏其心，更有难解之本，故称为天刑。

本章"德充符"立言四篇，此即其三。上文有兀者王骀故事，此处有兀者叔山无趾故事与之相应。王骀自得其兀，孔子便似见其德；无趾受刑而兀，孔子便不见其德。岂不知德与不德全在一心之中，又与符命何干？孔子之心刑即在于此。

孔子之于王骀，已知其德；子产之于申徒嘉，将知其德；孔子之于叔山无趾，其实未知其德。已知，将知，未知，世人于德之见无非三种，尽在于此。我之德已有所成，世人所见却褒贬不一，有人已知我之德，有人将知我之德，有人未知我之德，种种看法，其实与我无关，世事纷纷，我以德相示，世人所见非一，亦是我之符命。无论世人如何，我自秉承符命，充之以成修之德，无损我求道之心，亦是"德充符"之义。

04.恶人哀骀它

鲁哀公问于仲尼曰："卫有恶人[1]焉，曰哀骀它[2]。丈夫与之处者，思而不能去也。妇人见之，请于父母曰'与为人妻，宁为夫子妾'者，十数[3]而未止也。未尝有闻其唱[4]者也，常和人而已矣。无君人之位以济乎人之死，无聚禄以望人之腹[5]，又以恶骇天下，和而不唱，知不出乎四域，且而雌雄合乎前[6]，是必有异乎人者也！寡人召而观之，果以恶骇天下。与寡人处，不至以月数，而寡人有意乎其为人也；不至乎期年，而寡人信之。国无宰，寡人传国焉。闷然而后应，氾[7]而若辞。寡人丑乎，卒授之国。无几何也，去寡人而行。寡人恤[8]焉若有亡也，若无与乐是国也[9]。是何人者也？"

仲尼曰："丘也尝使于楚矣，适见独子[10]食于其死母者，少焉眴若[11]，皆弃之而走。不见己焉尔，不得类焉尔[12]。所爱其母者，非爱其形也，爱使其形者也。战而死者，其人之葬也不以翣资[13]；刖者之屦[14]，无为爱之。皆无其本矣。为天子之诸御[15]，不爪翦，不穿耳[16]，取妻者止于外，不得复使[17]。形全犹足以为尔，而况全德之人乎[18]！今哀骀它未言而信，无功而亲[19]，使人授己国，唯恐其不受也，是必才全而德不形[20]者也。"

哀公曰："何谓才全？"

仲尼曰："死生、存亡、穷达、贫富、贤与不肖、毁誉、饥渴、寒暑，是事之变、命之行也。日夜相代乎前，而知不能规乎其始者[21]也。故不足以滑和，不可入于灵府[22]。使之和豫[23]，通而不失于兑[24]，使日夜无郤[25]，而与物为春[26]，是接而生、时乎心者也。是之谓才全。"

"何谓德不形？"

曰："平者，水停之盛也。其可以为法也，内保之而外不荡也。德者，成和之脩[27]也。德不形者，物不能离也。"

哀公异日以告闵子曰："始也吾以南面而君天下，执民之纪而忧其死，吾自以为至通矣。今吾闻至人之言，恐吾无其实，轻用吾身而亡吾国。吾与孔丘非君臣也，德友而已矣！"

【译文】

鲁哀公向孔子问道："卫国有一位丑陋的人，名叫哀骀它。男人与他相处，想念他而不愿离开。女人见了他，对父母请求说'与其做别人的妻子，宁可做他的小妾'，像这样的人不止有数十位。未曾有人听过他长篇大论，他常常只是附和旁人而已。他并没有君主的地位，可以拯救人的生死，亦没有殷盛的财产，可以布施人的胃肠，又偏偏以丑陋惊骇于天下，他只是附和而并不立言，他的见识也都在平常之间，却能使男人女人与他相亲相合，这必是有异于常人之处啊！我便召见而观察他，果然是丑陋得惊骇天下。他与我相处，不到一个月的时间，我便被他的为人处世吸引了；不到一年的时间，我便很信任他了。鲁国缺一位宰相，我便要把国事交付给他。他先是毫无表示而后才有了回应，泛泛的态度看起来像是在推辞。我自惭形秽啊，终于把国政交给他了。而没多久，他便离我而去了。我对此十分懊丧，就仿佛有什么东西丢失了，仿佛再也没有同乐于共同治国之人了。他究竟是怎样的人呢？"

孔子说："我曾经出使楚国，恰好碰见小猪在死去的母猪身上吃奶，而转眼之间，便丢下它而跑开了。这是因为小猪见不到自身的寄托了，得不到同类的回应了。小猪爱它的母亲，并非爱其形貌，爱的是赋予形貌之心。战死而弃于疆场之人，便不必费心装饰他的葬礼；脚被砍掉的人，便没法再爱他的鞋。这都是失去本体的缘故。要成为天子的护卫，不剪指甲，不穿耳洞，娶妻的人须停步在殿外，不能再用他了。形貌圆满尚且可以近于天子，更何况德性圆满之人呢！如今哀骀它不立言却能取信于人，不用本领却能使人亲近，使人授予国之高位，却还担心他不愿意接受，这必是'才全而德不形'之人，才能圆满而德性不显露于形貌。"

哀公说："什么叫作才全？"

孔子说："死生、存亡、穷达、贫富、贤与不肖、毁誉、饥渴、寒暑，这都是事物的变化、命运的运行。它们日夜在眼前交替出现，而认知并不能指出哪里才是开始。故此，若不能顺势与之相和，便不能使之入于我认知之心。使之和合舒适，畅通而不失交接，将日夜视为一体，使外物和煦如春，便是交接而生、适时于心的方法了。这便叫作才全。"

哀公说："什么叫作德不形？"

孔子说："平稳无波，便能蓄积最多的水。它可以遵循成法，正是保有于内而不溢于外的缘故。所谓德，便是促成和睦的修为。所谓德不形，德性不外溢，万物便不会离开。"

另一日，鲁哀公把这些告诉闵子，说："原来我坐北朝南地君临天下，执掌人民的纲纪而担忧他们的生死，我自以为这已经是最通达的见识了。如今我听到了至人的明言，恐怕我并没有真正领悟大道之实，轻易地消耗我的身体进而失去我的国家。我与孔丘并不是君臣的关系，而已经是以德性相交的朋友了！"

【注解】

[1] 恶人：丑恶之人。哀骀它相貌丑恶，便有此名。恶人者，

人皆恶之；善人者，人皆善之。而哀骀它身为恶人，却能得人之善，足以见得其名为恶，其实为善。不以丑人为名，而以恶人为名，亦是庄子刻意设下善恶冲突之陷阱，以名实之辨相寓。

[2] **哀骀**（tái）**它**：虚构人物。形貌可堪哀怜，却能和合众生，如顽马般无拘无束，故有此名。骀：没有笼头的马。

[3] **十数**：以十计数。

[4] **唱**：喻指主讲。主唱如主讲，和声如附和。

[5] **望人之腹**：使人之肚腹有所寄望，即布施旁人之意。

[6] **雌雄合乎前**：指丈夫妇人都愿意与之亲近。

[7] **氾**（fàn）：同"泛"。

[8] **恤**（xù）：体恤，怜悯，为之忧虑。这里指鲁哀公自怜自哀。

[9] **若无与乐是国也**：仿佛再没有能与之共同治国之人了。乐是国：与此国同乐，即治国。《庄子·胠箧》："乐其俗，安其居。"

[10] **独**（tún）**子**：小猪。独：豚。

[11] **少焉眴**（shùn）**若**：顷刻之间。少焉：顷刻。眴：眨眼。

[12] **不见己焉尔，不得类焉尔**：独子不得同类之应，不见己身所在。类：同类，这里指母独。众生得其类而见己，不得则不见，故有此言。

[13] **不以翣**（shà）**资**：不必费钱准备棺材。翣：用于棺材的装饰，此处指代下葬之物。战死者尸身弃于疆场，无处可寻，故有此言。

[14] **刖**（yuè）**者之屦**（jù）：失足者之鞋。刖：断足之刑。屦：鞋。

另注：失尸而无棺，正如失足而弃鞋。皮之不存，毛即无用。孔子以此说明德性为重要之本，而形貌为次要之末。

[15] **诸御**：防御者，这里指身边的侍卫。《左传·成公十八年》："弁纠御戎，校正属焉，使训诸御知义。"成玄英认为御指御女，恐怕无据，文意亦不符。

[16] **不爪翦，不穿耳**：不剪指甲，不穿耳洞。

[17] **取妻者止于外，不得复使**：娶妻者将破童子之身而坏形全之体，故有此言。

[18] **形全犹足以为尔，而况全德之人乎**：形全可得天子之近，全德可得天子之心。鲁哀公宠信哀骀它而不知原因，孔子认为是哀骀它有全德之故。

[19] **无功而亲**：不用本领却能得人之亲近。

[20] **才全而德不形**：才能完备而德性不显露于形貌。

[21] **知不能规乎其始者**：认知并不能指出哪里才是一切运行的开始。逻辑推理终有极限，以心感知才是至道。故有此言。

[22] **不足以滑和，不可入于灵府**：顺势而与之和合，方可入于心。以思谋之而不成，便不如和而合之，以心感之而渐得。滑：圆滑，这里指顺势而为，不能知之，便和之。和：和合，不对立。灵府：心灵，古人视内脏器官如府库。

[23] **豫**：安适。《尚书·金縢》："王有疾，弗豫。"

另注："不足以滑和"，就我之形而言；"使之和豫"，就物之态而言。

[24] **通而不失于兑**：与我畅通，亦有所交接。交而不通，则塞；通而不交，则无所得；既通且交，则两相宜。兑：交换，交锋。《道德经》："塞其兑，闭其门。"《荀子·议兵》："兑则若莫邪之利锋。"

[25] **使日夜无郤**（xì）：将日夜视为一体而认知，则无须考虑其始终。前有"日夜相代乎前，而知不能规乎其始者也"之患，便以此法解之。郤：同"隙"。

[26] **与物为春**：以春之煦暖与物交接，和睦之意。《庄子·大宗师》："真人……凄然似秋，煖然似春，喜怒通四时，与物有宜，而莫知其极。"

[27] **脩**（xiū）：同"修"。

【评述】

卫有恶人哀骀它，甚能聚拢人心，丈夫皆欲与之相处，妇人皆欲以身相许，鲁哀公欲以国相授。此人既无生杀大权，也无富贵荣华，反而有恶骇天下之貌，竟何能如此？答曰：哀骀它有成德之法，故能如此。

何为德？成和即是德。哀骀它守"和而不唱"之法，于是成其大德。何谓"和而不唱"？唱者主言而处于上，和者主听而处于下，唱为雄而和为雌，故此，守其下，得其上，即是"和而不唱"，正是道家之法。《庄子·天运》："虫，雄鸣于上风，雌应于下风，而风化。"《道德经》："知其雄，守其雌，为天下溪。"《道德经》："牝常以静胜牡，以静为下。"皆是此义。世人皆欲居于上处而自鸣自唱，哀骀它却居于下处而以心相和。众人皆争上而居，却不知两阳必亢，彼此无以相和；哀骀它却甘居于下，便阴阳和调，能和于天下人，故此能得天下人之心。

鲁哀公以国相授，哀骀它何故辞别？曰：其德不相配也。治国者，"唱"也；哀骀它所持者，"和而不唱"也。治国犹如领唱于众人，并非哀骀它之符命，故此不相容。

鲁哀公求问于孔子，而孔子以"才全而德不形"相答。何谓"才全"？心境通透即是"才全"。何谓"德不形"？不施德于人即是"德不形"。此言指明哀骀它成德之本质，其实亦是鲁哀公成德之不足。鲁哀公"无其实而轻用其身"，正见得其心未通，其才不全；"执民之纪而忧其死"，正见得其施德太过，形于外而失于内。故此，鲁哀公因孔子之言而悟，抛却君臣之分，友于成德之道。

哀骀它名为恶人，却能以德而得众人之善，众人皆欲亲之；鲁哀公非是恶人，却因无德而不能得哀骀它之善，哀骀它弃之而去。

则所谓恶人、善人，其分别究竟在于何处？世之恶人哀骀它，因有
德而成天道之善人；世之善人鲁哀公，因无德而成天道之恶人。则
人道之善可比照于天道之善，孰伪？孰真？善之名可比照于善之实，
孰轻？孰重？善恶之名，本是心外之物，无足轻重；善恶之实，皆
由德性而成，事关至要。本节之立义即在于此。

　　恶人哀骀它是否有德？是也。哀骀它"和而不唱"，此是至德之
性，故此，丈夫妇人乐于相处，鲁哀公亦欲授之以国。《庄子·缮
性》："夫德，和也。"《庄子·在宥》："我守其一，以处其和。"皆是
此义。故此，哀骀它能得众人之和，是有德之人。

　　恶人哀骀它是否得道？不知也。庄学倡导人道与天道并行。《庄
子·齐物论》："圣人和之以是非，而休乎天钧，是之谓两行。"《庄
子·天道》："与人和者，谓之人乐；与天和者，谓之天乐。"仅以此
节而论，只见其人乐，未见其天乐，只见其通于人道，未见其通于
天道，只见其和之以是非，未见其休乎天钧，故此，哀骀它之道心
如何，并未明示。此篇故事论德而不论道。

　　前文王骀、申徒嘉、叔山无趾三子，何以称为兀者？指其道心
而言。人道之兀者，实为天道之全者。三子有德亦有道，可堪典范。
此节之哀骀它，何以称为恶人？指其自性而言。人道之恶人，实为
天道之善人。哀骀它有德而不知其道，亦须深思。故此，三位兀者
形体缺失而内心完满，一位恶人面目丑恶而与人和豫，均是有德之
人，却仍有道心之不同。兀者德于心而成于道，恶人德于外而未见
有成，孰是孰非，亦足以使人警醒，二者有此分别，亦是庄子立言
之法。德为道之术，道为德之本。有德而知其道，可得天道之逍遥；
有德而不知其道，仅有人道之和合。若不知天道，"德充符"即是无
本之法，其实无成。

　　本章"德充符"立言四篇，此即其末，至此立言已成。前三篇
兀者故事示以成德之大者，亦展示出已知大德、将知大德、未知

大德等三种世人之知见，正反相示成德之义；末一篇恶人故事示以成德之小者，借此展示成德、成道之不同，暗示成道才是成德之本。

05.诚忘

闉跂支离无脤[1]说[2]卫灵公，灵公说之[3]，而视全人[4]，其
脰肩肩[5]。瓮㼜大瘿[6]说齐桓公，桓公说之，而视全人，其脰肩
肩。故德有所长，而形有所忘。人不忘其所忘，而忘其所不
忘[7]，此谓诚忘[8]。

故圣人有所游，而知为孽[9]，约为胶[10]，德为接[11]，工为
商[12]。圣人不谋，恶用知？不斫，恶用胶？无丧，恶用德[13]？
不货，恶用商？四者，天鬻也[14]，天鬻也者，天食[15]也。既受
食于天，又恶用人[16]？有人之形，无人之情。有人之形，故群
于人；无人之情，故是非不得于身。眇[17]乎小哉，所以属于人
也；謷[18]乎大哉，独成其天！

【译文】

闉跂支离无脤向卫灵公进言，灵公听了很欢悦，而定睛看他的
全貌时，却发现他形容萎靡，毫无生气。瓮㼜大瘿向齐桓公进言，
桓公听了很欢悦，而定睛看他的全貌时，却发现他形容萎靡，毫无
生气。所以说，内德若是有其长处，外形便会使人淡忘。人不去忘
记他本来就会忘记的，而是去忘记他本来不会忘记的，这叫作诚忘。

故此，圣人有游离的手段，而视智巧为邪孽之学，誓约为粘人
之胶，德行为强加之法，情谊为买卖之术。圣人并不谋求什么，哪
里用得到智巧？并不破坏什么，哪里用得到胶合？并不丧失什么，
哪里用得到德行？并不交易什么，哪里用得到买卖？这四样，叫作
天鬻，是上天的赏赐，是上天的喂养。既然受到上天的喂养，又怎

能消磨于世人身上？不妨存着人的形貌，而抛弃人的情感。存着人
的形貌，所以与众人为群；抛弃人的情感，所以是非不能沾染己身。
短视而渺小啊，所以暂且寄居为人；探索而无穷啊，成就各自的一
片天！

【注解】

[1] 闉（yīn）跂（qǐ）支离无脤（shèn）：虚构人物，长相土气，
不精神，故有此名。闉跂：在城外踮着脚向城内看，形容其乡野、
不入流。先秦时往往以居所入名，如"南郭子綦""北门成"，闉跂
犹如郭外之意。闉：瓮城的门。跂：抬起脚跟。支离无脤：长相干
瘪无肉，犹如没有福报，不受神灵眷顾。脤：祭肉。

[2] 说（shuì）：游说。

[3] 说（yuè）之：同"悦之"。

[4] 而视全人：仔细看其全貌。

[5] 其脰（dòu）肩肩：他的脖子被肩膀扛着，毫无精神之意。
脰：脖子。肩肩：以肩相肩负。

[6] 甕（wèng）瓷（àng）大瘿（yǐng）：虚构人物，脖子上有瓦
盆那么大的肿瘤，故有此名。甕：同"瓮"。瓷：盎，盆缶。瘿：颈
部的囊状肿瘤。

[7] 人不忘其所忘，而忘其所不忘：本来就会忘记的事，忘了，
便是"忘其所忘"，就谈不上是去忘记；本来没有忘记的事，刻意
地去忘记了，便是"忘其所不忘"，才是真正的忘记，即所谓诚忘。
无用之事，须要主动忘记，故有此言。

另注：其貌平平者，寻常而无用，使人易忘，不须我忘即可忘
之，并非真忘；其脰肩肩者，不寻常而无用，使人不忘，须我用
心方能忘之，才是真忘。无心之忘不是真忘，忘中无我，则不见其

德；有心之忘才是真忘，忘中有我，才见其德。

[8] **诚忘**：诚心之忘，区别于一般的无心之忘。

另注：前文"才全而德不形"，以才论之，是孔子人道之论；此处"德有所长而形有所忘"，以德论之，是庄子天道之论。

[9] **知为孽**：指智巧是旁门左道。孽：本意为旁支、庶出之子，又引申为不正的。

[10] **约为胶**：指誓言、约定是硬把人捆在一起的、违背本性的手段。胶：粘合，胶合。

[11] **德为接**：指德行是与他人相连接的刻意的手段，即强行施加之意。接：交往。《庄子·天下》："接万物以别宥为始。"《庄子·庚桑楚》："知者，接也。"

[12] **工为商**：指巧饰的交往其实是一种交易。工：工巧的，这里指对人的态度。《庄子·庚桑楚》："圣人工乎天而拙乎人。"商：交易。

[13] **无丧，恶用德**：没有丧失之实，便无须用德之法。圣人并不将别人的追随看作是一种收获，同理，也不将别人的无视看作是一种丧失，所以不需要以德性来号召争取。故有此言。

[14] **四者，天鬻（yù）也**：知、约、德、工四者均是上天所赐，以换取人对天道之应。赏赐而期于回报，有交换之意，故称为鬻。天鬻：此处犹如天赐之意。鬻：卖。

[15] **天食（sì）**：受赐于天，犹如天之喂养。

[16] **既受食（sì）于天，又恶用人**：得之于天，便应施用于天，不应施用于人。

[17] **眇（miǎo）**：原义为视力缺失，眼瞎，这里指短视，形容困于人之渺小。

[18] **謷（áo）**：遨游于言，探索而立言之意。

【评述】

"兀者王骀""兀者申徒嘉""兀者叔山无趾""恶人哀骀它"四个故事展播德充符之道，为本章之体，"诚忘""无情"两节探讨德充符之法，为本章之用。

此节又上承恶人哀骀它故事而言，孔子所论仅及其表，未得其实，庄子借势深入论之。

哀骀它"和而不唱"，仅是成德之法，然而始终未曾有言论之树立，便未知其道心如何。如此之人，鲁哀公却倾心相属，可见其为德所惑，失于问道。此即鲁哀公不明之处。闉跂支离无脤与瓮盎大瘿有言论之树立，卫灵公与齐桓公甚得其心，故此忘其形貌，正是得心而忘物之道，合于天道。此即二君甚明之处。

庄子于此便有"诚忘"之言：鲁哀公不知求道，便不免忘记道之根本，是无心之忘；二君一心求道，便刻意忘记外物之性，是有心之忘。无心之忘，世人皆可为之；有心之忘，非道者不能为之。二者高下立判。

忘其所忘，是无心之忘，仅是天性，不见其德；忘其所不忘，是诚心之忘，可得自性，可见其德。"诚忘"之义即在于此。

哀骀它"和而不唱"，正合成德之旨，故此得善于众人，犹如凿渠引水；闉跂支离无脤、瓮盎大瘿说卫灵公、齐桓公，其言辞合于大道，便顺势有大德之和，故此得善于二君，犹如水到渠成。前者以才全而成德，后者依天道而自然成德，自然后者更胜一筹。换言之，二子之德原出于天道，自然成德，可称大德；哀骀它之德犹在人道，以附和而成，可称小德。

哀骀它故事，孔子有"才全"之论，论德而不论道，失于道之根本，论其表而失其里，便不够通透；二子故事，庄子有"诚忘"之论，解之以天道之本，兼顾德之表象，表里俱论，便更胜一筹。

"有人之形，故群于人；无人之情，故是非不得于身。"此言正见本章之旨：以德充之，是"群于人"之法，化物以有成；以无情行之，是"无是非"之术，存身而求道。

何以以德相充？因我有人之形。何以求道不止？因道者无人之情。以德性充于符命，我以此法而存身；以德成和而去人之情，我以此心而求道。此即"德充符"之义。

如何去人之情？相忘于物即是无情之法。其脰肩肩是耳目所不忘，有耳目则眇于身；人情是非是此心所不忘，有人情则眇于人。耳目、人情，皆是无用之外物，持之则困陷于物，忘之则得道于心。道者忘人之形，去人之情，以求其道，则无情亦是诚忘之法，二者互为表里。

吾身眇乎小哉，暂且寄以人形而无所逃遁，此即"符"之义；我心謷乎大哉，意在独成其天而求道不息，此即"德"之本。庄子借事而论，点明本章"德充符"之旨。

06.无情

惠子谓庄子曰："人故无情[1]乎？"

庄子曰："然。"

惠子曰："人而无情，何以谓之人？"

庄子曰："道与之貌，天与之形，恶得不谓之人？"

惠子曰："既谓之人，恶得无情？"

庄子曰："是非吾所谓情也。吾所谓无情者，言人之不以好恶内伤其身，常因自然而不益生[2]也。"

惠子曰："不益生，何以有其身？"

庄子曰："道与之貌，天与之形，无以好恶内伤其身。今子外乎子之神，劳乎子之精，倚树而吟，据槁梧而瞑[3]。天选子之形[4]，子以坚白[5]鸣。"

【译文】

惠子对庄子说："人本来就是无情的吗？"

庄子说："是的。"

惠子说："人若是无情，又怎么能称作人呢？"

庄子说："大道赋予了相应的容貌，上天赋予了相应的形体，怎么不是人呢？"

惠子说："既然是人，怎么会没有情感？"

庄子说："这不是我所说的情。我所说的无情，指人不将好恶引入内心而伤了自身，紧跟自然之道而并不给生命增重。"

惠子说："不给生命增重，身体又如何得来？"

庄子说："大道赋予容貌，上天赋予形体，便不要用好恶来加以伤害。而今你把心神消磨于外，使精力疲劳减损，倚树而吟，靠着几案而睡眠。上天为你选择了人的形体，你却抱着'坚白'之论，像鸟一样争鸣。"

【注解】

[1] 无情：庄子之无情，是"不以好恶内伤其身"，是无施情于外物，摒弃情之泛滥；惠子之无情，是无一切之情，偷换概念而不合人伦。换言之，庄子主张无与人之情，有与己之情，惠子故意误解为与人与己俱无情。故此庄子批驳之："是非吾所谓情也。"

[2] 益生：使生命增加、增多。庄子之益生，特指负累其心，增多负担之意；惠子之益生，实为增益生命，孕育身心之意。同是一词，前者以贬义相解，后者以褒义相解，自然相互冲突。惠子第二次偷换概念。

另注：庄子主张不要过度加益于生命，否则适得其反，故此，此处之"益生"是行过度之法，不自然，不可取。《庄子·人间世》："是以火救火，以水救水，名之曰益多。"《庄子·人间世》："故法言曰：'无迁令，无劝成。'过度益也。"《庄子·知北游》："若夫益之而不加益，损之而不加损者，圣人之所保也。"均是此义。

[3] 据槁梧而瞑：靠着几案睡眠。槁梧：枯槁的梧木，这里指几案，取其象而言之。崔譔认为槁梧指琴，大致也能说通，但是琴与瞑两象并不对应，故此不甚可取。瞑：闭眼，睡眠。

另注：倚树与吟诵，同为活跃之象；槁梧与睡眠，同为寂灭之象。惠子吟诵时便倚靠有生命之树，睡眠时便依傍无生命之槁梧，足见其心中之灵性。树与槁梧本是一物，惠子甚能分辨其情之顺逆而各自用之，分明有所知见；无情、益生原有二义，惠子却故作不知而混为一谈，显然是为了争胜而刻意为之。庄子泛论于道，认真探讨，惠子强辩以辞，故意混淆，便鸡同鸭讲，不得其所。为何惠子没有理解庄子本意，反而生出许多误会？非不能也，是不为也，全是争胜之心作怪。

[4] **天选子之形**：上天为你选择了人的形体。上天以其人之能而赋予其人之形，犹如选而匹之，故有此言。此处是以"人形"与"鸟鸣"相对比，批评惠子身为人形而作禽鸟之鸣，有失天道，不知珍惜人之生命。

[5] **坚白**：坚白之论，先秦各学者就石（石头的本体）、坚（坚硬的属性）、白（白色的属性）三者进行讨论，以探索如何认知世界，而惠子等名家的讨论往往注重物之名，不注重物之实，也多有"白马非马"那样割裂的、偷换概念的手段。此处，惠子并没有认真探讨，而是前后两次偷换概念，所以庄子批评他"以坚白鸣"。

【评述】

惠子以"无情"之辩向庄子发难。庄子以为"人故无情"，而惠子以为否。

惠子何意？人而有情，则可谓之"人"；人而无情，则与草木无异，则不可谓之"人"。故此，人必有情，不可无情。则"人故无情"之说为假。

庄子何意？人固然有情，然而，若将此情滥施于外物，则人之好恶亦随之泛滥，则人之内我便受其所伤。故此，须要无情于外物。则"人故无情"之说为真。

何以有此冲突？只因惠子之"无情"，是对本性判断之标准；而庄子之"无情"，却是对外行为之准则。换言之，惠子之"无情"，实是"无有情"；庄子之"无情"，实是"毋施情"。同是一词，词义却各有不同，故此鸡同鸭讲，产生毫无意义之争辩。

惠子又以"不益生"之辩向庄子发难。庄子以为"不益生"，而惠子以为否。

惠子何意？人生而有其身，不增益其生，则此身难保。故此，"不益生"之说为假。

庄子何意？"吾生也有涯，而知也无涯。"过度加益于生命，便殆于无谓之负累，不得道之真。故此，"不益生"之说为真。

何以有此冲突？只因惠子"益生"之"益"，是有益之意；庄子"益生"之"益"，是过度加多之意。二者毫不相干，其实并不冲突。

"无情""益生"二词，庄子以为此义，而惠子以为彼义。惠子果真不知庄子之意耶？非也。惠子之辩，全然为了争胜，并非不解庄子之意，只是故意曲解罢了。

生而为人，认知于万物，须当避其名而责其实，如此方能得人之真，得道之真，岂有避其实而责其名之道理耶？故此，庄子曰："天选子之形，子以坚白鸣。"

人须当有情于自我，有情于天道，须当无情于坚白之说，无情于无谓之争辩。惠子却恰恰反其道而行之，正是名家愚昧不明之处。

此节"无情"之辩，承接上节"诚忘"而言。忘其所不忘，便不受外物之侵，则"诚忘"是对外物之术；无以好恶内伤其身，便不受天性之害，则"无情"是对内心之术。诚忘于外物，无情于自心，大德可成。一外一内，合为充德之法。

庄子与惠子之争辩，庄子胜之。惠子两次偷换概念，混淆其辞，犹然失败。庄子之本意，在于求道之探讨，问则应之，疑则解之，岂有争辩之心？种种言辞是非，俱是外物，陷于其中则内心无成。故此，凡争辩之事，皆无真正胜者可言。惠子之败，非是败于混淆偷换，而是败于争辩之心；庄子之胜，非是胜于逻辑清晰，而是胜于跳出争辩之心。人行于世，应当无情于是非，无情于争辩，则庄子以言辞论述"无情"之法，又以行动实践"无情"之举，可谓表里贯通如一，言行求道如一。

庄子无心胜负，所言非辩，是求道之言；惠子有心胜负，诡辩无实，是坚白之言。庄子怀无情之道心，欲以心神合于惠子，其言怀德，有成和之修，反而有情；惠子怀有情之俗心，欲以辩辞胜于庄子，其言无德，无成和之意，反而无情。换言之，庄子无情于物，有情于道；惠子有情于物，无情于道。二人之分别即在于此。至人无情于心，其言有道之情，其德亦至；庸人有情于心，其言无道之情，无德可言。

"天选子之形"即"符"之义，应当以德充之，可得本章"德充符"之旨；"坚白鸣"是争辩之术，无德可用，可知惠子之困。此寓言再次扣合"德充符"之主旨，反向论之，是本章第二次总结。

上章"人间世"论向人之道，本章"德充符"论向己之道，一外一内，至此，则庄学处世之法已成。

第六章

大宗师

"大宗师"，以天道大宗为师。人生而眇，便有小知之困；师于天道大宗，能得逍遥。《庄子·德充符》："眇乎小哉，所以属于人也；警乎大哉，独成其天！"即本章之义。

何为宗？宗即本原。我本茫然，踽踽独行，得其宗则知其道。《道德经》："言有宗，事有君。"《庄子·德充符》："命物之化，而守其宗也。"即此义。

何为大宗？人道为小宗，天道为大宗。《庄子·天道》："夫明白于天地之德者，此之谓大本大宗。"《庄子·天下》："不离于宗，谓之天人。"即此义。

宗天道之大，并非道家所独有。然而，孰知吾之道必是天道？孰知吾之道必非人道？诸家之中，庄子独有此自省之言。"夫道，有情有信，无为无形。"既有情信，则必可知于我心；我心为真，则其道必真。"且有真人，而后有真知。"人之真能得知之真，道之真便由此而自证。此是道家独传之法，亦是本章之旨。

何为真人？无非"四成"。向外之知有成，向内之心有成；外物之明有成，自心之通有成。既能得人之真，便可得道之真。真人为我之本，天道大宗为我之师，得此二者，则我亦成，道亦成。

　　本章可分十节：01. 先真人后真知；02. 何谓真人；03. 何谓真道；04. 撄宁；05. 四子之化；06. 三子之礼；07. 孟孙才之丧；08. 意而子之炉捶；09. 颜回之坐忘；10. 子桑之病。前四节为真人真知之辨，重于立论，为体；后六节为寓言六则，重于演绎，为用。

　　以大宗为师，此法盖无可疑；孰为大宗，尚须辨之；欲知大宗，须要先解真人。故此，前三节为真知、真人、真道之解，第四节以寓言示成道之径，此四节合成"大宗师"之旨。

　　成道之径，纷纷扰扰，云变无常，故此，再有六则寓言相示。前三则寓言论真人，有已得真、不得真、将得真三种，人心得真之象尽在于此；中二则寓言论真道，有顿成其道、渐成其道两种，成道之路尽在于此；末一则寓言论失道之困。六者并举，则知真人真道之境，亦知"大宗师"之义。

　　就《庄子·内篇》中三章而言，《人间世》《德充符》两章论处世之法，为表；本章《大宗师》论运心之道，为本。此三者皆由庄学本论之中化出，以成行道之法，可称演绎三章。《逍遥游》《齐物论》《养生主》三章立言，是庄学之体，可称《庄子·内篇》之内篇；《人间世》《德充符》《大宗师》三章演绎，是庄学之用，可称《庄子·内篇》之外篇。至此，庄学之体、用论述完备而成。

01.先真人后真知

知天之所为，知人之所为者，至矣。知天之所为者，天而生也；知人之所为者，以其知之所知[1]，以养[2]其知之所不知[3]，终其天年而不中道夭者，是知之盛[4]也。

虽然，有患[5]。夫知有所待而后当[6]，其所待者特未定也[7]。庸讵[8]知吾所谓天之非人乎？所谓人之非天乎[9]？

且有真人，而后有真知[10]。

【译文】

知晓天的规律，知晓人的规律，就是极致了。知晓天的规律，顺应上天而生；知晓人的规律，用认知中已经掌握的，来生发尚且不能认知的，终其一生而未曾放弃，便是认知的大成了。

虽然如此，却有难处。认知要先合于道，然后才能得到相应的验证，而合于何道其实是无法确定的。怎么知道我所谓的天道其实不是人道呢？所谓的人道其实不是天道呢？

那么，先要成为真人，而后才能获得真知。

【注解】

[1] **知之所知**：认知过程中已经认知了的。

[2] **养**：用已知求得未知。由已知的规律不能直接地推断出未知的规律，但是可以触类旁通，间接地获得，犹如以母养子，所以是"养"。

[3] **知之所不知**：认知过程中尚且不能认知的。

[4] **知之盛**：认知的大成。

[5] **有患**：努力至极，所以达到"知之盛"；然而不知其真假，所以不是"知之极"。真假混淆难辨，即是"有患"之义。

[6] **知有所待而后当**：知见尚不知真假，要再持有某"道"，而后才能得到验证。人心有知而未成，待道而成。认知若加以天道，则可得天道之见与之相当；若加以人道，则可得人道之见与之相当。譬如说，我已有"仁者能得天下"之见，若以人道相验，则此说为真，若以天道相验，则此说为假。所待：待其所持之道。当：匹配，与之相当。《列子·仲尼》："欲若道而用视听形智以求之，弗当矣。"

另注：道家认为认知有三要素：秉持认知之心，明确目标之物，辅以所持之道。三者共成，缺一不可。《关尹子·一字》："圣人以知：心一，物一，道一。三者又合为一。"即此义。虽有心有物，无道则不可成，有道则以此道之见相成。《文子·道德》："老子曰：……有道则和，无道则苛。"《文子·精诚》："老子曰：……其所持者不明，何知吾所谓知之非不知与？"即此义。

[7] **其所待者特未定也**：我欲持之道，不知是天道还是人道，此事暂且无可定夺，故说"特未定"。即下文天之非人、人之非天之辨。

[8] **庸讵**（jù）：何以，怎么。

[9] **吾所谓天之非人乎？所谓人之非天乎**：孰知吾之道必是天道？孰知吾之道必非人道？此是庄学反思之辨。

另注：道合于天则为天道，合于人则为人道，天道为上而人道为下，既知天道，自当从之。此说甚明，当无争议。然而，儒、墨、法、兵诸家无不以自持之道为天道，便不知如何定夺。《礼记·礼器》："天道至教，圣人至德。"《墨子·天志中》："天为贵，天为知而已矣。"《管子·霸言》："举大事，用天道。"《司马法·仁本》：

"先王之治，顺天之道。"众说纷纭，皆以己道为真，可见一斑。

[10] **且有真人，而后有真知**：使心为真，便能得天道之真，便能得认知之真。天道人道之辩，难成定论，此即"有患"之义；唯有此心持虚，情之信之，此即"真人"之论。

另注：诸家皆自称天道，谁能判定？此即"其所待者特未定也"之义。庄子认为，天道人道之辩，唯有自心可以判定。自心为真，则判定为真；自心不真，则判定不真。故此，先有真人，才能得真道，得真知。与其辩论不休，不如修心自成，此是庄学釜底抽薪之法。

【评述】

已有"人间世""德充符"处世养生之法，可以得身；虽然如此，犹未得我。如何得我？唯有求知。吾身为用，我心为体；养生为表，认知为本。如何得知？无非知天知人。若以求知而终其天年，心无旁骛，便可得最盛之知，此心之成亦在最盛。此乃为学之理，诸家学者多持此心。

此论虽然明晰，然而有患。万物繁杂，知见纷纷，正所谓"吾生也有涯，而知也无涯"。其中何者为真，何者为假？终生求知不倦，固然可得知之盛，却必然能得知之真乎？未必也。所得若不真，得之何益？不过是此身殆已，为知殆而已矣。此即"求知于无方"之患。

求知易，求真知难。孰知我之知是真知而非伪知？答：真道可以证真知。孰知我之道是天道而非人道？答：真人可以得真道。故此，求知之首要者，在于修心，即所谓"且有真人，而后有真知"之义。

有心而无道，则知不可成；有道而无真道，则知不可真成。唯有得真心者，方能得大道之真，此即真人修心之义。

何为天道？众说纷纭，儒、墨、法、兵诸家皆自称天道，却无人自证，唯有庄子持之成之，审之疑之，证之得之，反复求索，循环辩证，成而上比，终得圆满。

以真人为体，以大宗（即天道）为师，即本章"大宗师"之义。以大宗为师之理自不待言，诸家皆秉受此旨，却解读迥异，正是运心不同之故。于是，何心为真？何心为假？终究难成定论。故此，此道之难，不难在以大宗为师，实难在以真人为体，若不以真人为体，则无以辨大宗之真。庄子洞中肯綮，以真人论大宗之真，便成本章之旨。自疑而证之，正是庄学之严谨；立论于真人，正是庄学之洞明。

02.何谓真人

何谓真人？古之真人，不逆寡[1]，不雄成[2]，不谟士[3]。若然者，过而弗悔，当而不自得也。若然者，登高不栗，入水不濡，入火不热[4]。是知之能登假于道[5]也若此。

古之真人，其寝不梦，其觉无忧，其食不甘，其息深深。真人之息以踵[6]，众人之息以喉[7]。屈服者[8]，其嗌言若哇[9]，其耆欲[10]深者，其天机[11]浅。

古之真人，不知说生，不知恶死；其出不䜣，其入不距[12]；翛然[13]而往，翛然而来而已矣。不忘其所始，不求其所终[14]，受而喜之，忘而复之[15]，是之谓不以心捐道，不以人助天[16]，是之谓真人。若然者，其心志，其容寂，其颡頯[17]；凄然似秋，煖[18]然似春，喜怒通四时，与物有宜[19]，而莫知其极。故圣人之用兵也，亡国而不失人心[20]，利泽施乎万世，不为爱人[21]。故乐通物，非圣人也；有亲，非仁也；天时，非贤也[22]；利害不通，非君子也；行名失己，非士也；亡身不真，非役人也[23]。若狐不偕[24]、务光[25]、伯夷、叔齐[26]、箕子[27]、胥余[28]、纪他[29]、申徒狄[30]，是役人之役，适人之适，而不自适其适[31]者也。

古之真人，其状义而不朋[32]，若不足而不承[33]。与乎其觚而不坚也[34]，张乎其虚而不华也[35]。邴邴乎其似喜乎[36]，崔乎其不得已乎[37]。滀乎进我色也，与乎止我德也[30]，厉乎其似世乎[39]。警[40]乎其未可制也，连乎其似好闭也[41]，悗乎忘其言也[42]。以刑为体，以礼为翼，以知为时，以德为循[43]。以刑为体者，绰乎其杀也[44]；以礼为翼者，所以行于世也[45]；以知为时者，不得已于事也[46]；以德为循者，言其与有足者至于丘也，而人真以为勤行者也[47]。故其好之也一，其弗好之也一[48]。其一也一，其不一也一[49]。其一与天为徒，其不一与人为徒[50]。天与人不相胜也[51]，是之谓真人。

【译文】

什么叫真人呢？古代的真人，不会打压少数派的意见，不会进行激情的号召，不会揣度士人的心思。像这样的人，做事不当也不会悔恨，做事允当也不会骄傲。像这样的人，登到高处不会战栗，潜入水中不会沾湿，钻入火中不会焦热。认知能得真道之高妙，就是像这样。

古代的真人，就寝后不会做梦，醒来时没有忧虑，饮食不求甘美，气息浑厚深沉。真人的气息深入脚底，众人的气息浅至喉咙。自性屈折之人，喉咙中发出的言论只是浅薄的哇叫，他们深于欲望，故此浅于机缘。

古代的真人，不会为生而喜悦，不会为死而逃避；此心相示亦不欢欣，彼情来访亦不抗拒；总是悠然而去、悠然而来而已。不会忘记最初的使命，不会索求最终的结果，有所收获便为之而喜，然后便忘记这些而继续追求，这便叫作内心不迷失于大道，个人不盲从于上天，这才是真人。像这样的人，他的内心志向坚定，他的容貌恬淡无波，他的额头威仪自用；他严肃时合于秋天之象，温和时和于春天之情，他的喜怒哀乐与人间四时相通，他能与外物合宜入道，而没有尽头。故此，圣人动用兵革，能使国家灭亡而人心不失，能使利益恩泽施加万世之远，而并不是为了向人民送去圣人之爱。故此，以与外物相通为乐的，不是圣人；有亲近疏远之别的，不是真正的仁；揣度利用天降时运的，不是真正的贤；利益与损害不能通达转换的，不是真正的君子；追逐虚名而失去自我的，不是真正的士人；失去此身从而不得真道的，不是真正的天道门徒。像狐不偕、务光、伯夷、叔齐、箕子、胥余、纪他、申徒狄等人，都是投身于属于他人的职责、追逐于属于他人的目标的人，而不是追逐真我的目标的人。

古代的真人，表现出责任感却从不以此结朋结党，总是似有不足却并不刻意加以弥补。他传授天道之威却不粗暴，他展示清虚之美却不浮华。怡然自得便是他得道之喜，挺身而出只在责无旁贷之时。包容世人之诱惑而不动其心，听任世人之阻拦而施德不误，他德性强盛使人无法抗拒，竟仿佛是世俗的威严。他的言辞高妙而无人可以压制，知行相连合一就好似有闭环之美，教化无痕使人忘记他曾有过言论。他以刑罚作为治世的外体而不是内用，以礼仪作为助力的飞翼而不是本身，以智慧作为应时的技巧而不是恒常的法则，以德性作为遵循的依据而不是最高的纲领。以刑罚作为治世的外体，是为了使杀伐更少；以礼仪作为辅助的手段，是以此为世人所接纳；以智慧作为应时的技巧，是不得已而用之；以德行作为遵循的依据，就好像他并不用脚而行，与用脚之人一同登上山丘，而世人同样以勤行者来看待他。故此，他对于热爱的总是矢志如一，对于不热爱的也会坚定如一。对于能够合道为一的，他始终追求如一；对于不能合道为一的，他始终舍弃如一。他坚定地与之合道为一的，是与天为徒；他坚定地不与之合道为一的，是与人为徒。而天与人都不必与之相互较量胜负，能达到如此境界的叫作真人。

【注解】

[1] **不逆寡**：就连少数人的意愿也不会违背，面面俱到之意。

[2] **不雄成**：不以雄伟的目标为导向用来成事，不号召之意。

[3] **不谟（mó）士**：不对士人进行谋略，不揣度讨好之意。

谟：谋略。

[4] 登高不栗，入水不濡，入火不热：喻其不受外物影响，犹如"万绿丛中过，片叶不沾身"之意。

[5] 知之能登假于道：认知能得道之高妙。登假：登仙，又写作登遐、登霞，这里指得其高妙。《文子·守朴》："精神之所能登假于道。"

[6] 真人之息以踵（zhǒng）：指真人的气息贯通全身，可以深至脚掌。比喻其境界通达，一体贯通。踵：脚掌。

[7] 众人之息以喉：比喻其知见浅薄狭隘。

[8] 屈服者：屈身服从之人，这里指其自性而言。众人的气息仅能到喉咙，不如真人那么通畅，所以称为"屈服"。

[9] 嗌（yì）言若哇：形容其发言浅薄，就像是哇叫声。嗌言：咽喉所发之言，以示浅薄之意，因为"众人之息以喉"，所以称为嗌言。嗌：咽喉。哇：哇叫，叫喊。

[10] 耆（qí）欲：亦作嗜欲，嗜好与欲望。真人无梦无忧，其息深深；众人多梦多虑，气息浅而耆欲深。《庄子·庚桑楚》："欲静则平气。"

[11] 天机：领悟天道之机缘。

[12] 其出不䜣（xīn），其入不距：我出亦不欣然，入我亦不抗拒。出入皆指自我而言，是庄学常有之论。《庄子·人间世》："就不欲入，和不欲出。"《庄子·庚桑楚》："出无本，入无窍。"䜣：同"欣"。距：同"拒"，抗拒。

[13] 翛（xiāo）然：无拘无束的样子。

[14] 不忘其所始，不求其所终：不忘最初的使命，却也不贪求最终的结果。这是指求道而言，保持执着之势而摒弃执着之心。

[15] 受而喜之，忘而复之：喜于受知，却不停驻；忘掉所得，继续前行。复之：复之如前，继续求道。

[16] **不以心捐道，不以人助天**：心独立而不迷失于道，人独立而不盲从于天。道虽可喜，心亦不可失；天虽至大，人亦有其独。在天道的引领下前行且独立，不盲从，不迷失，不自弃。助：帮助。放弃自我地探求天道，犹如瞎子帮人看路，所以用"助"字，犹盲从之意。

[17] **颡（sǎng）頯（kuí）**：额头很有威严的样子，喻其坚持自我，并不受人驱使。颡：额头。頯：有威严。《说文》："頯，权也。"先秦时多有稽颡之礼，须以额头触及地面，颡頯即是不稽颡之意。又，颡为心之表。《孟子·滕文公上》："其颡有泚，睨而不视。夫泚也，非为人泚，中心达于面目。"则颡泚是内心悔惧之投射，颡頯是内心磊落之写照。

[18] **煖（xuān）**：温暖。

[19] **与物有宜**：与外物合宜入道。既不离于物，亦不失于物。

[20] **亡国而不失人心**：人心为本，国为其形。若人心不失，为我所用，则此国虽亡，名亡而实存。故有此言。《墨子·亲士》："入国而不存其士，则亡国矣。"则墨家主张士人存则国存，与此同义。

[21] **不为爱人**：庄子主张不爱人，不非人，而儒家却认为"古之为政，爱人为大"（《礼记·哀公问》）。

[22] **天时，非贤也**：揣度利用天降时运的，不是真正的贤。道家以为，人应当自然地合于时，不应当刻意地谋于时，故有此言。《庄子·天道》："小人所以合时，君子未尝过而问焉。"即此义。天时：这里指以时运看待天命，这是投机的做法，故此不予提倡。换言之，道家主张"以天合天"，而不是"以叫合天"。《庄子·缮性》："古之所谓隐士者，非伏其身而弗见也，非闭其言而不出也，非藏其知而不发也，时命，大谬也。"此处之"时命"即是以时运看待天命之意，同于"天时"之义。

[23] **亡身不真，非役人也**：失去此身从而不得真道的，不是真

正的天道门徒。亡身：失去对于此身的正确使用之法，包括失去生命、受人控制等。道家以为，应该将此身全力投入于领悟天道之中，否则便是"亡身"，便陷入"不真"之困境。下文狐不偕等八人或投河，或饿死，或入狱，全因尊奉人道而失去其身，从而失之天道，便是"亡身不真"。役人：这里指受天道役使之人。道家以为，人当秉受天道而行事，受天道之驱使，故此称为"役人"。

[24] 狐不偕：上古贤人，据成玄英注，是尧时人，不受尧让，投河而死。此说不知何据。《韩非子·说疑》有狐不稽，可能是同一人。

[25] 务光：上古贤人，不受汤让，因此投河而死，见于《庄子·外物》《韩非子·说林上》。

[26] 伯夷、叔齐：商时孤竹君二子，不肯即位而逃往西岐，又不满武王伐纣之暴力，便拒绝吃周粮，最终饿死首阳山。

[27] 箕（jī）子：商纣王叔父，与微子、比干并称"殷末三仁"，因劝谏纣王而被囚禁并贬为奴隶。

[28] 胥余：无考。成玄英说是箕子或者伍子胥，恐怕无据。

[29] 纪他：商时隐士，因商汤想要让位于务光，便投河而死。见于《庄子·外物》。

[30] 申徒狄：商时隐士，因对天下失望，便投河而死。见于《庄子·外物》《庄子·盗跖》《荀子·不苟》。

[31] 役人之役，适人之适，而不自适其适：做他人之事，追逐他人目标而不顾自我。犹如"为他人作嫁衣裳"之意。

另注："故圣人之用兵也"一段，论及圣人、仁人、贤人、君子、士人、役人等，俱是世人眼中之有成就者，世人以为此类人已得其真，其实却并非真人，故此论之。

前辈注者多以为此段是羼入之语，颇有前言不搭后语之弊，其实，此段自上而下地展示种种境界，说明真人与天道门徒之间的层层差距，正是承接前文而论。具体而言，狐不偕等八人"亡身不真"，犹然未入役人（天道门徒）之境；役人"行名失己"，犹然未入士人之境；士人"利害不通"，犹然未入君子之境；君子"以时视天"，犹然未入贤人之境；贤人"有亲"，犹然未入仁人之境；仁人"乐通物"，犹然未入圣人之境；圣人"已有其极"，犹然未入真人之境。狐不偕等八人俱是世之高士，尚且距真人之境远之又远，则真人之真犹如天之高、地之远，便于此中自明，而求真之路亦在此处言明。以体系之完备显示此道之真，正如猎人以猎物自证枪法、厨子以菜肴自证厨技，此段正是自证之言。

　　庄子论述时多用"等而下之"之法。《庄子·外物》："圣人之所以骇天下，神人未尝过而问焉；贤人所以骇世，圣人未尝过而问焉；君子所以骇国，贤人未尝过而问焉；小人所以合时，君子未尝过而问焉。"即此法之例，与此段类同。

　　[32] 其状义而不朋：展示人伦之义却不因此而结为朋党。儒家主张"义而朋"，《论语·子路》："上好义，则民莫敢不服。"庄子恰与其反。义：做该做之事。朋：同类成群。

　　[33] 若不足而不承：总是似有不足却并不刻意加以弥补。

　　另注：狐不偕等人"状义而欲朋"，便有己身之患，事亦不成。此段真人之论正是由此化出。以上两句讲处世之道。

　　[34] 与乎其觚（gū）而不坚也：将他有力的思想传给别人却并不粗暴。觚：酒器，常用于重大场合，这里引申为准则，取其象征之义。在《论语·雍也》篇，孔子评价齐鲁之道说："觚不觚？觚哉！觚哉！"与此用法类似。

　　[35] 张乎其虚而不华也：展示清虚的境界而不浮华。虚乃大，大则容易华而不实，故有此言。

　　另注：以上两句讲成心之道。

　　[36] 邴（bǐng）邴乎其似喜乎：真人无世情之喜，自洽自足便

是其喜。邴：犹炳，这里指自我照耀，自洽自足的样子。

[37] **崔乎其不得已乎**：于不得已之时承担责任。事有他法，则必非己事，不必为之；事无他法，责无旁贷，则我当挺身为之。《庄子·庚桑楚》："动以不得已之谓德。"崔：高大，这里形容挺身而出的样子。

另注："邴邴乎其似喜乎"是与天道相合，"崔乎其不得已乎"是与外物相应。正是"和之以是非，而休乎天钧"之义，是两行之法。以上两句讲以成道之心自处之景象。

[38] **滀（chù）乎进我色也，与乎止我德也**：世人欲进我以色，我便容之而自守其心；世人欲止我之德，我能与之而不为所动。此二者是王者处世之道，因"崔乎其不得已乎"而言。《庄子·天地》："虽以天下誉之，得其所谓，謷然不顾；以天下非之，失其所谓，傥然不受。天下之非誉，无益损焉，是谓全德之人哉。"即此义。滀：蓄积，包容。色：引诱之物。《道德经》："五色令人目盲。"与：给予。

[39] **厉乎其似世乎**：真人以天道处世，亦能摧枯拉朽，有如世俗手段之严厉。真人因全德而水到渠成，世人因失道而强行以成。两者均是治世之法，表面似乎无异，实质却大不相同。

另注：崔乎、与乎、厉乎，三者均是"与乎其觚"之义，王者之风。以上三句讲以得道之心处世之景象。

[40] **謷（áo）**：遨游于言，言辞高妙之意。

[41] **连乎其似好闭也**：指言论与自我相连而统一，有自洽一体之德。我本无闭，物却不能入，故称"似好闭"。《庄子·在宥》："慎汝内，闭汝外。"即此义。

[42] **悗（mán）乎忘其言也**：教化于无形之意。悗：无心的。《韩非子·忠孝》："古者黔首悗密蠢愚。"

另注：以上三句讲教化立言之景象。真人已得道于自我，已有小我之完备，故此又助人得道，追求大我之成。

以上十二句，共成五组。前四组分别讲处世之道、成心之道、以成道之心自处之景象、以得道之心处世之景象，其中，前两组讲求道之事，后两组讲成道之事，两组又各分内外而言，则真人之自我于此而成。最后一组讲教化立言之事，则真人更进一步，化身为天道之使者以助人成道，则真人之自我于此而大成。前四组是真人成其小我，后一组是真人成其大我，真人之义便于此处完备而阐明。

[43] **以刑为体，以礼为翼，以知为时，以德为循**：把刑当成外体而不是内用，把礼当成助翼而不是自身，把知当成动态而不是恒常，把德当成依据而不是纲领。刑、礼、知、德，四者都是手段，而非目的。

[44] **以刑为体者，绰乎其杀也**：以刑罚为手段，可以震慑惩戒，便有减少杀戮之功。绰：宽绰，舒缓。

[45] **以礼为翼者，所以行于世也**：真人本来无心礼仪，只因世人需求而为之。

[46] **以知为时者，不得已于事也**：真人不以真知灼见为能，时机到了才会动用。不得已：道家讲究凡事不得已而为之，不得已之时，便是时机到了，否则时机未到。

[47] **以德为循者，言其与有足者至于丘也，而人真以为勤行者也**：世人以德为足，勤行而可登治世之丘；真人亦能登此丘，其实无足，世人却以为真人与己俱是勤行之功。道家认为得天道便自有大德而能通于万物，不得天道便只能依赖于世间之小德。《庄子·知北游》："失道而后德。"即此义。故此世人以小德处世而成，道者得道而自有大德处世而成；小德不知大德之妙，以为两德均行相同之法。故有此喻。无足而登丘，世人不可解而远之；假作有足而登丘，世人可解而亲之。故有此言。

[48] **故其好之也一，其弗好之也一**：天道为我所好，此心矢志

如一；非天道为我所弗好，此心亦矢志如一。

[49] **其一也一，其不一也一**：我与天道贯通为一，此心矢志如一；我与人道不贯通如一，此心亦矢志如一。

[50] **其一与天为徒，其不一与人为徒**：与之合道为一的，是与天为徒；不与之合道为一的，是与人为徒。此句主张既坚定地与天为徒，又不排斥与人为徒。前者可得天道，是成道之法；后者不得天道，是处世之法。故有此言。道家并不排斥与人为徒，所以是"其不一与人为徒"，而不是"其一不与人为徒"。

[51] **天与人不相胜也**：天不能胜我，我亦无胜天之心；人不能胜我，我亦无胜人之心。此句承接上句"与天为徒""与人为徒"而言，既与之为徒，又互不相胜。先秦诸子总有胜天、胜人之心，如《吕氏春秋·先己》："无为之道曰胜天。"《逸周书·文传解》："兵强胜人，人强胜天。"皆是此义。道家却认为所谓胜负不过是物性罢了，人之真性本来是无所谓胜负的。《文子·自然》："夫物有胜，唯道无胜，所以无胜者，以其无常形势也。"《鹖冠子·兵政》："天不能使人，人不能使天，因物之然，而穷达存焉。"皆是此义。天、人皆不能胜我，可见我道心有成；我亦无胜天胜人之心，可见我道心通达。

【评述】

上节讲真人才是"以大宗为师"之根本，此节深化而论之。所谓真人，何谈其真？庄子展示种种真人之象，读者自可以心而明。

何谓真人？假若有一人，长持谋略之心，难解悬虑之情，事过而悔，事成而骄，登高而栗，遇雷则惊，如此则何可谈其真？故此，无情于外物者，方是真人。

何谓真人？假若有一人，向有未解之忧，全无清虚之法，寝食不安，心浮气躁，骋嗜奔欲，言不由衷，如此则何可谈其真？故此，无困于自心者，方是真人。

何谓真人？假若有一人，不解世事之道，不知万物之本，忧生惧死，瞻前顾后，伤春悲秋，争名好利，如此则何可谈其真？故此，通明于外物者，方是真人。

何谓真人？假若有一人，不知此身之用，不见自心之明，淫佚浮夸，虚伪巧诈，负心失德，一事无成，如此则何可谈其真？故此，有成于自心者，方是真人。

总之，何谓真人？其成有四，即是文中四段之论。其一，成在向外之解。登假于道，得其高妙。其二，成在向内之解。清虚无欲，以得天机。其三，成在外物之得。勘破生死，通于四时，与物有宜，得心之用。其四，成在自心之得。一于天道，驭世为用，万法皆明，得法之实。

得此四成，则内外虚实全备，向物向心皆明，便得我之真，亦得道之真。

再者，真人之成，亦有小我大我之别。得道而自我有成，即成于小我；得道而使他人有成，即成于大我。小大均是指自心安处而言，一如至人与圣人之分别，成于小我亦无减其真，成于大我亦无增其真。庄子教化立言，助人成道，所行正是大我之法。此中之义，亦于本节点出。

03.何谓真道

死生，命[1]也；其有夜旦之常，天也；人之有所不得与[2]，皆物之情[3]也。彼特以天为父，而身犹爱之，而况其卓乎[4]？人特以有君为愈乎己，而身犹死之[5]，而况其真乎[6]？泉涸，鱼相与处于陆，相呴以湿[7]，相濡以沫[8]，不如相忘于江湖。与其誉尧而非桀[9]也，不如两忘而化其道[10]。夫大块[11]载我以形，劳我以生，佚我以老，息我以死[12]。故善吾生者，乃所以善吾死也。

夫藏舟于壑，藏山于泽，谓之固矣。然而夜半有力者负之而走，昧者不知也。藏小大有宜，犹有所遁。若夫藏天下于天下而不得所遁[13]，是恒物之大情[14]也。特犯人之形[15]而犹喜之，若人之形者，万化而未始有极也，其为乐可胜计邪[16]？故圣人将游于物之所不得遁而皆存[17]。善夭善老，善始善终[18]，人犹效之，又况万物之所系，而一化之所待[19]乎！

夫道，有情有信[20]，无为无形[21]；可传而不可受[22]，可得而不可见；自本自根，未有天地，自古以固存；神鬼神帝[23]，生天生地；在太极[24]之先而不为高，在六极[25]之下而不为深，先天地生而不为久，长于上古而不为老。狶韦氏[26]得之，以挈[27]天地；伏戏[28]得之，以袭气母[29]；维斗[30]得之，终古不忒[31]；日月得之，终古不息；堪坏[32]得之，以袭昆仑[33]；冯夷[34]得之，以游大川；肩吾[35]得之，以处大山；黄帝得之，以登云天；颛顼[36]得之，以处玄宫[37]；禺强[38]得之，立乎北极；西王母得之，坐乎少广[39]，莫知其始，莫知其终；彭祖[40]得之，上及有虞[41]，下及五伯[42]；傅说[43]得之，以相武丁[44]，奄[45]有天下，乘东维[46]，骑箕尾[47]，而比于列星。

【译文】

死啊生啊，都是冥冥之中的命令；它们像日夜一样有规律，则是上天的安排；人有要逃避的想法，都不过是肤浅的外物之情罢了。你既然以上天为父亲，而自身也爱戴着它，那么，更何况它高明的安排呢？人总是以为世间有君王能拯救自我，而自身也肯于为他而死，那么，更何况天道之真君呢？泉水干涸，一些鱼便只好在陆地上共处，它们相互哈气以求润湿，相互喷唾以求濡沫，其实，倒不如彼此相忘于天道江湖之中。与其像称赞帝尧而批判夏桀一样地祈求拯救，倒不如与此相忘而化成天道。世界给予身形是使之承载自我，给予生命是使我勤劳，给予衰老是使我清闲，给予死亡是使我安息。故此，善于安排我的生命的，也正是善于安排我的死亡的。

如果把船藏在沟壑之中，把山藏在水泽之中，可谓是很牢靠的了。然而，有神力者却可以在夜半无人之时将它们搬走，这是蒙昧者所不能知晓的。无论大小，无论藏得再合适，都会有所逃遁消失。想要将天下之大藏于天下之身而并不逃遁消失，那便是无药可救的外物之情了。有幸生于此世而具备人形，便沾沾自喜，像人这样的身形，千变万化也未尝达到终极，若是以此为乐，哪里是个头呢？故此，圣人会游心于物之不灭之道，从而与物长存。善于放弃与消亡，善于起始与结束，世人处世尚且效仿这些做法，更何况面对着与万物相关的、处于变化终极的天道呢？

天道有情理，有信据，无功绩，无形体；可以意会相传，不可以灌输而授，可以心领而得，不可以昭明相示；它自己便是自己的根本，未有天地之前便一直稳固地存在；它成就了鬼怪，成就了帝王，生成了天空，生成了大地；它处于太极之上而并不自显其高，它处于六极之下而并不自显其深，它先于天地而生却不自显其久，它长于上古之岁却不自显其老。狶韦氏得到了它，有提天挈地之能；

伏羲氏得到了它，有孕育元气之功；北斗得到了它，终古不变；日月得到了它，终古不息；堪坏得到了它，便能占据昆仑；冯夷得到了它，便能遨游大川；肩吾得到了它，便能征服大山；黄帝得到了它，便能登上云天；颛顼得到了它，便能居于玄宫；禺强得到了它，便能立于北极；西王母得到了它，便能坐于少广之山，跳出生死，不知始终；彭祖得到了它，长寿不死，上到有虞氏之年，下到五伯之岁；傅说得到了它，便能辅佐武丁，占据天下，乘着东维，骑着箕尾，列于众星之间。

【注解】

[1] **命**：命令。古人将死与生视为上天的命令。

[2] **人之有所不得与**：人有不与"死生，命也"之念，即逃避生死之意。《庄子·德充符》："死生亦大矣，而不得与之变。"

[3] **物之情**：生物皆有昏暗不明之天性，与物无异，故称为物之情。《庄子·秋水》："是未明天地之理，万物之情者也。"我若合同于天道，为我，则死生皆为天命，理应坦然秉受；我若不同于天道，为物，则不明死生之义，便生逃避之情。

[4] **而身犹爱之，而况其卓乎**：此身爱之，则应该更加爱其卓越高明之处。此处将死生之命视为天道高明的安排。卓：卓越，高明。

[5] **人特以有君为愈乎己，而身犹死之**：人以为君王为拯救者，便可为之而死。我为君死而实现自我，我心亦因此而疗愈。此指世俗之忠臣而言。忠臣之于人君，犹如真我之于天君。

[6] **而况其真乎**：世俗之君是假，天道之君为真。

[7] **相呴（xǔ）以湿**：指鱼用口中的湿气向对方哈气。呴：呼气。

[8] **相濡以沫**：指鱼用唾沫互相湿润。

[9] **誉尧而非桀**：赞誉尧帝的仁行而批评桀帝的暴行，喻指绝境

之中求生而避死之祈求。鱼困于陆，犹如世人困于乱世，无心自救，却祈求世事变化，祈求帝尧生而夏桀亡。求生之哀告犹如誉尧，避死之祈祷犹如非桀，二者皆是弱者无能之心声，故此皆不可取。

[10] **不如两忘而化其道**：誉尧非桀是人道之辨，不如彼此忘之，我自化成生死之天道之辨。人道与天道，各行其是，即是两行；彼此相忘，即是两忘。

另注：泉涸，尘世也；江湖，天道也；尧桀，生死也；相忘，化道也。鱼相处于泉涸之中，犹如人挣扎于尧桀之世。遇尧而生即如相呴以湿，遇桀而死亦如相濡以沫，无论何者，俱陷于人道之乱世，本质并无不同。与其辨明尧桀之是非，探求人道，不如与尘世相忘，安于生死之命，游于天道江湖之中。

[11] **大块**：大地，大自然。大块是天道之化身，故有此言。

[12] **佚我以老，息我以死**：老即悠闲，死即安息。佚：隐逸，悠闲。这是从积极的角度来看待老与死。《列子·天瑞》："人胥知生之乐，未知生之苦；知老之惫，未知老之佚；知死之恶，未知死之息也。"即此义。

[13] **若夫藏天下于天下而不得所遁**：将极小之物藏于天下，犹然不保；将天下藏于天下，则无所遁形。天下不可藏，喻生死不可遁。

[14] **恒物之大情**：有逃避生死之念，是物之情；有以天下遁于天道之念，是恒物之大情。其心愈陷于物，则物之情愈大。物之情、我之情互为冲突之两端，此心有物则无以成我，恒物之大情正是此心寂灭之源。

[15] **特犯人之形**：有幸生而为人。特犯：特别遇到、获得。

[16] **其为乐可胜计邪**：其中的乐趣哪里享用得完呢？人之为乐不可胜数，皆是物之情，本来非我所有，反而耗我心神，则不如无乐。《庄子·至乐》："至乐无乐。"

[17] **故圣人将游于物之所不得遁而皆存**：圣人游心于道并与之皆

存。我游于物，则我无所得，物无所存；我游于物中之道，则我与此道便能两存。物之所不得遁：指道。物可遁灭，物中之道不可遁灭。

[18] **善夭善老，善始善终**：善于放弃与消亡，善于起始与结局。此是世人处世之法，不妨用于天道。夭：夭折，这里指早早地扬弃。王先谦、郭庆藩等以为是"妖"，变化之意，于义亦通。《庄子·天地》："不乐寿，不哀夭。"

[19] **万物之所系，而一化之所待**：指天道。天道是万物所系之道，亦是万物将化之道。

[20] **有情有信**：可以用情理来感知，可以用证据来验证，二者合为悟道之两种法门。这是指天道的可知性。

[21] **无为无形**：没有表面上的功用，没有可见的形貌。这是指天道的隐蔽性。

[22] **可传而不可受**：天道可因启发而相传，不可借定言而教授。传、受：心领意会为传，被动灌输为受。

[23] **神鬼神帝**：神其鬼，神其帝，使鬼怪和帝王都具有神通，即天道赋予一切之意。

[24] **太极**：天地未开、混沌未分阴阳之前的状态。《周易·系辞上》："易有太极，是生两仪，两仪生四象，四象生八卦，八卦定吉凶，吉凶生大业。"

[25] **六极**：上下前后左右六个维度，即人所能认识到的全世界，亦称六合。

[26] **豨（xī）韦氏**：帝王之号，见于《庄子》各篇。《左传》《国语》有豕韦氏，可能所指相同。

[27] **挈（qiè）**：提着。

[28] **伏戏**：伏羲。

[29] **以袭气母**：孕育元气之意。相传伏羲由元气推演出八卦。

[30] **维斗**：北斗。

[31] **忒**（tè）：变更。

[32] **堪坏**：山神之名。仅见于此，不知来处。

[33] **崐崘**：同"昆仑"。

[34] **冯夷**：水神之名。

[35] **肩吾**：得道者之名，见于《庄子》。《山海经·西山经》中有陆吾，主司昆仑，可能所指相同。

[36] **颛**（zhuān）**顼**（xū）：上古帝王。

[37] **玄宫**：传说颛顼是主管北方的玄帝，居于玄宫。

[38] **禺强**：又称禺疆、禺京，传说是北方的神明。

[39] **少广**：山名。

[40] **彭祖**：传说中长寿之人。

[41] **有虞**：帝舜，见于《孔子家语·五帝德》。

[42] **五伯**：传说中的五位诸侯国首领，《战国策·齐策》有"古之五帝、三王、五伯"之说。

[43] **傅说**（yuè）：殷商时贤人，辅佐殷帝武丁开创"武丁中兴"。

[44] **武丁**：殷帝。

[45] **奄**（yǎn）：覆盖，占有。

[46] **东维**：星名。

[47] **箕尾**：星名。

【评述】

上节有真人之辨，此节则秉承真人之心，有真道之辨。不避生死者，才是真人；超越生死而无所遁灭者，才是真道。上下相承而言。

"泉涸，鱼相与处于陆。"泉涸犹如此世，众人犹如群鱼。鱼无水则无以生，人无道则几于死。身处如此困境，则当如何处之？有两法，其一曰"相呴以湿，相濡以沫"，其一曰"相忘于江湖"。相濡以沫者，求生之欲也，此心固然可敬，然而果真能纾忧解难乎？不能也。相忘于江湖者，解脱之本也，此事虽然不易达成，然而尚有他法可用乎？未有也。

困世之人，多有誉尧而非桀之言。何故誉尧？祈望于如尧之明主，盼他降临于我，解我之困。何故非桀？责备于如桀之恶君，盼他远离于我，去我之缚。然而，世间一切困窘皆能由明主而解乎？世间一切束缚俱是由恶君而结乎？所谓"誉尧"，不过是懒人之托辞；所谓"非桀"，不过是弱者之推诿。

故此，相濡以沫之精神自然值得提倡，然而终非是自救之良方；誉尧而非桀之祈求自然惹人注目，然而不免是弱者之无能。解脱之道，原在本心。鲲鹏相化，便逍遥于南冥；故步自封，则困守于北冥。故此，此泉既已干涸，当另寻江湖栖身；此处已不容我，当另寻他处逍遥。何必苦守于"相濡以沫"之困窘耶？不如"两忘而化其道"。

虽然如此，亦必将有人犹然困于泉涸之中。为何所困？为"物之情"所困。何为"物之情"？逃避生死即物之情。天下乃由天道而成，一切无所藏避于天道之中。故此，舟山不可藏，人形不可藏，死生亦不可藏。逃避生死之情，岂是天道之旨？

既然一切都无所遁藏，有不可遁灭者乎？有之。万物俱将不存，唯有真道不灭。不得遁灭者即为真。

死生皆由天道而成，人道却以逃避死生为义，是物之情。若得此情，则此身亦将不存，真人亦将不成。若能化于天道，便将不惧生死，而不惧生死者，即成真人。

总之，"相呴以湿，相濡以沫，不如相忘于江湖"。人道并无逃脱生死之能，天道才有逍遥通达之法。故此，应以大宗之天道为师，亦即"大宗师"之义。

04.撄宁

南伯子葵[1]问乎女偊[2]曰："子之年长矣，而色若孺子，何也？"

曰："吾闻道矣。"

南伯子葵曰："道可得学邪？"

曰："恶！恶可！子非其人也。夫卜梁倚[3]有圣人之才而无圣人之道，我有圣人之道而无圣人之才，吾欲以教之，庶几[4]其果为圣人乎？不然！以圣人之道，告圣人之才，亦易矣，吾犹守而告之[5]，参日[6]而后能外天下[7]；已外天下矣，吾又守之，七日而后能外物；已外物矣，吾又守之，九日而后能外生；已外生矣，而后能朝彻[8]；朝彻，而后能见独[9]；见独，而后能无古今[10]；无古今，而后能入于不死不生[11]，杀生者不死，生生者不生[12]。其为物，无不将也，无不迎也[13]，无不毁也，无不成也[14]，其名为撄宁[15]。撄宁也者，撄而后成者也。"

南伯子葵曰："子独恶乎闻之[16]？"

曰："闻诸副墨[17]之子，副墨之子闻诸洛诵[18]之孙，洛诵之孙闻之瞻明[19]，瞻明闻之聂许[20]，聂许闻之需役[21]，需役闻之於讴[22]，於讴闻之玄冥[23]，玄冥闻之参寥[24]，参寥闻之疑始[25]。"

【译文】

南伯子葵问女偊："您年纪很大，却能有少年一样的面容，是什么原因呢？"

女偊回答说："我悟道了。"

南伯子葵说："道可以学吗？"

女偊说："不！不可以！你并不能一学而得道。卜梁倚有圣人之才却没有圣人之道，我有圣人之道却没有圣人之才，我打算教他，差不多他就可以成为圣人了吧？并不是！将圣人之道一下子传授给具有圣人之才者，已经是比较容易的了，但我依然需要守住他的心然后再加以点拨，如此过了三天，然后才能将天下置于心外；已经将天下置于心外了，我又守住他的心，如此过了七天，然后才能将万物置于心外；已经将万物置于心外了，我又守住他的心，如此过了九天，然后才能将生死置于心外；已经将生死置于心外了，然后才能一朝彻悟；一朝彻悟，然后才能正见独我；正见独我，然后才能超越古今；超越古今，然后才能进入无死无生的境界，有杀生之事亦不以死视之，有生育之事亦不以生视之。他对于外物，没有不能拿用的，没有不能接纳的，没有不能毁坏的，没有不能造就的，这便叫作撄宁。所谓撄宁，便是取用而后道通有成。"

南伯子葵问："那么，这些道理，您倒是在哪里听闻的呢？"

女偊说："我听闻于意会之子，意会之子听闻于思谋之孙，思谋之孙听闻于存真，存真听闻于认知，认知听闻于实践，实践听闻于得道，得道听闻于浑沌，浑沌听闻于旷远，旷远听闻于本初。"

【注解】

[1] **南伯子葵**：虚构人物。葵是向阳之物，以此为名，有求问而自成之意。《左传·成公十七年》："鲍庄子之知不如葵，葵犹能卫其足。"

[2] **女偊**（yǔ）：虚构人物。偊为独行之人，以此为名，有见独而得道之意。

[3] **卜梁倚**：虚构人物。卜验栋梁之道，心自倚之，以此为名，

有寻道而学之意。

[4] **庶几**：近似，差不多。

[5] **守而告之**：守其心而告之。道非言所及，陷于言则将有所失，故此守之。《庄子·秋水》："谨守而勿失，是谓反其真。"《庄子·在宥》："我守其一，以处其和。"

另注：外天下、外物、外生是对外物而言，须以守心而成；朝彻、见独、无古今是对内心而言，无须守亦无可守。故此前三种境界时女偶"守而告之"，后三种境界时则有所改变。

[6] **参日**：三日。

[7] **外天下**：将天下置于心外。下文外物、外生亦同。

[8] **朝彻**：一朝彻悟，即自明其心之意。

[9] **见独**：见到自我的独特性。见心为先，见我为后。

[10] **无古今**：超越古今。见我为先，通彻古今为后。

[11] **入于不死不生**：达到勘破生死的境界。

[12] **杀生者不死，生生者不生**：杀其生者，亦不单纯以死视之；育其生者，亦不单纯以生视之。生亦非生，死亦非死，一切皆化于天道之中。此是勘破生死之言。

[13] **无不将也，无不迎也**：凡物都可以拿用、接纳，而不会被物性所束缚。譬如朝臣，若能得名利而不失本心，受王命而此心不惧，即属此类。任意而取，任意而收，只因我心通明，不易于物。将：持有。迎：接纳。《庄子·知北游》："圣人处物不伤物。不伤物者，物亦不能伤也。唯无所伤者，为能与人相将迎。"

[14] **无不毁也，无不成也**：凡物都可以毁坏、造就，而不会带来伤害。譬如巧匠，毁泥胎能成土偶，毁土偶能成泥胎，任意变化，即属此类。任意而毁，任意而成，只因天道昭昭，随而化之。《庄子·齐物论》："其分也，成也；其成也，毁也。凡物无成与毁，复通为一。"

另注：道未成者，则将、迎、成、毁皆得其损，不可轻试；道已成者，则将、迎、成、毁俱得其是，任意化之。《庄子·应帝王》有"至人之用心若镜，不将不迎"之说，似乎与此处相抵牾。然而，彼处"不将不迎"是成道之术，道未成者须以此为戒，便概不可将、概不可迎；此处"无不将也，无不迎也"是道成之境，道已成者能自知其妙，便无不可将、无不可迎。譬如学徒学医未成，有毒之药皆不可用；良医学医已成，有毒之药便无不可用。即类于此。

[15] **撄（yīng）宁**：取之，而后与之归一。圣人对于物，将之、迎之、毁之、成之，便是撄；而后有所得，便不将、不迎、不毁、不成，便是宁。撄：抓取。《孟子·尽心下》："虎负嵎，莫之敢撄。"宁：安宁，此处喻道之成。

另注：参破天下，然后参破外物，然后参破生死，然后见心之明，然后见我之独，然后见古今万物之通，然后见不死不生之妙，然后合于天道。三种破物之法，渐行渐深，四种见性之境，愈见愈明，正是庄学入道之路径。

[16] **子独恶乎闻之**：您倒是从哪里听闻的呢？女偊说天道不可学，而女偊之言却又似乎有所学，故南伯子葵有此疑问。

[17] **副墨**：辅助文字的，文字之外的，喻意会之意。副：辅助，非正。

[18] **洛诵**：连络之诵，连绵不断的诵说，喻反复思谋之意。洛：同"络"，连络。

[19] **瞻明**：瞻见光明，照亮此处之黑暗，喻去伪存真之意。瞻：远望。

[20] **聂许**：摄取而得其应允，喻认知之意。聂：摄取。许：应允。

[21] **需役**：等待而役使，喻有目的地实践之意。需：等待。

[22] **於（wū）讴（ōu）**：歌颂之声，喻有所获得而赞叹之意。於：感叹词。讴：歌颂。

[23] **玄冥**：浑沌不分的状态，象征心与道合。

[24] **参寥**：空阔寂寥，象征大道又在我心之外。

[25] **疑始**：怀疑迷茫之始，即求道之原动力。得道后归于本元，反复求成。《庄子·大宗师》："受而喜之，忘而复之。"《庄子·大宗师》："反复终始，不知端倪。"

另注：天道须要以心参悟，不由听闻而得，副墨等九种俱是修心之法，加以拟人之象，是打破执念之言。女偊说天道不可学，南伯子葵却怀疑天道可学而问何人是女偊之师，女偊便以九师相告，说是九师，其实非有其人，仍是自我修心之法，故此，天道不可学。女偊九师之言即立义于此。

副墨、洛诵、瞻明、聂许、需役、於讴、玄冥、参寥、疑始九名，其实是意会、思谋、存真、认知、实践、得道、浑沌、旷远、本初九种境界。意会、思谋、存真，此三者是寻真之法，即"且有真人"之义；认知、实践、得道，此三者是以真寻知之法，即"而后有真知"之义；浑沌、旷远、本初，此三者是得道以后心境之进化，浑沌则知我心与道相合，旷远则知大道又在我心之上，于是我心清虚，归于本初。历此九境，则道有小成；循环往复，则渐得大成。

【评述】

上节有真道之论："夫道，有情有信，无为无形；可传而不可受，可得而不可见。"本节则借女偊之言而具体论之。

南伯子葵听闻女偊之言，便欲求师学道，则求道者大多有卜梁倚之心，意欲寻一梁柱，以己之才相倚而成，岂不知天道无为无形，岂能向人学得？故此，女偊以卜梁倚之事相告，而南伯子葵听闻此言犹未通明，便又以副墨等九种境界相点化。总之，若得天道之成，全凭自心之修为，未有捷径可言，未有定法可循，独行之，独成之。女偊之名正是一人独行之象，即寓意于此。

得道之路，可有七种层次。外天下、外物、外生，三者见人之真，是"且有真人"之义；朝彻、见独、无古今、不死不生，四者见道之真，是"而后有真知"之义。本章"大宗师"之旨即在于此。

己心之成，可有九种境界。意会、思谋、存真，三者渐明道之义，可得真我；认知、实践、得道，三者渐行道之实，可得道之小成；浑沌、旷远、本初，三者渐生我之大，亦知道之广大而回归初心。心成而毁，周而复始，正是求道之路。

渐得人之真，渐得道之成，成而又毁，复通为一，成而上比，小成之上又有大成，始终以我心为本，始终以大宗为师，便是庄学求道之法。至此，"大宗师"之立言已成。

05.四子之化

子祀、子舆、子犁、子来[1]四人相与语曰："孰能以无为首，以生为脊，以死为尻[2]，孰知死生存亡之一体者，吾与之友矣。"四人相视而笑，莫逆于心，遂相与为友。

俄而子舆有病，子祀往问之。曰："伟哉，夫造物者将以予为此拘拘[3]也！"曲偻发背[4]，上有五管[5]，颐隐于齐[6]，肩高于顶，句赘指天[7]，阴阳之气有沴[8]。其心闲而无事，跰𨇤[9]而鉴[10]于井，曰："嗟乎！夫造物者又将以予为此拘拘也[11]！"

子祀曰："女恶之乎？"

曰："亡，予何恶？浸假而化[12]予之左臂以为鸡，予因以求时夜[13]；浸假而化予之右臂以为弹，予因以求鸮炙[14]；浸假而化予之尻以为轮，以神为马，予因而乘之，岂更驾哉？且夫得者，时也；失者，顺也；安时而处顺，哀乐不能入也。此古之所谓县解[15]也，而不能自解者，物有结之。且夫物不胜天久矣，吾又何恶焉？"

俄而子来有病，喘喘然将死，其妻子环而泣之，犁往问之。曰："叱[16]！避！无怛[17]化。"

倚其户与之语曰："伟哉！造化[18]又将奚以汝为？将奚以汝适？以汝为鼠肝乎？以汝为虫臂乎？"

子来曰："父母于子，东西南北，唯命之从。阴阳于人，不翅[19]于父母，彼近吾死而我不听，我则悍[20]矣，彼何罪焉？夫大块载我以形，劳我以生，佚[21]我以老，息我以死。故善吾生者，乃所以善吾死也。今大冶[22]铸金，金踊跃曰'我且必为镆铘[23]'，大冶必以为不祥[24]之金。今一犯[25]人之形，而曰'人耳

人耳'，夫造化者必以为不祥之人。今一以天地为大炉，以造化
为大冶，恶乎往而不可哉？"

成然[26]寐，蘧然[27]觉。

【译文】

　　子祀、子舆、子犁、子来四人互相说道："谁能够把虚无当作头
颅，把生命当作脊梁，把死亡当作尾椎，谁能够懂得死、生、存、
亡四者是浑然一体的，我便与他为友。"四人相视而笑，莫逆于心，
便相与为友。

　　不久，子舆生病了，子祀前往探问。子舆说："伟大啊，造物者
将要给予我如此拘而又拘的形态！"他弯曲着身子，高高拱着背，
上面显露着四肢和脖颈，就像五根管子，他驼得很厉害，面颊隐藏
在肚脐那里，双肩高于头顶，扭曲地指着天，阴阳二气阻隔不畅。
他的心却闲而无事，蹒跚着到井边看自己的身影，说："啊呀！造物
者又将给予我这种拘而又拘的形态啊！"

　　子祀问："你厌恶这个样子吗？"

　　子舆答："形态消亡，我怎么会厌恶呢？若是渐渐将我的左臂化
为雄鸡，我便可以用来报晓司晨；渐渐将我的右臂化为弹丸，我便
可以用来打鸟烤肉；渐渐将我的尾椎化为车轮，将心神化为骏马，
我便可以乘坐而行，哪里还用别的车驾呢？况且，得到是一种时运，
失去是一种顺应，安于时运而处于顺应，哀与乐便都不能侵入心神。
这便是古人所谓的悬解之境界，若是不能自解，便会被外物所拖累。
况且，外物之道向来不能胜过天道，我又怎么会厌恶这些变化呢？"

　　不久，子来生病了，不停喘息着快要死了，他的妻子儿女围着
他哭泣，子犁前往探问。子来正说着："去吧！走开吧！变化之事没
什么可悲苦的。"

子犁倚着门户对他说："伟大啊！造化之道又将会对你做什么？将让你去往何处？将会把你变成老鼠的肝脏吗？将会把你变成虫子的手臂吗？"

子来说："父母想让孩子去往东南西北各方，孩子便听命而行。阴阳造化对于人而言，不止与父母相当，它安排我接近死亡而我却不听从，我可算是显露勇猛了，可它又有什么错呢？世界给予身形是使之承载自我，给予生命是使我勤劳，给予衰老是使我清闲，给予死亡是使我安息。故此，善于安排我的生命的，也正是善于安排我的死亡的。假设现在有铁匠宗师铸造铁器，一块铁踊跃着说'我一定会成为名剑镆铘'，那么，铁匠宗师一定认为这是不祥之铁。又譬如，它刚巧赶上人的形体，便喊着'变成人啊变成人啊'，那么，造化者一定以为这是不祥之人。那么，倘若将天地看成是一个大炉子，而造化者便是那铁匠宗师，随之而去又有什么不可以呢？"

说罢，子来浑然地睡去，又恍然地醒来。

【注解】

[1] **子祀、子舆、子犁、子来**：虚构人物。四子之名各合儒者、士者、农者、道者，喻符命不同，皆可得道。

[2] **尻**（kāo）：脊骨的末端。

[3] **拘拘**：形体被束缚的样子，拘之又拘，反而有解脱之意。人生于世，受人形之拘，即拘；人之形又拘于病，即拘拘；而人之心反而因此而解，即拘之又拘，将前拘解于后拘，便拘无可拘。譬若有一贼拘子舆之心，又生出一病拘住此贼，子舆之心便因此而解。拘之拘，恰是解其本拘；否定之否定，恰能得其肯定。故此子舆以"伟哉"称之。拘：束缚。

[4] **曲偻**（lóu）**发背**：弯曲着身子，高拱着脊背。偻：佝偻，弯

曲。发：射出，这里指把背部拱起来。《庄子·则阳》："使其君内热发于背。"

[5] **上有五管**：四肢、头颈，合为五管，子舆因疾病而蜷曲，犹如蹲下之态，若以肚腹为视角，便是"上有五管"之形。管：这里指肢胫如管。《黄帝内经·刺节真邪》："肢胫者，人之管以趋翔也。"《庄子·人间世》有支离疏"五管在上"，与此类似。

[6] **颐隐于齐**：面颊隐藏在肚脐那里，形容他的头弯得很低，驼背很厉害的样子。颐：面颊。齐：同"脐"。

[7] **句（gōu）赘指天**：弯曲而累赘地指向天空，形容扭曲的样子。句：弯曲。赘：累赘。

[8] **沴（lì）**：水不通，这里指气不畅。

[9] **跰（pián）𨇤（xiān）**：蹒跚的样子。

[10] **鉴**：照镜子。

[11] **夫造物者又将以予为此拘拘也**：前文拘拘，是疾病对形体之拘；此处拘拘，是生死对疾病之拘。子舆由井水照见将死之象，拘拘之义便由疾病转至生死，这是新的认识，所以说"又将"。

[12] **浸假而化**：渐渐地借取并转化。形体之变化逐渐而成，所以是"浸"；并未将形体拿走，所以是"假"，假借。

[13] **时夜**：值夜，犹如司晨之意。

[14] **鸮（xiāo）**：善于鸣叫的鸟统称为鸮，此处概指鸟类。

[15] **县解**：同"悬解"，指以跳出束缚的方式来得到解脱。详见本书《养生主·秦失之吊》注解部分。

[16] **叱（chì）**：大声呵斥。

[17] **怛（dá）**：忧伤，悲苦。

[18] **造化**：创造化育。

[19] **不翅**：同"不啻"，不仅，不止。

[20] **悍**：勇猛好斗。

[21] **佚**：隐逸，悠闲。

[22] **大冶**：铁匠大师。

[23] **镆**（mò）**铘**（yé）：亦写作莫邪，上等好剑之名。

[24] **不祥**：不吉利，因大冶所铸之金自作聪明而言。《列子·说符》："察见渊鱼者不祥，智料隐匿者有殃。"《韩非子·说林上》："知渊中之鱼者不祥。"则古人将明察太过视为不祥之事，正如此金。人不胜天，自以为胜天，即其不祥。

[25] **犯**：遇到。

[26] **成然**：完备地。这里语义双关，既形容无忧而眠，又形容其精神浑然圆满。

[27] **蘧**（jù）**然**：一下子。这里语义双关，既形容忽然睡醒，又形容恍然醒悟。蘧：同"遽"。《管子·轻重丁》："桓公遽然起。"

【评述】

"先真人后真知""何谓真人""何谓真道""撄宁"四节真人真道之论为本章之体，"四子之化""三子之礼""孟孙才之丧""意而子之炉捶""颜回之坐忘""子桑之病"六则寓言为本章之用。六则寓言又分三组：前三则"四子之化""三子之礼""孟孙才之丧"为一组，论真人，可称"真人三篇"；中二则"意而子之炉捶""颜回之坐忘"为一组，论真道，可称"真道两篇"；末一则"子桑之病"为一组，论人不真、道不真，可称"不真一篇"。本寓言为真人三篇之一，论已得其真。

子舆有病，子祀往问之。世人多以为疾病为人生之苦，子舆却认为疾病为人生之解。人生于世即受人形之拘，又有疾病拘之，即成拘拘之态，似乎苦上加苦。然而，疾病岂能拘"我"耶？其实，疾病所拘者，在于此身，不在此心。世人以身为我，便以为我亦受疾病之拘；子舆以心为我，不以身为我，便知唯有此身受疾病之拘，而心中之我并不受疾病之拘，故此始终无拘。再者，此身本是人形之拘，又有疾病拘之，拘于形而未拘于心，恰好使前拘由此而解，其实是以刃解刃之法。同是拘拘，世人不免一困再困，子舆却能反得其解，非道者之心不能为之。道者甚知死生存亡为一体，故此其人甚真，由此可得解脱生死之真道。

子来有病，子犁往问之。世人多有贪生惧死之心，子来却认为死生是天道寻常之化。人，生由天，死亦由天。天既然善吾以生，则必将善吾以死。既然死生皆为天道之善，又有何惧焉？再者，我不知死后如何，正是天道之安排。人道固然不如天道，以人道之小知揣度天道之莫测，岂非以卵击石？既然避无可避，不如顺而得之。若以天地为大炉，以造化为大冶，虽将化为鼠肝、虫臂，亦无不可。同是生死，世人不免忧惧而泣，子来却能安泰相处，非道者之心不能为之。道者甚知死生存亡为一体，故此其人甚真，由此可得解脱生死之真道。

子祀、子舆、子犁、子来，四子之名各合儒者、士者、农者、道者，庄子于此寓意，以示世人皆可求真，万物皆可得道。

子舆视疾病为伟哉之拘拘，悬解物命，子来视生死为大冶之造化，随之而往，皆是勘破外物之境。勘破外物，则能得真我；已得人之真，便能得道之真。"成然寐，蘧然觉。"正是四子之明。以"大宗师"为法，便能得此境界。

06.三子之礼

子桑户、孟子反、子琴张[1]三人相与友，曰："孰能相与于无相与，相为于无相为[2]？孰能登天游雾，挠挑无极，相忘以生，无所终穷[3]？"三人相视而笑，莫逆于心，遂相与友。

莫然有间[4]而子桑户死，未葬。孔子闻之，使子贡往待事[5]焉。或编曲，或鼓琴，相和而歌，曰："嗟来[6]桑户乎！嗟来桑户乎！而已反其真[7]，而我犹为人猗[8]！"

子贡趋[9]而进曰："敢问临尸而歌，礼乎？"

二人相视而笑，曰："是恶知礼意[10]？"

子贡反，以告孔子，曰："彼何人者邪？修行无有[11]，而外其形骸[12]，临尸而歌，颜色不变，无以命之，彼何人者邪？"

孔子曰："彼游方之外者也，而丘游方之内者也。外内不相及，而丘使女往吊之，丘则陋矣。彼方且与造物者为人[13]，而游乎天地之一气[14]。彼以生为附赘县疣[15]，以死为决疣溃痈[16]，夫若然者，又恶知死生先后之所在[17]？假于异物，托于同体[18]，忘其肝胆，遗其耳目[19]，反复终始[20]，不知端倪[21]，芒然[22]彷徨乎尘垢之外，逍遥乎无为之业，彼又恶能愦愦然[23]为世俗之礼，以观众人之耳目[24]哉？"

子贡曰："然则夫子何方之依[25]？"

曰："丘，天之戮民[26]也。虽然，吾与汝共之[27]。"

子贡曰："敢问其方？"

孔子曰："鱼相造[28]乎水，人相造乎道。相造乎水者，穿池而养给[29]；相造乎道者，无事而生定[30]。故曰：鱼相忘乎江湖[31]，人相忘乎道术[32]。"

子贡曰："敢问畸人？"

曰："畸人者，畸于人而侔于天[33]。故曰：天之小人[34]，人之君子；人之君子，天之小人也。"

【译文】

子桑户、孟子反、子琴张三人互相交友，说："怎样能够以不交往的方式来相互交往，以不作为的方式来相互作为？怎样能够登上天际，游于迷雾之中，挑战无极的真理，在生命之中彼此相忘，永无止境？"三人相视而笑，莫逆于心，便互相成了好友。

没过多久，子桑户死了，尚未下葬。孔子听说了，便叫子贡过去帮忙。只见有人编曲，有人鼓琴，相互和声而唱歌："哎呀桑户啊！哎呀桑户啊！你已经返璞归真，我还在人世停留！"

子贡快步上前而问道："敢问如此在尸身旁边唱歌，符合礼仪吗？"

二人相视而笑，说："你这么问，哪里懂得礼仪的真意呢？"

子贡返回，将见闻告诉孔子，问道："他们是怎样的人呢？修行于无有之中，而将形骸置于关心之外，临近尸身而唱歌，面色不曾改变，没有什么可以命令他们，他们究竟是怎样的人呢？"

孔子说："他们是游于世外之人，而我是游于世间之人。世外与世间两不相干，而我却叫你去进行凭吊，是我鄙陋了。他们只是暂且被造物者造成了人，从而游于天地道法一气贯通之中。他们把生看作是无常而多余的瘤子，把死看作是终于破掉的脓疮，像这样的人，又怎么会关心生死孰先孰后呢？假存于外物之中，暂寄于此身之内，忘却其肝胆之形，遗弃其耳目之感，反复进取，没有尽头，茫然地彷徨在尘世之外，逍遥于无为之境，他们又怎么会蒙昧不清地遵从世俗的礼仪，以满足众人的耳目之欲呢？"

子贡问："那么，夫子您的心是在世间还是在世外呢？"

　　孔子说："我孔丘只是没有福分的天生桎梏之人罢了。虽然如此，我也应当与你共享此道。"

　　子贡问："敢问应当如何去做？"

　　孔子说："鱼相互造就，是在水里；人相互造就，是在道术之中。在水里相互造就，是要穿过旧的水域而取得新的养分；在道术之中相互造就，是要脱去此道俗事而生出笃定之真。所以说，群鱼相忘在江湖之远，众人相忘在道术之中。"

　　子贡问："敢问什么是畸人？"

　　孔子说："所谓畸人，与众人脱离而与天道看齐。所以说，天道之中的小人，却是众人眼中的君子；众人眼中的君子，却是天道之中的小人。"

【注解】

　　[1] 子桑户、孟子反、子琴张：虚构人物。子桑户之名有农耕之意，喻世中人；孟子反之名有逆行之意，喻世外人；子琴张之名有隐于世间之意，喻边缘人。世人之分别，无非如此，庄子设此名相寓，以示世人皆可求道。

　　[2] 相与于无相与，相为于无相为：交往、作为而不带有任何目的。

　　[3] 登天游雾，挠挑无极，相忘以生，无所终穷：即永无止境地追逐天道之意。登天：登上天际，喻追逐天道。游雾：游于迷雾。人在未知之中，犹如在迷雾之内。挠挑无极：天道没有尽头，须要不断进取，故有此言。挠挑：挠拨，挑动。

　　[4] 莫然有间：没有一会儿，形容时光迅速。

　　[5] 待事：一作侍事。

　　[6] 嗟来：感叹词。

[7] **反其真**：人的真实状态本来便是无，所以说反其真。反：同"返"。

[8] **猗**（yī）：语气词。

[9] **趋**：快步行走。

[10] **是恶知礼意**：二子认为子贡不知礼之意。儒者观之，临尸而歌不合礼仪；道者观之，歌其心志正合礼意。礼意：礼仪的真意。

[11] **修行无有**：修行于无有之中。此是道家之法。《庄子·应帝王》："立乎不测，而游于无有。"存世之礼仪，道家不修，故有此言。

[12] **外其形骸**：将形骸置于心外，心里不在乎的意思。

[13] **彼方且与造物者为人**：他们暂且把自己交给造物者，由造物者创造成人。庄子认为，生而为人并非从无到有，而是原有一个"我"，暂且安排在此形骸之中，故有此言。

[14] **一气**：贯通如一的精神，即天道。气：物之精神。

[15] **附赘**（zhuì）**县**（xuán）**疣**（yóu）：附加的累赘与不定的病疣，即不属于自己的东西。县：同"悬"，不定的。疣：皮肤上的疙瘩、赘肉。

[16] **决疣**（huàn）**溃痈**（yōng）：破了的疮和溃烂的脓包。疣：疮。痈：脓包。

[17] **恶知死生先后之所在**：不知死与生的先后排序，不关心其价值。

[18] **假于异物，托于同体**：假托于异物同体，即寄身于外物之意。此身与我其实不同，所以称为异物；此身与我同在此体，所以又称为同体。

[19] **忘其肝胆，遗其耳目**：遗忘其耳目肝胆，即遗忘其身、只知自我之意。

[20] **反复终始**：即不断进取之意。认知告一段落，便是终，继

续新的认知，便是始。

[21] **不知端倪**：没有尽头。端：开端，端点。倪：端倪，迹象。

[22] **芒然**：同"茫然"。茫然于此，故能不断求知于此。《庄子·齐物论》："人亦有不芒者乎？"

[23] **愦（kuì）愦然**：纷乱、糊涂的样子。

[24] **观众人之耳目**：使众人之耳目得以相观，表演以取悦之意。世俗之礼仅能娱众人之耳目，无关众人之心，故有此言。

[25] **然则夫子何方之依**：孔子自称是方内之人，却又对方外之道赞叹不已，则夫子究竟心属方内？心属方外？故有此问。

[26] **天之戮民**：被上天惩罚、施刑之人。孔子知晓方外之道，却被缚于方内，被视为上天之戮刑。在《庄子·德充符》篇，叔山无趾称孔子为"天刑之人"，亦同此义。

[27] **共之**：共享其方，亦即共享方外之道。

[28] **造**：本义是造访，又因造访而交心于道，进而彼此有成，所以其实是造就。

[29] **穿池而养给（jǐ）**：旧池已经枯竭，便跃入新池，继续寻求养给。《庄子·逍遥游》篇，鲲鹏跃入天池，即是此义。

[30] **无事而生定**：此道已成，便告别此道之事，生出新的定一之态。前文有南伯子葵故事，女偊有言："撄宁也者，撄而后成者也。"即是此义。

[31] **鱼相忘乎江湖**：鱼入江湖，便与旧池之鱼相忘。

[32] **人相忘乎道术**：人得大道，便与小道之人相忘。

[33] **畸（jī）人者，畸于人而侔（móu）于天**：畸人，与人为独而与天为通。畸人：与大众不同的人，略同于奇人之意。畸：畸形，不规则。侔：相齐，相等。

[34] **小人**：境界甚小之人。

【评述】

　　子桑户死，孟子反、子琴张编曲鼓琴，相和而歌，以"反其真"之言贺之。斯人已逝，何以不哀不泣，反而以歌相贺？只因子桑户本已勘破生死，有真人之心，故此，此歌甚得其意，心心相通，正是礼之意，而子贡不识此意，故此迷惑不解。世俗之礼仅能娱众人之耳目，不俗之礼方能达逝者之本心，子贡只知礼之形，不知礼之实，其愚即在于此。

　　所谓礼者，以心尊之。儒家之礼，尊在彼身，是人道之礼；道家之礼，尊在彼心，是天道之礼。天道见其心，人道未见其心，故此说子贡未知礼之真意。未得礼之真，即未得人之真，故此，困于人道之君子，实是天道之小人。

　　子贡返而求问，孔子答之，言辞甚通达，甚得其理。虽然如此，孔子何不依其言而行之？何不一贯而成之？孔子又称自己是戮民，似乎有方内之身相困。然而，以心得真，何必身在方外？求道之心，又与此身何关？故此，孔子非是身受其困，实则心受其困。心有所知而设法推辞，即是孔子不真之处。三子勘破外物，始终如一，其人甚真，故此能得真道；孔子既知己陋，却托以戮民之辞，知其方而不依其方，为人不真，故此难得真道。本段明写三子之礼，其实意在孔子不得真之悲。

　　若依此故事而言，则子贡当是不识礼意之迂腐之人，而儒家之见竟如此浅薄耶？非也。《礼记·檀弓上》："子路曰：'吾闻诸夫子：丧礼，与其哀不足而礼有余也，不若礼不足而哀有余也。祭礼，与其敬不足而礼有余也，不若礼不足而敬有余也。'"大哀是对死丧者行诚意之真，大敬是对受祭者行诚意之真，故此，孔子宁肯"礼不足"，也要"哀敬有余"。则儒家深知于礼意，其实与子桑户三子并无不同，亦并非重于形式而轻于内实。子贡于此有鄙陋之见，此事不知何据，其实并不符合儒家之学，恐怕又是庄子移花接木之手段；孔子自称戮民、畸人，亦于情理不合，亦应是庄子"栽言"之法。道家以为言必非真，存道而真，故此，庄子不求事之真，只求道之真，便多有设事而寓言之法，往往随心而言，读者自可识之。

本寓言为真人三篇之二，论不得其真。上节讲子祀等四子之事，主角亦是四子，论得真而有成；此处讲子桑户等三子之事，主角却是孔子，讲不得真而无成。两事相比，则何去何从毋庸多言。两段上下相承，是正反之法。

另外，上节四子勘破死生，此节三子行求道之志，亦是前后顺承而言。勘破外物以后便知求道之真，正合道家"先破物而后求真"之法。

07.孟孙才之丧

颜回问仲尼曰："孟孙才[1]，其母死，哭泣无涕，中心不戚，居丧不哀。无是三者，以善丧盖鲁国。固有无其实而得其名者乎？回壹[2]怪之。"

仲尼曰："夫孟孙氏尽之矣，进于知矣。唯简之而不得，夫已有所简矣[3]。孟孙氏不知所以生，不知所以死[4]；不知就先，不知就后[5]；若化为物[6]，以待其所不知之化[7]。已乎[8]！且方将化，恶知不化哉？方将不化，恶知已化哉[9]？吾特[10]与汝，其梦未始觉者邪！且彼有骇形[11]而无损心，有旦宅[12]而无情死[13]。孟孙氏特觉，人哭亦哭，是自其所以[14]，乃且也相与吾之耳矣[15]，庸讵知吾所谓吾之乎[16]？且汝梦为鸟而厉乎天，梦为鱼而没于渊[17]，不识今之言者，其觉者乎？其梦者乎？造适不及笑[18]，献笑不及排[19]，安排而去化[20]，乃入于寥天一[21]。"

【译文】

颜回问孔子说："孟孙才的母亲去世了，他哭泣却不流泪，心里并不悲戚，守丧却不哀伤。他没有流泪、悲戚、哀伤这三样表现，却以精通丧之道而名盖鲁国。没有本实却得到了虚名，竟然会有这样的人吗？我全然地感到奇怪。"

孔子说："孟孙氏已经做到极致了，已经超越了通常的认知。世人行简化之法，便只能不得其义，他却能简化而行，而又得其真义。孟孙氏不问生的意义，不问死的意义；不求哪个重要为先，不求哪个次要为后；仿佛其身暂且化为一物，以等待神秘莫测的天道之化。

这就足够了！况且，将化之身，哪里会料到有不化的可能呢？将要不化之身，哪里会知道此身已经被天道所化呢？与之不同的是我和你啊，还是困于梦中而不知觉醒之人呢！况且，他有着令人吃惊的行为，却没有受到损害的内心，有着晨光照耀的根器，却没有陷于世情的心死。孟孙氏是尤其醒悟的，众人哭，他也哭，这是他有意为之的表现，打算以此迎合我的世俗之耳，可是怎么就认定我还是那个世俗的我呢？况且，你梦见自己是鸟，从而可以飞掠天际，梦见自己是鱼，从而可以深入渊海，依然不能懂得这些言论的人，是醒悟的人呢？还是梦中的人呢？造访求道不如一笑而悟，示之以笑不如辞别过往，安于诀别之情而舍弃化与不化之心，便进入到寥廓高妙的天道之中了。"

【注解】

[1] **孟孙才**：仅见于此，可能是庄子虚构的。

[2] **壹**：全部地，专一地，用于加强语气。《礼记·檀弓下》："子之哭也，壹似重有忧者。"

[3] **唯简之而不得，夫已有所简矣**：以常法而言，行之则得，简之则失；孟孙才却能简之而得。孟孙才简于丧仪之形，而能得"善丧"之实，故有此言。简：简略而行。

[4] **不知所以生，不知所以死**：不去知晓世俗中生死的意义。孟孙才不拘于丧仪，不为生死之事而哀毁内心，故有此言。此处"不知"犹如"不问"之意。

[5] **不知就先，不知就后**：不以世俗之先后次序相跟从。就：跟从，参加。世人以死生为大，我偏以死生为常。《庄子·大宗师》："恶知死生先后之所在。"

[6] **若化为物**：仿佛已经化为失去灵魂的物体了。道家认为人之

死在于其身，而真我犹存，天道将会有新的安排，故有此言。

[7] **以待其所不知之化**：以等待神秘莫测的天道之化。《庄子·应帝王》："予（即无名人）方将与造物者为人，厌，则又乘夫莽眇之鸟。"无名人厌倦于为人，将要化为莽眇之鸟，即此例。不知之化：即将到来的天道之化，犹如重生之意。天道将化我为何物，非我所知，故有此言。

[8] **已乎**：足够了。

[9] **且方将化，恶知不化哉？方将不化，恶知已化哉**：将化之人，亦可能不化于未曾意料；将不化之人，亦可能已化于不知不觉。譬如，垂死者忽遇转机，将死而未死，即是"方将化而恶知不化"；壮年者突遭不幸，将不死而死，即是"方将不化而恶知已化"。此句言天道莫测。

[10] **特**：特别的，不同的。

[11] **骇形**：令人惊骇的形体、表现。这里指孟孙才不遵从世俗的丧仪。

[12] **旦宅**：早晨阳光照耀的宅邸，喻指得道的根器。夜宅如梦，旦宅如醒。孔子与颜回"梦未始觉"，如沉迷于黑夜；孟孙才觉醒于梦，如晨光入宅。二者相对而言，正是境界之不同。《庄子·大宗师》："已外生矣，而后能朝彻。"孟孙才不知生死，即如"外生"之义；入"旦宅"之境界，即如"朝彻"之义。

[13] **情死**：陷于俗世之情，而内心便因此而死。陷于世情，此心如死；离于世情，便生于道。《庄子·德充符》："无人之情，故是非不得于身。"

[14] **自其所以**：自己要这样的，故意为之。自：依自我之意而为之。《孔子家语·六本》："自其心矣。"

[15] **乃且也相与吾之耳矣**：指孟孙才打算以哭声来迎合孔子的世俗之耳。《庄子·大宗师》："以观众人之耳目。"与此类同。乃

且：打算。乃且是先秦固定词汇，表示时机成熟了而打算做某事之意。《战国策·楚四》："夫楚亦强大矣，天下无敌，乃且攻燕。"《吕氏春秋·开春论》："卫有士十人于吾所。吾乃且伐之，十人者其言不义也；而我伐之，是我为不义也。"皆属此例。过去注者多将"乃且"二字从中分开，各归于上下两句，恐怕无据。此处孟孙才原本以为孔子是世俗者，便打算以俗世之法相迎和；谁知孔子此时已经悟道，原本"相与吾之耳"之法已不适用。此处正是将行而未行之事，所以说"乃且"。此中微妙即如"吾乃且伐之""而我伐之"二者之分别。相与：彼此给予而又彼此接受。世俗之哭与世俗之耳即是相与的关系。《庄子·齐物论》："相与为类。"

[16] **庸讵知吾所谓吾之乎**：岂能真正知道我所表现出来的那个我呢？即岂不知我已今非昔比之意。此言之前，吾本是有耳之吾，有丧仪之执念；此言之后，吾已是无耳之我，无世情之烦扰。

[17] **梦为鸟而厉乎天，梦为鱼而没于渊**：喻指一遇点化而至于新境界。厉：磨砺，这里指翅膀掠过。

[18] **造适不及笑**：造访求道不如一笑而悟。造适：访问。笑：指一笑而悟。《道德经》："上士闻道，勤而行之；中士闻道，若存若亡；下士闻道，大笑之。不笑不足以为道。"这里指孟孙才间接地点化了孔子与颜回，所以后者想要去拜访感谢，但千言万语都不如区区一笑。

[19] **献笑不及排**：示之以笑不如辞别过往。排：推开。这里指告别过去甚低的境界。《庄子·在宥》："人心排下而进上。"

[20] **安排而去化**：安于诀别之情而舍弃化与不化之心。安排：告别过去的境界，并安心于此。《庄子·养生主》："安时而处顺，哀乐不能入也。""安时"与"安排"二者类似。去化：舍弃化与不化之心。此段论述皆由生死之化而起，故孔子以"去化"作结。

[21] **寥天一**：寥廓而恒一的天道。

另注： 以上四句都是站在孔子与颜回二人的角度来说的，亦即将得道者之视角。因为道心顿明，所以是"造适"，想要拜访点化之人；因为有所蜕变，所以前文是"笑"而此处是"献笑"，想要将此心告之；因为此心通彻，所以前文是"排"而此处是"安排"，安心于诀别过去之情。

【评述】

其母死，孟孙才无涕、不戚、不哀，却以善于治丧而名盖鲁国。何以得其名？盖鲁人甚觉孟孙才治丧之真，故此称之。丧之本，不在于涕泪哀戚，而在于以心相敬。上节有孟子反、子琴张以琴歌为子桑户治丧之事，两事相比而言，其义类同。

上节子贡不解孟子反、子琴张之治丧，孔子为其解之，并有"戮民"之托辞，见得孔子之道其实未成。本节颜回不解孟孙才之治丧，孔子为其解之，并有"安排而去化"之言，见得孔子之道已经渐得其成。孔子知晓礼之真意，彼时能解子贡之疑，却未能解自心之困，是未得其心之真也；此时能解颜回之疑，亦能解自心之困，是渐得其心之真也。两事之不同即在于此。

能得人之真，便能得道之真。孟孙才居丧不哀，反而以善丧为名，正是得其真义而成。勘破其哀，便无所哀；弃丧之形，便得其善；借丧而化，便得其人。

孟孙才觉于此梦，其人甚真，故此能得真道；孔子有梦觉之辨，其心渐真，故此将得真道。本段明言孟孙才之事，其实意在孔子之悟。"造适不及笑，献笑不及排，安排而去化，乃入于寥天一。"无论何时何处，均可立地成道，只因此心始终在此，真我始终在此，正是本节之义。

本寓言为真人三篇之三，论将得其真。上节孔子不得真而无成，此处孔子渐得真而将成，则天刑亦非难解，解在自心。两段上下相承，是顺成之法。

四子、三子、孟孙才三篇故事，其义同一，皆是得人之真。四子已得人之真，故此心无所碍；戮民之孔子未得人之真，故此无方可依；梦觉之孔子渐得人之真，故此将有所化。已得真、不得真、将得真，人心于道无非此三者，真人之义皆在其中，"大宗师"之旨（以天道大宗为师）亦贯穿始终。

08.意而子之炉捶

意而子[1]见许由[2]，许由曰："尧何以资[3]汝？"

意而子曰："尧谓我：'汝必躬服仁义而明言是非。'"

许由曰："而奚来为轵[4]？夫尧既已黥汝以仁义，而劓汝以是非[5]矣，汝将何以游夫遥荡恣睢[6]转徙之涂[7]乎？"

意而子曰："虽然，吾愿游于其藩[8]。"

许由曰："不然。夫盲者无以与乎眉目颜色之好，瞽者无以与乎青黄黼黻之观[9]。"

意而子曰："夫无庄[10]之失其美，据梁[11]之失其力，黄帝[12]之亡其知，皆在炉捶[13]之间耳。庸讵知夫造物者之不息我黥而补我劓[14]，使我乘成[15]以随先生邪？"

许由曰："噫！未可知也。我为汝言其大略。吾师乎！吾师乎！鳌[16]万物而不为义，泽及万世而不为仁，长于上古而不为老，覆载天地、刻雕众形而不为巧。此所游已。"

【译文】

意而子去见许由，许由问："尧用什么来帮助你？"

意而子说："尧对我说：'你一定要服从仁义而明辨是非。'"

许由说："那么你为何要乘车而来找我呢？既然尧已经以仁义之术对你实施了黥刑，以是非之术对你实施了劓刑，你还怎么能够恣意放纵地游荡，并且转入到泥涂大道之中呢？"

意而子说："虽然如此，我还是希望能以受刑之身获得逍遥。"

许由说："不可以。盲人无法被施予眉眼容颜的美丽，瞎子无法被施予华美花纹的观感。"

意而子说："无庄失去她的美貌，据梁失去他的力量，黄帝失去他的智慧，都是由于天道的冶炼与击打。怎么知道造物者就不会修复我刻上墨字的脸而补上我被割掉的鼻子，从而使我身形圆满地跟随着先生您呢？"

许由说："嗯！这确实不一定。我给你说个大概吧。我所师法的啊！我所师法的啊！粉碎万物而并不是行义，恩泽万世而并不是施仁，寿命长于上古之人而并不是老迈，动摇天地、塑造众生而并不是机巧。我便将心游于此处。"

【注解】

[1] **意而子**：虚构人物，他一意求道，故有此名。

[2] **许由**：隐士，《庄子·天地》中说他是尧的老师。

[3] **资**：资助，帮助。

[4] **轵（zhǐ）**：车轴，这里指代乘车而来。许由以舟车喻仁义，即尧之道，与泥涂所喻之天道相对而言。舟车犹如以仁义驱人而行，故有此喻。《庄子·让王》："原宪笑曰：'夫希世而行，比周而友，学以为人，教以为己，仁义之慝，舆马之饰，宪不忍为也。'"则原宪将舆马之便利视为仁义之巧术。《庄子·山木》："（鲁）君曰：'彼其道远而险，又有江山，我无舟车，奈何？'市南子曰：'君无形倨，无留居，以为舟车。'"则市南子劝鲁侯放弃仁义之舟车，而以自然之道为舟车。原宪之舆马，市南子之舟车，皆与许由之轵同义。

[5] **黥（qíng）汝以仁义，而劓（yì）汝以是非**：以黥劓之刑，维护仁义是非之道。黥：在脸上刻字并涂墨。劓：割鼻之刑。

[6] **遥荡恣（zì）睢（suī）**：远远地游荡，随意地到处看，恣意放纵之意。睢：放眼看。

[7] **转徙之涂**：转而来到泥涂之中。徙：移动。涂：泥涂，象征崇尚自然之道，即许由之道。尧居于宫殿而许由居于泥涂，故有此言。涂之道亦与轵之道相对而言，前者喻不施仁义、崇尚自然之天道，后者喻强施仁义之人道。

[8] **游于其藩**：游心于黥刑劓刑之中。藩：藩篱，约束，此指刑罚而言。

另注：许由认为黥劓之身无以游之，陷于仁义是非则不得逍遥之真，故此有"奚来为轵"之问；意而子认为亡羊补牢犹未晚也，逃于仁义是非便可得逍遥之真，故此有"游于其藩"之答。

[9] **盲者无以与乎眉目颜色之好，瞽者无以与乎青黄黼（fǔ）黻（fǔ）之观**：瞎子看不到美好的面容与漂亮的花纹，比喻受刑之身不知天道之美。瞽：眼瞎。黼黻：泛指礼服上所绣的华美花纹。

[10] **无庄**：虚构人物，取名无庄，暗示其摒弃庄重而失其美貌。

[11] **据梁**：虚构人物，取名据梁，暗示其倚据栋梁而失其蛮力。《庄子·大宗师》有卜梁倚之名，类似此义。

[12] **黄帝**：上古名帝，据《列子·黄帝》所载，他即位三十年，过于依靠智谋，从而万物有患，后来放下一切机心而天下大治。

另注：无庄失其美，据梁失其力，黄帝亡其知，有所小弃而成于大道，意而子受黥、劓之刑，亦是有所小弃，故以此自比。

[13] **炉捶（chuí）**：冶炼与击打，指代天道之锤炼。捶：击打。

[14] **息我黥而补我劓**：平复被毁坏的面容而补上被割掉的鼻子。刑罚可以弥补，喻指走过的弯路可以改正。

[15] **乘成**：乘着圆满的状态。这里的"成"，指前文"息我黥而补我劓"而言。错误全部弥补，一切完好如初，便是"成"。

[16] **韲（jī）**：同"齑"，粉碎。圣人韲物以成之。《庄子·大宗师》："无不毁也，无不成也。"《庄子·齐物论》："其分也，成也；其成也，毁也。凡物无成与毁，复通为一。"皆此义。

【评述】

意而子原本遵从帝尧之人道，又要转投许由之天道，而许由拒之。因何而拒？只因意而子已受黥劓之刑，受此束缚，何谈逍遥？此即问题之关键所在。

然而，此说可乎？可。不可乎？不可。逍遥之道，在于其心，不在其身。倘若意而子受刑于心，则无以逍遥；受刑于身，则无妨于逍遥。换言之，黥劓之刑在身而仁义之刑在心。倘若其身受黥劓之刑而其心亦因此而受仁义之刑，则其心不可解；倘若其身受黥劓之刑而其心未因此而受仁义之刑，则心已自解。故此，此论虽然有理，其实却是许由故意设下之陷阱，看意而子如何答之，以此观其心。

针对许由之问，意而子以"游于其藩"对之。藩者，刑罚之外物也。游者，逍遥之自心也。刑罚之身，何妨我内心之游？物我有别，何妨持两行之法？此言一出，则知意而子之心并未受仁义之刑所困。

虽然如此，此说亦有未明之处。既然此心已得逍遥，物我两忘，又何有"其藩"可言？故此，许由否之，而意而子又以"炉捶"相对。炉捶即天道之化，刑亦是化，不刑亦是化，旧日之心是化，未来之心是化，天道无所不化，此心随之而成，则无藩可言，此即天道之真、逍遥之真，意而子于此顿然得之。

总之，尧所行者，人道也，名以仁义是非，实以黥劓之刑，许由所行者，天道也，似乎道于泥涂，其实逍遥众心。

意而子已得人道之刑，又欲求得天道，许由否之，非以刑在其身，实以刑在其心。意而子举炉捶之言，以证自心，许由许之，非是其身之刑可补，实是其心之刑已解。

本章有六则寓言为用，中二则论真道，此即真道两篇之一，论顿成其道。道之真，即在于无所不容，无论何者，一旦抛开过往，便可顿入真道。本节之立义即在于此。

上节孟孙才故事，孔子有言："造适不及笑，献笑不及排，安排而去化，乃入于寥天一。"此中皆是顿成之法，意而子故事便在此处立义，亦是承接上文而言。人道之刑，无困天道之心；若以天道大宗为师，其心立地自解。

09.颜回之坐忘

颜回曰："回益[1]矣。"仲尼曰："何谓也？"曰："回忘仁义矣。"曰："可矣，犹未也。"

他日复见，曰："回益矣。"曰："何谓也？"曰："回忘礼乐矣。"曰："可矣，犹未也。"

他日复见，曰："回益矣。"曰："何谓也？"曰："回坐忘[2]矣。"仲尼蹴然[3]曰："何谓坐忘？"

颜回曰："堕枝体[4]，黜聪明[5]，离形去知[6]，同于大通[7]，此谓坐忘。"

仲尼曰："同则无好也[8]，化则无常也[9]，而果其贤乎！丘也，请从而后也。"

【译文】

颜回说："我进步了。"孔子说："怎么讲？"颜回说："我忘掉了所谓的仁义。"孔子说："很好，不过还不够。"

过了几日，再次求见，颜回说："我进步了。"孔子说："怎么讲？"颜回说："我忘掉了所谓的礼乐。"孔子说："很好，不过还不够。"

过了几日，再次求见，颜回说："我进步了。"孔子说："怎么讲？"颜回说："我已经到了坐忘的境界。"孔子惊觉地说："所谓坐忘怎么讲？"

颜回说："摆脱肢体的束缚，放弃感官的指引，使内心分离于形体，使感悟不依赖智谋，使自我融合在宏大而通达的天道之中，这就叫作坐忘。"

　　孔子说："融合于天道，便不必对教化的手段有所偏好了；以天道化用，便不必有定常的教化之法了，这果然是贤良之法啊！孔丘我愿意跟随着你前行。"

【注解】

　　[1] 益：增加，这里指领悟的提高。

　　[2] 坐忘：居留于忘，万物万事皆忘，一切定法皆忘，如此则合于天道。坐：停留。前文忘仁义、忘礼乐是暂时之忘，凝神为一即可得之，正是小成之境；此处坐忘是永恒之忘，非道心通达者不可得，可谓至境。故此孔子蹴然。

　　[3] 蹴（cù）然：顿足的样子，形容其警觉。

　　[4] 堕枝体：放弃肢体的束缚。堕：毁坏，废弃。枝体：同"肢体"。

　　[5] 黜（chù）聪明：放弃耳之聪、目之明，以心看待世界，而不以感官。黜：罢免，废除。

　　[6] 离形去知：内心不依赖形体，感悟不依赖智谋。道家认为形体与智谋都属于外物，都不能带来真正的认知。《列子·仲尼》："欲若道而用视听形智以求之，弗当矣。"即此义。

　　[7] 同于大通：指将自我与天道相融合。同：彼此不分。大通：指天道之通。天道大而通彻，涵盖一切。

　　[8] 同则无好（hào）也：同于天道之通达，则不必偏爱于仁义、礼乐之法，万法皆可教化，故此"无好"。

　　[9] 化则无常也：以天道莫测之法相化，则不必长持仁义、礼乐之法，万法无不可用，故此"无常"。

　　另注：同则无好，化则无常，两句俱指仁义、礼乐而言。儒家奉仁义、礼乐为至法，便偏爱之，长持之；道家则认为法无定法，通于天道则无须偏爱仁义、礼乐之法，亦无须长持，故有此言。

【评述】

仁义、礼乐本是儒家尊奉之道，颜回何以要逐一忘之？简言之，是弃其旧法而欲成新法之故。本故事于此处未曾明言，读者却不可不知，否则难解此节之义。

道家之道，在于自然无为，不守定势。故此，便将儒家之道视为拘泥执着之法，怜其拘缚，期以解脱，便成此寓言。《大戴礼记·四代》："公曰：'巧匠辅绳而斲，胡为其弃法也？'子曰：'心未之度，习未之狎，此以数踊而弃法也。'"则孔子视法度为上，视人为下，人不可逾法。《庄子·胠箧》："毁绝钩绳而弃规矩，擺工倕之指，而天下始人有其巧矣。……攘弃仁义，而天下之德始玄同矣。"则庄子视人为上，视法度为下，人皆应弃法而得其巧。道、儒两家之分别可见一斑。此处庄子以儒家仁义、礼乐之法为短，又借儒家之口而自曝之，又是"借尸换魂"之言。

故此，儒家以仁义、礼乐为教化之道，颜回逐一忘之，弃旧而成新，正是有所突破之意，故此说"回益矣"，孔子亦称"可矣"。然而，旧法已弃，新法未成，故此孔子又说"犹未也"。

先有忘仁义、忘礼乐之加益，颜回又得"坐忘"之法，此忘与前两忘大有不同。仁义、礼乐之忘，忘其旧法而无道相合，故此未有新法相成；所谓"坐忘"，居留于忘之境，通达于道心之成，万法皆忘而合于天道，所谓新法亦不必相求。无所不忘，其心即通，心通便不拘于定见，不拘于定见便无必为之法可言，无必为之法便无不为之事。何必求之新法？我已变幻莫测，万法无不可行，万法无不可成。故此，说是"坐忘"，实为得道，可得一切法，可成一切法，仁义、礼乐之法已然不值一提。故此孔子"蹴然"。

忘仁义、忘礼乐是孔子小知之术，有术而未通，陷于人道；"坐忘"是颜回大知之道，釜底抽薪，通于天道。孔子知术而不知道，故此，以颜回为贤，"请从而后"。

颜回能得"坐忘"之法，正因为先有忘仁义、忘礼乐之心得，渐行而渐成；孔子听闻颜回之言，心有所触，愿以颜回为贤，想必亦能逐渐成之。天道广大无涯，虽有鸿才大知亦不能尽得。所谓"坐忘"，看似容易，亦须有明道之心，持之不怠，方可达成。故此，得道有顿成之说，有渐成之说，顿成而得道固然可喜，渐成而得道却是其根基所在。

本章有六则寓言为用，中二则论真道，此即真道两篇之二，论渐成其道，上节意而子之事论顿成其道，二者顺应相合而成。

前文意而子弃人道而投天道，其心有顿成之真；此处颜回依人道而入天道，其心有渐成之真。顿成之真，示天道之恒常而永开其门；渐成之真，示天道之高妙而万道归宗。顿成之法，说在入道不难，只要弃假而从真，便可立地自解，云开月明；渐成之法，说在得道之难，唯有恒持求道之真，方可渐渐得之，逐级而上。顿成之法与渐成之法，犹如质变与量变，二法并行不悖，便能得道之真义。

前三则寓言（真人三篇）讲已得其真、不得其真、将得其真，所论在于人之真，示"且有真人"之义；中二则寓言（真道两篇）讲顿成其道、渐成其道，所论在于道之真，示"而后有真知"之义。至此，人之真、道之真俱已示明，天道大宗之真亦寓于其中，本章"大宗师"之义（以天道大宗为师）亦由此自明。

10.子桑之病

　　子舆与子桑[1]友，而霖[2]雨十日，子舆曰："子桑殆[3]病矣！"裹[4]饭而往食之。至子桑之门，则若歌若哭，鼓琴曰："父邪！母邪！天乎！人乎！"有不任其声[5]而趋举其诗[6]焉。

　　子舆入，曰："子之歌诗，何故若是？"

　　曰："吾思夫使我至此极者[7]而弗得也。父母岂欲吾贫哉？天无私覆，地无私载，天地岂私贫我哉？求其为之者而不得也。然而至此极者，命也夫！"

【译文】

　　子舆与子桑交友，连续下雨十日，子舆说："子桑一定是困在大病之中了！"便带着饭去送给他吃。到了子桑的门庭，看到子桑又像是唱歌又像是哀号，弹琴唱道："是父亲吗？是母亲吗？是天呢？是人呢？"听得出，他急切地吟唱着他的诗，而内心的悲怆却并不能由声音而充分表达。

　　子舆进去，说："你如此唱歌吟诗，为何会这样呢？"

　　子桑说："我在思考是谁使我到了如此困境，却始终想不通。父母岂会希望我窘困呢？上天不会偏心地覆盖谁，大地不会偏心地承载谁，天地岂会偏偏使我窘困呢？我索求这一切的主使，却始终找不到。然而我又确实沦落至此，这就是我的宿命吧！"

【注解】

[1] **子舆、子桑**：虚构人物。子舆又见于前文，是得道者；子桑未解于外物，是未得道者。

另注：前文有子桑户，又称桑户，《庄子·山木》篇有子桑雽，又称桑雽，二者皆是道者，似有关联，亦未可知。子桑之名与二子类似，却是未得道者，必非一人，不可混淆。

[2] **霖**：久雨不止。

[3] **殆**（dài）：陷入困境。

[4] **裹**：携带。

[5] **不任其声**：其情不能与其声相匹配，言不尽意之意。任：担当。

[6] **趋举其诗**：急于以歌诗表达。趋：本义为快走，又引申为催进、促使之意。《荀子·富国》："趋时遂功。"《孙子兵法·虚实》："后处战地而趋战者劳。"举：演奏，表达。《礼记·杂记下》："不举乐。"

另注：不任其声，犹如大水阻于小闸；趋举其诗，犹如水波沸腾欲出。二者皆是形容子桑心中痛苦炽盛而急于表达之意。

[7] **至此极者**：沦落到如此极端的境地。极：极限，这里指困境之极。

【评述】

霖雨十日，子桑病，虽有子舆裹饭而食，亦未能获救。本寓言竟以此而终，似乎无解，何故也？曰：不得真道则无以逍遥，即是其义。前文故事均以"真"相示，此则寓言却以"不真"相示。"真"则有此心解脱之逍遥，"不真"则有此心未解之不逍遥，二者实为一义而正反相示，正是庄学常有之手段。

　　子桑何以病？病不在霖雨之峻烈，而在于其心不真。其心若真，安于天道之化，则霖雨等外物亦无可相侵。前文子舆有曲偻发背之拘拘，又有晨鸡、泥弹、轮舆之将化，犹能以神为马，安时处顺，于是哀乐不能入；此处子桑仅有区区霖雨相扰，何况更有子舆裹饭而救，远非生死之忧可比，何必捶胸顿足空有怨命之言耶？儒者犹知"君子固穷"之义，道友岂能不通"物化"之妙道耶？《庄子·齐物论》有言："至人神矣！大泽焚而不能热，河汉冱而不能寒，疾雷破山、风振海而不能惊。"如此才是道者应有之境界，而子桑未解此义，反而将心陷于哀哭之态。故此，子桑之病，病在其心。

　　子桑何以病？病不在贫穷之窘困，而在于其道不明。其道若明，长于求问而善于自省，则贫穷生死亦无以动其心。道者子舆裹饭而至，所持者非是餐饭，实为真道，子桑何不求之问之以解其困？临渴而掘井，犹嫌已晚；抱柱于溺水，岂非愚行？真道之成，在于勘问，亦可向外而问，亦可向内而问。向外，则有子舆为师；向内，则有自心为师。子桑置子舆于不顾，忘此心之求索，于是拘于符命，无道可成，自然窘困无方。《庄子·齐物论》："道行之而成。"子桑不问贤，不求道，不自省，便一无所得于自怨自艾之中。故此，子桑之病，病在其道。

　　或曰：然则子桑有天地父母之思辨，岂非有求道之问？答曰：不然。求道之问，在于勘问，不可混淆于责问。勘问其心，义在明辨，能得其理；责问其人，实为辩难，仅有是非。子桑问于父母，非是思辨，实为乞索；子桑问于天地，非是求知，实为责难。故此，子桑之问，其实非问也，头则自哀也，此则更见得其心未真。

　　总之，子桑遇霖雨则病，自是其窘困之处；遇贫则哭，却在于无知之心。其心问遍天地父母，此解又岂在天地父母？遍求外物而一无所得，其心何不自问而成？符命由天，逍遥在我。不见我之真，则不得我之道；不解我之心，则不解我之命。

至此，六则寓言相继而成。前五则寓言论真人真道之逍遥，此寓言则论丧我失道之窘困。前五则寓言于正向示其真，末一则寓言于反向示其不真，正反相比，以成"大宗师"之旨。

《人间世》《德充符》《大宗师》三章共同构成《庄子·内篇》之外篇，共成庄学之用。"人间世""德充符"论行事之法，为表；"大宗师"论运心之道，为本。则此寓言亦反向呼应此三章。子桑不知"人间世"之道，遇雨则病，自伤其身；不知"德充符"之道，遇命则哭，于己无成；不知"大宗师"之道，拷问天地而不知师之以心。则此寓言虽是本章《大宗师》之结尾，却也寓藏三章之义，亦可称为三章之总结。

纵观《庄子·内篇》，前三章为庄学之体，可称《内篇》之内篇，中三章为庄学之用，可称《内篇》之外篇，至此，六章已毕，庄学之体、用两层构建完成。则子桑故事亦反向呼应于开篇鲲鹏故事，亦可视为《庄子·内篇》第二次结尾。鲲鹏逍遥进取而飞入彼境，无愧榜样，立于篇首；子桑困苦悲鸣而困于此境，足以为戒，置于结尾。

总之，此则寓言既是本章之结尾，又是《人间世》《德充符》《大宗师》演绎三章之结尾，又是《庄子·内篇》之结尾。短短一则寓言，何以有如此妙用？其诀窍在于一个"反"字。纵观《庄子·内篇》，此前亦有寓言无数，却皆以"真"之义相示，未曾以"不真"之义相示。庄子之学，至此已经立言完备，然而，看似完美无缺之言，岂非即是有缺之举？道成于是，亦成于非。故此，本寓言立义于"非"，立义于"不真"，立义于"反"，却恰能与本章相合，与此前三章相合，与《内篇》相合，以示儆戒。

庄子之学，看似圆满，其中必有瑕疵；求道之路，看似清晰，实则充满未知。世间岂有全成之言论？哪有无瑕之学说？故此，特

　　于此处设一不成之事，以示求道之难，亦表明庄学之有限、天道之无涯。看似圆成，实则有缺，看似有缺，实则圆成，成中亦有不成，不成中亦有成，如此巧妙安排亦是庄学浑沌之美。

第七章

应帝王

"应帝王"，应于帝王之心。世人多有帝王之心，道者亦可应之，故成此章。能得其真，则合于天道；不得其真，则困于人道。

何为帝王？人之至尊即是帝王。《庄子·天道》："莫神于天，莫富于地，莫大于帝王。"然而道者无天下之情，则帝王之念不必是道者之心。既然如此，为何相应？只因世人多有此心，我便应之，以示天道广大，无所不包。《庄子·在宥》："有问而应之，尽其所怀，为天下配。"

帝王身在天下，而道者心在无穷。何以应之？以天道相应。《庄子·知北游》："调而应之，德也；偶而应之，道也。帝之所兴，王之所起也。"则帝王之道与道者之道，其实同于一也。《庄子·天道》："帝王之德，以天地为宗，以道德为主，以无为为常。"则帝王之心与道者之心，其实同于一也。

世者之帝王以人为君，道者之帝王以天为君，则帝王之论，不在名而在实，不在法而在道。应于此心之真，以天道一以贯之，则文惠君与庖丁无所分别，黄帝与庄周无所分别。帝王之心，亦可成于天道；天道得成，此心自是帝王。此即"应帝王"之义。

世人多有帝王之心，道者向无排弃帝王之意。有人以帝王相问，我便以天道相应。何能相应？只因天道广大，万法皆备；亦见我心如镜，不将不迎，应而不藏。此亦"应帝王"之义。

得此二义，则天道人道一贯而通，有言无言相化而生，庄学备成。

　　《逍遥游》《齐物论》《养生主》是立言三章，庄学之体，可称
《庄子·内篇》之内篇；《人间世》《德充符》《大宗师》是演绎三
章，庄学之用，可称《庄子·内篇》之外篇；《应帝王》是漫谈一章，
庄学之辩，可称《庄子·内篇》之杂篇。《庄子》全书分内篇、外篇、
杂篇，各示体、用、辩之旨，《庄子·内篇》之结构亦与此暗合，皆
是庄学逻辑严密整饬之故。

　　本章可分六节：01. 不非人；02. 日中始之欺德；03. 天根问天下；
04. 阳子居问明王；05. 壶子之渊；06. 浑沌之死。前四节辨帝王之真，
重于立论，为体；后两节为寓言两则，重于演绎，为用。

　　有人道之帝王，有天道之帝王，二者之分别在于"非人"与"不
非人"之法。"非人"者，要人而搅人之心，功盖天下却民心有患，
终将为物所伤；"不非人"者，得人而无搅人心，化贷万物而天下自治，
始终游于无有。帝王之应，即在于此。故此，第一节为立言，示以非
人与不非人之法；后三节为寓言三则，喻雄君、仁君、明君于其中，
亦暗合儒家、宋尹、墨家之言，以示人道帝王非人之困窘，兼论天道
帝王不非人之逍遥。四节合成"应帝王"之旨。

　　其后又有两则寓言相示。壶子故事，由天道帝王向人道帝王发难，
示以人道之浅薄；儵忽故事，由小成帝王向大成帝王求道，示以天道
之无穷。两节合成"帝王成于无尽，天道高于无穷"之义，既是本章
之结尾，又与庄学之本心遥相呼应，成为《庄子·内篇》第三次结尾、
第四次结尾。至此，《庄子·内篇》万象备成，回环响应，浑然一体，
玄妙无缺。

01. 不非人

嚙缺[1]问于王倪[2]，四问而四不知[3]。嚙缺因跃而大喜，行以告蒲衣子[4]。蒲衣子曰："而乃今知之乎？有虞氏[5]不及泰氏[6]。有虞氏，其犹藏仁[7]以要人[8]，亦得人矣，而未始出于非人[9]。泰氏，其卧徐徐[10]，其觉于于[11]，一以己为马，一以己为牛[12]，其知情信[13]，其德甚真[14]，而未始入于非人[15]。"

【译文】

嚙缺向王倪问道，四次提问而四次得到"不知"的回答。嚙缺因此雀跃大喜，来到蒲衣子处并告知此事。蒲衣子说："那么，你此刻明白了吗？有虞氏的境界是不如泰氏的。有虞氏犹然隐藏着仁义的机心以摄取人心，这样做也可以得到人心相从，却从未离开过'非人'的手段。而泰氏总是安闲地躺着，气息舒缓地醒来，身心如一地把自己当成马，身心如一地把自己当成牛，他的见解可以被感受而令人信服，他的德性有纯朴之真，从来没想过使用'非人'的手段。"

【注解】

[1] **嚙缺**：虚构人物，有啮咬之精神，锲而不舍，因此而有缺于道，故有此名。嚙缺在本处亦隐喻向庄子问道的弟子。又见于《齐物论》《天地》《知北游》《徐无鬼》等篇目。

[2] **王倪**：虚构人物，象征王道、天道之端倪，故有此名。

[3] **四问而四不知**：此事见于《庄子·齐物论》，啮缺问了四个问题，王倪以"不知"回答了前三个，以启发的方式侧面回答了第四个问题，啮缺没能理解，认为他依然不知答案，所以说"四不知"。

[4] **蒲衣子**：虚构人物，以蒲为衣，象征纯朴之境界。

[5] **有虞氏**：帝舜。

[6] **泰氏**：古之帝王，不知具体所指，大概是庄子的虚构。

[7] **藏仁**：将仁义之心藏起来。庄子认为，不强行施加的仁才是真正的仁，即所谓"大仁不仁"（《庄子·齐物论》），而有虞氏（帝舜）只是将强加的行为隐藏起来而已，故有此言。

[8] **要（yāo）人**：使人被迫从命。要：要挟，胁迫。

[9] **未始出于非人**：从未离开过"非人"的手段，一直都在强迫别人。非人：施非于人，强迫别人偏离本性。《庄子·人间世》："形就而入，且为颠为灭，为崩为蹶。心和而出，且为声为名，为妖为孽。"即是非人之举。《庄子·在宥》："天下脊脊大乱，罪在撄人心。"撄人之心，使之偏离本性，亦是非人之举。

[10] **徐徐**：安闲的样子。

[11] **于（xū）于**：气息舒缓的样子。"于"是"吁"的古字。

[12] **一以己为马，一以己为牛**：甘愿俯身当牛做马之意。一：全部的，整个的。

[13] **其知情信**：他的见解可以通过人情事理来推断，可以用证据来验证。使人自行体悟而非强加之意。《庄子·大宗师》："夫道，有情有信。"即此义。

[14] **其德甚真**：指泰氏不以强行的方式来施德。不施德而成德，为真德；施德而成德，为不真之德。《庄子·秋水》："道人不闻，至德不得。"即此义。

[15] **未始入于非人**：从未使用过"非人"的手段，从来都没有强迫别人。《庄子·在宥》："汝慎，无撄人心。"即同于此义。

【评述】

前文六章，天道之体用已然立论完备，无奈世人之心多陷于人道，故此别立一章而简略谈之。以庄学之见，天道人道本是一体而道法相同，用心于天则为天道，用心于人则为人道，天道亦能含藏人道，人道亦可由天道相解。故此，庄学于人道亦无不可谈，人道又以帝王之道为至尊，就此而论，则其余诸事亦能因之而解，此即本章之义。

所谓"应帝王"，即应于帝王之心，世人多有此情而不知正解，道者却能以天道应之而不失其宗。如何应之？观其大略，无非是"不非人"之法。何为"不非人"？不强使偏离本性，即其义。道家崇尚自然，万事万物皆由天道而成，故此，尊奉天道与"不非人"实为一体，明于此义，则世间万事可解。本节即在此处立言。

啮缺曾问于王倪，四问而四不知，啮缺自以为将王倪难倒，故此雀跃大喜，行以告蒲衣子。王倪所谓不知，岂是不知？是不欲以己知强加于啮缺，故此托名不知，此即"不非人"之道。啮缺雀跃大喜，岂有真见？不过是困于小知而沾沾自喜。此中真伪，蒲衣子岂能不知？而蒲衣子却并未就此事而加以判定，而是另设一事，借有虞氏及泰氏而论。有虞氏"藏仁以要人"，殊不可取；泰氏顺其自然，其中又暗寓真道，才是天道之真义。说是泰氏"不非人"，其实即王倪之"不非人"，亦是蒲衣子之"不非人"，更是庄子之"不非人"。

本节明为蒲衣子之言，其实亦有庄子之言。其言在于何处？正在"应帝王"三字之中。何为"应帝王"？有人以帝王相问，我便以天道相应。亦是一解。则啮缺正是弟子之化身，蒲衣子正是庄子之化身。王倪所言其实已寓大知，啮缺却懵懂无知，又向蒲衣子求问小知之法；犹如前文六章其实已寓天道，弟子却犹嫌未足，又向庄子求问人道之见。故此，庄子隐身于蒲衣子之后，化言于巧喻之中，是本节隐藏之义。

王倪之法，避其锋芒，不陷于言辩是非；蒲衣子之法，另辟蹊径，不陷于此事之论；庄子之法，设喻而言，不拘于万事万物。由此观之，王倪虽然避开争辩之陷阱，却依然就事而言，不免有示弱之态，可称取法于下；蒲衣子虽然避开裁断之是非，却依然以"有虞氏不及泰氏"而论，不免有立言之患，可称取法于中；庄子不言而言，随心化用，借王倪而言齐物论之法，借蒲衣子而谈应帝王之道，不争辩，不裁断，暗喻真义于无形之中，更胜于二子，可称取法于上。

总之，欲论帝王，先论其心。人道之帝王行非人之术，得其至者，不过是"藏仁以要人"而已；天道之帝王不行非人之术，众人亦自得，我亦自真。"应帝王"之旨便在此言之中。

"未始入于非人"是本章核心思想，是庄学立言之本，亦是道家独有之论。《道德经》："上德不德，是以有德；下德不失德，是以无德。上德无为而无以为，下德为之而有以为。"即此义。王倪、蒲衣子、泰氏主张"无为"，不以己德推行于人，便不会有"非人"之为，便是上德；有虞氏主张"为之"，坚持己德，强行于人，便不免会有"非人"之为，便是下德。

此寓言与四问四不知故事前后相连，于此暗藏本章之要义，向上又与本书主旨相承，有三重涵义：

其一，啮缺有"四问"，王倪有"四不知"之应。非我不知也，实不欲非人也。此理前文尚未明言，于此解之。

其二，王倪有不非人之暗示，啮缺有不知道之自满，蒲衣子一概不论，仅以泰氏之道相寓言，希冀啮缺可以自悟，此即"未始入于非人"之行，正是本章之立义。

其三，前六章立言天道，已成圆满，此时又应弟子之问，略谈帝王之术。帝王是人道之尊，本非天道之学。弟子求问帝王术于庄子，犹如啮缺求四问于王倪；而庄子借蒲衣子之口相应，亦如蒲衣子借泰氏之道相答，皆是"未始入于非人"之意。此是对弟子之点化，亦是对本书主旨之阐明。

寓言为一，其义成三，正是庄学之妙。

02. 日中始之欺德

肩吾[1]见狂接舆，狂接舆[2]曰："日中始[3]何以语女？"

肩吾曰："告我君人[4]者以己出经[5]，式义[6]度人[7]，孰敢不听而化诸？"

接舆曰："是欺德[8]也。其于治天下也，犹涉海凿河而使蚊负山也。夫圣人之治也，治外[9]乎？正而后行，确乎能其事者而已矣。且鸟高飞以避矰弋[10]之害，鼷鼠深穴乎神丘[11]之下，以避熏凿[12]之患。而曾二虫之无知[13]？"

【译文】

肩吾见到狂接舆，狂接舆问："日中始对你怎么说的？"

肩吾说："他告诉我，领导众人就要以身作则，以此制定仁义规范，以此化育众人，谁敢不听从、不被教化呢？"

接舆说："这是欺骗之德，不是真德。像这样治理天下，犹如到大海之中开凿河道，犹如让蚊子背起一座大山。所谓圣人之治，难道是治理外在的表象吗？应该是使大道平正，然后自然成行，逐一确认能够胜任事情的人便可以了。况且，鸟会高飞以避开箭矢的加害，鼷鼠会在神丘之下深深挖洞，以避开烟熏、掘捉的隐患。难道圣人比鸟和鼷鼠还要无知吗？"

【注解】

[1] **肩吾**：虚构人物，仅见于《庄子》。在《庄子·逍遥游》中，

肩吾也曾问道于接舆。

[2] **狂接舆**：楚人，佯狂而避世，以接舆为名，又称为楚狂。

[3] **日中始**：虚构人物，日行中央而命众人以此为始，喻指他不知阴阳和调之道，总以暴烈之法度规范众人，故有此名。《庄子·在宥》："大人之教……出入无旁，与日无始。"则庄子主张教化应当依时而行、润物无声，日出而作，日中而盛，日落而息，即所谓"与日无始"，由此可知"日中始"之问题所在。

[4] **君人**：领导众人。

[5] **以己出经**：按照自己的行为想法制定纲领，即身先士卒、以身作则之意。经：本义是织布机上的纵线，引申为准则。《孟子·尽心下》："经正，则庶民兴。"《礼记·礼器》："故必举其定国之数，以为礼之大经。"

[6] **式义**：制定仁义的规范。式：法式、准则。

[7] **度人**：化育众人。《礼记·表记》："是故君子以义度人，则难为人。"《管子·势》："顺于天，微度人。"

[8] **欺德**：逼迫之伪德。欺：欺负，逼迫。日中始义上是在实施德政，实际上却并未考虑众人的感受，并未使众人得到真正的德惠，所以说是"欺德"。大德不德，故此，强加之德实为欺德。

[9] **治外**：治理外在的表象。日中始主张以法则来规范众人，虽然以身作则，众人却也未必心服，只是无奈遵从而已，所以说是"治外"。

[10] **矰**（zēng）**弋**：系有丝绳以射飞鸟的箭。

[11] **神丘**：神社之丘。投鼠忌器，故神丘之鼠得以全生。《晏子春秋·问上》："夫社，束木而涂之，鼠因往托焉，熏之则恐烧其木，灌之则恐败其涂，此鼠所以不可得杀者，以社故也。"即此义。

[12] **重凿**：似应为熏凿。社木熏鼠是先秦常有之辩，《晏子春秋》《韩非子》等多有记述。

[13] **而曾（zēng）二虫之无知**：二虫犹知避祸之法，众人岂能不知？圣人必知此事，故不治外，"正而后行"而已。曾：岂，难道。此句接"正而后行"而言，"且鸟高飞……"等是插说之言。

【评述】

日中始以身作则，自以为是公平之举，岂不知世人各有本性，汝之蜜糖，吾之砒霜，岂可强加于我？"孰敢不听而化诸？"此言非是真德，反而见其暴虐。故此，接舆说是"欺德"。鸟亦知高飞而避，鼠亦知深穴而藏，世人岂不知趋利避害之法？故此，日中始之法陷于仁义之成见，终究不得德之真。

天道之帝王，不害众人；人道之帝王，却以仁义相害。即是此节之义。

日中始之形象多见于世间之雄君。雄君喜好为政之术，要人以礼，治世以法，虽然以身作则本是善举，且往往亦能得一世之升平，然而，以道家观之，此中必有强加之行，有非人之患，故此不可取。

日中始以己为法，喜谈君人之术，是儒家之代表。如《论语·颜渊》，季康子问政于孔子，孔子答曰："子帅以正，孰敢不正？"即此处"以己出经，式义度人，孰敢不听而化诸"之义。

前文有"不非人"之辩，成本章之义，以下有寓言三则，皆谈"非人"之陋，可称"非人寓言三篇"，此即其一，亦影射儒家仁义之法。

03. 天根问天下

天根[1]游于殷阳[2]，至蓼水[3]之上，适遭无名人[4]而问焉，曰："请问为天下[5]？"

无名人曰："去！汝鄙人也，何问之不豫[6]也？予方将与造物者为人[7]，厌[8]，则又乘[9]夫莽眇[10]之鸟[11]，以出六极[12]之外，而游无何有之乡[13]，以处圹埌之野[14]。汝又何帛[15]以治天下感予之心为？"

又复问，无名人曰："汝游心于淡，合气于漠，顺物自然[16]而无容私焉[17]，而天下治矣。"

【译文】

天根出游在殷阳之地，来到蓼水附近，恰好遇到无名人，便向他问道："请问如何治理天下？"

无名人说："走开吧！你真是个鄙陋无知的人，为什么要提出这么差劲的问题？我本想继续经造物者之手化为人形，却已经满足了，厌倦了，便正想化为野性而无知的鸟，以此飞到六极之外，而逍遥于无何有之乡，以此达到清虚之境界。你又何必要以治理天下来试图使我动心呢？"

天根又再次问了一遍，无名人说："你将本心游于淡然之境界，将兀气合于漠然之所在，自然地顺着物情，不强行加入私心，便会天下大治。"

【注解】

[1] **天根**：虚构人物，颇有天道之根基，故有此名。

[2] **殷阳**：虚构之地。

[3] **蓼（liǎo）水**：虚构之水。春秋时有蓼国，这里是借用其名。

[4] **无名人**：虚构人物，随天道而变化，本来化为人形，又将化为鸟，非人非鸟，不知以何为名，故有此称。以"无名"为名，亦暗指其无名而有实。

[5] **为天下**：有为于天下，即治理天下之意。

[6] **豫**：安适，快乐。

[7] **与造物者为人**：把自己提供给造物者，由造物者创造成人。庄子认为，生而为人并非从无到有，而是原有一个"我"，暂且安排在此形骸之中，故有此言。《庄子·大宗师》："彼方且与造物者为人。"

[8] **厌**：本义为满足，又引申为厌倦之义。

[9] **乘**：乘着，凭借。无名人要将自我装入鸟之形体，所以是"乘"。

[10] **莽眇**：野性而无知。眇：眼瞎，这里指自绝视听而达到无知之境界。跳出原有之知见，即是莽；无视原有之一切，即是眇。《庄子·齐物论》："其分也，成也；其成也，毁也。凡物无成与毁，复通为一。"则道家提倡毁于旧而成于新。无名人已得人之小成，此时将要毁其小成，求其大成，对原本小成之毁即是"莽眇"。

[11] **予方将与造物者为人，厌，则又乘夫莽眇之鸟**：做人已经达到极致了，正要化身为鸟。无名者本来即是人，又"方将为人"，即"继续做人"之意。换言之，我提供此心，而造物者提供身体。本来持以人之形，便是人；继续持以人之形，便亦是人，亦即"方将为人"；若改为鸟之形，则是鸟。道家认为人之心具有充分的主观

能动性，想为人便为人，想为鸟便为鸟。故此，无名人之意，并非是死后化为鸟，而是直接由人形化为鸟。《庄子·逍遥游》："北冥有鱼，……化而为鸟。"即是如此。

[12] **六极**：上下前后左右六个维度，即人所能认识到的全世界，亦称六合。

[13] **无何有之乡**：什么也没有的地方，喻指虚无之境。

[14] **圹（kuàng）埌（làng）之野**：空旷的原野，喻指清虚之境。圹埌：空旷的样子。

[15] **帠（yì）**：此字无考，仅见于此。可能是异，抬出之意。司马彪认为帠是法之意；崔譔版本作"为"；俞樾认为帠为臬之讹，又训为瘪，梦语之意。不知孰是，暂系于此。

[16] **顺物自然**：自然地顺着物情，即任由世人以本心去做事，并不加以干涉。物：这里指世人、世事，都是真我的外物，故有此言。

[17] **无容私焉**：不使外物之中容纳私心，即不以私心干涉治理之意。前文有虞氏之"藏仁"与日中始之"欺德"，皆是"容私"之举。

【评述】

天根汲汲于治理天下之法，自以为是为善之举，岂不知天道自有安排，岂能以人道犯之？此即天根未解之处。无名人何以无名？只因他暂寄为人形，将化为鸟身，内我不变而安于天道之化，无所拘系，尤可定义，故此无以名之。同此一理，万物俱将得天道莫测之化，区区人道，又如何治得？故此，天根之心陷于人道，未知天道之广大。

天道之帝王，顺物自然；人道之帝王，容私而逆物。即是此节之义。

天根之形象多见于世间之仁君。仁君喜好作为之术，虽然心系天下，以天下为己任，然而以道家观之，有所为即有所私，热衷天下必有逆物之情，故此不可取。

天根游于四方，喜以天下为事，是宋钘、尹文学派之代表。《庄子·天下》："宋钘、尹文……语心之容，命之曰心之行，以聏合驩，以调海内，请欲置之以为主。……以此周行天下，上说下教，虽天下不取，强聒而不舍者也。"正是此处"以治天下而感其心"之义。

本节为"非人寓言三篇"之二，亦影射宋尹喜谈天下之行为。

04.阳子居问明王

阳子居[1]见老聃，曰："有人于此，向疾[2]强梁[3]，物彻疏明[4]，学道不倦，如是者，可比明王乎？"

老聃曰："是于圣人也，胥易技系[5]，劳形怵心[6]者也。且也，虎豹之文来田，猨狙之便执，嫠之狗来藉[7]，如是者，可比明王乎？"

阳子居蹴然[8]曰："敢问明王之治？"

老聃曰："明王之治，功盖天下而似不自己[9]，化贷[10]万物而民弗恃[11]，有莫举名[12]，使物自喜，立乎不测[13]，而游于无有[14]者也。"

【译文】

阳子居见到老子，说："此处有这么一个人，他行事利落而充分自律，对世事看得很透彻，主张学道不倦，像这样的，可以与明王相比肩吗？"

老子说："这样的人与圣人相比，不过是将严苛之胥吏改为技巧之控制罢了，最终只会身体劳累而心中不安而已。况且，有着美丽花纹的虎豹来到田猎之处，猿猴放松警惕使人随意牵行，嫠地的狗主动前来登记在册，得到这样混乱的结果，可以与明王相比肩吗？"

阳子居警醒地说："敢问如何才是明王之治呢？"

老子说："真正的明王之治，他的功劳普及全天下却好像不是出自他手，教化万物而并不使人因此而依赖，不留下任何虚名，使万物发自内心地喜悦，自己则立于无可预测之处，游心于世间无有之境界。"

【注解】

[1] **阳子居**：杨朱，字子居，又称阳子、杨子、杨子居等，战国时有杨朱学派，近于道而自成一家。

[2] **向疾**：推举迅疾之行，行事利落。向：朝向，提倡。《国语·越语下》："刚强而力疾。"《管子·枢言》："疾之疾之，万物之师也。为之为之，万物之时也。强之强之，万物之指也。"皆此义。

[3] **强梁**：以梁柱之才为强，刚猛之意，此处指自我修为。《晏子春秋·问上》："其言强梁而信。"《孔子家语·观周》："无多言，多言多败；无多事，多事多患。……强梁者不得其死，好胜者必遇其敌。"皆此义。

[4] **物彻疏明**：对外物看得很透彻。世人、世事均是外物，故有此言。

[5] **胥易技系**：不再严苛地管理，却以技巧相维系。犹如"藏仁"之义。胥：看视，看管。《孟子·万章上》："帝将胥天下而迁之焉。"易：变易，改变。技系：以技巧相维系，这里指收买人心。《庄子·在宥》："说礼邪，是相于技也。"即此义。

[6] **怵（chù）心**：心中不安。怵：惊惧。

另注：此人自我要求甚严，故此"劳形怵心"；虽未有要人之名，却有要人之实，故此说他"胥易技系"。

[7] **虎豹之文来田，猨（yuán）狙（jū）之便执，斄（tái）之狗来藉**：虎豹来到田猎之地，猿猴任人牵行，斄之狗主动登记注册，三者均是自投罗网之意。文：花纹。田：田猎。猨狙：猿猴。斄：古地名，可能以产牛、狗而著称。《庄子·逍遥游》有"斄牛"，《晏

子春秋·问上》有"景公伐鼗"之事。藉：登记，注册。《晏子春秋·问下》："藉长幼贫氓之数。"

另注：庄子主张使万物自得其性，而并非和谐共处；此人欲以一己之力兼爱天下，则天下将混为一同，将生虎豹来田之乱象。《庄子·天道》："天地固有常矣，日月固有明矣，星辰固有列矣，禽兽固有群矣，树木固有立矣。"亦是庄学"不非人"之道。兼爱者欲将天下混为一同，犹如虎豹来田而失其本性，其实是"非人"。

[8] **蹴（cù）然**：顿足的样子，形容其警觉。

[9] **似不自己**：似乎不是自己完成的。自隐其功之意。

[10] **贷**：施加。

[11] **恃**：依赖。

[12] **有莫举名**：有不能举起的名声。众人想要称颂却说不出什么。

[13] **立乎不测**：立于无可预测之处。手段千变万化，使人不可捉摸。阳子居所言"学道不倦"，便有"立乎测"之患。

[14] **游于无有**：游于天道之意。无有：世间没有的东西，永恒的未知，即天道。

【评述】

阳子居所言者（即墨家）甘于自律，不施加律令于他人，自以为是成道之举，岂不知天道之本，在于自然，而自律本是有欲之法，岂能得天道之真？再者，自律者未以法庚约束他人，却以善行鼓动他人，其实亦是"要人"之举。儒家以仁义之法强施于人，墨家以兼爱之义乱人心志，二者于本质上竟有何分别可言？俱是非人之术耳。再者，天道本有纲纪法度，墨家却偏以兼爱行之，以致于道法不明，虎豹与猎人竟杂于一处，如此混乱，则天下何以为治？故此，此人虽有求道之心，却过于拘泥，便未得求道之法，亦未解明王之道。

如何求道？道在清虚自然之中。此人行自律之法，看似有笃敬之志，其实却是有欲之心，故此求而不成。何者是明王之道？正在盛名之外、无有之中。《庄子·天地》："古之畜天下者，无欲而天下足，无为而万物化，渊静而百姓定。"正是此义。此人持兼爱之论，看似有成和之德，其实却违背自然，是乱世之法，故此不得其治。

天道之帝王，游于无有；人道之帝王，用功于驭人。即是此节之义。

阳子居所问之形象多见于世间之明君。明君喜好机谋之术，虽然物彻疏明，学道不倦，然而以道家观之，学道只为以技相系，彻物实有驭物之心，其实是藏仁之术，故此不可取。

阳子居所言之人甘于自律，学道不倦，是墨家之代表。《庄子·天下》说："（墨家）不侈于后世，不靡于万物，不晖于数度，以绳墨自矫，而备世之急。"即此处"向疾强梁，物彻疏明"之义。《墨子·修身》："守道不笃，偏物不博，辩是非不察者，不足与游。"即此处"学道不倦"之义。本段"虎豹来田"之辞，正是针对墨家"兼爱"之论而发。

阳子居本来自成一派，世称杨学，然而杨、墨之学关联甚大，往往并举而论，故此处由阳子居为墨家代言。再者，杨墨二学多有抵牾之处，此处亦可视为持对手之论而求道。

本节为"非人寓言三篇"之三，亦影射墨家自律之法、兼爱之论。

日中始、天根、阳子居三则寓言，分别喻指雄君、仁君、明君，人道之圣君多在于此；亦分别对应儒家、宋尹、墨家，人道帝王之学多在于此。无论何者，行以人道，则必有"非人"之患；行以天道，游于无有，则世人与我各得其成，此即道家"不非人"之法。

帝王之心，世人皆可应之，道者亦可应之。持"不非人"之法，以
自然之天道相应，则向外可以化贷万物，向内可以游于无有，便得
帝王之真义。至此，"应帝王"之论已成。

05. 壶子之渊

郑有神巫曰季咸[1]，知人之死生、存亡、祸福、寿夭，期以岁月旬日，若神。郑人见之，皆弃而走[2]。列子见之而心醉，归以告壶子[3]，曰："始吾以夫子之道为至矣，则又有至焉者矣。"

壶子曰："吾与汝既其文，未既其实[4]，而固得道与[5]？众雌而无雄，而又奚卵焉[6]？而以道与世亢，必信[7]，夫故使人得而相汝[8]。尝试与来，以予示之。"

明日，列子与之见壶子。出而谓列子曰："嘻！子之先生死矣！弗活矣！不以旬数矣[9]！吾见怪焉，见湿灰[10]焉。"列子入，泣涕沾襟，以告壶子。壶子曰："乡[11]吾示之以地文[12]，萌乎不震不正[13]。是殆[14]见吾杜德[15]，机也[16]。尝又与来。"

明日，又与之见壶子。出而谓列子曰："幸矣子之先生遇我也！有瘳[17]矣，全然有生矣！吾见其杜权[18]矣。"列子入，以告壶子。壶子曰："乡吾示之以天壤[19]，名实不入[20]，而机发于踵[21]。是殆见吾善者[22]，机也。尝又与来。"

明日，又与之见壶子。出而谓列子曰："子之先生不齐，吾无得而相焉[23]。试齐，且复相之。"列子入，以告壶子。壶子曰："吾乡示之以太冲莫胜[24]。是殆见吾衡气[25]，机也。鲵桓之审为渊[26]，止水之审为渊[27]，流水之审为渊[28]。渊有九名，此处三焉[29]。尝又与来。"

明日，又与之见壶子。立未定，自失而走。壶子曰："追之！"列子追之不及，反以报壶子，曰："已灭矣，已失矣，吾弗及已。"壶子曰："乡吾示之以未始出吾宗[30]。吾与之虚而委蛇[31]，不知其谁何，因以为弟靡[32]，因以为波流[33]，故逃也。"

然后列子自以为未始学而归，三年不出。为其妻爨，食豕如食人^[34]，于事无与亲^[35]，雕琢复朴^[36]，块然独以其形立^[37]，纷而封哉^[38]，一以是终^[39]。

【译文】

郑国有一位神巫叫季咸，他能知道人的生死、存亡、祸福、寿夭，并能预言其年月日，犹如神灵一般。郑人遇见了他，都会掉头离开。列子遇见他却很是倾心，归来时告诉了壶子，说："原本我以为夫子您的道学已经是极致了，现在又出现了更加极致的啊。"

壶子说："我为你展示的只是皮毛，还未曾触及本实，你果真通晓真道了吗？只有一群雌鸟之表象，而没有雄鸟之本实，又如何生出鸟蛋呢？若是有人以道学来与世事相较量，那必然会令人信服，所以你就被吸引而征服了。不妨试着让他前来，把我展示给他看。"

次日，列子引着季咸来见壶子。季咸出门后对列子说："咳！您的先生要死了！活不了了！到不了十天了！我见到了他的怪相，他就像湿透了的灰烬。"列子进门，泣涕沾襟，以此言告知壶子。壶子说："刚刚我展示了地文之态，它们萌生于本性不生发也不变动之时。我只是使用了阻断德性之法，他的知见便受困于此，中了我的机谋。试着让他再来一次吧。"

次日，列子又引着季咸来见壶子。季咸出门后对列子说："幸好啊，您的先生遇见我了！他的病有好转了，完全是活下去的面相了！我看到他能够摆脱命运的摆布了。"列子进门，以此言告知壶子。壶子说："刚刚我展示了天壤之态，外物的名与实都不能侵入，而我的真气能够自如贯通直至脚掌。我只是使用了以善相示之法，他的知见便受困于此，中了我的机谋。试着让他再来一次吧。"

次日，列子又引着季咸来见壶子。季咸出门后对列子说："您的先生状况紊乱，我看不到什么可以占相的。试着让他不再紊乱吧，到时我再来占相。"列子进门，以此言告知壶子。壶子说："刚刚我展示了太冲莫胜之态。我只是使用了均调真气之法，他的知见便受困于此，中了我的机谋。小鱼盘桓之态是天道之渊，静水之态是天道之渊，流水之态是天道之渊。天道之渊可有九种，这里只是其中三种。试着让他再来一次吧。"

次日，列子又引着季咸来见壶子。季咸还没有站定，便自觉失落而逃走了。壶子说："去追他！"列子追之不及，便返回告诉壶子说："已经灭没了，已经消失了，我已经赶不上了。"壶子说："刚刚我展示的还未曾出于真我呢。我给了他虚无而绵延不绝之态，他不知道这究竟是谁，因此便倒伏无措，因此便随波浮沉，所以只好逃走了。"

于是列子这才明白，自己还没开始学到真正的东西，便回到家中，三年不出游。从此他为妻子生火做饭，养猪就像养人那般用心，对待事情没有亲疏之分，一次次提升自我，又一次次复归浑朴，渐渐以其独我的形态卓然而立，内心丰富而专注于道，求是如一地终于此生。

【注解】

[1] **季咸**：虚构人物。本故事出自《列子·黄帝》，庄子对其中一些细节进行了改动。

[2] **郑人见之，皆弃而走**：暗示季咸以知见"要人"，以利害得失摄取人心，故此众人唯恐避之不及。即前文"鸟高飞以避矰弋之害"之义。道家主张自然交往，季咸掌握他人命运，便有要挟之患，故有此言。《庄子·庚桑楚》："夫至人者，相与交食乎地而交乐乎天，不以人物利害相撄，不相与为怪，不相与为谋，不相与为事。"

即此义。

[3] **壶子**：住在壶丘，名子林，又名壶丘子林、壶丘子，是列子的老师，《列子》中对他有多处记载。

[4] **既其文，未既其实**：已经成于皮毛，尚未成于实质。文：毛皮的花纹，喻指表层。

[5] **固得道与**：必然已经得道了吗？诘问而否定之意。

[6] **众雌而无雄，而又奚卵焉**：没有雄鸟的雌鸟，又怎么能生蛋呢？雌鸟产卵为表象，即"其文"；雄鸟不能产卵，却是产卵不可或缺之本，即"其实"。

[7] **以道与世亢（kàng），必信**：用道与世事相较量，道必使人信服。亢：对抗，较量。《左传·宣公十三年》："我则为政，而亢大国之讨，将以谁任？"《列子·黄帝》："以道与世亢。"皆此义。这里是解释季咸能征服列子的原因。季咸所持虽是小道，亦能征服世人，犹如武功低微者亦能打败路人。

[8] **夫故使人得而相汝**：季咸以小道相示于世情，故能得列子之心而与之相与。得：得到人心。相：相与，相互作用，这里指季咸与列子相互认可。《庄子·人间世》："若与予也，皆物也，奈何哉其相物也？""相物"犹如以物性相与，"相汝"犹如以心性相与。

另注：季咸示以小道，能得列子之心；壶子示以大道，得回列子之心。皆是"以道与世亢，必信"义。

[9] **不以旬数矣**：不能以一旬之时来计算了，即活不过十天之意。旬：十日。

[10] **湿灰**：犹如死灰之意。干灰尚且能有余烬，湿灰必定无法复燃，故有此喻。

[11] **乡**：同"向"，向来，之前。《列子·黄帝》中"乡"均写作"向"。

[12] **地文**：大地的纹路，即地表形貌，喻浅层之见。生死为天

道表层之术，季咸之道即在于此，壶子便以此示之。

[13] **萌乎不震不正**：萌生于本性不生发也不变动的状态，死寂之象。自心不生，犹如大地不震；听之任之，犹如地无补正。亦无所生，亦无所正，则不震不正，即死寂湿灰之态。

另注：《列子·黄帝》原文："罪乎不諜不止。"将季咸困于无言无行之中。与此同义，而庄子略改其辞。罪：以道惩之。諜：言语爆发，义同于震。止：止其行，在此处义同于正。

[14] **殆**（dài）：陷于困境。季咸每被欺骗而误以为真，小知殆于大知。以下皆同。

[15] **杜德**：阻止德性发动。杜：阻塞，封闭。德：成和而生。《庄子·德充符》："德者，成和之修也。"《庄子·天地》："无为为之之谓天，无为言之之谓德。"不与外物以德成和，季咸便只能见其湿灰之态。换言之，壶子故意使其心沉寂，不震不正，季咸便无法与之相和而探其真性，便以为壶子毫无生机而即将死亡。

[16] **机也**：以机相示之故。壶子三次示以不同之机，季咸三见不同之态，壶子有自如发机之能，故能如此。以下皆同。机：机关，变化之本，此指本性而言。《庄子·齐物论》："其发若机栝。"《庄子·至乐》："万物皆出于机，皆入于机。"

另注："机也"，《列子·黄帝》作"几也"。列子言季咸之知，几于此；庄子言壶子之能，机于此。二者其实一义，庄子略加改动而更显壶子之高妙。

过去注家均未解"机"之义，不知于此处断句，便以为"杜德机""善者机""衡气机"皆是道家玄虚之词，其实"杜德""善者""衡气"是三种状态，"机也"是评价之语。见《列子》原文"几也"便知其本义。

[17] **瘳**（chōu）：病愈。

[18] **杜权**：阻止命运之摆布。权：实施权力，此处指命运而言。

季咸见壶子已无湿灰濒死之态，似乎摆脱了命运之惩戒，故有此言。

[19] **天壤**：天道之壤。地文为浅层之见，天壤为高邈之知。前者壶子将自我隐于生死之下，犹如有地而无我，故喻为地文；此处壶子将自我超脱于生死，犹如悬于天而自生，故喻以天壤。

[20] **名实不入**：外物之名实皆不入于我。示以地文，萌乎不震不正，正是寂死之态；示以天壤，名实不入，则生死不能入我。

[21] **机发于踵**：可以由脚掌处发机，见其掌控之自如。机发于踵，遍布全身，则无往不克。《庄子·大宗师》："真人之息以踵，众人之息以喉。"即此义。机：机关，变化之本，此指本性而言。踵：脚掌。

[22] **是殆见吾善者**：壶子示以天壤之善，季咸以其为至真，其实犹困于此。前一次壶子示以湿灰之象，是死寂之态，故此称为"杜德"，其义在于死；这一次壶子示以病愈之象，是复生之态，故此称为"吾善"，其义在于生。

[23] **子之先生不齐，吾无得而相焉**：壶子变幻莫测，则季咸不知所措。不齐：不齐整，这里指状况紊乱。相：占相，观察并推断。

[24] **太冲莫胜**：太虚境界也无法取胜，形容境界之高。太冲：太虚冲漠之气，极其清虚之甚高境界。地文犹浅薄无知，天壤犹高妙可知，太冲莫胜则无迹可寻。此句《列子·黄帝》作"太冲莫朕"。朕为看出端倪之意。莫胜，莫能取胜；莫朕，莫知其破绽。二者其实同义。

[25] **衡气**：自由地平衡气息，变幻莫测。昔者壶子示以伪机，季咸自以为得，其实不得其真；此时壶子示以衡气，季咸终无所得，只因不得其法。《庄子·寓言》："始卒若环，莫得其伦。"近于此义。"杜德"是避死之象，"吾善"是复生之象，"衡气"则生死莫测，是任意变换之象。三次境界愈来愈高。

[26] **鲵桓之审为渊**：自我审慎于小鱼盘桓之态，正是天道之深。

喻此心如小鱼之境界，守定于此。鲩：小鱼。桓：盘桓。审：审慎，是庄学问心之法。《庄子·德充符》："审乎无假，而不与物迁。"《庄子·天道》："动而持，发也机，察而审。"《庄子·徐无鬼》："故水之守土也审，影之守人也审，物之守物也审。"渊：喻道法无穷。小鱼能守定于此，便见得其道之成，非有大能为者不可得。故此，虽然不是境界之最高者，亦可称"渊"。以下皆类同。此句《列子·黄帝》作"鲩旋之潘"，则"旋"与"桓"同义，"潘"疑是"渊"之讹。

[27] **止水之审为渊**：喻此心如止水之境界，无所不容。

[28] **流水之审为渊**：喻此心如流水之境界，变化莫测。

另注：鲩桓之审，喻地文之境界——小鱼盘桓，守于定态，即所谓"杜德"，正应"不震不正"。止水之审，喻天壤之境界——静水居止，无为而无不为，即所谓"善者"，正应"名实不入"。流水之审，喻太冲莫胜之境界——水流如环，莫得其伦，即所谓"衡气"，正应"太冲莫胜"。此三渊正应于壶子所示三种境界。

[29] **渊有九名，此处三焉**：《列子·黄帝》原为九渊："鲩旋之潘为渊，止水之潘为渊，流水之潘为渊，滥水之潘为渊，沃水之潘为渊，汛水之潘为渊，雍水之潘为渊，汧水之潘为渊，肥水之潘为渊，是为九渊焉。"后六渊于此处无甚关联，故此庄子隐去不提。

[30] **未始出吾宗**：种种变化，看似变化无穷，其实未曾出离吾之根本。宗：根本。《庄子·德充符》："命物之化，而守其宗也。"

[31] **吾与之虚而委（wēi）蛇（yí）**：我给了他虚无而绵延不绝之态。壶子之示，连绵不绝，其实皆非真我，故有此言，此言道之无穷。委蛇：绵延曲折的样子。

[32] **弟靡**：屈服而倒下。弟：屈身为弟，弟从、臣服之意。《庄子·天地》："岂兄尧、舜之教民，溟涬然弟之哉。"即此义。《列子·黄帝》原作"茅靡"，意为茅草倒伏，此处庄子改字而加强语

气。陈鼓应说"弟"通"稊"，稗子之意，与《列子》之"茅"义
同，此说亦通。

[33] **波流**：如水波那样流着，比喻身不由己。《列子·说符》：
"忠信错吾躯于波流。"即此义。

另注：毫无气力而倒伏无措，即弟靡；不能招架而随波逐流，
即波流。二者均是无力而屈从之意。

[34] **为其妻爨（cuàn），食（sì）豕（shǐ）如食人**：为妻子做饭，
养猪就像养人那么尽心。爨：烧火做饭。食：喂养。豕：猪。求道
不在于求其术，而在于日常朴真之中，故有此言。《庄子·天下》：
"不谴是非，以与世俗处。"正是道家处世之法。

[35] **于事无与亲**：在事情上没有很亲近的，凡事皆无亲疏远近。

[36] **雕琢复朴**：不断打磨自我而又不断复归浑朴。《庄子·大
宗师》："受而喜之，忘而复之。"即此义。雕琢：打磨自我。《庄
子·大宗师》："吾师乎！……刻雕众形而不为巧。"

[37] **块然独以其形立**：渐得其独有之性，卓然成形。块然：物
成形而有块，犹卓然之意。道家主张，求道者要见其独特之自性。
《庄子·大宗师》："朝彻，而后能见独；见独，而后能无古今。"即
此义。

[38] **纷而封哉**：又丰富又专注于此。封：限制，这里形容其心
无旁骛。

[39] **一以是终**：归一于求是之道，终于此生。是：求是。

【评述】

"不非人""日中始之欺德""天根问天下""阳子居问明王"四
节展示种种帝王之象，为本篇之体，"壶子之渊""浑沌之死"两则
寓言为本篇之用。

神巫季咸能知人死生存亡，其术不可谓不神，郑人却视为不祥，纷纷弃之而走，何故也？只因天道广大，"劳我以生，佚我以老，息我以死"（《庄子·大宗师》）。生亦善，死亦善，测之以术又有何益？再者，以小术相欺，正是迷惑人心之法。《庄子·在宥》："无撄人心。"撄人之心则不得天道之自然，他人亦不成，故此众人纷纷弃之而走；我亦不成，故此季咸困于小术而屈从于壶子之道。亦即本章"不非人"之义。

列子之心受季咸之术所蛊惑，见之而心醉，正是迷失之象，壶子便示以天道广大，以解其眩。

初次相见，壶子示以湿灰之象，亦即地文之境，看起来似乎是陷于生死，其实是生死尽在掌握，只是季咸不知其妙，未能解之，行事草率，以死断之，反而使列子泣涕沾襟。季咸以生死之术欺于世人，壶子便以生死之假象解之，二人之境界高下立判。

第二次相见，壶子示以痊愈之象，亦即天壤之境，看起来似乎是死中逃生，其实是超越生死而另设一境，死生之见犹如地文之浅薄，超越生死犹如天壤之高妙，而季咸依然不知其妙，列子于此时稍有所明。壶子已然超脱于生死之道，季咸犹然陷于此道而甚为得意，已成破绽而尚未自知，岂非愚蠢之至？

第三次相见，壶子示以衡气之象，亦即太冲莫胜之境，看起来似乎状况紊乱，其实是诸法收发于心，季咸虽然不知此境之妙，却无法可解，甚有无力之感，似乎略有自省之意。壶子于此有九渊之言，说是九渊，而天道之渊深又何止于九之数？远未及也。鲵桓、止水、流水三渊，分别对应地文、天壤、太冲莫胜三境，仅就此而言，无论何者亦远胜于季咸预测生死之术，则道者之心应矢志于何处毋庸多言。

第四次相见，壶子示以虚而委蛇之象，季咸不知此人为谁，不知此境如何，远超于认知之外，而自己却以预测生死之小术而招摇过市，故此季咸自惭形秽，无言而遁，列子亦于此处得天道之真义。

季咸神通显露，知人生死存亡祸福寿夭，可称人道之帝王，众人见之皆弃而走，正是避其要人之处；壶子藏机深深，怀有九渊而不轻示，可称天道之帝王，相与列子在亲与不亲之间，正见其一贯秉持"不非人"之旨。人道之帝王不如天道之帝王，非人之道不如不非人之道，二子之象呼应有虞氏、泰氏之辨，寓言之义扣合"应帝王"之题，便成本章之结尾。

纵观《庄子·内篇》，前三章为庄学之体，中三章为庄学之用，末一章为庄学之辩，至此，七章已毕，庄学之体、用、辩三层构建完成。则壶子故事亦呼应于开篇鲲鹏故事，亦可视为《庄子·内篇》第三次结尾。地文合于北冥，天壤合于南冥，太冲莫胜合于天之苍苍，境界愈高，愈见逍遥，首尾呼应，共成游心无穷之义。另外，《庄子·内篇》引《列子》之言（鲲鹏故事）以开篇，引《列子》之言（壶子故事）以收束，借列而言庄，化用而升华，亦成暗合之态，则又见一重庄学之妙。

06.浑沌之死

　　无为名尸^[1]，无为谋府^[2]，无为事任^[3]，无为知主^[4]，体尽无穷，而游无朕^[5]。尽其所受乎天，而无见得，亦虚而已^[6]。至人之用心若镜，不将不迎^[7]，应而不藏^[8]，故能胜物而不伤。

　　南海之帝为儵，北海之帝^[9]为忽^[10]，中央之帝^[11]为浑沌^[12]。儵与忽时相与，遇于浑沌之地，浑沌待之甚善。儵与忽谋报浑沌之德，曰："人皆有七窍^[13]，以视听食息。此独无有，尝试凿之。"日凿一窍^[14]，七日^[15]而浑沌死^[16]。

【译文】

　　莫要为虚名所占用，莫要被机谋所寄存，莫要被事情所驱使，莫要被智巧所主宰，将此体尽投于天道无穷，而此心自游于清虚无迹。尽数秉受着上天的安排，却始终保持无所见得之心，也是清虚存真而已。至人的用心就像镜子那样，不拿取什么，不迎接什么，如实响应，并不藏匿什么，所以能够战胜外物，保持真我而不受到伤害。

　　儵是南海的帝王，忽是北海的帝王，浑沌是中央的帝王。时机已成，儵与忽相遇交往在浑沌之处，浑沌对他们很好。儵与忽思谋着要报答浑沌的德行，他们说："世人都有七窍，用来见闻、进食、呼吸。这里却偏偏没有七窍，不妨试着凿出来。"每天凿出一窍，凿了七天，浑沌死去。

【注解】

[1] **无为名尸**：莫要为虚名所占用。尸：代死者受祭之人，此处犹如鹊巢鸠占之意。

[2] **无为谋府**：莫要被机谋所寄存。府：府藏。庄子主张以万物为府，而非为万物所府。《庄子·德充符》："官天地，府万物。"

[3] **无为事任**：莫要被事情所驱使。任：使用。《说文》："任，符也。"符即驱使之意。

[4] **无为知主**：莫要被智巧所主宰。

[5] **体尽无穷，而游无朕**：此体尽投于天道无穷，而此心自游于清虚无迹。犹如薪尽火传之意。朕：缝隙，迹象。《鬼谷子·捭阖》："达人心之理，见变化之朕。"《周礼·冬官考工记》："视其朕，欲其直也。"不以所得为得，而忘其所得；不以所知为知，而忘其所知。一切犹如清虚无迹，即无朕。《庄子·天运》："古之至人，假道于仁，托宿于义，以游逍遥之虚。"

[6] **尽其所受乎天，而无见得，亦虚而已**：尽数秉受上天之安排，始终保持无知之心，清虚存真而已。换言之，安于入世之身，恒持出世之心。列子"为其妻爨，食豕如食人，于事无与亲"，却又始终用心于道，即此义。

[7] **不将不迎**：既不拿取，也不迎接，顺其自然之意。

[8] **应而不藏**：响应而不藏匿，凡事皆要面对之意。

[9] **南海之帝、北海之帝**：其一，喻求道者。帝王之道已在自心，何须向外求之？有人求问帝王之术，庄子便以"帝"反称之，以应本篇"应帝王"之主旨。其二，即南冥之鹏、北冥之鲲。历经《庄子》七篇，领略天道，已成帝王。

[10] **儵（shū）、忽**：疾速的样子。以此为名，象征自我不断变化于似有似无之中。儵：同"倏"。《楚辞·少司命》："儵而来兮忽

而逝。"《关尹子·四符》:"鼓之形,如我之精;鼓之声,如我之神;其余声者,犹之魂魄。知夫倏往倏来,则五行之气,我何有焉?"《庄子·天下》:"芴漠无形,变化无常,死与生与,天地并与,神明往与,芒乎何之?忽乎何适?"

[11] **中央之帝**:喻庄子,亦暗指天道。庄子在此是天道的显化之身。

[12] **浑(hùn)沌(dùn)**:浑然不分之态,喻指天道。天道既模糊,又清晰,既亲近,又疏离,浑然一体而变化莫测,故有此言。《列子·天瑞》:"浑沦者,言万物相浑沦而未相离也。"同于此义。

[13] **七窍**:口、双目、两鼻孔、两耳孔,合为七窍,此处象征《庄子·内篇》七章。七章所言并非天道,仅是天道之孔窍而已,故有此喻。

[14] **日凿一窍**:暗示《庄子·内篇》七章皆是应要求而被动为之。浑沌默许二帝日凿一窍,以成七窍,犹如庄子默许弟子日行一问,以成七章。大道不言,言必不真,然而失真之言亦能助人成道;于此有言,复以忘言示之,亦不失求道之真,亦是不得已之德。《庄子·知北游》:"知者不言,言者不知,故圣人行不言之教。"《庄子·大宗师》:"古之真人……悗乎忘其言也。"《庄子·庚桑楚》:"动以不得已之谓德。"

[15] **七日**:七之数,对应七窍,亦对应《庄子·内篇》七章。一日成一窍,犹如一问成一章。

[16] **浑沌死**:以七窍为天道,则天道死;以《庄子·内篇》七章为庄学,则庄学死。名实相辨,警示之意。庄学主张"大辩不言",故此,庄子解答、著书,皆是不得已而为之。其论必有失言之处,其言必有未及之处。言必非真,言外有真。读者观其大略,自可心领神会,若是纠结于言论本身,则不免失之于道。故有此喻。《道德经》:"道可道,非常道。"即此义。

另注：儵忽欲以视听食息之法探知浑沌之道，此即非人之术，浑沌因此而死，亦合本章不非人之论。再者，视听食息亦是名物之法，非是得真之法，如若儵忽二帝以此相求，终将无成。得真之道，在于用心，不在于凿窍。《庄子·养生主》"以神遇而不以目视"略同于此义。

【评述】

上节壶子寓言，既扣合本章"应帝王"之论而成本章之结尾，又呼应《庄子·内篇》开篇鲲鹏故事而成《内篇》七章之结尾，颇具圆满之象。而庄子犹嫌未足，恐怕读者陷于文字之中，便又借帝王之名而设一寓言，跳出《内篇》而论《内篇》，跳出庄学而论庄学。

何为庄学？庄学非是天道，而是求道之法门。何为《内篇》？《内篇》非是真言，而是真言之表象。得此义者便知天道，得其真而生；不得此义者便不知天道，不得其真而死。本寓言即立义于此。

儵忽二子，喻求道之人。何以以帝称之？只因帝王之道已在自心，无须向外求索，以帝为名，可破其执念。中央之帝，喻庄子，喻天道。何以以浑沌称之？只因天道无穷，变幻莫测，以浑沌为名，示求道之永无止境。

儵忽二子遇于浑沌之地，正喻弟子求道于庄子之象。浑沌待之甚善。何善之有？传之以求道之法，知无不言，言无不尽，不非人，使之自喜，即是其善。儵忽却以凿窍以谋报。为何凿窍？只因天道浑沌，无窍则似乎无以通之。再者，庄学甚妙，无言相传则似乎世人无由识得。故此，日凿一窍，七日而七窍成，七窍成而《庄子·内篇》七章成。

七窍成，浑沌死。何以死？死于言之窍。窍者道之华，言者道之伪，囚天道于言辞，损天道以伪饰，如何不死！真死乎？其实未死。浑沌即天道，何谈生死！非是天道死，实是执言不化者死。庄子立言《内篇》七章，以成七窍，非为立言而成，实为求道而成。言必非真，言外有真。陷于言则死，得其真则生。此即本寓言立义之处。

俶忽二子又与《内篇》开篇鲲鹏相应，俶为南海之帝，即南冥之鹏，忽为北海之帝，即北冥之鲲。何以称帝？只因鲲鹏二子历经《庄子·内篇》七章，淬砺自我，领略天道，至此略有小成，故此可称为帝。于是，本寓言承接本章"应帝王"之旨，故此二子有"帝"之名，其义又恰与成道之境相合；本寓言反观《庄子·内篇》之旨，故此二子与鲲鹏相呼应，有南海、北海之名，其事又恰与逍遥游之主题相合。循环相扣，变幻无穷，可见庄学用名之妙，然而更高妙者，却在庄学求实之真。

俶忽已成南海北海之帝，犹向中央之帝求道，帝王之心，岂有尽焉？浑沌已成中央之帝，凿窍而犹然身死，天道不测，岂可度哉！俶忽故事以帝王之名讲天道之实，作为本章又一次结尾，仍是扣合"帝王成于无尽，天道高于无穷"之义。

壶子故事，由上而下，自天道示人道之浅见；俶忽故事，自下而上，由已明天道示未明天道之高远。壶子之境并非至境，浑沌之妙亦在无穷。两寓言上下相成，合成本章之旨。再者，列子有得，得于壶子"不非人"之法；浑沌已死，死于俶忽"非人"之法。正反相示，亦与本章"不非人"之旨一气贯通。

俶忽凿七窍而浑沌死，天道之德，岂可谋之？以视听食息之心凿窍而不得，天道之妙，岂可言之？大道不称，大辩不言。俶忽故事以谋德凿窍之名讲《庄子》之实，实是《庄子·内篇》第四次结尾，亦是真正之结尾，义在得鱼忘筌，薪尽火传。

北海之忽即北冥之鲲，本是鱼子，南海之俶即南冥之鹏，本是小鸟，经历七章淬炼，至此已能称帝。其实鲲鹏是名，儵忽是名，帝亦是名，唯有真我是实。失之真我，则无以逍遥；本性具足，便变化无穷。

《庄子·内篇》以《列子》鲲鹏故事开篇，至前文处，以《列子》壶子故事结尾，亦可称是完整，然而不够圆满，故此，又化生出儵忽故事，既与鲲鹏故事完美扣合，又能总领《庄子·内篇》七章之义，总体升华，终成浑圆之象。

反观整部《庄子·内篇》：《逍遥游》《齐物论》《养生主》立言三章共成庄学之体，则《养生主》薪尽火传故事可视为《庄子·内篇》实相之结尾；《人间世》《德充符》《大宗师》演绎三章共成庄学之用，则《大宗师》子桑故事可视为《庄子·内篇》虚相之结尾；《应帝王》漫谈一章自成庄学之辩，则《应帝王》季咸故事可视为《庄子·内篇》名相之结尾，儵忽故事可视为《庄子·内篇》无相之结尾。示于实相，藏于虚相，辨于名相，成于无相，四次结尾前后相继，层峦起伏，虚实相应，波澜迭起，共成庄学之妙！

图书在版编目（CIP）数据

游：庄子新注新解 / 陈可抒著. -- 北京 ： 北京联
合出版公司，2024. 12. -- ISBN 978-7-5596-8028-0

Ⅰ. B223.55

中国国家版本馆CIP数据核字第20240ZQ360号

游：庄子新注新解

作　　者：陈可抒
出 品 人：赵红仕
责任编辑：刘　恒
装帧设计：棱角视觉

北京联合出版公司出版
（北京市西城区德外大街 83 号楼 9 层　　100088）
北京时代华语国际传媒股份有限公司发行
唐山富达印务有限公司印刷　新华书店经销
字数220千字　880毫米×1230毫米　1/32　15印张
2024年12月第1版　2024年12月第1次印刷
ISBN 978-7-5596-8028-0
定价：68.00元